매산집

이 책은 2017년도 정부(교육부)의 재원으로 한국고전번역원의 지원을 받아 수행된 '권역별거점연구소협동번역사업'의 결과물임.

This work was supported by Institute for the Translation of Korean Classics-Grant funded by the Korean Government.

한국고전번역원 한국문집번역총서/성신여자대학교 고전연구소·(사)해동경사연구소

매산집 17

梅山集

홍직필 洪直弼 지음
이정은 김성은 옮김

일러두기

1. 이 책의 번역 대본은 한국고전번역원에서 간행한 한국문집총간 295・296집에 실린 《매산집(梅山集)》으로 하였다. 번역 대본의 원문 텍스트와 원문 이미지는 한국고전종합DB(http://db.itkc.or.kr)에서 확인할 수 있다.
2. 내용이 간단한 역주는 간주(間註)로, 긴 역주는 각주(脚註)로 처리하였다.
3. 한자는 필요한 경우 이해를 돕기 위하여 넣었으며, 운문(韻文)은 원문을 병기하였다.
4. 맞춤법과 띄어쓰기는 한글 맞춤법과 표준어 규정을 따랐다.
5. 이 책에서 사용한 부호는 다음과 같다.
   ( ) : 번역문과 음이 같은 한자를 묶는다.
   〔 〕: 번역문과 뜻은 같으나 음이 다른 한자를 묶는다.
   " " : 대화 등의 인용문을 묶는다.
   ' ' : " " 안의 재인용 또는 강조 문구를 묶는다.
   「 」: ' ' 안의 재인용을 묶는다.
   『 』: 「 」 안의 재인용을 묶는다.
   《 》: 책명 및 각주의 전거(典據)를 묶는다.
   〈 〉: 책의 편명 및 운문・산문의 제목을 묶는다.

차례

매산집 제50권

행장行狀

매산집

제48권

행장
行狀

좌찬성[1] 문경공 여호 박 선생 행장
左贊成諡文敬黎湖朴先生行狀

본관은 전라도(全羅道) 나주목(羅州牧) 반남현(潘南縣)이다.

증조고 휘 미(瀰)는 금양군(錦陽君) 겸 오위도총부도총관으로 시호는 문정(文貞)이다. 증조비는 정안옹주(貞安翁主)이다.

조고 휘 세교(世橋)는 장악원 첨정 증 이조 판서 금흥군(錦興君)이다. 조비는 증 정부인(貞夫人) 전의 이씨(全義李氏)이다.

선고 휘 태두(泰斗)는 고양 군수(高陽郡守) 증 좌찬성 금은군(錦恩君)이다. 전비(前妣)는 증 정경부인(貞敬夫人) 풍양 조씨(豐壤趙氏)이고, 후비(後妣)는 증 정경부인 영월 신씨(寧越辛氏)이다.

선생은 휘가 필주(弼周)이고 자가 상보(尙甫)이며, 배우는 자들이 여호(黎湖) 선생이라 일컫는다. 박씨(朴氏)는 신라의 국성(國姓)에서 나왔는데 휘 응주(應珠)에 이르러 반남현의 호장(戶長)이 되니 자손이 이로 말미암아 반남을 관적으로 삼았다.

고려 말에 휘 상충(尙衷)은 우문각 직제학(右文閣直提學)으로, 포은(圃隱) 정 선생(鄭先生 정몽주(鄭夢周))과 함께 도학을 창도하였다. 우왕

1 좌찬성 : 《승정원일기(承政院日記)》와 《영조실록(英祖實錄)》 및 《여호선생연보(黎湖先生年譜)》의 기록에 의하면 박필주(朴弼周)는 그가 졸한 해인 1748년(영조24) 4월에 의정부 우찬성 겸 세자이사에 제수되었다. 여기에서 '좌찬성'이라고 한 것은 착오인 듯하다. 《承政院日記 英祖 24年 4月 18日, 閏7月 9日・10日》《英祖實錄 24年 4月 18日, 閏7月 9日》《黎湖先生年譜 卷4 戊辰》

(禑王) 초기에 직언하는 소를 올려서, 황명(皇明 명나라)을 배반하고 원(元)나라 사신을 영접해서는 안 됨을 주장하다가 마침내 간신에 의해 해를 당하였다. 추시(追謚)는 문정(文正)이다. 이분이 낳은 휘 은(訔)은 우리 태종을 보좌하여 좌의정 금천부원군(錦川府院君)이 되었으며, 시호는 평도(平度)이니, 공훈과 덕행이 모두 국승에 실려 있다. 5대를 내려와 야천(冶川) 선생 휘 소(紹)에 이르니, 사간으로 영의정에 추증되었으며, 시호는 문강(文康)이다. 도덕에 있어서 정암(靜菴) 조 문정공(趙文正公 조광조(趙光祖))과 나란히 추대되었다. 이분이 바로 선생의 6대조이다. 이분의 아들 휘 응복(應福)은 대사헌이다. 이분의 손자 휘 동량(東亮)은 좌참찬 금계군(錦溪君)으로 영의정에 추증되었으며, 난리를 만나서 충절을 다하여 중흥(中興)의 명재상이 되었다.

금양 공(錦陽公 박미(朴瀰))은 훌륭한 문장과 뛰어난 절행이 있어서, 조정에서 의논하여 파격적으로 문형(文衡 대제학)과 종백(宗伯 예조 판서)에 제수하려고까지 하였으나 결행되지 못하였다. 첨정 공(僉正公 박세교(朴世橋))은 집안 대대로 전해 내려온 문헌(文獻)을 잘 계승하여 일찍 사마양시(司馬兩試 생원시와 진사시)에 합격하였다. 군수 공(郡守公 박태두(朴泰斗))은 그 사장(詞章)과 기절(氣節), 재유(才猷)와 기식(器識)이 사류에게 추중을 받았으나 음직의 벼슬을 하는 데에 그쳐 재주와 포부를 펼쳐 내지 못하였으니, 애석하게 여기지 않는 사람이 없었다. 계배(繼配) 영월 신씨(寧越辛氏)는 현령 환(晅)의 딸로, 대사헌 경진(慶晉)이 증조부이다. 숙종 6년 경신년(1680) 6월 9일에 한양 태평관(太平館)의 구택에서 선생을 낳았다. 신 부인(辛夫人)은 선생을 낳고서 얼마 뒤에 별세하고 말았다.

선생은 타고난 품성이 매우 남달라 영리하고 민첩하며 의젓하고 무게가 있어서 자연히 도(道)에 가까웠다. 7세에 처음으로 글을 배웠는데, 가르치고 감독하기를 기다리지 않아도 스스로 부지런히 힘써서 문장의 재주를 일찍 성취하였다. 언문으로 쓰인 야승을 곁에서 듣고 한문 문장으로 번역하였는데, 손에 쥔 붓을 멈추지 않고 글을 이루었으나 문장의 내용과 조리가 찬연하니, 사람들이 모두 전하여 돌려보며 완상할 정도였다.

병자년(1696, 숙종22)에 선고 금은 공(錦恩公)의 상을 당하였다. 이때에 선생이 장가드는 것을 허락받았으나 아직 관례를 치르지 못하였는데 상복을 입고서 관(冠)을 썼다.[2] 선생은 태어나자마자 어머니를 여의었으므로 항상 지극히 애통한 마음을 품고 살았다. 그러다가 아버지의 상을 당하게 되자 지나치게 슬퍼한 나머지 몸이 훼손되어 거의 목숨을 잃을 뻔하였다. 그러더니 이것이 종신토록 고질병이 되었다. 상기를 마치고는 속된 학문을 일절 끊어 버리고 내면을 향하는 공부에 전념하였으며, 평생 산사(山寺)에서 학업에 힘썼는데 절반 이상은 분암(墳菴)[3]에 있으면서 풍수(風樹)[4]의 사모하는 정을 부쳤다.

2 상복을……썼다 : 이는 《예기(禮記)》 〈증자문(曾子問)〉에 "만약 자식의 관례를 행하려고 할 적에 아직 그 기일이 되기 전에 자최와 대공과 소공의 상(喪)이 있게 되면 상복을 입고서 관(冠)을 쓴다.〔如將冠子而未及期日而有齊衰、大功、小功之喪, 則因喪服而冠.〕"라고 한 공자(孔子)의 말에서 나온 것이다. 이에 대해 진호(陳澔)의 《집설(集說)》에서는 "'상복을 입고서 관(冠)을 쓴다'라고 한 것은 상(喪)의 성복(成服)을 입음으로 인하여 상관(喪冠)을 가하는 것이다.〔因喪服而冠者, 因著喪之成服而加喪冠也.〕"라고 설명하였다.

3 분암(墳菴) : 선영 근처에 지은 재실(齋室)을 뜻한다.

4 풍수(風樹) : 세상을 떠난 어버이를 그리워하며 슬퍼하는 자식의 마음을 가리킨다. 공자(孔子)가 길을 가는데 고어(皐魚)라는 사람이 슬피 울고 있기에 그 까닭을 묻자,

정유년(1717)에 총재(冢宰 이조 판서) 송 문정공(宋文貞公) 상기(相琦)가 조정에 선생을 학행으로 천거하자 시강원 자의에 의망하였다. 무술년(1718)에 자의에 제수되자 세 차례 글을 올려서 사직하였는데 허락하지 않았다. 종부시 주부로 옮겨 제수되었으나 나아가지 않았다.

기해년(1719) 12월에 영평 현령(永平縣令)에 제수되어서 경자년(1720) 정월에 부임하였다가 열 달이 못 되어 사헌부 지평에 제수되니, 치적에 대한 명망이 사방에 크게 떨쳐졌다. 삼연(三淵) 김 선생(金先生)이 편지를 보내어 말하기를,[5] "역마보다 빠른 것[6]을 남몰래 괴이하게 여겼는데, 지극히 어리석으면서도 신령스러운 백성[7]은 진실로 미첩

"나무는 고요하고자 하나 바람이 그치지 않고, 자식이 봉양하고자 하나 어버이는 기다려 주지 않는다.〔夫樹欲靜而風不止, 子欲養而親不待.〕"라고 대답한 말에서 유래하였다. 《韓詩外傳 卷9》

5 삼연(三淵)……말하기를 : 삼연 김 선생(金先生)은 김창흡(金昌翕, 1653~1722)으로, 자는 자익(子益), 호는 삼연, 본관은 안동(安東)이다. 김창흡이 이때 보낸 편지의 내용은 《삼연집(三淵集)》 권21 〈답박필주(答朴弼周)〉에 보이는데, "어제 연곡(燕谷)의 한 사인이 편지를 보내어 '새 명부(明府)가 어질다는 소리가 사방을 진동시킨다'라고 하였습니다. 역마보다 빠른 것을 남몰래 괴이하게 여겼는데, 지극히 어리석으면서도 신령스러운 백성은 진실로 미첩(眉睫)을 우러러 살펴보고서 믿어 감동할 수 있으니, 이것은 속일 수 없는 점이 있습니다. 삼가 이를 잘 이어나가 게을리하지 말기를 바랄 뿐입니다.〔昨日燕谷一士人有書, 稱新明府賢聲雷騰四境. 竊怪其致郵之速, 而至愚而神者, 固能仰察眉睫而有以孚應, 有不可誣者. 竊願繼之以毋倦而已.〕"라고 하였다.

6 역마보다 빠른 것 : 이는 《맹자(孟子)》 〈공손추 상(公孫丑上)〉에 "덕이 유행되는 것이 역마로 명을 전달하는 것보다 빠르다.〔德之流行, 速於置郵而傳命.〕"라고 한 공자(孔子)의 말을 원용한 것이다.

7 지극히……백성 : 이 말은 당(唐)나라 육지(陸贄)의 주초(奏草)에 "이른바 뭇 백성이 지극히 어리석어도 신령스럽다고 하는 이유는 대개 다음과 같습니다. 어수룩한 자들이 혹은 혼미하고 혹은 비루하여 어리석은 것처럼 보이지만, 상의 잘잘못을 판단하지

(眉睫)[8]을 우러러 살펴보고서 믿어 감동할 수 있다."라고 하였다.

6월에 숙묘(肅廟 숙종)가 승하하자 경사(京師)에 들어가 복을 입었다. 이때에 예관이 방상(方喪)[9]의 의절과 빈전(殯殿)과 산릉(山陵)과 제의(祭儀)에 관한 것을 가지고 와서 자문하였는데, 이를 사양하고 마침내 종신토록 다시는 헌의하지 않았다.

신축년(1721, 경종1)에 별유를 내려서 특별히 부르고, 을사년

못하는 것이 없고, 상의 좋아하고 싫어하는 바를 알지 못하는 것이 없고, 상이 비밀로 하는 것을 전하지 않는 것이 없고, 상이 하는 일을 본받지 않는 것이 없으니, 이 점에서 바로 귀신과 비슷하기 때문입니다.〔所謂衆庶者, 至愚而神, 蓋以蚩蚩之徒, 或昏或鄙, 此其似于愚也. 然而上之得失, 靡不辨; 上之好惡, 靡不知; 上之所秘, 靡不傳; 上之所爲, 靡不效. 此其類于神也.〕"라고 한 데에 보인다.《陸宣公翰院集 卷13 奉天請數對群臣兼許令論事狀》

8 미첩(眉睫) : 눈썹과 속눈썹으로, 사람의 얼굴과 기색을 가리킨다.《장자(莊子)》〈경상초(庚桑楚)〉에 "노자가 말하였다. '아까 나는 그대의 두 눈썹 사이를 보고 자네가 어떤 사람인지 알아보았는데 지금 다시 그대가 하는 말을 듣고 보니 그것을 확신할 수 있겠다.'〔老子曰: 向吾見若眉睫之間, 吾因以得汝矣.〕"라고 한 내용이 보이며,《열자(列子)》〈설부(說符)〉에 "춘추 시대에 진(晉)나라가 도적 때문에 고통을 겪었다. 극옹(郄雍)이란 사람이 있었는데 도적의 얼굴을 보고 그 눈썹 사이를 살펴서 마음까지 알아차렸다고 한다.〔晉國苦盜. 有郄雍者, 能視盜之貌, 察其眉睫之間而得其情.〕"라고 한 내용이 보인다.

9 방상(方喪) : '방(方)'은 비방(比方) 즉 '똑같이 한다'는 뜻으로, 자식이 돌아가신 아버지를 위해 복(服)을 입는 상례(喪禮)에 견주어 신하가 군주의 상(喪)에 복(服)을 입는 것을 말한다.《예기(禮記)》〈단궁 상(檀弓上)〉에 "어버이를 섬기되 숨김은 있고 범함은 없으며, 좌우로 나아가 봉양함에 일정한 방소가 없으며, 부지런히 일하여 죽음에 이르며, 삼년상에 슬픔을 지극히 한다. 군주를 섬기되 범함은 있고 숨김은 없으며, 좌우로 나아가 봉양함에 일정한 방소가 있으며, 부지런히 일하여 죽음에 이르며, 부모의 삼년상에 비방한다.〔事親, 有隱而無犯, 左右就養無方, 服勤至死, 致喪三年. 事君, 有犯而無隱, 左右就養有方, 服勤至死, 方喪三年.〕"라고 보인다.

(1725, 영조1)에 별유를 내려서 소명을 전하여 경연에서 시강할 것을 명하고 또 장령 및 시강원 진선에 제수하였는데, 모두 상소하여 사양하였다.

병오년(1726)에 경연관으로 선발되고, 사헌부 집의에 제수되었다. 이때에 좌의정 민 문충공(閔文忠公) 진원(鎭遠)이 선생을 불러서 등용할 것을 아뢰어 청하자, 간곡한 소명이 거듭 내려졌으나 모두 장소(章疏)를 올려서 사양하고, 이어서 책을 하사해 준 것에 사은하였다.

정미년(1727)에 소인들이 또 뜻을 얻어서 사류를 모두 배척해 축출하자,[10] 선생이 소(疏)를 올려서 스스로 탄핵하여 다음과 같이 말하였다.[11]

"신(臣)이 고질병으로 칩거하여 초야에 은둔하고 있으니 명철하신 성상께서는 신이 어떤 형편인지 알 길이 없으신데, 군주의 초빙을 받는 반열에 외람되게 끼었으니,[12] 이는 조정의 신하가 신을 가지고

10 정미년에……축출하자 : 이는 1727년(영조3) 7월에 노론(老論) 인사들이 실권하고 소론(少論) 인사들이 정권을 재 장악한 일을 가리키는바, 일명 '정미환국(丁未換局)'이라고도 한다. 1725년에 영조가 즉위하면서 을사처분(乙巳處分)을 단행하여 노론 사대신(四大臣) 및 노론 측 주요 인사들을 복관시킴에 따라 노론이 정권을 잡아 정국을 주도하였다. 1727년에 소론 대신 유봉휘(柳鳳輝)가 적소에서 사망하자 노론이 이를 계기로 또다시 소론을 일망타진하려 하였는데, 영조는 오히려 소론의 편을 들어주어 을사처분을 백지화하고 유봉휘, 조태구(趙泰耉), 최석항(崔錫恒) 등의 소론 대신들을 복관시키며 소론 인사들을 대대적으로 등용하였다.

11 선생이……말하였다 : 이때 올린 소(疏)의 내용은《승정원일기(承政院日記)》영조 3년 7월 8일 기사와《여호집(黎湖集)》권3〈대죄소(待罪疏)〉에 보인다.

12 외람되게 끼었으니 : 원문의 '濫竽'는 본래 '함부로 피리를 분다'라는 의미인바, 능력도 없는 사람이 능력이 있는 것처럼 속여 높은 자리를 차지함을 비유한다.《한비자(韓非子)》〈내저설(內儲說)〉에 "제 선왕(齊宣王)이 우(竽)를 좋아하여 반드시 300명을 비치하였는데, 남곽처사(南郭處士)가 왕을 위하여 우(竽)를 불겠다고 청하니, 왕은

전하를 속였기 때문일 뿐입니다. 《맹자(孟子)》에 '먼 지방에서 와서 벼슬하는 신하를 관찰할 때에는 누구의 집에 묵는가를 가지고 관찰한다.〔觀遠臣 以其所主〕'[13]라고 하였습니다. 지금 명철하신 성상께서 일번인(一番人)[14]에 대해 붕당을 짓는다고 하여 대대적으로 배척해 쫓아내셨으니, 그렇다면 신처럼 그들에게 뽑혀서, 주인을 정할 때에 친할 만한 사람을 택하지 못한 경우[15]는 바로 동시에 간태(刊汰)[16]되

매우 기뻐하여 녹을 후히 주었다. 선왕이 죽고 민왕(湣王)이 즉위하여 일일이 들어 보기를 좋아하니, 처사가 폭로될까 두려워서 도망했다."라고 하였다. 이 고사에서 유래하여 관직의 수나 채우는 무능한 사람, 또는 필요가 없는데도 채용한 자리를 '남우'라고 한다.

13 먼……관찰한다 : 이 말은 《맹자(孟子)》 〈만장 상(萬章上)〉에 나오는 것으로, 맹자의 제자 만장이 "어떤 사람이 이르기를 '공자께서 위(衛)나라에서는 임금의 총애를 받는 의원의 집에서 묵으셨고, 제(齊)나라에서는 내시인 척환(瘠環)의 집에서 묵으셨다.'라고 하니, 그런 일이 있습니까?〔或謂孔子於衛主癰疽, 於齊主侍人瘠環, 有諸乎?〕"라고 묻자, 맹자가 대답하기를, "내 들으니 '가까이 조정에 있는 신하를 관찰할 때에는 자기 집에 누구를 묵게 하는가를 가지고 관찰하고, 먼 지방에서 와서 벼슬하는 신하를 관찰할 때에는 누구의 집에 묵는가를 가지고 관찰한다.'라고 하였으니, 만일 공자께서 임금의 총애를 받는 의원과 내시인 척환의 집에서 묵으셨다면, 어떻게 공자라 할 수 있겠는가?〔吾聞觀近臣, 以其所爲主; 觀遠臣, 以其所主. 若孔子主癰疽與侍人瘠環, 何以爲孔子?〕"라고 하였다.

14 일번인(一番人) : 자신과 당파 및 정치적 이념을 달리하는 쪽의 사람을 구체적으로 지칭하지 않고자 할 때 쓰는 말이다. 여기에서는 정미환국(丁未換局)으로 축출당한 노론(老論) 측 인사들을 가리켜서 말한 것이다.

15 주인을……경우 : 《논어(論語)》 〈학이(學而)〉에 보이는 유약(有若)의 말에 "주인을 정할 때에 친할 만한 사람을 택하면 그 사람을 높여 주인으로 삼을 수 있다.〔因不失其親, 亦可宗也.〕"라고 하였는데, 여기에서는 이 말을 바꾸어 원용한 것이다.

16 간태(刊汰) : '간파(刊罷)'와 같은 말로, 허물이 있는 관원을 파면시키는 것이다.

어야 마땅합니다. 이 이치가 매우 분명하니 신의 말을 끝까지 기다릴 필요가 없습니다."

이에 대해 우대하는 비답을 내리고 허락하지 않았다.

무신년(1728)에 군흉이 군사를 일으켜 반란하자,[17] 선생이 분문(奔問)[18]하러 경사에 들어갔다가 반란이 평정되고서 여호(黎湖)로 돌아왔다. 기유일에 집의에 제수되었는데, 친혐(親嫌)으로 인책하여 면직되기를 청하고 이어서 편계(偏係)를 끊고 자용(自用)을 없애는 방도를 아뢰었다.[19] 왕세자가 홍서(薨逝)하자[20] 선생이 현아(縣衙)의 뜰에 나

17 무신년에……반란하자 : 이는 1728년(영조4) 3월에 발발한 이른바 '이인좌(李麟佐)의 난'을 가리킨다. 소론(少論)과 남인(南人)의 일부 세력이 영조와 노론(老論)을 제거하고 밀풍군(密豊君) 이탄(李坦)을 추대하고자 일으켰던 반란으로, 이인좌가 거병했으므로 '이인좌의 난'이라 하며, 무신년에 발생했으므로 '무신란'이라고도 한다. 1724년, 경종의 승하로 영조가 즉위하여 김일경(金一鏡) 등이 제거되고 노론 정권이 들어서자 일부 소론들이 남인들을 포섭하여 반정을 도모하기 위해 비밀 조직을 결성하였는데, 영조가 1727년 정미환국으로 탕평책을 실시함에 따라 서울의 많은 소론들이 이탈하였다. 이에 초조해진 지방의 세력들이 이인좌를 대원수로 삼고 청주(淸州)에서 거병하였으나 관군에게 대파당하고 이인좌 등 수뇌부가 체포되어 반란이 평정되었다.

18 분문(奔問) : 난리를 당한 군주에게 달려가서 문후하는 것을 말한다.

19 기유일에……아뢰었다 : 친혐(親嫌)은 친족끼리 한 관사에 있는 것을 꺼리는 것이다. 박필주는 1728년(영조4) 4월 29일에 사헌부 집의에 제수되었는데, 이때에 종자(從子) 박사익(朴師益)이 대사헌으로 있었기 때문에 피혐하여 사직하는 소(疏)를 올렸다. 《承政院日記 英祖 4年 4月 29日, 5月 5日》《黎湖集 卷3 辭司憲府執義疏 戊申五月》《黎湖先生年譜 卷1 戊申》 이때 올린 소(疏)의 내용은 《승정원일기》 영조 4년 5월 5일 기사와 《여호집》 권3 〈사사헌부집의소(辭司憲府執義疏) 무신오월(戊申五月)〉에 보인다. '편계(偏係)'는 한쪽으로 치우침을 뜻하고 '자용(自用)'은 자기 의견만이 옳다고 주장함을 뜻한다.

20 왕세자가 홍서(薨逝)하자 : 영조의 맏아들 효장세자(孝章世子)가 죽은 것을 이른

아가 곡하였다. 사간 이세규(李世珪)가 왕세자의 초상에 선생이 궐외(闕外)에 달려와 곡하지 않았다고 하여 소(疏)를 올려 논하여 체직시킬 것을 청하자, 선생이 장소(章疏)를 연달아 올려서 스스로 인책하고 이어서 벼슬에 나아가기를 어렵게 하는 의리[21]를 아뢰니, 그 내용은 다음과 같다.[22]

"신이 지난번 정미년(1727)에 올렸던 죄를 인책한 소(疏)에서 일찍이 《맹자(孟子)》에 '먼 지방에서 와서 벼슬하는 신하를 관찰할 때에는 누구의 집에 묵는가를 가지고 관찰한다.〔觀遠臣 以其所主〕'라고 한 말을 인용하여 단서를 발하는 바가 있었는데, 모르겠습니다만 명철하신 성상께서는 아직도 혹 이를 기억하고 계시는지요? 송(宋)나라의 신하 장식(張栻)은 이 말을 미루어 밝혀서 '다만 신하 된 자가 마땅히 알아야 할 뿐만 아니라 군주가 된 자가 더욱 마땅히 이 의리를 알아야 할 것이니, 그렇다면 먼 지방에서 와서 벼슬하는

다. 효장세자는 자가 성경(聖敬)이고 이름이 행(緈)인데, 1724년에 영조가 즉위하자 경의군(敬義君)에 봉해지고 1725년(영조1)에 왕세자에 책봉되었으나 1728년 11월 16일에 10세의 나이로 창경궁에서 서거하였다. 이후 사도세자(思悼世子)의 아들 정조가 그의 양자가 되어 즉위함에 따라 진종(眞宗)으로 추존되었다.

21 벼슬에……의리 : 이는 《예기(禮記)》 〈표기(表記)〉에 보이는 것으로, "군주를 섬길 적에 나아가기를 어렵게 하고 물러나기를 쉽게 한다면 자리에 질서가 잡힐 것이고, 나아가기를 쉽게 하고 물러나기를 어렵게 한다면 문란해질 것이다. 그러므로 군자는 세 번 읍을 한 다음에야 나아가고 한 번 사양하고 곧바로 물러남으로써 문란해지는 것을 예방한다.〔事君難進而易退, 則位有序, 易進而難退, 則亂也. 故君子三揖而進, 一辭而退, 以遠亂也.〕"라고 하였다.

22 그 내용은……같다 : 이때 올린 소(疏)의 내용은 《승정원일기(承政院日記)》 영조 5년 3월 6일 기사와 《여호집(黎湖集)》 권4 〈신상자핵소(申上自劾疏)〉에 보인다.

신하와 가까이 조정에 있는 신하가 서로 드러나서 귀와 눈의 사사로움에 가려지지 않을 것이다.'[23]라고 하였습니다.

지금 신은 소원한 신하입니다. 이전에 외람되게도 벼슬자리를 차지한 것은 신이 스스로 그렇게 만든 것이 아니라 다만 종전의 일번인(一番人)인 자가 주인이 되었기 때문이니, 그렇다면 신의 신하 됨은 다만 여기에서 보고서 알 만합니다. 무릇 지금 조정에 가득 찬 신하들이 절로 하나의 이루어진 규모와 양식이 있으니, 마음에서 나와서 정치에 발로된 것[24]이 전대의 사람들과 상반되어서 물과 불, 남(南)과 북(北)처럼 양립할 수 없을 뿐만이 아닙니다. 이러한 때를 당하여서는 신이 스스로 처신하는 바에도 나아갈 만한 이치가 없을 뿐만

23 다만……것이다 : 이 말은 장식(張栻)의 《계사맹자설(癸巳孟子說)》 권5 〈만장 상(萬章上)〉에 보이는 것으로, "어찌 다만 신하 된 자가 마땅히 알아야 할 뿐이겠는가. 군주 된 자가 더욱 마땅히 이 의리를 분명하게 알아야 할 것이다. 진실로 누구의 집에 묵는가를 가지고 먼 지방에서 와서 벼슬하는 신하를 관찰하고, 자기 집에 누구를 묵게 하는가를 가지고 가까이 조정에 있는 신하를 관찰할 수 있으면, 먼 지방에서 와서 벼슬하는 신하와 가까이 조정에 있는 신하가 서로 드러나서 귀와 눈의 사사로움에 가려지지 않을 것이다.〔豈獨爲人臣者所當知? 爲人君者尤當明此義也. 苟能以其所主觀遠臣, 以其所爲主觀近臣, 則遠近交見, 而無蔽於耳目之私矣.〕"라고 하였다.

24 마음에서……것 : 이 말은 《맹자(孟子)》 〈공손추 상(公孫丑上)〉에 나오는 것으로, 제자 공손추(公孫丑)가 "말을 안다는 것은 무슨 뜻입니까?〔何謂知言?〕"라고 묻자 맹자가 대답하기를, "편벽된 말을 들으면 말하는 사람이 가려진 바를 알고, 방탕한 말을 들으면 말하는 사람이 빠져 있는 바를 알고, 부정한 말을 들으면 말하는 사람이 도(道)에서 괴리된 바를 알며, 회피하는 말을 들으면 말하는 사람이 논리가 궁한 것을 알 수 있으니, 이 네 가지 말은 마음에서 나와서 정치에 해를 끼치며, 정치에 발로되어 일에 해를 끼치네. 성인께서 다시 나오시더라도 반드시 내 말을 따르실 것일세.〔詖辭知其所蔽, 淫辭知其所陷, 邪辭知其所離, 遁辭知其所窮. 生於其心, 害於其政, 發於其政, 害於其事, 聖人復起, 必從吾言矣.〕"라고 하였다.

아니라 조정의 도리에 있어서도 단연코 거론하지 말아야 하는데, 제수함이 계속되어 거두어 부르시기를 마지않으시니, 신은 매번 당혹스러워 하며 그 이유를 제대로 알지 못하겠습니다. 어쩌면 성상의 뜻은 한창 탕평(蕩平)을 시행하는 데에 있으신데 신이 또 물러나 은둔하며 시속을 따라 침묵하여 촉범(觸犯)하는 바가 없기 때문에 이렇게 하여서 휘어잡으시려는 것입니까?

무릇 '탕평'이라고 말한 것은 〈홍범(洪範)〉에 맨 처음으로 보입니다.[25] 대체로 탕평을 시행하고자 하면 반드시 먼저 윗부분의 '사사로이 좋아하거나 미워하는 뜻을 일으키지 말라〔無作好惡〕'는 말[26]에 대단히 힘을 써야 하니, 한 개의 '작(作)' 자에 무엇보다 착안하여 변별해야 합니다. 이른바 '사사로이 좋아하거나 미워하는 뜻을 일으키지 말라'고 한 것은 좋아하거나 미워하는 뜻이 응당 없어야 함을 이른 것이 아니라, 다만 '작위(作爲)'하는 바가 있어서 저 진정한

25 탕평이라고……보입니다 : 이는 '탕평'의 어원이 《서경(書經)》 〈주서(周書) 홍범(洪範)〉의 "편벽됨이 없고 기우는 일이 없게 하여 왕의 의(義)를 따르며, 사사로이 좋아하는 뜻을 일으키지 말아서 왕의 도(道)를 따르며, 사사로이 미워하는 뜻을 일으키지 말아서 왕의 길을 따르게 하라. 편벽됨이 없고 편당함이 없으면 왕의 도(道)가 탕탕하며, 편당함이 없고 편벽됨이 없으면 왕의 도가 평평하며, 상도(常道)에 위배됨이 없고 기우는 일이 없으면 왕의 도(道)가 정직할 것이니, 그 극(極)에 모이고 그 극으로 돌아올 것이다.〔無偏無陂, 遵王之義; 無有作好, 遵王之道; 無有作惡, 遵王之路. 無偏無黨, 王道蕩蕩; 無黨無偏, 王道平平; 無反無側, 王道正直; 會其有極, 歸其有極.〕"라고 한 데에서 나왔음을 말한 것이다.

26 윗부분의……말 : 이는 《서경(書經)》 〈주서(周書) 홍범(洪範)〉의 '사사로이 좋아하는 뜻을 일으키지 말라.〔無有作好〕'와 '사사로이 미워하는 뜻을 일으키지 말라.〔無有作惡〕' 두 구를 합하여 말한 것이다. 자세한 내용은 19쪽 주25 참조.

'좋아하거나 미워하는 뜻〔好惡〕'을 해쳐서는 안 됨을 이른 것일 뿐입니다. 이로 말미암아 미루어 보면 이른바 '탕평'이라는 것은 주자(朱子)가 말씀한 바와 같이 마땅히 좋아해야 하는 것을 좋아하고 마땅히 미워해야 하는 것을 미워하는 데에 지나지 않습니다.[27] 만일 혹 이것을 작위하여 마땅히 미워해야 하는 것을 좋아하고 마땅히 좋아해야 하는 것을 미워하면 사사로운 지혜가 기승하고 천리(天理)가 무너져서 위로는 편피(偏陂 편벽되고 기욺)하고 아래로는 편당(偏黨 편벽되고 편당함)하고 반측(反側 배반할 마음을 품음)하는 갖가지의 양태가 모두 나타나게 될 것입니다. 진실로 이것을 자세히 살피지 않고서 다만 혼동하여 구별하지 않고 각각 절반씩 차지하여 서로 취하는 것을 가지고 탕평이라고 여긴다면, 신이 생각건대 기자(箕子)가 무왕(武王)에게 고한 것[28]은 그 뜻이 결단코 이러한 데에서 나오지 않았을 것입니다.

또한 방향은 종류에 따라 모이고 사물은 무리에 따라 나누어지기

27 주자(朱子)가……않습니다 : '주자가 말씀한 바'는 《주자어류(朱子語類)》 권79 〈상서(尙書) 홍범(洪範)〉에 "'사사로이 좋아하는 뜻을 일으키지 말라'와 '사사로이 미워하는 뜻을 일으키지 말라'는 마땅히 좋아해야 하는 것을 좋아하고 마땅히 미워해야 하는 것을 미워하여 작위해서는 안됨을 이른다.〔無有作好, 無有作惡, 謂好所當好, 惡所當惡, 不可作爲耳.〕"라고 한 부분을 가리킨다.

28 기자(箕子)가……것 : '탕평'의 어원이 있는 《서경(書經)》의 〈홍범(洪範)〉은 기자가 주(周)나라 무왕(武王)에게 고해 준 내용이므로 이렇게 말한 것이다. 〈홍범〉은 천하를 다스리는 아홉 가지 대법(大法)이 기록되어 있기 때문에 흔히 '홍범구주(洪範九疇)'라고 일컫는데, 본래 하(夏)나라 우왕(禹王)이 하늘의 계시에 의하여 얻은 것으로, 무왕이 은(殷)나라를 멸망시킨 뒤에 기자를 방문하여 천도와 떳떳한 윤리를 물은 뒤에야 비로소 세상에 알려졌다고 전한다. 《書經 周書 洪範》

마련입니다.[29] 어진 사람과 불초(不肖)한 사람, 바르지 못한 사람과 바른 사람은 함께 도모하지 못하니, 이를 합하여 하나로 만드는 것은 하늘도 해낼 수가 없는 일입니다. 더구나 지금 다투는 것은 전날처럼 단지 음양을 다투기만 하는 것에 그치지 않아서 저쪽은 이쪽을 역(逆)이라 지목하고 이쪽은 저쪽을 역(逆)이라 지목하여 두 쪽이 서로 맞버텨서 함께 결단하지 못하여 끝날 기약이 없습니다. 이와 같은 것에 대해 또 어찌 탕평으로 풀어졌다고 해서 한번 이를 벗어나 옳고 그름을 가려 밝히지 않아서야 되겠습니까.

무릇 '역당(逆黨)'이라는 것은 바로 천하의 악명이고, '사대부(士大夫)'라는 것은 바로 예의와 염치를 알고 있는 사람입니다. 그런데 지금 예의와 염치를 알고 있는 사람을 모두 천하의 악명에 빠뜨렸습니다. 이는 불결한 것을 몸에 뒤집어써서 씻어 낼 것을 생각하는 경우와 같으니, 어찌 하루라도 이러한 생각을 잊을 수 있겠습니까. 전하께서 신료들을 검속(鈐束)하여 '역(逆)' 자를 서로에게 가하지 못하게 하셨으니, 이는 세도(世道)를 위하여 염려하심이 진실로 지극한 것입니다. 그러나 백성의 입을 막는 것은 흐르는 냇물을 막는 것보다 폐해가 심하니, 흐르는 물이 막혔다가 터지면 반드시 많은 사람이 상해를 입게 되는 법입니다.[30] 이와 같이 하기보다는 차라리

29 방향은……마련입니다 : 이 말은 《주역(周易)》 〈계사전 상(繫辭傳上)〉에 보이는 것으로, "방향은 종류에 따라 모이고 사물은 무리에 따라 나누어지니 길(吉)과 흉(凶)이 생긴다.〔方以類聚, 物以群分, 吉凶生矣.〕"라고 하였는데, 이에 대하여 주희(朱熹)의 《본의(本義)》에서는 "방향은 사정(事情)의 향하는 바를 이르니 사물의 선(善)과 악(惡)이 각각 종류에 따라 나누어짐을 말한 것이다.〔方謂事情所向, 言事物善惡, 各以類分.〕"라고 설명하였다.

한바탕 통렬하게 함께 상확(商確)하여 분명하게 지휘를 내려서 누가 역(逆)이고 누가 역(逆)이 아닌지 효연(曉然)하게 분별해 밝히기를 마치 별과 해가 하늘에 걸려 있어서 사람들이 모두 목도할 수 있는 것처럼 하여, 아직 끝나지 않고 아직 숙청되지 못하여 암암리에 빚어지는 근심거리가 다시는 없도록 하는 것이 낫지 않겠습니까. 그러한 뒤에야 이른바 사대부란 자들이 다행히 감담(坎窞)[31]에서 빠져나와서 평지에 설 수 있고, '탕평'이라는 두 글자 또한 비로소 실현될

30 백성의……법입니다 : 이는 본래 주(周)나라 여왕(厲王) 호(胡)의 신하 소공(召公)이 여왕에게 간하였던 말이다. 여왕이 포학하고 사치스러웠기 때문에 도성 안에 비방하는 백성이 많아지자, 위나라 무당〔衛巫〕을 얻어서 비방하는 자들을 감시하도록 하고 무당이 고발하면 곧바로 죽이니 비방이 잦아들었다. 이에 여왕이 기뻐하여 소공에게 "내가 능히 비방을 그치게 하니, 감히 비방하는 말을 하지 못하는구나.〔吾能弭謗矣, 乃不敢言.〕"라고 하자, 소공이 대답하기를, "이는 막은 것이니, 백성의 입을 막는 것은 흐르는 물을 막는 것보다 폐해가 심합니다. 흐르는 물이 막혔다가 터지면 반드시 많은 사람이 상해를 입게 되는데, 백성도 이와 같습니다. 이 때문에 물을 다스리는 자는 잘 흐르도록 물길을 터 주어서 소통되게 하고 백성을 다스리는 자는 드러내 놓고 말하도록 하는 것입니다.〔是鄣之也, 防民之口, 甚於防水. 水壅而潰, 傷人必多, 民亦如之. 是故爲水者, 決之使導, 爲民者, 宣之使言.〕"라고 하였다.《史記 卷4 周本紀》 소공은 강공(康公) 석(奭)의 후손인 목공(穆公) 호(虎)로, 당시에 천자의 경사(卿士)였다. 이 내용은《국어(國語)》 권1 〈주어 상(周語上)〉에도 보이는데, '수(水)' 자가 '천(川)' 자로 되어 있다.

31 감담(坎窞) : '감(坎)'은 구덩이이고, '담(窞)'은 구덩이 중에 움푹 파여 깊이 들어간 곳으로, 이는 더욱 깊은 데로 빠져들어 가는 것을 형용한 것이다.《주역(周易)》〈감괘(坎卦) 초육(初六)〉에 "습감에 감담으로 들어감이니, 흉하다.〔習坎, 入于坎窞, 凶.〕"라고 하였는데, 이에 대해 정이(程頤)의《역전(易傳)》에 "담(窞)은 구덩이 중에 움푹 파여 깊이 들어간 곳이니, 이미 습감의 가운데에 있는데, 다시 감담으로 들어갔다면 그 흉함을 알 만하다.〔窞, 坎中之陷處, 已在習坎中, 更入坎窞, 其凶可知.〕"라고 설명하였다. '습감'은 구덩이가 이중으로 된 것을 이른다.

수 있을 것입니다. 진실로 다만 그냥 놓아두고 다스리지 않는 것을 가지고 훌륭한 계책을 얻었다고 여길 뿐이라면, 명칭이 한번 바르지 않음에 그 해로움이 반드시 백성이 손발을 둘 곳이 없게 되는 지경에 이를 것입니다.[32] 지난 일을 가지고 보더라도 지난봄에 역변(逆變)이 일어난 것[33]은 그 유래한 바가 다만 '정명(正名)'이라는 두 글자를 강습하지 않은 잘못에 있습니다. 신이 가만히 생각건대, 오늘날의 급선무로서 이보다 더 앞서는 것이 없습니다.

정미년(1727) 가을에 명철하신 성상께서 신에게 내리신 비답에 '산림의 선비가 어찌 조정의 시비에 간여하는가.'라고 하신 말씀이 있었습니다. 진실로 성상께서 하신 말씀과 같이 산림에 있는 사람은 조정과 아득히 멀어서 서로 간섭하지 않습니다. 그러나 《맹자》에 '시비지심(是非之心)이 없으면 사람이 아니다.'[34]라고 한 말이 있으

32 명칭이……것입니다 : 이는 《논어(論語)》 〈자로(子路)〉에 보이는 공자(孔子)의 말을 원용한 것으로, "명칭이 바르지 않으면 말이 순조롭지 못하고, 말이 순조롭지 못하면 일이 이루어지지 않으며, 일이 이루어지지 않으면 예악이 일어나지 못하고, 예악이 일어나지 못하면 형벌이 알맞지 못하고, 형벌이 알맞지 못하면 백성이 손발을 둘 곳이 없게 된다.〔名不正, 則言不順, 言不順, 則事不成, 事不成, 則禮樂不興, 禮樂不興, 則刑罰不中, 刑罰不中, 則民無所措手足.〕"라고 하였다.

33 지난봄에……것 : 이는 무신년(1728, 영조4)에 일어난 '이인좌(李麟佐)의 난'을 가리킨다. 자세한 내용은 16쪽 주17 참조.

34 시비지심(是非之心)이……아니다 : 이는 《맹자(孟子)》 〈공손추 상(公孫丑上)〉에 "측은해하는 마음인 측은지심(惻隱之心)이 없으면 사람이 아니며, 자신의 악을 부끄러워하고 남의 악을 미워하는 마음인 수오지심(羞惡之心)이 없으면 사람이 아니며, 사양하는 마음인 사양지심(辭讓之心)이 없으면 사람이 아니며, 옳고 그름을 가리는 마음인 시비지심(是非之心)이 없으면 사람이 아니다.〔無惻隱之心, 非人也; 無羞惡之心, 非人也; 無辭讓之心, 非人也; 無是非之心, 非人也.〕"라고 한 맹자의 말에 보인다.

니, 이미 이 마음을 가지고 있다면 시비를 가리는 즈음에 또 무슨 방법으로 지금 세상의 사람들이 지적하여 책망하는 가운데에 들어가지 않을 수 있겠습니까.

마을의 명칭이 '승모(勝母)'라 하므로 증자(曾子)는 그 마을에 들어가지 않았고, 고을의 명칭이 '조가(朝歌)'라 하므로 묵자(墨子)는 수레를 돌렸습니다.[35] 이 경우는 다만 고을과 마을의 명칭일 뿐인데도 오히려 돌아보지 않은 채 떠나가 버렸습니다. 지금 '역당'이라는 것이 어떠한 명칭입니까. 이 명칭이 아직 바르지 못한데 줄곧 한가롭게 있는다면, 신은 그 몸을 자중자애하는 선비들이 틀림없이 벼슬길에 쉽사리 발을 내딛지 못하여서, 물에 빠져서 다 같이 패망하지 않을까[36] 걱정스럽습니다."

35 마을의……돌렸습니다 : 이는 증자(曾子)가 효성이 지극하였기 때문에 '어머니를 이긴다'는 뜻을 지닌 '승모(勝母)'라는 마을에 들어가지 않았고, 묵자(墨子)가 검소함을 주장하여 음악을 금기시하였기 때문에 '조가(朝歌)'라는 고을을 떠나갔다는 고사이다. 추양(鄒陽)의 〈어옥상서자명(於獄上書自明)〉에 "현(縣)의 명칭이 승모인 것을 보고 증자가 들어가지 않았고, 고을의 명칭이 조가인 것을 보고 묵자가 수레를 돌렸다.〔縣名勝母而曾子不入, 邑號朝歌而墨子回車.〕"라는 글이 있는데, 이에 대해 사마정(司馬貞)의 《색은(索隱)》에서 "《회남자》와 《염철론》에는 모두 '마을 명칭〔里名〕이 승모인 것을 보고 증자가 들어가지 않았다.'라고 되어 있는데, 이는 명칭이 불순하기 때문이다.〔淮南子及鹽鐵論竝云里名勝母, 曾子不入. 蓋以名不順故也.〕"라고 설명하였다. 《史記 卷83 鄒陽列傳》

36 물에……않을까 : 이 말은 본래 《시경(詩經)》 〈소아(小雅) 소민(小旻)〉에 나오는 것으로, "국론(國論)이 비록 정해지지 않았으나 혹 통명(通明)하거나 그렇지 못하기도 하며, 백성들이 비록 많지 않으나 혹 명철하거나 지모가 있기도 하며, 혹 엄숙하기도 하고 잘 다스려진 이도 모두 있으니, 저 흐르는 물과 같아서 물에 빠져서 다 같이 패망하지 않을까.〔國雖靡止, 或聖或否, 民雖靡膴, 或哲或謀, 或肅或艾, 如彼流泉, 無淪胥以

또 다음과 같이 말하였다.

"조정에서는 아첨하는 풍기가 유행하여 올곧은 선비가 입을 다문 지 오래되었습니다. 이번에 듣건대, 어떤 한 유신(儒臣)이 봉장(封章)을 올려 조정에 호소하면서 시휘(時諱)를 촉범하며 사람들이 말하지 못한 것을 능히 말하였다고 하였습니다. 그 외로운 충심과 정직한 기운이 사람을 송연하게 만들었으니, 이는 참으로 이른바 '시끄럽게 지저귀는 온갖 잡새의 무리 중에 갑자기 가을 하늘을 나는 한 마리 물수리를 본다.'라고 한 경우입니다. 그런데 전하께서는 그를 절새(絶塞)의 불모지로 귀양 보내셨으니, 이는 성덕(聖德)에 있어서 손상되는 바가 작지 않은 것입니다. 그런데도 신은 감히 한마디 말을 올려 이를 바로잡지 못하였으니, 이와 같은데도 오히려 언관(言官)이라는 이름을 안은 채 헛되이 그 직함만 띠고 있도록 하루라도 내버려 둘 수 있겠습니까."

당시에 이공 양신(李公亮臣)이 소(疏)를 올려 이광좌(李光佐)의 열 가지 죄에 대해 논하다가 먼 변방으로 귀양 가게 되었다.[37] 그러므로 소(疏)의 말미에서 이것을 언급한 것이다. 비답에서 "개연(慨然)스럽다."라고 효유하고 그 직임을 체직하였다.[38] 또 별유를 내려서 집의에

敗?]"라고 하였다. 여기서 '윤(淪)'은 빠짐의 뜻이고, '서(胥)'는 서로의 뜻인바, 다 같이 끌고 들어가서 함정 따위에 빠지는 것을 말한다.

37 당시에……되었다 : 이는 1729년(영조5) 2월 28일에 부수찬 이양신(李亮臣)이 소(疏)를 올려서 영의정 이광좌(李光佐)의 12가지 죄상에 대해 성토하였다가 함경도 경원(慶源)으로 귀양 가게 된 사건을 가리킨다. 《承政院日記 英祖 5年 2月 28日》《英祖實錄 5年 2月 28日》

38 비답에서……체직하였다 : 박필주가 올린 소(疏)에 대해 영조가 내린 비답에서

제수하니, 소(疏)를 올려서 사양하였다.

경술년(1730, 영조6)에 겨울에 천둥이 치는 변이로 말미암아 소명을 내리자, 소(疏)를 올려서 경계하는 말씀을 아뢰었다. 신해년(1731)에 별유를 내려서 간곡한 말로 부르고, 또 명하여 소대에 들어와 참여하게 하였다. 선생은 혹 어버이의 기일과 지친의 상사(喪事)를 당하면 때로 경사(京師)의 길을 왕래하기도 하였는데, 관직이 있으면 바로 사직하는 글을 통하여 수실(首實)하였다.[39] 이때에 이르러 사관(史官) 홍창한(洪昌漢)이 선생이 경사에 들어온다고 잘못 아뢰었기 때문에 이러한 명이 내려진 것이다. 이에 선생은 소(疏)를 올려서 사양하였다.

인조대왕의 능을 천장할 적에[40] 복(服)을 입고서 새 능에 나아가

"소(疏)의 말미에서 이양신의 일을 칭찬한 것은, 듣고 본 것이 잘못되어서 이처럼 추중하고 허여하는 것인가? 그렇지 않으면 어찌 개연(慨然)스럽지 않겠는가. 사양한 바가 이와 같으니, 본직에 대해서는 지금 우선 체직을 허락한다.〔疏末奬李亮臣事, 無乃聞見之過爽, 若是推許耶? 不然則寧不慨然耶? 所辭如此, 本職今姑許遞焉.〕"라고 한 내용이 보인다. 《承政院日記 英祖 5年 3月 6日》《黎湖先生年譜 卷1 己酉》

39 선생은……수실(首實)하였다 : 이 부분에 해당하는 《연보(年譜)》의 내용에는 "선생은 관위(官位)가 아직 높지 않았을 때에 혹 어버이의 기일과 지친(至親)의 상사(喪事)를 당하면 어쩔 수 없이 경중(京中)을 왕래하였으나 여러 날 동안 머무른 적이 없었고, 관직이 있을 때에는 바로 사직하는 소(疏)를 통하여 수실(首實)하였다.〔先生於官位未高之時, 或値親忌與至親喪故, 不免往來京中, 而未嘗多日淹留, 有官時則輒因辭疏首實焉.〕"라고 하였다. 《黎湖先生年譜 卷1 辛亥》 수실(首實)은 자신 또는 다른 사람이 잘못이나 죄를 저지른 사실을 관부(官府)에 알려 설명하는 것을 말한다.

40 인조대왕의……적에 : 이는 인조와 인열왕후(仁烈王后)의 능인 '장릉(長陵)'을 천장(遷葬)한 일을 가리킨다. 장릉은 현재 경기도 파주시 탄현면 갈현리에 있는데, 초장지는 파주의 북운천리였다. 1731년(영조7) 8월 18일 영조가 친히 장릉에 행차하여 신시(申時)에 현궁을 여는 예를 거행하고, 27일에 영여(靈轝)를 발인하여 교하(交河)의

곡하였다. 선의왕후(宣懿王后)의 상제(祥祭)[41]에 "밖에 있으면서 오지 않은 사람에 대해 정죄하라."라는 명이 내려지자, 선생이 장소(章疏)를 올려 스스로 인핵(引劾)하였고, 동지에 또 소(疏)를 올려서 경계하는 말씀을 아뢰었다. 계축년(1733, 영조9)에 연달아 군자감 정과 장악원 정에 제수되고 집의로 옮겨졌으나 이윽고 체직되었다. 을묘년(1735)에 원자보양청(元子補養廳)의 요속(僚屬)에 차임되어 소명(召命)이 내려졌는데 소(疏)를 올려서 사양하였다. 병진년(1736)에 진선에 제수되었는데 거듭 소(疏)를 올려 사양하고 동궁을 책봉하는 예를 행할 때에 참여하지 않은 죄에 대해 인책(引責)하였다.

정사년(1737)에 장소(章疏)를 올려서 사직하고 아울러 《여사서(女四書)》와 《내훈(內訓)》을 반사한 것에 대해 사은하였다. 또 경연관으로 부르자 소(疏)를 올려서 사양하고 이어서 경계하는 말씀을 아뢰었는데, 그 내용은 다음과 같다.[42]

"신(臣)은 달리 아는 바는 없으나 다만 경적(經籍)에 대하여 규반(窺斑)[43]함이 없지는 않아서 평심(平心)의 설(說)을 대략 배웠으니, 지

새 능에 이르러 성빈(成殯)한 다음, 30일 축시(丑時)에 천전(遷奠)을 거행하였다. 《英祖實錄 8月 18日, 27日, 30日》

41 선의왕후(宣懿王后)의 상제(祥祭) : 선의왕후(宣懿王后, 1705~1730)는 경종의 계비(繼妃)로, 본관은 함종(咸從)이며 영돈녕부사 어유구(魚有龜)의 딸이다. '상제'는 대상제(大祥祭)로, 1732년 6월 29일에 경휘전(敬徽殿)에서 거행되었다. 《承政院日記 英祖 8年 6月 29日》 《英祖實錄 8年 6月 29日》

42 그 내용은……같다 : 이때 올린 소(疏)의 내용은 《승정원일기(承政院日記)》 영조 13년 윤9월 4일 기사와 《여호집(黎湖集)》 권4 〈별유후진계소(別諭後陳戒疏)〉에 보인다.

43 규반(窺斑) : '규표일반(窺豹一斑)'의 준말로, '표범 가죽의 무늬 한 점만을 엿보았

금 감히 전하를 위하여 이 말씀을 아룁니다. 무릇 '평(平)'이라는 것은 법칙에 딱 들어맞아서 조금이라도 편중됨이 없는 것을 이릅니다. 사람에게 있는 마음〔心〕은 물(物)에 응하는 것을 일삼는데, 물(物)이 이르러 옴에 크거나 작거나 한결같이 당연한 이치를 가지고 분별하여 응해 나가야 하고 아주 조금이라도 사사로운 뜻으로 낮추거나 높이는 바가 있어서는 안 됩니다. 예컨대, 1분(分)에 해당하는 희(喜)이면 1분(分)만큼만 하는 것이 평(平)이 되니 만약 이를 지나쳐서 2분(分)만큼 하는 데에 이르면 이는 평(平)이 아닌 것입니다. 또 2분(分)에 해당하는 노(怒)이면 2분(分)만큼만 하는 것이 평(平)이 되니 만약 이를 지나쳐서 3분(分)만큼 하는 데에 이르면 이는 평(平)이 아닌 것입니다.

대체로 오직 평(平)한 뒤에야 천칙(天則 하늘의 법칙)이 분명해지고 사리(事理)가 합당해지는 법이니, 천하의 온갖 일에 미루어 봄에 진정한 의리가 아닌 것이 없게 됩니다. 그렇지 않고서 편중하는 데에 관계된다면 일체의 응용(應用)이 모두 마땅함을 얻지 못하게 되니 이른바 평(平)이라는 것과 멀어지게 될 뿐만이 아닙니다.

지금 군하(群下)가 다투는 것은 시비가 어떠한지는 따지지 않고 떠들썩하게 싸우며 서로 격앙되어서 육박전(肉薄戰)의 형세를 이루

다'라는 의미인바, 전체를 보지 못하고 일부분만 보아서 견문이 좁은 것을 말하는데, 여기에서는 겸사로 말한 것이다. 동진(東晉) 때의 서법가(書法家)인 왕헌지(王獻之)가 어린아이였을 적에 문생(門生)들이 저포(樗蒱) 놀이를 하는 것을 보고 훈수하였는데, 문생들이 그를 어린아이라 얕잡아 보고 말하기를, "이 도련님은 또한 대롱 속으로 표범 가죽을 엿보는 것이니, 때로 무늬 한 점을 볼 뿐이다.〔此郎亦管中窺豹, 時見一斑.〕"라고 한 데에서 온 말이다. 《晉書 卷80 王獻之列傳》

고 있으니, 이는 진실로 평(平)하지 못한 것입니다. 그러나 평(平)하지 못한 죄는 단지 군하에게 있을 뿐이니, 어찌 전하의 지극히 평(平)하신 마음의 본체〔心體〕에 간여됨이 있겠습니까. 하지만 지금 군하가 망령되이 행동하는 것에 대해 참지 못하여 허다하게 격노하는 지경에 이른다면, 이는 전하의 마음이 먼저 스스로 평(平)하지 못함을 면치 못하는 것이니, 군하의 평(平)하지 못함을 금지하고자 하시지만 이는 헝클어진 실을 풀다가 도리어 그것을 헝클어뜨리는 경우에 가깝지 않겠습니까.

'칠정(七情) 중에 노(怒)는 쉽게 발하여 제재하기 어렵다.〔七情之怒 易發難制〕'[44]라고 한 정자(程子)의 한마디 말씀은 그 무엇보다도 '노(怒)' 자의 정상(情狀)을 잘 헤아린 것인데, '노(怒)한 마음을 잊고 이치를 살펴본다.〔忘怒觀理〕'[45]라는 말씀은 또 노(怒)를 다스리는 데에 절실하고도 긴요한 방법을 알려 준 것입니다. 전하께서 이것을 꼭 옛날 사람의 말로 여기지 마시고 다만 자기의 말처럼 여겨서 실제로 그 경계를 밟아 몸소 실현해 내신다면 이른바 '도(道)에 있어서 절반이 넘게 깨달은 것이다.〔於道思過半〕'[46]라고 한 것에 대해 또한

44 칠정(七情)……어렵다 : 이는 정호(程顥)의 말로, 《이정문집(二程文集)》 권3 〈명도문집(明道文集) 3 답횡거선생정성서(答橫渠先生定性書)〉에 "무릇 사람의 정(情)이 쉽게 발하여 제재하기 어려운 것은 오직 노(怒)가 심한 것이 되니, 다만 노할 때에 급히 노한 마음을 잊고 이치의 옳고 그름을 관찰한다면 외물(外物)의 유혹이 미워할 것이 못됨을 알 것이고 도(道)에 있어서도 절반이 넘게 깨달은 것이다.〔夫人之情, 易發而難制者, 惟怒爲甚, 第能於怒時, 遽忘其怒, 而觀理之是非, 亦可見外誘之不足惡, 而於道亦思過半矣.〕"라고 보인다. 이 말은 《근사록(近思錄)》 권2 〈위학(爲學)〉과 《이정수언(二程粹言)》 권하(卷下) 〈심성편(心性篇)〉 등에도 보인다.

45 노(怒)한……살펴본다 : 29쪽 주44 참조.

단연코 알 수 있을 것입니다.

옛날에 장사숙(張思叔)이 마부를 꾸짖자, 정자(程子)가 경계하기를, '어찌하여 마음을 분발하고 성질을 참지 않는가.'라고 하였습니다.[47] 이는 혈기(血氣)에 의해 동요됨은 마음을 다스리는 도(道)가 아닌 데에다, 이것을 가지고서 다른 사람에게 행하면 다른 사람이 그다지 복종하지 않기 때문입니다. 아아, 저 지극히 미천한 마부조차도 오히려 꾸짖어서는 안 되는데 더구나 군주로서 신린(臣隣)[48]을 질책한다면, 마음을 분발하고 성질을 참지 못하는 것이 얼마나 심각하겠습니까.

46 도(道)에……것이다 : 29쪽 주44 참조.

47 옛날에……하였습니다 : 정자(程子)는 이천(伊川) 정이(程頤)이고, 장사숙(張思叔)은 정이의 제자 장역(張繹)으로, 사숙은 그의 자(字)이다. 이 내용은《근사록(近思錄)》권5〈극기(克己)〉에 "장사숙이 마부를 꾸짖자, 이천이 '어찌하여 마음을 분발하고 성질을 참지 않는가.'라고 말씀하니, 장사숙이 부끄러워하고 사죄하였다.〔思叔詬詈僕夫. 伊川曰: 何不動心忍性? 思叔慙謝.〕"라고 보인다. '마음을 분발하고 성질을 참다〔動心忍性〕'는 본래 맹자(孟子)의 말로,《맹자》〈고자 하(告子下)〉에 "하늘이 장차 큰 임무를 어떤 사람에게 내리려 할 적에는 반드시 먼저 그의 마음을 괴롭게 하고 그의 근골(筋骨)을 수고롭게 하며, 그의 몸을 굶주리게 하고 그의 몸을 궁핍하게 하여, 어떤 일을 행함에 그가 하는 일이 뜻대로 되지 않게 하니, 이는 그렇게 함으로써 마음을 분발시키고 성질을 참게 하여, 그가 할 수 없는 일을 해낼 수 있게 해주려는 것이다.〔天將降大任於是人也, 必先苦其心志, 勞其筋骨, 餓其體膚, 空乏其身, 行拂亂其所爲, 所以動心忍性, 曾益其所不能.〕"라고 하였다.

48 신린(臣隣) : 이는《서경(書經)》〈우서(虞書) 익직(益稷)〉에 "신하가 이웃이며 이웃이 신하이다.〔臣哉鄰哉, 鄰哉臣哉.〕"라고 한 순(舜)임금의 말에서 나온 것인바, 군주를 좌우에서 정직하게 보필하는 사람을 가리키는 것으로, 근신(近臣)의 역할을 강조한 말이다.

군주는 천지와 생민에 대해 책임을 맡았으니, 마땅히 '살리기 좋아하는 것〔好生〕'으로 덕(德)을 삼아야 하고 조금이라도 '죽이려는 마음〔殺心〕'을 열어 놓아서는 안 됩니다. 그런데 최근에 내리신 '참수한다', '주벌을 용서한다' 등의 하교[49]는 이 의리와 어긋나는 점이 없을 수 있겠습니까. 선정(先正)을 배척하고 욕하는 데에 이르러서는 크고 훌륭하신 덕에 더욱 손상되는 바가 있으니, 삼가 생각건대, 명철하신 성상께서는 틀림없이 곧바로 그 잘못을 깨닫고서 깊이 후회하고 계실 것입니다. 음성과 얼굴빛은 백성을 교화시킴에 있어 말단이 되고,[50] 말을 안정되게 함은 백성을 편안하게 하는 근본이

49 최근에……하교 : 1737년(영조13) 8월 13일에 영조는 사간 조태언(趙泰彦)을 파직하고서 "조태언의 머리를 가져오는 것을 웃으면서 보고자 한다.〔欲笑見泰彦之頭來矣.〕"라고 하교하였고, 또 "돈화문에서 팽형(烹刑)에 처해야 하니, 빨리 와서(瓦署)에 명해 큰 가마솥을 만들어 대령하도록 하라.〔當於敦化門烹之, 亟命瓦署造大釜以待.〕"라고 하교하였다. 이에 영의정 이광좌(李光佐)가 차자를 올려서 조태언을 극형에 처한 명을 거둘 것을 청하자, 조태언에 대해 흑산도(黑山島)로 찬축(竄逐)해 위리안치하라고 명하였다. 이때 영조가 내린 비망기에 "조태언의 방자함을 이루 다 주벌할 수 있겠는가. 대신(大臣)과 중신(重臣)과 유신(儒臣)과 대신(臺臣)과 승선이 진달한 바로도 그 머리를 베는 것은 용서하기 어렵다. 그러나 영의정이 병을 참아가며 차자를 올려 아뢰었으니, 그의 광보(匡輔)에 깊이 감동하여 비록 비답을 내려 윤허하였지만 차율(次律)에 있어서 어찌 심상하게 할 수 있겠는가. 주벌을 용서받은 죄인 조태언을 흑산도에 천극하여 즉일로 압송하라.〔泰彦放恣, 可勝誅乎? 以大臣重臣儒臺承宣所達, 其頭難貸. 元輔力疾陳箚, 深感匡輔, 雖允批旨, 其於次律, 豈可尋常? 貸誅人泰彦, 黑山島栫棘, 卽日押送.〕"라고 하였다. 《承政院日記 英祖 13年 8月 13日》《英祖實錄 13年 8月 13日》

50 음성과……되고 : 이 말은 《중용장구(中庸章句)》 제33장에 "《시경(詩經)》 〈대아(大雅) 황의(皇矣)〉에, '나는 밝은 덕(德)이 음성과 얼굴빛을 대단찮게 여김을 생각한다.'라고 하였는데, 공자(孔子)께서 말씀하였다. '음성과 얼굴빛은 백성을 교화시키는 데에 있어 말단이다.'〔詩云: 予懷明德不大聲以色. 子曰: 聲色之於以化民末也.〕"라고

되니,[51] 바라건대 전하께서는 이를 생각하여 마음이 늘 여기에 있도록 하십시오.

그리고 군자는 말을 함에 있어서 또한 평상적이고 일반적인 것을 말할 뿐입니다. 그런데 지난번에 내리신 '선천(先天)'의 하교[52]와 근일에 내리신 '혼돈(混沌)·개벽(開闢)'의 하교[53]를 번번이 거론하시는 것은 아마도 이와 차이가 있을 듯합니다. 성상의 의도는 진실로 격려하고 진작시켜 새롭게 만들어서 군하를 통솔하려는 데에 있으시니, 다만 '지금부터 시작하여 통렬히 이전의 습관을 고친다'라는 뜻으로 말씀을 하시면 불가할 것이 없습니다. 그런데 어찌 별반(別般)의 명목(名目)을 새롭게 만들어서 사용하시는 것입니까. 대체로

한 데에 보인다.

51 말을……되니 : 이 말은 《예기(禮記)》 〈곡례 상(曲禮上)〉에 "경(敬)하지 않음이 없어 엄숙히 생각하는 듯이 하며 말을 안정되게 하면, 백성을 편안하게 할 것이다.〔毋不敬, 儼若思, 安定辭, 安民哉.〕"라고 한 데에 보인다.

52 지난번에……하교 : '선천(先天)'은 '부저선천사(付諸先天事)' 또는 '부저선천(付諸先天)'을 줄여서 말한 것이다. 이는 영조가 탕평책을 추진하는 과정에서 자주 언급한 말로, 과거에 발생하였던 당론과 관계된 첨예한 사안들을 모두 불문에 부치고 다시는 시비를 따지지 않겠다는 의미를 담고 있다. 사료에서 처음으로 보이는 기록은 《승정원일기(承政院日記)》 영조 4년 4월 24일 기사로, "이미 지나간 일은 선천의 일에 부친다.〔往事, 付諸先天事.〕"라고 하였다.

53 근일에……하교 : 1737년(영조13) 8월 28일에 영조가 인정문(仁政門)에서 조참(朝參)을 받은 다음 공경(公卿) 이하 시종(侍從) 등에게 유시(諭示)를 발표하였는데, 이 글에 "십야(十夜) 이전의 일은 혼돈(混沌)에 부칠 터이니, 지금 이후는 바로 하나의 개벽(開闢)이다.〔十夜以前, 付諸混沌, 于今以往, 卽一開闢.〕"라고 한 부분을 가리킨다. 이는 정국을 일신할 것을 천명하고 신료들에게 편당(偏黨)을 짓지 말 것을 당부한 말이다. 《承政院日記 英祖 13年 8月 28日》《英祖實錄 13年 8月 28日》

이 용사(用事 전고를 인용함)가 어긋남이 본래 매우 미세하니 만약 개진(開陳)하는 자가 있었다면 전하께서는 틀림없이 속히 줄여서 없애셨을 것입니다. 다만 군하가 지나치게 전하의 뜻을 그대로 받드는 데에서 연유하여 마침내 한결같이 말씀을 신중히 하지 못하게 되신 것입니다. 군하를 이와 같이 만드셨으니, 이것이 어찌 전하께서 마땅히 돌이켜 살펴보아야 할 바가 아니겠습니까.

원수(元首)와 고굉(股肱)은 한몸으로서 서로를 필요로 합니다.[54] 그러므로 비록 상성(上聖 지고의 성인)이 군림하더라도 결코 독자적으로 움직여서는 안 되고 반드시 신하가 보좌하고 미륜(彌綸)[55]하는 도움을 받아야 하며, 과실이 있는 경우에는 또 반드시 극진하게 직간

54 원수(元首)와……합니다 : '원수(元首)'는 머리로, 군주를 가리키고, '고굉(股肱)'은 팔다리로, 신하를 가리킨다. 《서경(書經)》 〈우서(虞書) 익직(益稷)〉에 "순임금이 말씀하였다. '신하는 짐의 팔다리와 눈과 귀가 되어야 한다.'〔帝曰: 臣作股肱耳目.〕"라고 하였는데, 이에 대한 공영달(孔穎達)의 소(疏)에 "군주는 원수가 되고 신하는 팔다리와 눈과 귀가 되니, 대체가 한몸과 같다.〔君爲元首, 臣爲股肱耳目, 大體如一身也.〕"라고 설명하였다. 또한 〈익직〉에, 순임금이 "팔다리 같은 신하가 기쁘게 일하면 원수의 다스림도 이에 따라 일어나게 되어 백관의 공(功)이 넓어질 것이다.〔股肱喜哉, 元首起哉, 百工熙哉.〕"라고 노래하자, 고요(皐陶)가 "원수가 현명하시면 팔다리 같은 신하가 어질게 되어 모든 일이 편안할 것입니다.〔元首明哉, 股肱良哉, 庶事康哉.〕"라고 화답한 '갱재가(賡載歌)'에도 이와 같은 내용이 보인다.

55 미륜(彌綸) : 두루 포괄하여 고르게 다스리는 것을 이른다. 《주역(周易)》 〈계사전 상(繫辭傳上)〉에 "역(易)은 천지와 대등하다. 그러므로 천지의 도(道)를 미륜한다.〔易與天地準, 故能彌綸天地之道.〕"라고 하였는데, 이에 대해 주희(朱熹)의 《본의(本義)》에 "미(彌)는 미봉(彌縫)의 미(彌)와 같으니 끝내고 연합한다는 뜻이 있다. 윤(綸)은 선택하고 조리한다는 뜻이 있다.〔彌, 如彌縫之彌, 有終竟聯合之意. 綸, 有選擇條理之意.〕"라고 설명하였다.

하는 말을 겸허하게 받아들여서 과실을 고치는 데에 조금이라도 인색하거나 머뭇거려서는 안 됩니다. 이와 같이 한 뒤에야 신하의 도(道)가 위로 행하고 군주의 도(道)가 아래로 교제(交際)하게 되니,[56] 그렇지 않으면 이것과 상반되어 혼란해지고 패망하게 될 것입니다.

성상의 학문이 고명하시어 여기에 대하여 틀림없이 촛불로 비추는 것과 같이 분명하고 명백하게 아실 터인데, 다만 여러 사람에게 물어 의논하며 자기의 뜻을 굽힌 요임금과 순임금[57]처럼 하지 못하고 때때로 성상께서 독자적으로 지혜를 부리시니, 원근의 사람들이 모두 근심하며 탄식하고 있습니다. 신은 바라건대, 전하께서는 이러한 것을 초래한 원인에 대해 깊이 생각하여 마음과 생각을 깨끗하게 씻어내고 병통의 뿌리와 줄기를 뽑아 제거하여 다시는 조금도 남겨두지 마시고, 반드시 부자(夫子)가 정공(定公)에게 고한 말씀[58]을

56 신하의……되니 : '위로 행하다〔上行〕'와 '아래로 교제하다〔下濟〕'는 본래 《주역(周易)》 〈겸괘(謙卦)〉에 보이는 말로, 단사(彖辭)에 "겸(謙)은 형통하니, 군자는 끝까지 지키는 것이 있다.〔謙亨, 君子有終.〕"라고 하였는데, 이에 대한 단전(彖傳)에 "'겸은 형통하다'는 것은 천도(天道)가 아래로 교제(交際)하여 광명(光明)하고, 지도(地道)가 낮아 위로 행하는 것이다.〔謙亨, 天道下濟而光明, 地道卑而上行.〕"라고 하였다. 정이(程頤)의 《역전(易傳)》에 "제(濟)는 마땅히 제(際)가 되어야 한다.〔濟, 當爲際.〕"라고 설명하였다.

57 여러……순임금 : '여러 사람에게 물어 의논하며 자기의 뜻을 굽힌다〔稽衆舍己〕'라는 것은 본래 순임금이 요임금을 칭송하여 한 말로, 《서경(書經)》 〈우서(虞書) 대우모(大禹謨)〉에 "여러 사람에게 물어 의논하며 자기의 뜻을 굽히고 남을 따르며 하소연할 곳이 없는 자들을 학대하지 않으며 곤궁한 자들을 버려두지 않는 것은 오직 요임금만이 이것을 잘하셨다.〔稽于衆, 舍己從人, 不虐無告, 不廢困窮, 惟帝時克.〕"라고 하였다.

58 부자(夫子)가……말씀 : 부자는 공자(孔子)로, 이 내용은 《논어(論語)》 〈자로(子路)〉에 다음과 같이 보인다. 노(魯)나라 정공(定公)이 "한마디 말로 나라를 흥하게

가지고 지극한 경계로 삼으십시오. 이와 같이 하신다면 국가의 일에 있어 몹시 다행일 것입니다."

반복하여 경계하는 말씀을 아뢰었는데, 말이 매우 간절하고 절실하였다.

무오년(1738, 영조14)에 발탁되어서 승정원 동부승지에 제수되었는데 소(疏)를 올려서 사양하고 아울러 《춘추집전(春秋集傳)》을 반사(頒賜)한 것에 대해서 사은하였다. 기미년(1739)에 사신(史臣)이 아뢴 것으로 말미암아 명하여 쌀과 콩, 어고(魚藁 건어물)를 하사하였는데, 소(疏)를 올려서 사양하고 사은하였다.

경신년(1740)에 세자 찬선에 제수되고 이어서 쌀과 콩을 하사받았다. 당시에 먼저 찬선의 직함을 받은 자가 있었는데, 우의정 유 문익공(兪文翼公) 척기(拓基)가 아뢰어서 1원(員)을 가설(加設)하여 선생을 특별히 제수할 것을 청하고 또 음식물을 하사할 것을 청하였으므로 이러한 명이 내려진 것이다. 선생이 소(疏)를 올려서 사양하고 사은하

할 수 있다고 하는데, 그런 말이 있습니까?〔一言而可以興邦, 有諸?〕"라고 묻자, 공자가 대답하기를, "한마디 말로 이와 같은 효과를 기대할 수는 없습니다만, 사람들 말에 '임금 노릇하기가 어렵고, 신하 노릇하기가 쉽지 않다.'라는 말이 있는데, 만약 임금 노릇하기가 어려운 줄을 안다면, 이 한마디 말로 나라의 흥성을 기대할 수 있지 않겠습니까.〔言不可以若是其幾也. 人之言曰: 爲君難, 爲臣不易. 如知爲君之難也, 不幾乎一言而興邦乎?〕"라고 하였다. 이에 정공이 또 "한마디 말로 나라를 잃는다고 하는데, 그런 말이 있습니까?〔一言而喪邦, 有諸?〕"라고 묻자, 공자가 대답하기를, "한마디 말로 이와 같은 결과를 예측할 수는 없습니다만, 사람들 말에 '나는 임금이 된 것이 즐거운 게 아니라 내가 말을 하면 아무도 어기지 않는 게 즐거울 뿐이다.'라는 말이 있습니다. 만약 임금의 말이 옳아서 어기지 않는 것이라면 또한 좋지 않겠습니까마는, 만약 임금의 말이 옳지 않은데도 어기지 않는 것이라면, 이 한마디 말로 나라를 잃는 결과를 예측할 수 있지 않겠습니까.〔言不可以若是其幾也. 人之言曰: 予無樂乎爲君, 唯其言而莫予違也. 如其善而莫之違也, 不亦善乎? 如不善而莫之違也, 不幾乎一言而喪邦乎?〕"라고 하였다.

였다. 또 호조 참의에 제수되자 소(疏)를 올려서 사양하였다.

별유를 받았는데 거듭 소(疏)를 올려서 사양하였다. 또 소(疏)를 올려서 기자(箕子)와 공자(孔子)와 주자(朱子) 등 세 성인(聖人)을 모신 서원을 훼철하지 말 것을 청하니, 그 내용은 다음과 같다.[59]

"신이 듣건대, 조정에서 갑오년(1714, 숙종40) 이후에 건립된 서원을 훼철하도록 하는 새로운 명을 내렸는데[60] 기성(箕聖 기자)과 주자를 모신 사우(祠宇)도 그 가운데에 포함되어 있다고 합니다. 신이 가만히 생각건대, 서원이 많이 건립된 것은 진실로 그 폐단을 이루 말할 수 없으니, 그 중에서 구별하여 제향에 걸맞지 않은 사람을 출거(黜去)하는 것은 사질(祀秩 제사의 격식과 등급)을 바루고 선비의 추향(趨向)을 밝히는 방도가 되기에 문제가 없을 것입니다. 그러나 위로 기성과 주자를 모신 곳까지 포함한 것으로 말하면, 소식을 듣자마자 실로 의아함이 깊어졌습니다.

59 그 내용은……같다 : 이때 올린 소(疏)의 내용은 《승정원일기(承政院日記)》 영조 17년 8월 7일 기사와 《여호집(黎湖集)》 권4 〈사찬선겸청물훼기주사원소(辭贊善兼請勿毁箕朱祠院疏)〉에 보인다.

60 조정에서……내렸는데 : 이는 1741년(영조17) 4월 8일에 하교를 내려서 전국의 서원 및 사묘(祠廟) 중에서 사사롭게 건립된 것과 사사롭게 제향하는 것들을 모두 없애도록 한 일을 가리킨다. 영의정 김재로(金在魯)가 갑오년(1714, 숙종40)에 내려졌던 수교(受敎)를 언급하며, 대신이나 유현을 모신 서원이라고 하더라도 조정에 보고하지 않고 건립하였거나 마음대로 추향(追享)하는 곳들은 모두 철거하고 아무리 주자를 모신 곳이라고 하더라도 전부 다 철거하라는 내용이었다고 아뢰자, 영조가 이를 받아들여서 갑오년 이후로 조정에 보고하지 않고 사사롭게 건립한 사원(祠院)과 사사롭게 추향하는 경우에는 대신이나 유현을 논하지 말고 모두 철거하라는 하교를 내렸다. 《承政院日記 英祖 17年 4月 8日》《英祖實錄 17年 4月 8日》

무릇 서원의 체재가 비록 국학과 다르다고는 하지만 도(道)를 강학하고 선현을 높이는 것은 각각 그 의리를 오로지하니, 만일 훼철하여서는 안 되는데 훼철하는 경우가 있으면 세도(世道)의 흥망을 이를 통해 점칠 수 있을 것입니다. 더구나 우리 동국의 사람들은 기성의 팔조(八條)의 가르침[61]을 받아 오랑캐가 됨을 면하여 만대토록 길이 은혜를 입고 있고, 주자로 말하면 해내와 해외 온 누리에서 모두 높여서 받들고 있으니, 똑같이 그 교화가 무궁무진하고 은덕이 다함이 없습니다. 비록 저 사자(士子)들이 제멋대로 사우를 건립하였지만, 무릇 기성과 주자를 모시는 사우인 이상, 그 사체(事體)가 다른 곳들과는 현격히 다르니, 단연코 훼철하는 범주에 일괄적으로 포함시킬 수 없는 것입니다.

또 삼가 듣건대, 이산(尼山)의 '궐리(闕里)'라는 지명을 가진 곳에서 공씨(孔氏) 성을 가진 어떤 사람이 선성(先聖 공자)의 묘예(苗裔)

61 기성의 팔조(八條)의 가르침 : 이는 은(殷)나라의 기자(箕子)가 조선(朝鮮)에 와서 제정하였다고 하는 소위 '범금팔조(犯禁八條)'를 가리키는바, 여기에 대해서는 다소 이설이 존재한다. 총 8개의 조목 가운데에 현재 3개의 조목만 남아있는데, 이와 관련된 기록으로 《한서(漢書)》 권28하 〈지리지(地理志)〉에 "은나라의 도(道)가 쇠하자 기자가 조선으로 떠나가 그곳의 백성을 예의로써 가르치고, 경작하고 양잠하며 옷감을 짜게 하였다. 낙랑(樂浪)과 조선의 백성에게는 '범금팔조'가 있었으니, 다른 사람을 죽이면 그 즉시 죽음으로 보상하게 하고, 다른 사람에게 상해를 입히면 곡식으로 보상하게 하며, 다른 사람의 물건을 훔친 경우에는, 남자는 잡아다가 가노(家奴)로 삼고 여자는 비(婢)로 삼는데, 스스로 보상하고자 하는 자는 한 사람당 50만 전(錢)을 내게 하였다. 〔殷道衰, 箕子去之朝鮮, 教其民以禮義, 田蠶織作. 樂浪、朝鮮民犯禁八條, 相殺, 以當時償殺, 相傷, 以穀償, 相盜者, 男沒入爲其家奴, 女子爲婢, 欲自償者, 人五十萬.〕"라고 한 내용이 보인다.

라 칭하고 한 칸짜리 사우를 세워서 선성의 영정을 봉안하였는데 이 또한 철거되는 대상 속에 함께 포함될 것이라고 하니, 또 몹시 깜짝 놀랄 만한 일입니다. 선성의 신령이 밝게 빛나서 임하지 않는 곳이 없으니, 이는 만고를 지내오도록 늘 하루처럼 변함없는 것입니다. 당초에 영정을 봉안한 일의 잘잘못은 차치하고 논하지 않더라도, 지금에 이르러서 다른 일을 가지고 미루어 올라가서 훼철의 대상에 포함시키는 것은 지극히 온당하지 못한 처사입니다. 삼가 바라건대, 전하께서는 급히 명을 내려 이를 중지시켜서 천하 후세가 질책하여 의논하는 대상이 되지 마십시오. 이와 같이 하신다면 사림에 있어서도 매우 다행일 것이며, 국가에 있어서도 매우 다행일 것입니다."

성상이 또 별유를 내리고 액정(掖庭)의 사람을 보내어 존문(存問)하며 낙죽(駱粥)을 하사하였는데, 소(疏)를 올려서 사양하고 사은하며 다시 서원에 관한 일을 아뢰었으니, 그 내용은 다음과 같다.[62]

"성상의 비답에 '도(道)를 바루고 어진 이를 높이는 것이다.'라고 하교하셨는데,[63] 신이 살아 있는 사람을 가지고 비유해 보겠습니다. 무릇 그 장옥(墻屋)을 철거하여 안정되게 거처할 수 없도록 하고서 '내가 너를 해치는 것이 아니라 바로 너를 돌보는 것이다.'라고 말한

62 그 내용은……같다 : 이때 올린 소(疏)의 내용은《승정원일기(承政院日記)》영조 18년 1월 2일 기사와《여호집(黎湖集)》권4〈사소명신론사원사소(辭召命申論祠院事疏)〉에 보인다.

63 성상의……하교하셨는데 : 이는 1741년(영조17) 8월 7일에 박필주가 올린 소(疏)에 대해서 영조가 내린 비답을 가리킨 것으로, "그대가 아뢴 뜻이 비록 옳지만, 내가 고집하는 것 또한 어진 이를 높이는 것이고 또한 도(道)를 바루는 것이다.〔所陳意雖是矣, 予之所執, 亦尊賢也, 亦正道也.〕"라고 하였다.《承政院日記 英祖 17年 8月 7日》

다면 사람들이 그 말을 믿겠습니까. 다른 사우를 훼철해야 한다면 그래도 괜찮지만 세 성인의 위판(位版)이 있는 곳으로 말하면 사체(事體)와 도리(道理)를 가지고 따져 볼 때에 매우 온당하지 못함을 분명하게 알겠습니다.

무릇 애당초 사자(士子)들이 사사로이 직접 위판을 봉안하는 것은 진실로 가볍게 여겨서 함부로 하는 것 같으나 또한 배운 바가 없지는 않습니다. 창주정사(滄洲精舍)의 고사(故事)[64]가 있을 뿐만 아니라 삼가 주자의 행장(行狀)[65]을 살펴보니, 한가로이 집안에 거처한 것을 서술할 적에 '선생은 날이 밝기 전에 일어나 심의(深衣)를 입고 복건(幅巾)을 쓰고 방리(方履)를 신고 가묘(家廟)에 배알하고서 선성(先聖)에게도 배알하였다.'라고 한 내용이 있었습니다. '선성'이라고 말하였으면, 그냥 하였던 것이 아니라 틀림없이 선성의

64 창주정사(滄洲精舍)의 고사(故事) : 이는 주희(朱熹)가 정사(精舍)를 짓고 공자에게 제사를 지냈던 일을 가리킨다. '창주(滄洲)'는 본래 '물가'라는 뜻으로, 예로부터 은자(隱者)가 사는 곳을 지칭할 경우에 많이 쓰였다. 주희는 복건성(福建省) 건양(建陽)에 거처하면서 '죽림정사(竹林精舍)'라는 서실을 짓고 학문을 강론하였는데, 소희(紹熙) 5년(1194)에 그 이름을 '창주정사(滄洲精舍)'로 고쳤다. 당시 주희는 사우(祠宇)를 짓고서 선성(先聖)을 제향하였는데, 공자를 주벽(主壁)으로 삼아 그 상(像)을 가운데에 놓고 안자(顔子)·증자(曾子)·자사(子思)·맹자(孟子)를 배향(配享)하였으며, 송조(宋朝)의 주돈이(周敦頤)·정호(程顥)·정이(程頤)·소옹(邵雍)·장재(張載)·사마광(司馬光)·이통(李侗) 등을 종사(從祀)하였다. 이후 순우(淳祐) 4년(1244)에 이종(理宗)이 '고정서원(考亭書院)'이라고 사액(賜額)하였다. 《朱子大全 附錄 卷6 別本年譜》《晦庵集 卷86 滄洲精舍告先聖文》

65 주자의 행장(行狀) : 황간(黃榦)이 지은 것으로, 《면재집(勉齋集)》 권36에 〈조봉대부 문화각대제 증 보모각직학사 통의대부 시문 주선생 행장(朝奉大夫文華閣待制贈寶謨閣直學士通議大夫諡文朱先生行狀)〉이라는 제목으로 실려 있다.

유상(遺像)이 위치한 장소가 있었을 것이니, 어찌 가볍게 여겨서 함부로 하는 것을 주자가 행하였겠습니까.

또한 저 성인과 현인의 신령은 물이 땅위로 흘러 다니는 것과 같아서 어디를 가나 있지 아니한 곳이 없습니다. 진실로 정성스러운 마음으로 제향한다면 밝으신 신령이 그곳으로 나아와 계실 것입니다. 지금 사우를 건립하고 봉안하여 제향한 뒤에 저 성인의 신령이 그곳에 의지하여 계시지 않는다고 또한 어찌 장담하겠습니까. 그런데도 반드시 훼철하고자 하여 대신(臺臣)과 서로 버텨서 분분하게 날마다 조지(朝紙)[66]에 오르니, 가만히 생각건대 전하께서 도(道)를 바루고 어진 이를 높이시려는 본래의 뜻에 미흡함이 없지는 않은 듯합니다."

임술년(1742, 영조18)에 소(疏)를 올려서 동궁이 입학할 때에 참여하지 못한 죄에 대해서 인책하였다. 4월에 특명을 내려서 가선대부(嘉善大夫)로 품계를 올리고 사관(史官)을 보내어 수찰(手札)을 내리고 이어서 함께 돌아오게 하였는데, "수서(手書)로 안거(安車)를 대신한다."라는 하교가 있었다. 또 형조 참판에 제수되었는데, 누차 소(疏)를 올려서 사양하였다.

계해년(1743)에 왕세자가 홍진(紅疹 홍역)을 앓는 환후가 회복되자 소(疏)를 올려서 하례의 말씀을 아뢰고 이어서 사직하였는데 허락하지 않았다. 3월에 또 해래사관(偕來史官)을 보내어 수찰을 내렸는데 재차 소(疏)를 올려서 거듭 사양하니, 손수 쓴 비답의 내용이 더욱 권권(拳拳)하고 융숭하여 기필코 선생을 불러들이려는 뜻을 보였다. 이에 선

66 조지(朝紙) : 승정원에서 처리한 일을 날마다 아침에 적어서 반포하는 종이를 가리키는 것으로, '조보(朝報)'라고도 한다.

생이 해래사관을 먼저 거두어 달라고 회계(回啓)하고, 나아가 도성 밖에 이르러 소(疏)를 올려서 전후로 왕명을 따르지 않고 오만하게 굴었던 죄에 대해서 인책하니, 손수 쓴 비답을 내려 재촉해 불러서 하루에 세 차례나 유지(諭旨)가 내렸다. 선생이 직명(職名)을 체직시켜 전함(前銜)으로 명을 받들게 해줄 것을 청하자, 다시 명하여 사관과 함께 들어오도록 하였다.[67]

다음날 아침에 경극당(敬極堂)에서 입대(入對)하였는데, 동궁이 성상을 모시고 앉아 있었다.[68] 성상이 말씀하기를,

"'어려서 배우는 것은 자라서 그것을 행하려고 하는 것이다.〔幼學壯行〕'[69]라는 것은 유자(儒者)의 도(道)이다. 옛날에는 유자와 은자(隱

67 선생이 직명(職名)을……하였다 : 이때 박필주가 올린 소(疏)에서 "오직 간절히 바라건대, 명철하신 성상께서는 땅강아지나 개미처럼 매우 보잘것없는 신의 작은 성의를 굽어살피시어 직명을 체직해주셔서 신이 전함으로 명을 받들 수 있도록 해주십시오. 크게 우러러 간절히 바라는 이 마음을 가누지 못하겠습니다.〔惟乞聖明俯諒螻蟻之悃, 許遞職名, 俾臣得以前銜承命. 不任顒望.〕"라고 하였는데, 이에 대해 영조가 "이미 포의를 허락하였으니, 경이 만약 들어온다면 이에 어찌 고집하겠는가. 들어온 뒤에 장차 면유할 것이니, 경은 모름지기 바로 들어오라.〔旣許布衣, 卿若入來, 此何固執? 入來後將面諭, 卿須卽爲入來.〕"라고 전유하였다.《承政院日記 英祖 19年 3月 25日》《黎湖集 卷8 史官趙雲逵傳諭後書啓》

68 다음날……있었다 : 이날에 박필주(朴弼周)가 찬선(贊善)으로서 경극당(敬極堂)에 나아가 영조와 대화를 나눈 일은《승정원일기(承政院日記)》영조 19년 3월 25일 기사와《영조실록(英祖實錄)》동일 기사에 자세히 보인다.

69 어려서……것이다 : 이는 본래 맹자(孟子)의 말로,《맹자》〈양혜왕 하(梁惠王下)〉에 "사람이 어려서 배우는 것은 자라서 그것을 행하려고 하는 것인데, 왕께서 '우선 네가 배운 것을 버리고 나를 따르라.' 하신다면 어떻겠습니까?〔夫人幼而學之, 壯而欲行之. 王曰姑舍女所學, 而從我, 則何如?〕"라고 하였다.

者)가 서로 달랐는데 지금에는 유자가 반드시 은자가 되니, 이것은 어째서인가?"

라고 하자, 선생이 다음과 같이 대답하였다.

"신이 대대로 조정의 녹(祿)을 받은 집안의 후손으로서 어찌 감히 방외자(方外者)의 부류처럼 세상을 잊어버리는 데에 과감하겠습니까. 죽을병이 온몸을 얽매어 벼슬하지 못하는 것이지 감히 스스로 고매하게 여겨 작위와 봉록을 경시하는 것이 아닙니다.

가만히 삼가 듣건대, 성상의 체후가 항상 현기증을 앓고 계시다고 하니, 현기증이라는 병은 마음의 기(氣)가 손상을 받은 데에서 기인하는 것입니다. 사람이 생명을 받은 것은 수(水)와 화(火)일 뿐입니다. 화(火)가 내려가고 수(水)가 올라가야 비로소 서로 이루는 것〔交濟〕이 되니, 그렇지 않으면 위와 아래가 서로 관할해 통섭하지 못하여 온갖 병이 생겨나게 됩니다. 진실로 서로 이루고자 한다면 마음을 다잡는 것보다 더 좋은 방법은 없습니다. 마음은 화(火)이니, 발양(發揚)하여 날아오르는 것이 화(火)의 염상(炎上)[70]과 같아서 만약 조존(操存)[71]의 공부가 부족하면 마음의 기(氣)가 위로 올라가 진원

70 화(火)의 염상(炎上) : '염상'은 불꽃이 타오르면서 위로 향하는 것을 뜻하는바, 이는 《서경(書經)》 〈주서(周書) 홍범(洪範)〉에 "화(火)는 염상(炎上)이다.〔火曰炎上〕"라고 한 데에 보인다.

71 조존(操存) : 심지(心志)를 잡아 지닌다는 뜻이다. 이는 본래 공자(孔子)의 말에 보이는 것으로, 《맹자(孟子)》 〈고자 상(告子上)〉에 "공자께서 말씀하였다. '잡으면 보존되고 놓으면 없어져서 나가고 들어옴이 일정한 때가 없으며 어디로 갈지 그 방향을 알 수 없는 것은 오직 사람의 마음을 두고 말한 것이다.'〔孔子曰: 操則存, 舍則亡, 出入無時, 莫知其鄕, 惟心之謂與.〕"라고 하였다.

(眞元)이 날로 마르게 되니, 현기증은 여기에서 생겨나는 것입니다.

전하께서는 변고를 겪으셔서 마음의 기(氣)가 오래도록 손상을 받았는데, 또 불평스러운 일로 말미암아서 매번 마음의 기(氣)를 동요시키니, 이는 아마도 절선(節宣)[72]의 방도가 아닌 듯합니다. 바라건대, 명철하신 성상께서는 먼저 마음의 기(氣)를 바루고 기쁨과 노여움을 절제하셔서 아무리 비갱(沸羹)[73]의 일이 있더라도 또한 반드시 참아 내십시오. 이와 같이 하신다면 마음이 점점 화(和)해져 기(氣)가 점점 평(平)하게 될 것입니다. 비단 현기증이 저절로 치유될 뿐만이 아니니 존심(存心)과 수신(修身) 또한 이를 벗어나지 않습니다."

72 절선(節宣) : 몸 안의 기(氣)를 절제하거나 발산하여서 알맞게 조절하는 것으로, 이는 본래 정(鄭)나라의 대부 자산(子産)이 진(晉)나라의 대부 숙향(叔向)에게 한 말에 보인다. 진(晉)나라 평공(平公)이 병을 앓자 정(鄭)나라 간공(簡公)이 자산을 보내어 문병하였는데, 숙향이 평공의 병에 관하여 묻자 자산이 말하기를, "군자에게는 네 때의 일이 있어서 아침에는 정사를 처리하고 낮에는 자문을 구하고 저녁에는 정령을 수정하고 밤에는 몸을 편히 쉰다고 합니다. 이에 몸 안의 기(氣)를 절제하기도 하고 발산하기도 하여 기(氣)가 막히거나 적체되어 몸을 파리하게 하지도 말고 마음이 밝지 않아 모든 일에 혼란이 있게 하지도 말아야 합니다.〔君子有四時, 朝以聽政, 晝以訪問, 夕以修令, 夜以安身. 於是乎節宣其氣, 勿使有所壅閉湫底以露其體, 玆心不爽而昏亂百度.〕"라고 하였다.《春秋左氏傳 昭公 元年》'자산'은 공손교(公孫僑)의 자(字)이고, '숙향'은 양설힐(羊舌肹)의 자(字)이다.

73 비갱(沸羹) : '끓는 국'이라는 뜻으로, 시끄러운 소리나 분분한 의론, 또는 매우 혼란스러운 상황을 비유하는 말이다. 이는 본래《시경(詩經)》〈대아(大雅) 탕(蕩)〉에서 나온 것으로, "문왕이 말씀하셨다. '아, 그대 은상이여! 울어대는 매미와 같고 끓는 국과 같구나.'〔文王曰咨, 咨女殷商, 如蜩如螗, 如沸如羹.〕"라고 하였는데, 이에 대해 주희(朱熹)의《집전(集傳)》에 "울어대는 매미와 같고 끓는 국과 같은 것은 모두 혼란하다는 뜻이다.〔如蟬鳴, 如沸羹, 皆亂意也.〕"라고 설명하였다.

성상이 말씀하기를,

"그대의 말이 실로 정문일침(頂門一針)이 된다. 그러나 기쁨과 노여움에 동요되지 않는 것이 매우 어렵도다."

라고 하자, 선생이 대답하기를,

"오직 그 어려운 곳을 뚫고 지나가야 비로소 학문이 되는 것입니다. 만약 어렵다고 하여서 행하지 않는다면 어찌 이른바 공부이겠습니까."

라고 하였다. 성상이 말씀하기를,

"삼대(三代 하(夏)·상(商)·주(周))의 뒤로는 어찌하여 삼대와 같은 시대가 없는 것인가?"

라고 하자, 선생이 대답하기를,

"이는 행하느냐, 행하지 않느냐에 달려있습니다."

라고 하였다. 성상이 말씀하기를,

"후세가 행하지 못하는 것은 어째서인가?"

라고 하자, 선생이 대답하기를,

"이는 모두 기습(氣習 기질과 습성)을 벗지 못한 데에서 연유한 것입니다. 대개 성인처럼 덕(德)이 온전하지 않은 이상, 어떠한 덕이 있으면 어떠한 병통이 함께 있기 마련입니다. 한(漢)나라 문제(文帝)는 어질고 효성스러웠지만 규모가 보잘것없이 작았으며, 당(唐)나라 태종은 영민하고 무용이 있었지만 진심을 속여서 거짓으로 꾸민 것일 뿐이었습니다."

라고 하였다. 성상이 말씀하기를,

"나와 같은 경우는 무엇이 병통인가?"

라고 하자, 선생이 다음과 같이 대답하였다.

"성상께서는 효성스럽고 우애로우시며 불쌍한 이를 가엽게 여기는 마음을 갖고 계셔서 자애롭고 온화하여 아랫사람의 처지나 사정을 잘 살펴 헤아려주시니, 성덕(聖德)이 지극하지 않은 것이 아닙니다. 그러나 지나치게 간절히 애를 쓰고 위곡(委曲)함이 너무 심하여서 대체로 견제(牽制)하는 바가 있음을 면하지 못하시니, 이것이 바로 병통입니다. 진실로 치밀하고 절실하게 스스로를 살펴 여유로운 것으로 부족한 것을 보충하여서 순수하게 이러한 덕(德)만 있고 이러한 병통은 완전히 없어지도록 점차 이루어 가신다면 성인의 경지에 충분히 들어가시게 될 것입니다.

장자(張子 장재(張載))가 말씀하기를, '마음이 크면 온갖 일이 다 통하고, 마음이 작으면 온갖 일이 모두 병이 된다.'[74]라고 하였으니, 이른바 '크다〔大〕'라는 것은 구차히 크게 하는 것이 아닙니다. 이(理)로써 일에 응하여, 마치 밝은 거울이 높이 걸려 있어서 물(物)의 형상이 저절로 드러나는 것과 같은 것이니, 이것이 '확연히 크게 공정(公正)하여 사물이 오면 순히 응하는 것〔廓然大公 物來順應〕'[75]이 됩니다. 얽매인 바가 없지 못하고 한쪽으로 치우친 바가 있으면 마음이 작아지고 또한 병이 됨을 알 수 있습니다."

74 마음이……된다 : 이 말은 《근사록(近思錄)》 권2 〈위학(爲學)〉에 보인다.

75 확연히……것 : 이는 본래 정호(程顥)의 말로, 《이정문집(二程文集)》 권3 〈명도문집(明道文集) 3 답횡거선생정성서(答橫渠先生定性書)〉에 "천지의 상도(常道)는 그 마음이 만물에 두루 하되 마음이 없기 때문이고, 성인의 상도는 그 정(情)이 만물에 순히 응하되 정(情)이 없기 때문이다. 그러므로 군자의 학문은 확연히 크게 공정하여 사물이 오면 순히 응하는 것보다 더 좋음이 없는 것이다.〔夫天地之常, 以其心普萬物而無心, 聖人之常, 以其情順萬事而無情. 故君子之學, 莫若廓然而大公, 物來而順應.〕"라고 하였다. 이 말은 《근사록(近思錄)》 권2 〈위학(爲學)〉과 《이정수언(二程粹言)》 권하(卷下) 〈심성편(心性篇)〉 등에도 보인다.

성상이 세자에게 〈소학서제(小學書題)〉를 강하게 하고, 선생에게 명하여 그 문의(文義)를 질문하게 하자, 선생이 나아가 말하기를,

"어버이 · 스승 · 어른 · 벗과 집안 · 나라 · 천하가 명목이 각각 다른데, 어버이를 사랑하고 어른을 공경하며 스승을 높이고 벗을 가까이 하는 것이 몸을 닦고 집안을 가지런히 하고 나라를 다스리고 천하를 평안히 하는 근본이 되는 것은 어째서입니까?"[76]

라고 하니, 동궁이 말씀하기를,

"효가 백행의 근원이 되기 때문에 이와 같은 것이다."

라고 하였다. 이에 선생이 다음과 같이 대답하였다.

"저하께서 이미 효가 백행의 근원이 된다는 것을 알고 계시니, 청컨대 효도에 대해서 말씀드리겠습니다. 지자(止慈)[77]의 어짊을 지니신 전하께서는 저하에게 기대하고 바라시는 것이 매우 크셔서 틀림없

76 어버이……어째서입니까 : 이는 주희(朱熹)가 지은 〈소학서제(小學書題)〉의 첫머리에 "옛날 소학에서 사람을 가르치되 물을 뿌리고 비로 쓸며 응낙하고 대답하며 나아가고 물러나는 예절과 어버이를 사랑하고 어른을 공경하며 스승을 높이고 벗을 가까이 하는 방도로써 하였으니, 이는 모두 몸을 닦고 집안을 가지런히 하고 나라를 다스리고 천하를 평안히 하는 근본이 되는 것이다.〔古者小學, 教人以灑掃應對進退之節、愛親敬長隆師親友之道, 皆所以爲修身齊家治國平天下之本.〕"라고 한 내용을 바탕으로 질문한 것이다.

77 지자(止慈) : 이는 아버지로서의 역할을 제대로 수행하고 있다는 뜻으로, 《대학장구(大學章句)》 전(傳) 3장(章)에 "《시경(詩經)》 〈문왕(文王)〉에, '거룩하신 문왕이여, 아! 계속하여 밝혀서 공경하여 머무셨다.'라고 하였으니, 군주가 되어서는 인(仁)에 머무셨고, 신하가 되어서는 경(敬)에 머무셨고, 자식이 되어서는 효(孝)에 머무셨고, 아버지가 되어서는 자(慈)에 머무셨고, 나라 사람들과 사귀면서는 신(信)에 머무셨다.〔詩云: 穆穆文王, 於緝熙敬止. 爲人君止於仁, 爲人臣止於敬, 爲人子止於孝, 爲人父止於慈, 與國人交止於信.〕"라고 한 데에서 나온 말이다.

이 성인(聖人)의 일을 해낼 수 있기를 원하고 계실 것입니다. 저하께서 성상의 뜻을 어김없이 잘 받들어서 반드시 바른 선비를 가까이하여 부지런히 학문에 힘써서 우러러 전하께서 기대하고 바라시는 바에 부응하신다면 참으로 대효(大孝)가 될 것입니다."

선생이 이어서 물러나 돌아갈 것을 청하였는데, 성상이 말씀하기를,

"《중용(中庸)》의 구경(九經)[78] 가운데에 '어진 이를 높이는 것〔尊賢〕'이 '대신을 공경하는 것〔敬大臣〕'의 위에 있기 때문에 대신을 인견하게 하지 않고 오로지 경(卿)만을 인견한 것이다."

라고 하고, 머무를 것을 간절하고 정성스럽게 권하였다.

경진일에 땔감과 찬물(饌物)을 하사하자 소(疏)를 올려서 사양하고 사은하였다. 그러자 또 액정(掖庭)의 사람을 보내어 어선(御膳)을 가져다주게 하였고, 동궁 또한 궁관(宮官)을 보내어 문안하였다. 성상이 또 사관(史官)을 보내어 함께 들어오도록 하자 병을 이유로 사양하니, 의원을 보내어 약물을 가지고 가서 질병을 살피게 하였다.

신사일에 주강에 진참(進參)하여[79] 《심경(心經)》의 중화장(中和

78 중용(中庸)의 구경(九經) : 유가(儒家)에서 말하는 치국(治國)과 평천하(平天下)의 아홉 가지 준칙으로, 노(魯)나라 애공(哀公)이 정사에 대하여 질문하자 공자(孔子)가 대답하기를, "무릇 천하와 국가를 다스리는 데에는 아홉 가지 상도(常道)가 있으니, 군주가 자신을 닦는 것과 어진 이를 높이는 것과 친족을 친애하는 것과 대신을 공경하는 것과 신하들의 마음을 체찰(體察)하는 것과 백성을 자식처럼 사랑하는 것과 백공을 우대하여 오게 하는 것과 먼 지방의 사람들을 부드럽게 감싸주는 것과 제후들을 따뜻하게 포용하는 것입니다.〔凡爲天下、國家有九經, 曰: 修身也, 尊賢也, 親親也, 敬大臣也, 體群臣也, 子庶民也, 來百工也, 柔遠人也, 懷諸侯也.〕"라고 한 데에 보인다. 《中庸章句 第20章》

79 신사일에……진참(進參)하여 : 이날에 박필주가 찬선으로서 선정전(宣政殿)에

章)[80]을 강하였다. 그리고 우러러 여쭙기를,

"성상께서는 일용(日用)의 행사(行事)에서 스스로 살펴보시기에 과연 정(情)이 발한 것이 모두 절도(節度)에 맞으십니까?"

라고 하자, 성상이 말씀하기를,

"대부분 절도에 맞지 않는다."

라고 하였다. 선생이 말하기를,

"절도에 맞지 않는 다는 것을 이미 알고 계시는데, 어찌하여 절도에 맞게 하지 않으십니까?"

라고 하자, 성상이 말씀하기를,

"이것을 아는 것이 어려운 것이 아니라 이것을 행하는 것이 어려운 것이다."

라고 하였다. 선생이 대답하기를,

"이른바 '뜻을 성실히 한다〔誠意〕'라는 것은 다만 아는 바를 행하는 것일 뿐입니다. 전하께서 이미 이것을 안다고 말씀하셨는데 오히려 이것을 행하지 않으시면 성실히 하지 못하여서 자기 자신을 속임을

입시하여 주강에 참여한 일은《승정원일기(承政院日記)》 영조 19년 3월 27일 기사와《영조실록(英祖實錄)》 동일 기사에 자세히 보인다.

80 심경(心經)의 중화장(中和章) : 이는《심경부주(心經附註)》 권1 〈중용(中庸) 천명지위성장(天命之謂性章)〉을 가리키는 것으로,《중용장구(中庸章句)》 제1장에 "희노애락의 정(情)이 아직 발하지 않은 것을 중(中)이라 하고, 정(情)이 발하여 모두 절도에 맞는 것을 화(和)라 한다. 그러니 중(中)이라는 것은 천하의 큰 근본이며, 화(和)라는 것은 천하의 공통된 도(道)이다. 중(中)과 화(和)를 지극히 하면 천지가 편안히 제자리를 잡고 만물이 제대로 길러진다.〔喜怒哀樂之未發, 謂之中, 發而皆中節, 謂之和. 中也者, 天下之大本也; 和也者, 天下之達道也. 致中和, 天地位焉, 萬物育焉.〕"라고 한 내용을 담고 있기 때문에 '중화장(中和章)'이라고 일컬은 것이다.

면하지 못할까 염려되오니, 지금 이후로 다시는 자기 자신을 속이지 마십시오.[81]"

라고 하고, 또 아뢰기를,

"예로부터 제왕가(帝王家)는 시기와 의심이 많았으니, 시기하고 유감스러운 바가 있으면 제위를 계승한 뒤에 아무리 현명하고 어진 군주라도 너그러이 용서한 경우가 거의 없었습니다. 전하께서는 잠저(潛邸)에 계실 때부터 변고를 겪으신 것이 어떠합니까. 그런데도 일체 놓아두고서 따져 묻지 않으시고 또 그대로 등용하시니, 이는 진실로 성대한 덕(德)을 지닌 사람의 일입니다. 그러나 이로 말미암아서 그 죄가 악역(惡逆)에 관계된 자 역시 법망을 빠져나갈 수 있게 되었으니, 그렇다면 몹시 형벌을 잘못 집행하고 있는 것이 아니겠습니까. 국가가 사람의 마음을 복종시키는 것은 오직 형벌과 포상을 제대로 시행하는 것에 달려있습니다. 형벌과 포상을 엄격하게 시행하지 못하면 사람들에게 선(善)을 권면하고 악(惡)을 징계하는 바가 없게 되고, 사람들에게 선(善)을 권면하고 악(惡)을 징계하는 바가 없게 되면 뭇사람의 마음이 불평하게 되고, 뭇사람의 마음이 불평하

81 이른바……마십시오 : 이는 《대학장구(大學章句)》 전(傳) 제6장에 "이른바 '그 뜻을 성실히 한다.'라는 것은 자기 자신을 속이지 않는 것이니, 악을 미워하기를 나쁜 냄새를 싫어하는 것처럼 하며, 선을 좋아하기를 아름다운 색을 좋아하는 것처럼 하는 것이다. 이를 일러 스스로 만족한다고 한다. 그러므로 군자는 반드시 혼자만 아는 마음속의 생각을 신중히 살피는 것이다.〔所謂誠其意者, 毋自欺也, 如惡惡臭, 如好好色, 此之謂自謙, 故君子必愼其獨也.〕"라고 한 내용을 바탕으로 한 말이다. '자기 자신을 속임〔自欺〕'에 대해서 주희(朱熹)는 "선을 행하여서 악을 제거할 줄을 알지만 마음이 발하는 바에 아직 성실하지 못한 점이 있는 것이다.〔知爲善以去惡, 而心之所發, 有未實也.〕"라고 설명하였다.

게 되면 점차 혼란과 멸망을 이루게 됩니다. 이를 꼭 마음에 새겨 두셔야 하니, 조금이라도 소홀히 해서는 안 됩니다."

라고 하였다. 성상이 한참 동안을 묵묵히 있다가 말씀하기를,

"대훈(大訓)[82]에서 이것을 대략 말하였다."

라고 하였다. 이에 선생이 또 아뢰기를,

"군주가 정사를 함께 다스려야 할 자는 오직 어진 사람과 재능이 있는 사람일 뿐입니다. 하늘이 어진 사람을 낼 적에 반드시 쓰이는 바가 있게 하였는데, 군주가 만약 쓰지 않는다면 이는 몹시도 하늘의 뜻을 어기는 것입니다. 《주역(周易)》에 '우물이 깨끗한데도 먹어 주지 아니하여 내 마음이 슬퍼진다.〔井渫不食 爲我心惻〕'[83]라고 하였으니, '측(惻)' 자에 뜻을 부친 것이 깊습니다. 전 판서 이재(李縡)는 깨끗하고 밝은 자질을 지닌 자로, 여러 해 동안을 벼슬에서 물러나 쉬면서 학문에 힘을 쓰고 후진을 가르치고 있습니다. 이와 같은 자를

82 대훈(大訓) : 1741년(영조17)에 반포한 소위 '신유대훈(辛酉大訓)'을 가리킨다. 이는 영조가 당쟁을 일소하고 신임사화(辛壬士禍)의 원흉을 처벌하기 위하여 내린 훈유문으로, 여기에는 임인옥사의 옥안을 소각하도록 하고, 경종 신축년(1721, 경종1)의 왕세제 건저(建儲)는 역모가 아니라 대비와 경종의 하교에 의한 정당한 조처였음을 밝힌 내용이 담겨 있다. 《英祖實錄 17年 9月 24日》 이 훈유문을 완성한 뒤에, 이를 태묘에 올리면서 고한 글인 〈어제고묘문(御製告廟文)〉과 이를 신료들과 백성에게 반포한 글인 〈어제교대소신료중외민서서(御製教大小臣僚中外民庶書)〉를 덧붙여서 《어제대훈(御製大訓)》으로 간행하였다.

83 우물이……슬퍼진다 : 이 말은 《주역(周易)》 〈정괘(井卦) 구삼(九三)〉에 보이는데, "우물이 깨끗한데도 먹어 주지 아니하여 내 마음이 슬퍼진다. 물을 길어서 먹을 만하니, 왕이 현명하면 함께 그 복을 받으리라.〔井渫不食, 爲我心惻. 可用汲, 王明, 竝受其福.〕"라고 하였다.

어찌 과거의 방목에 이름을 올렸다고 하여서 소홀히 대우할 수 있겠습니까. 한원진(韓元震)은 여러 해 동안 버려져 있으니, 이 또한 마땅한 일이 아닌 듯합니다."

라고 하자, 성상이 말씀하기를,

"《맹자(孟子)》에서 '신하는 군주를 원수처럼 여길 것이다'[84]라고 말한 것은 온자(蘊藉)함이 부족한 듯하다. 그러므로 내가 -결(缺)-[85] 한 바가 있었다. 한원진이 내 일신 하나만 공격하는 것은 괜찮지만 위로 고황제(高皇帝)까지 미쳤으니,[86] 어찌 존주(尊周)의 의리[87]에

84 신하는……것이다 : 이는 맹자(孟子)가 제(齊)나라 선왕(宣王)에게 한 말로, 《맹자》〈이루 하(離婁下)〉에 "군주가 신하를 손이나 발처럼 한 몸으로 여기면 신하는 군주 보기를 배나 심장처럼 소중하게 여기고, 군주가 신하를 개나 말처럼 하찮게 보면 신하는 군주 보기를 자신과 아무 상관도 없는 길 가는 사람처럼 여기며, 군주가 신하를 흙이나 지푸라기처럼 천하게 보면 신하는 군주를 원수처럼 여길 것입니다.〔君之視臣如手足, 則臣視君如腹心; 君之視臣如犬馬, 則臣視君如國人; 君之視臣如土芥, 則臣視君如寇讎.〕"라고 하였다.

85 결(缺) : 《승정원일기(承政院日記)》 영조 19년 3월 27일 기사와 《영조실록(英祖實錄)》 동일 기사에도 이 결자 부분에 대한 내용이 보이지 않는다.

86 한원진이……미쳤으니 : '고황제(高皇帝)'는 명(明)나라의 태조(太祖) 주원장(朱元璋)을 가리킨다. 1731년(영조7) 4월 13일에 영조가 진수당(進修堂)에 나와 조정의 현 상황에 대해 말하면서 "명나라 태조는 기상이 강대하니, 《맹자》에 있는 '신하는 군주 보기를〔臣視君〕' 등의 말 때문에 맹자를 출향한 거조가 있었는바, 이는 진실로 지나친 거조이지만 군주와 신하의 분수를 밝힘에 있어서는 또한 엄격하다고 이를 만하다. 나는 이러한 부분에서 홀로 그 기상을 우러른다.〔明太祖氣象剛大, 以孟子臣視君等語, 有黜享之擧, 此誠爲過擧. 而其於明君臣之分, 亦可謂嚴截矣. 予於此等處, 獨仰其氣象焉.〕"라고 언급하였다. 그러자 한원진(韓元震)이 이 말을 전해 듣고, 이해 6월 27일에 소(疏)를 올려서 "전하께서 연중(筵中)에서 내리신 하교에서 황명의 태조가 맹자의 종향을 폐지하고자 했던 일에 대해 잘못된 것이 아니라고 하셨다 합니다. 먼 외지에서 전해

해가 되지 않겠는가."

라고 하였다. 이에 선생이 아뢰기를,

"고황제의 처사는 끝내 과당(過當)한 거조입니다. 지금 한원진이 언급한 것을 가지고서 존주의 의리에 해가 되는 것이 있다고 말씀하신다면, 이는 성상의 말씀이 지나친 것인 듯합니다."

라고 하자, 성상이 말씀하기를,

"한원진에 대해서 삭일(削逸)[88]의 처분을 내린 일은 내가 과연 잘못한 것임을 알겠다. 경을 불러 놓고서 경의 말을 받아들이지 않는다면 이는 들어가고자 하면서 문을 닫는 격이니, 한원진과 이재 두 사람을 응당 빨리 등용하겠다."

라고 하였다.

4월 병술일에 동궁의 서연(書筵)에 입참(入參)하고서 명을 받들어

들은 말이라서 이것이 사실이라고 단정하지는 못하겠지만 전하께서 내리신 하교에서 혹 일호라도 여기에 근사한 점이 있으면 한마디 말로 나라를 잃는 결과를 예측할 수 있지 않겠습니까.〔殿下於筵中下教, 以皇明太祖欲廢孟子從享爲不非. 遠外流聞, 雖未必其眞, 殿下之教, 或有一毫近似於此者, 則不幾於一言而喪邦者乎?〕"라고 말하고, 이어서 명 태조의 처사에 대해 비판하였다. 이에 대해 영조는, 한원진이 자신의 말을 곡해하여 무함하였을 뿐만 아니라 황조(皇朝)까지 비난하여 존주(尊周)의 의리를 어겼다고 하여 유일(遺逸)의 대우를 박탈하였다. 《承政院日記 英祖 7年 4月 13日, 6月 27日, 7月 8日》《英祖實錄 7年 6月 27日》《南塘集 卷4 辭召命兼附所懷疏》《屛溪集 卷59 南塘韓公行狀》

87 존주(尊周)의 의리 : 《춘추(春秋)》의 기본 의리로, 천자의 나라인 주(周)나라를 높이고 오랑캐를 배격하는 것이다. 여기에서는 과거 천자의 나라였던 명(明)나라를 종주국으로서 높임을 이른다.

88 삭일(削逸) : 과거에 오르지 않은 산림(山林)의 명망 있는 학자를 유일(遺逸)로 불러서 기용하였다가 유일의 대우를 박탈하는 것을 말한다.

등대(登對)하였는데, 성상이 동궁을 보도(輔導)해 달라고 부탁하였다.[89] 이에 선생이 아뢰기를,

"신하는 항상 군주에게 신임을 받지 못하여 자신이 배운 바를 행하지 못하는 것을 한스럽게 여기는데, 신의 경우는 과분하게 은우(恩遇)를 입은 것이 이러한 데까지 이르렀습니다. 선비는 자기를 알아주는 사람을 위하여 목숨을 바치는 법이니,[90] 하물며 군부(君父)는 더 말해 무엇하겠습니까."

라고 하고, 마침내 질병으로 인하여 억지로 나아가기 어려운 상황에 대해서 상세히 아뢰고, 이어서 건건불식(乾健不息)[91]의 뜻을 가지고 권면하였다.

성상이 묻기를,

"어떻게 하면 동동왕래(憧憧往來)[92]의 생각을 제거할 수 있는가?"

89 4월……부탁하였다 : 이날에 박필주가 인견(引見) 때문에 찬선으로서 경극당(敬極堂)에 입시하여 영조와 대화를 나눈 일은 《승정원일기(承政院日記)》 영조 19년 4월 3일 기사와 《영조실록(英祖實錄)》 동일 기사에 자세히 보인다.

90 선비는……법이니 : 이는 본래 전국(戰國) 시대 진(晉)나라의 자객(刺客) 예양(豫讓)이 한 말이다. 예양은 지백(智伯)에게 국사(國士)로 대접받았는데 이에 대해 보답하기 위하여 지백을 죽인 조양자(趙襄子)에게 복수하려고 산중으로 도망하여 "선비는 자기를 알아주는 사람을 위하여 목숨을 바치고, 여인은 자기를 좋아하는 사람을 위하여 단장한다.〔士爲知己者死, 女爲說己者容.〕"라고 하였다. 《史記 卷86 刺客列傳 豫讓》

91 건건불식(乾健不息) : 끊임없이 스스로 힘써서 몸과 마음을 가다듬는 것으로, 《주역(周易)》 〈건괘(乾卦) 상전(象傳)〉에 "하늘의 운행이 강건하니, 군자가 이것을 보고 본받아서 스스로 힘쓰고 쉬지 않는다.〔天行健, 君子以自彊不息.〕"라고 한 데에서 나온 말이다.

92 동동왕래(憧憧往來) : 이는 《주역(周易)》 〈함괘(咸卦) 구사(九四)〉에 "정(貞)하

라고 하자, 선생이 대답하기를,

"부념(浮念 잡념)을 제거하고자 하여서 너무 지나치게 힘을 쓰면 무익할 뿐만 아니라 또 쉽게 병이 납니다. 반드시 가볍고 가볍게 하여 내려놓고 물러나 함께 가지 않아야 하니, 이와 같이 하면 저절로 공효가 있게 됩니다. 대체로 공부를 하는 방도에는, 심성을 잡아 보존하여서 이러한 생각을 제거하는 것이 있고, 견식을 열어 틔워서 이러한 생각을 제거하는 것이 있으며, 또한 초연히 홀로 나아가 밝고 넓은 근원[93]에서 마음을 잘 길러 허명하고 쇄탈하여서 이러한 생각을 제거하는 것이 있습니다. 이것들은 오직 실제로 그 힘을 쓰는 데에 달려있을 뿐입니다."

라고 하였다. 성상이 말씀하기를,

"심려를 지나치게 쓰는 것이 또한 부념이다."

라고 하자, 선생이 대답하기를,

면 길(吉)하여 뉘우침이 없으리니, 왕래하기를 동동(憧憧)히 하면 벗만이 네 생각을 따를 것이다.〔貞, 吉, 悔亡, 憧憧往來, 朋從爾思.〕"라고 한 데에 보이는 말이다. '동동'은 본래 '부단히 오가는 모양'을 나타내는 것인데, 여기서는 마음이 잡히지 않아 안정되지 못하거나 사사로운 마음이 일어나는 상태를 가리킨다.

93 밝고 넓은 근원 : 소명(昭明)하고 광달(曠達)한 근원으로, 곧 마음의 본체를 가리키는 말이다. 이는 본래 주희(朱熹)의 말로, 제자 석홍경(石洪慶)이 돌아가려 할 적에 주희가 말하기를, "지금에 공부하려고 한다면 우선 모름지기 단장(端莊)하고 존양(存養)하여 홀로 밝고 넓은 마음의 근원을 보아야 할 것이고, 굳이 공부를 허비하여 종이 위의 말만 연구할 것이 없으니, 이 중(中)을 존양하여 밝아지고 통달하기를 기다리면 자연히 허다한 막힘이 없어짐을 깨닫게 될 것이다.〔如今要下工夫, 且須端莊存養, 獨觀昭曠之原, 不須枉費工夫, 鑽紙上語. 待存養得此中, 昭明洞達, 自覺無許多窒礙.〕"라고 하였다.《朱子語類 卷115 訓門人3》《性理大全 卷44 學2 總論爲學之方》

"성상의 심려가 미치는 것이 각각 그 분수에 마땅하면, 도리에 맞고 절도에 맞아서 물(物)이 그 평정을 얻게 될 것입니다. 그러나 만약 분수를 넘게 되면 일에 나타나고 정사에 발현된 것이 모두 정도를 지나침을 면하지 못하게 됩니다. 그러니 항상 이 마음을 허명(虛明)한 상태로 유지하여 사물에 얽매이지 않게 하신다면 절로 권도(權度)를 잃지 않을 것입니다."

라고 하였다.

선생이 또 한원진을 거론하고 존주의 의리에 대해 다음과 같이 아뢰었다.

"우리나라는 황명(皇明)에 대해서 만대가 지나도 잊을 수 없는 은혜를 입었으니, 이 오랑캐가 멸망하기 전까지는 이 의리를 강명(講明)하지 않을 수 없습니다. 비록 나라가 작고 힘이 약하여 피폐(皮幣)[94]를 바침을 면치 못하나 '애통함을 누르고 원한을 머금은 채로 마지못하여 한다〔忍痛含冤 迫不得已〕'[95]라는 뜻이 항상 그 가운데에 있습니다. 그러므로 옛날의 사대부들은 모두 서로(西路 황해도와 평안도)에 있는 고을의 수령이 되지 않았고, 또한 세폐(歲幣)를 방납(防納)하

94 피폐(皮幣) : 세력이 강한 나라에 바치는 가죽과 주옥(珠玉) 따위의 공물을 가리킨다.

95 애통함을……한다 : 이는 본래 주희(朱熹)가 한 말이다. 남송(南宋)의 조정이 원수인 금(金)나라에 화친을 구걸하여 그들이 받아들여주면 지난날의 일은 잊어버리고 기뻐하는 것에 대하여 주희가 비판하여 말하기를, "다시는 조금이라도 '애통함을 누르고 원한을 머금은 채로 마지못하여 한다'라고 말하여 천하의 대방(大防)을 보전하려는 사람이 없다.〔無復豪分忍痛含冤迫不得已之言, 以存天下之防者.〕"라고 하였다. 《晦菴集 卷24 與陳侍郎書》

는 일을 하지 않았던 것입니다. 지금에는 오히려 이를 하지 못할까 염려하고 있으니, 다 함께 오랑캐가 되지 않는 경우가 얼마나 되겠습니까. 신이 비록 감히 망령되이 호언장담하여서 원수를 갚아 치욕을 씻어 낼 것을 청하지는 못하지만, 존주의 의리로 말하면 어찌 허황된 말이라고 하여 잊어버릴 수 있겠습니까.

작년에 효묘(孝廟 효종)를 추숭할 적에 이 의리를 밝게 게시하여 천하 후세에 길이 보이신 것은 흠모하고 우러르는 마음을 가누지 못할 정도입니다만 그래도 여전히 미진한 점이 있습니다. 선정신(先正臣) 송시열(宋時烈)이 성조(聖祖 효종)에 대해서 의기투합하고 치밀하게 계획하여 정사를 도운 것은 이윤(伊尹), 제갈량(諸葛亮)과 다름이 없습니다. 성조께서 천리를 밝혀 인심을 바로잡으신 공에 대해서는 백대가 지나도록 칭송하는 말이 있을 것인데, 이는 선정(先正)이 실로 좌우에서 보좌한 것입니다. 이와 같은 사람이 묘정(廟庭)에서 배식(配食)하는 반열에 들 수 없는 것은 어찌 큰 흠전(欠典)이 아니겠습니까. 선정이 당시에 배식하는 반열에 들지 못한 것은 생존해 있었기 때문입니다. 지금 추후에 배향하는 것은 진실로 공공의 의론이 되니, 특별히 거행한다면 존주의 의리가 이에 힘입어서 어두워지지 않게 될 것입니다."

성상이 사림의 다툼이 사문(斯文)에 근본을 두고 있다는 것을 이유로 들며 난색을 표하자, 선생이 아뢰기를,

"성상의 뜻은 아마도 선정이 당론의 근본이 된다고 여기시는 듯합니다. 그러나 선정은 실로 당론을 한 것이 아닙니다. 당론은 동인(東人)과 서인(西人)의 분당(分黨)에서 일어났는데 말류에 가서 이 폐단을 수습할 수 없게 되자, 선정은 이를 깊이 증오하여 지구(知舊)에

게 보내는 편지에서 누차 이러한 뜻을 피력하였습니다. 다른 사람이 당론을 하는 것을 증오하면서 자기 스스로 당론을 하는 이치가 도대체 어디에 있단 말입니까. 이는 오직 선(善)을 좋아하고 악(惡)을 미워함이 그의 천성에서 나온 것일 뿐입니다. 기해년(1659, 효종10)의 방례(邦禮)에 대한 논쟁[96]으로부터 격렬한 논의가 마치 파도가 치는 듯하여서 이러한 지경에 이르게 된 것이니, 이것이 어찌 선정의 잘못이란 말입니까. 만약 선정이 당론을 한 잘못이 있다고 의심하여 성조(聖祖)와의 제우(際遇)가 저렇게 훌륭한데도 종향(從享)하는 전례(典禮)에 들 수 없게 한다면 국가의 체모에 있어서 아마도 마땅함을 잃은 것이 될 듯합니다."

라고 하였다. 그러자 성상이 말씀하기를,

"경의 말이 진실로 옳다."

라고 하였다.

선생이 이어서 이재와 한원진 두 현인을 힘써 천거하자, 성상이 즉시 명하여 이재를 강관(講官)에 제수하고 한원진 또한 유선(儒選)[97]의 신분을 회복시켜 주었다. 선생이 아뢰기를,

96 기해년의……논쟁 : 1659년(효종10)에 효종이 승하하자 자의대비(慈懿大妃)의 복제(服制)를 기년(朞年)으로 할 것인가 아니면 3년으로 할 것인가를 놓고 논쟁이 벌어졌는데, 이를 '기해예송(己亥禮訟)'이라고 한다. 윤선도(尹善道)와 윤휴(尹鑴)를 비롯한 남인(南人)들은 왕통을 우선시하여 효종을 적자(嫡子)로 간주해 삼년복을 주장하였고, 송시열(宋時烈)을 비롯한 서인(西人)들은 효종이 인조의 차적장자(次適長子)이므로 '차적정자는 기년의 복을 입는다〔次適朞制〕'라는 예제를 적용하여 기년복을 주장하였는데, 이때 정태화(鄭太和)의 조정에 따라 국제(國制)대로 기년복이 채택되었다.

97 유선(儒選) : 유학에 뛰어나서 유현(儒賢)으로 선발된 사람을 말한다.

"군주에게 있어서 신하가 간하는 말을 따르는 것보다 더 어려운 일은 없는데 이와 같이 마음을 열어서 받아들이시니, 신이 또한 영광스런 은혜를 입었습니다. '어떤 말이 마음에 거슬린다면 도리에 비추어 살펴보며, 어떤 말이 마음에 솔깃하다면 도리에 어긋난 것이 아닌지 살펴보라.'[98]라고 한 아형(阿衡)[99]의 말은 진실로 만대가 지나도록 군주들이 거울로 삼아 본받을 만하니, 이와 같이 할 수 있으면 천하의 선(善)이 모두 모여들 것입니다. 오직 성상께서는 부디 이 뜻을 체득하시어, 뜻에 거슬리는 말이 있으면 반드시 무엇이 옳은지를 살펴 너그럽게 용납하고 힘써 따르십시오. 그리하여 비록 마음속에 먼저 들어가 주(主)가 되어서 한번 정해져 바꾸지 못하는 견해가 있더라도 또한 반드시 스스로 살펴서, 잘못을 깨달아 고치는 성상의 뜻을 분명하게 보이십시오."

라고 하였다. 이어서 물러날 것을 아뢰자 성상이 머무를 것을 간곡하게 권하였으며, 옥당(玉堂)의 박춘보(朴春普) 또한 장소(章疏)를 올려서 머무르게 할 것을 간곡하게 권하였다.

정해일에 소(疏)를 남겨서 여덟 가지 조목으로 경계하는 말씀을 아뢰었는데, 첫 번째는 자기 자신을 속이지 말 것〔毋自欺〕, 두 번째는 자기 의견만을 주장하지 않을 것〔不自用〕, 세 번째는 사정에 대해 순리

98 어떤……살펴보라 : 이는 본래 은(殷)나라의 재상 이윤(伊尹)이 은나라 탕왕(湯王)의 손자인 태갑(太甲)에게 당부한 말로, 《서경(書經)》〈상서(商書) 태갑 하(太甲下)〉에 보인다.

99 아형(阿衡) : 은(殷)나라 때 관직의 명칭으로, 당시에 이 직책을 맡았던 이윤(伊尹)을 가리킨다. '아(阿)'는 의지함〔倚〕이고 '형(衡)'이 고름〔平〕으로, 군주가 의지하고 표준으로 삼는다는 뜻을 지녔는바, 후대의 재상에 해당한다.

대로 응할 것〔順事情〕, 네 번째는 자기의 허물을 살필 것〔省己過〕, 다섯 번째는 기쁨과 노여움을 절제할 것〔節喜怒〕, 여섯 번째는 말과 행동을 신중히 할 것〔愼言動〕, 일곱 번째는 세자의 덕을 함양시킬 것〔養儲德〕, 여덟 번째는 당론을 평정할 것〔平黨論〕이었다.[100]

당론을 평정하는 것에 대해서는 다음과 같이 논하였다.

"예로부터 국가의 근심거리가 되는 것으로는 붕당만 한 것이 없습니다. 전하께서 보위에 오르신 이래로 탕평의 다스림에 뜻을 기울이셨으니, 이는 진실로 황극(皇極)[101]의 요도(要道)이며 당금의 급선무입니다. 그러나 예로부터 당론의 기세가 한창 치성한 시기에는 이를 대처하는 방도가 두 가지 있었으니, 하나는 조제(調劑)[102]이고 하나는 분별(分別)입니다. 조제를 위주로 한다는 것은 진실로 농락하는 대로 내맡겨서 시비가 명백하지 않은 채로 내버려 두는 것이 아니며, 분별을 위주로 한다는 것은 또 오로지 각박하게 따지기를 힘써서 충후(忠厚)한 뜻을 보존하지 않는 것이 아닙니다.

순임금의 조정에서 군주와 신하가 공경함을 함께하고 공손함을

100 정해일에……것이었다 : 이때 올린 소(疏)와 관련된 내용은 《영조실록(英祖實錄)》 19년 4월 4일 기사와 《여호집(黎湖集)》 권5 〈고귀진팔조소(告歸進八條疏)〉에 보인다.

101 황극(皇極) : 제왕이 천하를 통치하는 준칙을 뜻하는 말로, 《서경(書經)》 〈주서(周書) 홍범(洪範)〉에 "다섯 번째는 황극으로, 군주가 극(極)을 세움이다.〔五皇極, 皇建其有極.〕"라고 한 데에서 나온 말이다.

102 조제(調劑) : 이는 본래 이이(李珥)가 동서분당(東西分黨)의 상황에서 양비론(兩非論)을 내세우며 양당의 시비(是非)를 조절하여 화합을 이루자는 '조제보합(調劑保合)'을 제시한 데서 나온 말로, 영조 역시 이러한 맥락에서 탕평책의 시행을 주장하였는바, 영조의 탕평책을 일명 '조제탕평'이라고 한다.

합한 것〔同寅協恭〕[103]과 〈홍범(洪範)〉에서 '사사로이 좋아하거나 미워하는 뜻을 일으키지 말라〔無作好惡〕'고 한 것[104]은 모두 이 도(道)를 따른 것이니, 이후 정자(程子)와 주자(朱子)께서 말씀하신 것은 모두 '각각 하나의 의(義)를 견지하여 서로 적용되지 않는다.'라고 말할 수 없는 것입니다. 이는 의(義)를 축적하는 것[105]과 비슷하니, 반드시 일마다 모두 의(義)에 부합하게 하여야 비로소 자신도 모르는 가운데에 점점 무르녹아 변화할 수 있는 것입니다. 신은 지금 탕평을 주도하는 자가 과연 이러한 도리를 가지고서 종사할 수 있는지 알지 못하겠습니다. 이와 같음을 자세히 살핀다면 방국(邦國)이 안정되어서 만대가 지나도록 길이 덕을 볼 것이지만, 그렇지 않는다면 한갓 '탕평'이라는 이름만 얻고 그 이름의 실체는 얻지 못할 것이니, 세도와 말류의 폐해가 됨이 또한 장차 이루 말할 수 없을 정도로 커질 것입니다.

103 군주와……것 : 이는 본래 고요(皐陶)가 순임금의 앞에서 우(禹)에게 말한 것으로, 《서경(書經)》〈우서(虞書) 고요모(皐陶謨)〉에 보인다. 뒤에는 동료 관원들이 공경히 군주를 섬기면서 다 함께 훌륭한 정사를 이루기 위해 협력한다는 뜻으로 쓰이게 되었다.

104 홍범(洪範)에서……것 : 19쪽 주25 참조.

105 의(義)를 축적하는 것 : 이는 호연지기(浩然之氣)에 대한 공손추(公孫丑)의 물음에 대하여 맹자(孟子)가 대답한 말에 보이는 것으로, 《맹자》〈공손추 상(公孫丑上)〉에 "이 호연지기는 의(義)를 축적하여 생겨나는 것이니, 의(義)가 하루아침에 갑자기 엄습하여 취해지는 것이 아니다.〔是集義所生者, 非義襲而取之也.〕"라고 하였다. 이에 대해 주희(朱熹)의 《집주(集註)》에 "'집의(集義)'는 '적선(積善)'이라고 말하는 것과 같으니, 일마다 모두 의(義)에 부합하고자 하는 것이다.〔集義, 猶言積善, 蓋欲事事皆合於義也.〕"라고 설명하였다.

전하께서는 다만 해와 달처럼 밝게 비추어 보이고 산악(山嶽)처럼 진중하게 안정시켜서 시비와 곡직이 조금도 도치되지 않고 저마다 제자리로 귀결되도록 하셔야 할 뿐입니다. 만약 그저 위엄을 부리고 노여워하며 구속하고 통제하여 똑같지 않은 사람들의 의론을 억지로 똑같게 만들 뿐이라면, 비록 일마다 막고 말마다 차단하더라도 동쪽에서 없어졌다가 서쪽에서 다시 생겨남을 보게 될 것이니 힘들게 애를 쓴들 날이 또한 부족할 것입니다.

게다가 신은 또 마음속으로 깊이 우려하는 점이 있습니다. 우리나라는 사화(士禍)가 매우 많았으니, 무오사화(戊午士禍)[106]·갑자사화(甲子士禍)[107]·기묘사화(己卯士禍)[108]·을사사화(乙巳士禍)[109]

106 무오사화(戊午士禍) : 무오년(1498, 연산군4)에 김일손(金馹孫) 등 신진사류들이 유자광(柳子光)을 중심으로 한 훈구파에 의하여 화를 입은 사건을 말한다. 김종직(金宗直)의 제자인 김일손이 《성종실록(成宗實錄)》을 편찬하면서 자신이 기초한 사초(史草) 속에 김종직의 〈조의제문(弔義帝文)〉을 삽입한 것이 발단이 되어 일어났다.

107 갑자사화(甲子士禍) : 갑자년(1504, 연산군10)에 일어난 사화이다. 연산군이 자신의 생모 폐비 윤씨(尹氏)를 왕비로 복위하여 성종의 사당에 배사(配祀)하려 하였으나, 훈구파와 사림들이 이를 극력 반대하였다. 이때 임사홍(任士洪)이 윤씨가 사사된 내막을 고하고 충동질하자, 분노한 연산군이 윤씨의 폐비 사건과 관련된 신하들과 복위에 반대하는 자들을 대대적으로 처단한 사건이다. 후일 중종반정(中宗反正)이 일어나는 계기가 되었다.

108 기묘사화(己卯士禍) : 기묘년(1519, 중종14)에 일어난 사화로, 남곤(南袞), 심정(沈貞), 홍경주(洪景舟) 등의 훈구파가 당시 중종의 신임을 받아 과감하게 정치개혁을 추진하던 조광조(趙光祖) 등의 사림파를 무함하여 대대적으로 사사(賜死)시키고 유배 보냈던 사건이다.

109 을사사화(乙巳士禍) : 을사년(1545, 명종 즉위년)에 일어난 사화로, 명종의 모후 문정왕후(文定王后)의 동생인 윤원형(尹元衡)이 인종의 외숙인 윤임(尹任)과 그

와 같은 따위가 모두 바로 이것입니다. 그 당시에 있어서는 '당(黨)'이라는 명칭이 없어서 비록 한때에 마음대로 해독을 끼칠 수 있었지만 공의(公議)에 의하여 주벌 당하는 것을 피할 수 없었습니다. 그러나 근세에 이르러서는 당색이 이미 나누어져서, 비록 옳은 일이라도 당(黨)에 의해 얽매여서 분별하여 밝히지 못하게 되었고, 막대한 죄라도 당(黨)에 의해 가려져서 법망(法網)을 벗어날 수 있게 되었습니다. 이는 군자에게 불행이 되고 소인에게 다행이 됨이 너무나도 심한 것입니다. 그리고 삼가 듣건대, 전하께서 악역(惡逆)과 대고(大故)에 대해서도 당론으로 귀결시키기도 하신다고 하니, 이와 같이 하면 난신적자(亂臣賊子)가 장차 어디에서 징계를 받아 두려워하겠습니까. 이는 몹시 사리(事理)를 해치는 것이니, 아울러 경계로 삼지 않을 수가 없습니다. 바라건대 명철하신 성상께서는 이것을 깊이 마음에 새기십시오."

관학(館學)의 유생들이 소(疏)를 올려서 선생을 불러들일 것을 청하자, 성상이 액례(掖隷)를 보내 존문(存問)하며 어선(御膳)을 가져다주게 하였다. 5월에 장소(章疏)를 올려서 사직하고 아울러 한재(旱災)를 계기로 경계하는 말씀을 아뢰었다.[110] 11월에 또 소(疏)를 올려서 사직하고 아울러 동궁을 인도하고 보양(保養)하는 방도를 아뢰었다.[111]

일파들을 대거 숙청한 사건이다.

110 5월에……아뢰었다 : 이때 올린 소(疏)와 관련된 내용은 《여호집(黎湖集)》 권5 〈신사찬선잉진계소(申辭贊善仍陳戒疏)〉에 자세히 보인다.

111 11월에……아뢰었다 : 이때 올린 소(疏)와 관련된 내용은 《승정원일기(承政院日記)》 영조 19년 11월 18일 기사와 《여호집(黎湖集)》 권5 〈신사찬선잉진계소(申辭贊善仍陳戒疏) 재소(再疏)〉에 자세히 보인다.

이때에 정언 조중회(趙重晦)가 소(疏)를 올려서 성상이 사묘(私廟)에 친제(親祭)하는 잘못에 대해 아뢰었는데, 성상의 마음을 거슬러서 노여움을 사는 바람에 성상이 그를 중벽(重辟 사형)으로 처치하려고 하고 이어서 합문(閤門)을 닫고 신료들을 만나 보지 않았다.[112] 선생은 막 도헌(都憲 대사헌)에 제수되는 명을 받고는 상례(常例)에 구애받아서는 안 된다고 하여 하유(下諭)를 기다리지 않고 항장(抗章)[113]을 올려서 극력 간하였는데, 그 내용은 다음과 같다.[114]

"정자(程子)가 복왕(濮王)의 전례(典禮)에 대해 논하여 말씀하기를, '비록 대통(大統)에 뜻을 전일하게 하는 것이 마땅하지만 어찌 사은(私恩)을 완전히 끊어 버릴 수 있겠는가.'라고 하였고,[115] 문성공(文

112 이때에……않았다 : 1743년(영조19) 11월 28일에 정언 조중회(趙重晦)가 소(疏)를 올려서 영조가 생모 숙빈(淑嬪) 최씨(崔氏)의 사당에 자주 전배(展拜)하는 것에 대해 간하였다. 그러자 그 다음날 희정당(熙政堂)에 나온 영조가 격노하여 동궁에게 전위(傳位)하려고 하였는데, 신하들이 연달아 극력 간하자 그만두게 되었다. 이때 영조는 열흘이 넘게 합문을 닫고서 신하들을 인견하지 않고 모든 공무를 중단하며 상소에도 일체 비답을 내리지 않았다. 그러다가 12월 20일에야 비로소 윤음을 내려 유시하고 밀린 상소에 모두 비답을 내렸다. 조중회는 결국 사판(仕版)에서 이름을 삭제당하는 처분만 받게 되어 중형을 면할 수 있었다.《英祖實錄 19年 11月 28日・29日, 12月 9日・20日》《自著續集 冊3 崇政大夫…贈諡忠憲趙公行狀》

113 항장(抗章) : 군주에게 직언(直言)하는 내용을 담고 있는 장소(章疏), 또는 이러한 장소를 올리는 것을 말한다.

114 그 내용은……같다 : 이때 올린 소(疏)의 내용은《승정원일기(承政院日記)》영조 19년 12월 20일 기사와《영조실록(英祖實錄)》동일 기사 및《여호집(黎湖集)》권5〈사사헌부대사헌겸진소회소(辭司憲府大司憲兼陳所懷疏)〉에 자세히 보인다.

115 정자(程子)가……하였고 : '복왕(濮王)'은 '복안의왕(濮安懿王)'의 준말로, 송(宋)나라 영종(英宗)의 생부인 조윤양(趙允讓)의 봉호(封號)이며, '전례'는 그의 추존

成公) 이이(李珥) 역시 옥당(玉堂)에서 대원군(大院君)에게 친제하는 것을 중지하라고 청한 일에 대해서 잘못되었다고 하였으니,[116]

과 관련된 예전(禮典)을 말한다. 인종(仁宗)이 아들을 남기지 못하고 죽자 복왕의 아들 조서(趙曙)가 왕위를 계승하여 영종이 되었는데, 자신의 생부인 복왕을 추존하고자 하였다. 이에 사마광(司馬光)과 구양수(歐陽脩) 등이, 영종은 인종의 양자가 되었기 때문에 인종을 황고(皇考)라 칭하고 복왕을 황백(皇伯)이라 칭해야 한다고 주장하여 추존하는 것을 반대하였다. 그러나 영종은 이를 따르지 않고 반대한 자들을 대부분 파직시키거나 좌천시켰다. 당시에 정이(程頤)가 시어사(侍御史) 팽사영(彭思永)을 대신하여 복왕의 전례에 대해 논하는 소(疏)를 지었는데, 이 글에 "신이 생각건대, 낳아 준 의리가 지극히 높고 지극히 크니, 비록 정통에 뜻을 전일하게 하는 것이 마땅하지만 어찌 사은(私恩)을 완전히 끊어 버릴 수 있겠습니까. 그러므로 계승한 분에게는 대의(大義)를 주로 하고 낳아준 분에게는 지정(至情)을 보존하니, 지극한 정성과 한결같은 마음으로 부자간의 도(道)를 다하는 것은 대의고, 본종(本宗)을 잊지 않고 은의(恩義)를 다하는 것은 지정입니다.〔臣以爲所生之義, 至尊至大, 雖當專意於正統, 豈得盡絶於私恩? 故所繼主於大義, 所生存乎至情. 至誠一心, 盡父子之道, 大義也; 不忘本宗, 盡其恩義, 至情也.〕"라고 하였다. 이와 관련된 내용은 《이정문집(二程文集)》 권6 〈이천문집(伊川文集)1 주소(奏疏) 대팽중승론복왕칭친소(代彭中丞論濮王稱親疏)〉에 자세히 보인다.

116 문성공(文成公)……하였으니 : '대원군'은 중종의 서자이자 선조의 생부인 덕흥군(德興君) 이초(李岹)를 가리킨다. 1567년(명종22) 명종이 승하하자 덕흥군의 셋째 아들 하성군(河城君) 이균(李鈞), 곧 선조가 왕위에 올라 생부인 덕흥군을 왕으로 추존하려 하였으나 신하들의 반대로 뜻을 이루지 못하였다. 이에 선조는 1569년(선조2)에 송 영종(宋英宗)이 생부 복왕(濮王)을 추존한 고사에 따라 덕흥군을 덕흥대원군(德興大院君)으로 추존하였다. 《宣祖實錄 總序, 誌文》《宣祖修正實錄 總序, 2年 11月 1日》 1577년(선조10) 5월에 선조가 덕흥대원군의 사당에 가서 친제하려고 하자, 홍문관에서 차자를 올려서 "예법에 의하면 사묘(私廟)에 친제할 수 없다.〔禮不可祭于私廟〕"라고 아뢰니 선조가 크게 노하였다. 이에 대해 이이(李珥)는 "왕통을 이어 후사가 된 의리가 진실로 무겁지만 낳아 준 은혜 또한 가볍게 여길 수 없는 것이니, 비록 정통에 대해서 뜻을 전일하게 해야 하지만 어찌 사친에 대해서 정을 끊어 버릴 수 있겠는가. 주상께서

알지 못하겠습니다만, 선묘(宣廟 선조)께서 친히 행하신 바가 봄과 가을로 지내는 정식 제사입니까? 아니면 별도로 작헌(酌獻)을 행하여서 인정과 도리를 편 것입니까? 진실로 이것이 정식 제사이면 위로 종묘(宗廟)를 받드는 데에 있어 융숭함을 견준다는 혐의가 있으니, 그만둘 것을 청하는 말이 진실로 본래 마땅한 것이 됩니다. 그러나 만약 이것이 별도로 지내는 제사이면 무슨 불가함이 있어서 그만두겠습니까. 그 상고한 바가 없는 것이 참으로 선정(先正)이 평한 바와 같습니다. 전하께서 행하신 바의 잘잘못 또한 여기에서 판가름이 날 뿐입니다.

대체로 한 해에 한두 번 사묘(私廟)를 첨배(瞻拜)하는 것은 실로 '50세가 되어서도 어버이를 사모하는 것〔五十而慕〕'[117]에서 나온 것이니, 이와 같이 할 뿐이라면 어느 누가 당연하다고 말하지 않겠습니

대원군의 사당에 친제를 행하시는 것은 예에 있어서 어긋나는 점이 없고 정에 있어서 피하지 못하는 바이니, 옥당은 도대체 무슨 소견으로 그만둘 것을 청한 것인가.〔所後之義固重矣, 所生之恩, 亦不可輕也. 雖得一意於正統, 豈可絶情於私親乎? 主上於大院君之廟親行祀事, 於禮無違, 於情所不免, 玉堂何所見而請止乎?〕"라고 하였다.《栗谷全書 卷30 經筵日記 萬曆五年丁丑》

117 50세가……것 : 이 말은《맹자(孟子)》〈만장 상(萬章上)〉에 "사람이 어릴 때에는 어버이를 사모하다가 여색을 좋아할 줄 알게 되면 젊고 예쁜 소녀를 사모하고, 처자식을 두면 처자식을 사모하고, 벼슬하면 군주를 사모하고, 군주에게 신임을 받지 못하면 속을 태운다. 그러나 큰 효자는 종신토록 어버이를 사모하나니, 50세가 되어서도 어버이를 사모하는 것을 나는 위대한 순에게서 보았다.〔人少則慕父母, 知好色則慕少艾, 有妻子則慕妻子, 仕則慕君, 不得於君則熱中, 大孝終身慕父母, 五十而慕者, 予於大舜見之矣.〕"라고 한 부분과 〈고자 하(告子下)〉에 "공자께서 말씀하셨다. '순임금께서는 지극한 효(孝)이실 것이다. 50세가 되어서도 어버이를 사모하셨다.'〔孔子曰: 舜其至孝矣! 五十而慕.〕"라고 한 부분에 보인다.

까. 다만 지극한 정이 일어나면 감정대로 곧바로 행하여 일정함 없이 어가를 거둥하는 것은 온당치 못한 듯합니다. 이는 진실로 인(仁)이 지나친 것임을 알겠으니, 도리어 지나침이 없는 것만 못합니다.

예(禮)는 천리의 절문(節文)이고[118] 효는 인륜의 본원이니, 이 두 가지는 본래 서로 간에 해가 되지 않습니다. 그러므로 예에 부합하면 효가 그 가운데에 있는 것이니, 그렇지 않으면 효에 근원을 두고서 도리어 효를 해치게 됩니다. 조중회가 올린 소(疏)로 말하자면 그 마음이 다만 군부가 진선진미(盡善盡美)하기를 바란 것일 뿐이고, 또한 성상께서 받아들이실 것이라 믿어서 말을 할 적에 가려서 내뱉지 못한 것이니, 이것이 어찌 심하게 죄줄 만한 것이겠습니까. 바라건대 성상의 마음을 넓히시어 부디 일이 지난 뒤에 후회하지 마십시오."

소(疏)가 들어간 지 며칠이 지나자, 조중회에 대해 비로소 명하여 살려주는 논의에 부치게 하였고, 선생 또한 비답을 받았다.

갑자년(1744, 영조20)에 동궁의 가례를 치른 뒤에 소(疏)를 올려서 예를 차리지 못한 죄에 대해 인책(引責)하였다.[119] 성상이 선생의 가난

118 예(禮)는 천리의 절문(節文)이고 : 이는 주희(朱熹)가 예에 대해서 규정한 말로, 《논어(論語)》 〈학이(學而)〉에 "예를 적용할 때는 차분하고 각박하지 않게 하는 것이 귀중하다.〔禮之用, 和爲貴.〕"라고 하였는데, 이에 대해 《집주(集註)》에서 "예라는 것은 천리의 절문이고 인사의 의칙이다.〔禮者, 天理之節文、人事之儀則也.〕"라고 설명하였다. '절(節)'은 등급과 도수(度數)이고, '문(文)'은 꾸며서 문채가 나게 하는 것을 이른다.

119 갑자년에……인책(引責)하였다 : 왕세자의 가례는 이해 1월 11일에 행해졌다. 이보다 앞서 1월 9일에 박필주가 대사헌으로서 소(疏)를 올려서 병 때문에 체직시켜 줄 것을 청하고 대죄하였는데, 이에 대해 영조는 왕세자의 가례에 참석하라는 비답을

하고 곤궁한 상황에 대해 물어보고서 누차 딱하게 여기는 생각을 드러내 보이고 명하여 쌀과 콩을 하사하니, 선생이 소(疏)를 올려서 사양하고 사은하였다.[120] 동궁이 손수 쓴 '충효(忠孝)' 두 글자를 반사(頒賜)하였다.

5월에 성상의 체후가 미령하다는 소식을 듣고 강을 건너서 인편을 취하여 성상의 안부를 알아오게 하다가 회복되기를 기다려서 소(疏)를 남기고 돌아왔다. 소(疏)에서 정신을 잘 길러서 섭양(攝養)하는 방도를 대략 아뢰자, 거듭 사관(史官)을 보내 전유하고 함께 들어오도록 하였다.[121]

창덕궁(昌德宮)에 실화(失火)가 발생하자[122] 소(疏)를 올려서 위로하는 말씀을 아뢰고 이어서 사직하였으나 모두 허락하지 않았다.[123]

내렸다. 당시 박필주는 과천(果川) 흑석촌(黑石村)에 머무르고 있었는데, 영조의 비답을 전달하러 찾아온 기사관(記事官) 김홍택(金弘澤)을 통하여 죄를 지은 몸인 데다가 병세가 심해져서 가례에 참여하지 못함을 아뢰었다.《承政院日記 英祖 20年 1月 9日, 11日》《英祖實錄 20年 1月 9日, 11日》《黎湖集 卷6 待罪疏, 手批後又待罪疏》

120 성상이……사은하였다 : 이와 관련된 내용은《승정원일기(承政院日記)》영조 20년 2월 21일, 3월 3일 기사와《영조실록(英祖實錄)》20년 2월 21일 기사와《여호집(黎湖集)》권6 〈사사식물소(辭賜食物疏)〉에 자세히 보인다.

121 5월에……하였다 : 이와 관련된 내용은《승정원일기(承政院日記)》영조 20년 5월 7일, 8일, 9일, 11일, 12일 기사와《영조실록(英祖實錄)》20년 5월 11일 기사와《여호집(黎湖集)》권6 〈성후차감후자강교퇴귀소(聖候差減後自江郊退歸疏)〉에 자세히 보인다.

122 창덕궁(昌德宮)에 실화(失火)가 발생하자 : 1744년(영조20) 10월 13일 밤에 승정원에서 실화가 발생하여 불길이 창덕궁의 인정문(仁政門) 및 좌우 행각(行閣)과 연영문(延英門)까지 번졌다. 이로 말미암아 열성조의《승정원일기(承政院日記)》가 다 불타 없어졌다.《英祖實錄 20年 10月 13日》

겨울에 대료(大僚)의 진달(陳達)을 계기로 쌀과 숯을 하사하자,[124] 소(疏)를 올려서 사양하고 사은하였다.[125]

을축년(1745, 영조21) 2월에 재이(災異)로 말미암아 소(疏)를 올려서 경계하는 말씀을 아뢰었다.[126] 여름에 승선을 보내《어찬상훈(御撰常訓)》에 대해 자문을 하고, 또 태의(太醫)를 보내어 간병하게 하였다.[127] 거듭 소(疏)를 올리자, 승선을 보내어 연달아 수찰(手札)을 내려

123 소(疏)를……않았다 : 이와 관련된 내용은《승정원일기(承政院日記)》영조 20년 11월 4일 기사와《여호집(黎湖集)》권6〈창덕궁화재봉위겸사직소(昌德宮火災奉慰兼辭職疏)〉에 자세히 보인다.

124 겨울에……하사하자 : '대료(大僚)'는 정1품의 영의정・좌의정・우의정 등 삼정승을 지칭하는 말로, 여기에서는 당시 좌의정으로 있었던 송인명(宋寅明)을 가리킨다. 1744년(영조20) 11월 13일에 송인명이 영경연사로서 홍정당(興政堂)의 주강에 입시하여 아뢰기를, "듣건대, 찬선 박필주는 집안이 몹시 가난하여, 70세의 나이에도 혹 자주 먹을 것이 떨어지는 한탄을 면하지 못하니, 이러한 추운 계절을 당하여 성상께서는 마땅히 그를 진념하시는 바가 있어야 합니다. 본도로 하여금 우대하는 예를 따라서 식물(食物)과 시탄(柴炭)을 실어 보내도록 하는 것이 좋겠습니다.〔聞朴贊善家甚貧, 七十之年, 或不免屢空之歎. 當此寒節, 聖上宜有軫念. 令本道食物柴炭, 從優輸送則好矣.〕"라고 하니, 영조가 이를 윤허하였다.《承政院日記 英祖 20年 11月 13日》《英祖實錄 20年 11月 13日》

125 소(疏)를……사은하였다 : 이와 관련된 내용은《승정원일기(承政院日記)》영조 20년 12월 1일 기사와《영조실록(英祖實錄)》동일 기사에 자세히 보인다.

126 을축년……아뢰었다 : 재이(災異)는 1745년(영조21) 1월에 햇무리가 해를 관통하는〔白虹貫日〕변고가 네 차례 발생한 것을 이른다.《承政院日記 英祖 21年 1月 2日, 11日, 12日, 17日》《英祖實錄 21年 1月 2日, 11日, 12日, 17日》이에 박필주가 2월 12일에 소(疏)를 올려서 소명(召命)을 사양하고 변고와 관련하여 경계하는 말씀을 아뢰었다.《承政院日記 英祖 21年 2月 12日》《英祖實錄 21年 2月 12日》《黎湖集 卷6 因災異陳所懷兼辭職疏》

127 여름에……하였다 : 승선은 좌부승지 김상적(金尙迪)을 가리킨다.《어찬상훈

서 간곡한 말로 불렀는데, 소(疏)를 올려서 사양하니 우대하는 비답을 내려서 급히 불렀다.

8월에 《어찬상훈》 속의 '존주(尊周)'의 '주(周)' 자를 그대로 보존할 것을 청하였는데, 그 내용은 다음과 같다.[128]

"삼가 살펴보건대, 〈법조(法祖)〉 조(條)에 '선대를 체행하여 주(周)나라를 높인다.〔體先尊周〕 운운(云云)'이라고 말씀하신 것이 있었습니다. 신에게 하사하신 초본(草本)에는 이렇게 적혀져 있었는데, 지금 인간(印刊)하여 반포하신 본에는 '주(周)' 자가 '왕(王)' 자로 바뀌어 있습니다.[129] 무릇 존주(尊周)와 존왕(尊王)의 차이에 대해서는 진실로 논쟁할 것이 많지는 않습니다. 그러나 선대의 조정 때부터 나라 안에서 통행되는 공문서나 사문서에는 예외 없이 '주(周)'

(御撰常訓)》은 1745년(영조21) 6월에 영조가 선왕의 덕을 선양하고 후대 왕을 경계하기 위해 지은 《어제상훈(御製常訓)》으로, 경천(敬天), 법조(法祖), 돈친(惇親), 애민(愛民), 거당(祛黨), 숭검(崇儉), 여정(勵精), 근학(勤學) 등 여덟 개의 조목으로 되어 있다. 《英祖實錄 21年 6月 14日》《御製常訓 目錄, 首序, 後跋》 1745년(영조21) 6월 11일에, 김상적이 영조의 명을 받들어 《어제상훈》을 가지고 박필주를 찾아가 문의하고 이를 서계(書啓)로 작성하여 올렸다. 이에 영조가 어의를 보내어 박필주를 간병하게 하였다. 《承政院日記 英祖 21年 6月 11日》

128 그 내용은……같다 : 이때 올린 소(疏)의 내용은 《승정원일기(承政院日記)》 영조 21년 8월 5일 기사와 《영조실록(英祖實錄)》 동일 기사와 《여호집(黎湖集)》 권6 〈대죄겸진소회소(待罪兼陳所懷疏)〉에 자세히 보인다.

129 법조(法祖)……있습니다 : 현존하는 인간본(印刊本) 《어제상훈(御製常訓)》을 살펴보면, 〈법조〉에 "齊居靜思昔年體先尊王之誠愛民之德 以法祖書敬天之下"라고 되어 있고 이에 대한 언해(諺解)에 "齊居홈애 고요히 昔年의 先을 體ᄒᆞ샤 王을 尊ᄒᆞ시던 誠과 民을 愛ᄒᆞ시던 德을 싱각ᄒᆞ옵고 法祖로뻐 敬天아래쓰노니"라고 되어 있다. 《御製常訓 法祖》《御製常訓諺解 法祖》

자를 사용하고 혹시라도 이것을 고치지 않았으니, 달리 우려할 바가 없다고 보장하기 때문이 아니겠습니까.

지금은 육합(六合)이 몹시도 어둡고 캄캄하여 사명(辭命)에 대해서 되도록 신중하고 치밀하게 해야 하지만, 또한 신중히 할 만한 것에 신중히 해야 할 뿐입니다. 이러한 부분에 이르러서도 아주 사소한 것까지 반드시 박절하게 제거한다면 〈비풍(匪風)〉과 〈하천(下泉)〉의 뜻[130]이 가려져 뚜렷이 드러나지 못하게 될 것입니다. 신의 소견으로는 '주(周)' 자를 그대로 보존하는 것이 더 좋을 듯합니다."

이때에 사학(四學) 유생 홍계억(洪啓億) 등도 소(疏)를 올려서 '주(周)' 자를 보존할 것을 청하였는데,[131] 소(疏)에서 말한 내용이 성상의 마음을 거슬러서 노여움을 사는 바람에 소두(疏頭)는 먼 곳으로 찬배하고 제생은 유적(儒籍)에서 이름을 삭제하고 신분을 박탈하여 서인으로 삼으라는 처분이 내려졌다. 선생이 처음 의견을 낸 사람으로서 의리상 편안하게 가만히 있을 수 없어서 도성 밖에서 대죄하였는데, 성상이 수찰을 내려서 승지를 보내어 전유하고 이어서 명하여 함께 돌아오도록 하였다. 선생이 여섯 차례의 계(啓)와 두 차례의 소(疏)를 올려서

130 비풍(匪風)과 하천(下泉)의 뜻 : 〈비풍〉과 〈하천〉은 각각 《시경(詩經)》 회풍(檜風)과 조풍(曹風)의 편명이다. 〈비풍〉의 주제는 주(周)나라 왕실이 쇠미한 것에 대하여 현인이 이를 근심하고 탄식하는 것이고, 〈하천〉의 주제는 왕실이 무너지자 소국이 곤폐하여 주(周)나라의 서울을 생각하는 것으로, 모두 주나라 왕실의 쇠망에 대해 근심하고 탄식하는 내용이다. 여기에서는 명(明)나라를 정통으로 높이고 그 멸망을 슬퍼하는 것을 의미한다.

131 이때에……청하였는데 : 이와 관련된 내용은 《영조실록(英祖實錄)》 21년 8월 5일 기사와 《승정원일기(承政院日記)》 동일 기사에 자세히 보인다.

유생들과 죄가 똑같으므로 홀로 처벌을 피할 수 없다는 뜻을 아울러 아뢰자, 성상이 또 수서(手書)를 전하여 연달아 돈유(敦諭)를 내리고 명하여 입대할 것을 재촉하였다.

첫 번째로 올린 소(疏)의 내용은 대략 다음과 같다.[132]

"사자(士子)는 연소하기 때문에 기운이 과격하고, 지위가 낮기 때문에 그다지 일을 경험하지 못하여 대개 정도에 지나친 행동을 하니, 이는 바로 우리 부자(夫子 공자)께서 이르신바 '뜻은 크나 일에는 소략한 소자(小子)'[133]라는 것입니다. 열성조 이래로 모두 이들을 용납하고 보호하며 사랑하고 아껴서 오직 상함이 있을까 염려하셨으니, 이는 국가의 원기(元氣)가 이들에게 있기 때문이 아니겠습니까. 종전에 유생들이 올린 소(疏)의 내용에 설사 정도에 지나친 말이 있더라도 전하께서는 다만 사실을 가지고서 효유하시는 것이 옳을 뿐이니, 어찌 대번에 죄벌을 가하신단 말입니까. 신분을 박탈하여 서인으로 삼은 것으로 말하면 더욱 괴이한 점이 있는 것입니다. 전(傳)에 이르기를, '선비는 죽일 수는 있어도 모욕할 수는 없다.'[134]라

132 첫 번째……같다 : 이때 올린 소(疏)의 내용은《승정원일기(承政院日記)》영조 21년 8월 13일 기사와《영조실록(英祖實錄)》동일 기사와《여호집(黎湖集)》권6〈성외서명시수찰련선후대죄소(城外胥命時手札連宣後待罪疏)〉에 자세히 보인다.

133 뜻은……소자(小子) : '소자'는 학생이나 후배를 뜻하는 말이다. 이 말은《논어(論語)》〈공야장(公冶長)〉에 "공자가 진(陳)나라에 계시면서 말씀하였다. '돌아가야겠다, 돌아가야겠다. 우리 고을의 소자들이 뜻은 크나 일에는 소략하여, 찬란하게 위의와 학문을 이루었지만 그것을 마름질할 줄을 알지 못하는구나.'〔子在陳曰: 歸與歸與! 吾黨之小子狂簡, 斐然成章, 不知所以裁之.〕"라고 한 데에 보인다.

134 선비는……없다 : 이 말은《예기(禮記)》〈유행(儒行)〉에 "유자는 친히 대할 수는 있어도 위협할 수는 없고, 가까이할 수는 있어도 핍박할 수는 없으며, 죽일 수는

고 하였으니, 사자(士子)를 강등을 당하여 낮고 천한 자가 되게 하는 것은 모욕하는 것이 너무 심하지 않겠습니까.

선대 조정의 고사(故事)에 대해서는 다만 소(疏)를 올린 유생이 말하였을 뿐만 아니라 신 역시 이것을 말하였습니다. 대체로 '주(周)' 자를 그대로 보존하는 것은 겨우 곡삭(告朔)의 양[135]일 뿐이니, 만약 이것까지 제거한다면 자취도 없이 사라져 버려 다시 찾을 수 없게 됩니다. 구구한 신의 얕은 생각은 다만 여기에 있을 뿐입니다. 실성한 사람이 아니고서는 어느 누가 감히 전하를 두고 존주의 의리에 부족한 점이 있다고 말하겠습니까. 다만 전하께서 지니신 만절필동(萬折必東)의 마음[136]이 간행된 책들에 의해 덮이고 가려져서 중천에

있어도 모욕할 수는 없다.〔儒有可親而不可劫也, 可近而不可迫也, 可殺而不可辱也.〕" 라고 한 데에 보인다.

135 곡삭(告朔)의 양 : 명실이 부합하지는 못하나 형식만이라도 남겨 두어서 옛 제도를 보존하는 것을 뜻한다. 《논어(論語)》 〈팔일(八佾)〉에 "자공이 곡삭의 예에 바치는 희생양을 없애려고 하자, 공자가 말씀하였다. '사(賜)야, 너는 그 양을 아끼느냐? 나는 그 예를 아낀다.'〔子貢欲去告朔之餼羊. 子曰: 賜也, 爾愛其羊, 我愛其禮.〕"라고 한 데에서 나온 것이다. '곡삭'은, 옛날에 천자가 매년 계동(季冬)에 다음해 열두 달의 책력을 제후에게 나누어 주었는데, 제후는 이것을 받아 가지고 가서 종묘에 간직해 두고 매달 초하루에 희생으로 양을 바치고 종묘에 고한 후 그 달의 책력을 꺼내어 나라 안에 펴던 일을 이른다. 노(魯)나라는 문공(文公) 때부터 이 예를 폐하였으나, 유사(有司)가 아직도 희생으로 바칠 양을 올리고 있으므로, 자공이 양만 허비하는 것을 아깝게 여겨 이를 없애고자 했던 것인데, 공자는 양마저 없애 버리면 곡삭의 예가 자취조차 없어지게 될까 염려하였던 것이다.

136 만절필동(萬折必東)의 마음 : 중국의 모든 강물이 만 번 굽이쳐 흘러가더라도 결국은 동쪽의 황해로 흘러 들어가는 것처럼 천자국인 명(明)나라에 대한 충정이 변치 않는다는 뜻이다. '만절필동'은 본래 《순자(荀子)》 권20 〈유좌(宥坐)〉에 보이는 말로,

떠 있는 태양처럼 밝게 빛나지 못하게 될까 염려하여 그러는 것입니다. 신의 말이 그릇되었다고 여기시면 응당 유생들과 똑같은 죄로 처벌하시고, 신의 말이 옳다고 여기시면 저 유생들도 마땅히 용서하셔야 할 것입니다. 삼가 바라건대, 전하께서는 이 두 가지 처분 가운데 헤아려 결정하시어 형벌과 정사가 공평하지 못한 근심이 없도록 하십시오."

을묘일에 명을 받들어 입대(入對)하였는데 동궁을 불러서 시좌하게 하니,[137] 선생이 몽양(蒙養)[138]의 방도를 아뢰고, 또 말하기를,

"《어찬상훈》을 찬술하는 과정에서 신은 처음부터 끝까지 이에 참여해 들으며 성상의 학문이 고명하시다는 것을 상세히 알았습니다. 그러나 종종 대단히 지나친 거조가 있으시니, 무슨 까닭으로 그리하시는 것인지 알지 못하겠습니다."

동쪽으로 흘러가는 물을 관찰하는 공자(孔子)에게 자공(子貢)이 "군자가 큰 강물을 보면 반드시 살펴야 하는 까닭은 무엇입니까?〔君子之所以見大水必觀焉者, 是何?〕"라고 묻자, "만 번을 굽이쳐 흘러도 반드시 동쪽으로 향하니, 의지가 있는 것과 같다.〔其萬折也必東, 似志.〕"라고 대답한 공자의 말에서 나온 것이다. 선조가 임진왜란 중에 원군을 파병하여 위기에서 구해 준 명(明)나라의 은혜에 고마움을 표현하기 위하여 이 말을 썼는데, 이후로 명나라를 종주국으로 받드는 충정이 변치 않는다는 뜻으로 주로 사용되었다. 《月沙集 卷22 被誣辨明奏》

137 을묘일에……하니 : 이날에 박필주가 찬선으로서 선정전(宣政殿)에 입시하여 영조와 대화를 나누고 물러난 일은 《승정원일기(承政院日記)》 영조 21년 8월 16일 기사와 《영조실록(英祖實錄)》 동일 기사에 보인다.

138 몽양(蒙養) : 어릴 때에 올바른 도리로 잘 기른다는 뜻으로, 《주역(周易)》 〈몽괘(蒙卦) 단(彖)〉에 "어릴 때에 올바른 도리로 기르는 것이 성인의 공부이다.〔蒙養以正, 聖功也.〕"라고 한 데에서 나온 말이다.

라고 하였다. 이에 성상이 웃으며 말씀하기를,

"내가 배우지 못하였기 때문에 그런 것이다. '주(周)'라는 한 글자로 말하면 생각하고 염려함이 많아서 이렇게 된 것이다."

라고 하였다. 선생이 아뢰기를,

"반사(頒賜)하신 《어찬상훈》 중 한 글자가 원본과 달랐기에, 신은 처음부터 여기에 관여한 사람으로서 의아함을 견디지 못하여 감히 그 까닭을 여쭌 것일 뿐이었습니다. 그런데 생각지도 않게 유생들의 소(疏)가 계속하여 올라오는 바람에 성상의 마음이 격노하시어 지나친 거조가 심상치 않게 되었습니다. 유생을 단죄하심에 있어 신하로서 감히 듣지 못할 바가 있었으니, 신만 홀로 죄망(罪網)을 벗어나는 것은 온당치 못하기에 나아와 엎드려 감죄(勘罪)해 줄 것을 청하였습니다. 그런데 뜻밖에 감히 감당하지 못할 정도로 융숭한 예수(禮數)가 내려서 피하여 달아날 수가 없으므로 염치를 무릅쓰고 들어온 것입니다."

라고 하니, 성상이 말씀하기를,

"경(卿) 역시 유림(儒林)인데 이와 같은 부류가 항상 선정(先正)을 들어서 말하니 선정이 거론되는 것이 또한 모욕이다."

라고 하였다. 그러자 선생이 대답하기를,

"소(疏)를 올린 유생들이 한 일은 진실로 정도에 지나친 점이 있지만 그 의리는 바로 존주(尊周)이니, 중하게 여길 바가 어찌 없겠습니까."

라고 하고, 이어서 종전에 올린 소(疏)에서 언급한 '열성조 이래로 사자들의 기개를 배양하였다'는 내용을 거듭하여 아뢰었다. 성상이 말씀하기를,

"경이 올린 소(疏)에서 이르기를, '선비는 죽일 수는 있어도 모욕할

수는 없다.'라고 하였는데, 내가 이를 통하여 스스로 잘못하였음을 알게 되었다. 다만 경은 유생들이 올린 소(疏)에서 '천하에 왕 노릇하는 왕〔王天下之王〕'이라고 말한 것을 옳다고 여기는가, 아니면 그르다고 여기는가? 그 뜻은 내가 오랑캐를 왕으로 여긴다고 말하는 것이니, 이들이 어찌 감히 이러한 말을 한단 말인가.[139] 또한 존주(尊周)와 존왕(尊王)에 무슨 차이가 있어서 억지로 분별하려 드는 것인가."

라고 하자, 선생이 대답하기를,

"성상의 생각에 과연 '왕(王)' 자와 '주(周)' 자는 전혀 분별할 것이 없다고 여기신다면 사고(史庫)에 소장된 책들에 대해서는 어찌하여 모두 고치지 않고 '주(周)' 자를 그대로 두시는 것입니까?"

라고 하였는데, 성상이 웃기만 하고 대답하지 않았다. 그러자 선생이 다음과 같이 말하였다.

"오늘날은 어떠한 때입니까? 중주(中州)의 명(明)나라가 멸망하고 오랑캐의 국운이 오히려 왕성하니, 어느 누가 존주(尊周)의 의리에 관하여 언급하겠습니까. 전하께서는 비록 관문(關門)을 닫아걸고

139 다만……말인가 : 1745년(영조21) 8월 5일에, 사학(四學) 유생 홍계억(洪啓億) 등이 올린 소(疏)에서 "우리 명철하신 성상께서는 '존주(尊周)'라는 두 글자를 가지고 조종을 본받는 데에 있어서 특별히 급선무로 삼으셨는데, 간책을 이미 인간함에 의리를 중도에 변경하여 갑자기 '주(周)' 한 글자를 '왕(王)' 자로 바꾸었으니, 신들은 여기에서 '왕(王)'이라고 한 것이 어느 왕을 이르는지 모르겠습니다. 천하를 소유한 왕을 이른 것입니까? 그렇다면 오늘날 천하를 소유하여 왕 노릇 하는 자는 누구입니까?〔我聖明以尊周二字, 特爲法祖宗之先務, 而簡冊旣印, 義理中變, 遽以一周字易之以王字, 臣等不知王者謂何王耶? 其謂有天下之王耶? 然則今日有天下而王者誰耶?〕"라고 한 내용이 있었기 때문에 영조가 이와 같이 말한 것이다.《英祖實錄 21年 8月 5日》

저들과의 약조를 끊어 버릴 수가 없어서 베풀어 행하는 바가 있으시지만, 어찌 이렇게 항상 써 왔던 적요(寂寥)한 하나의 '주(周)' 자까지 아울러 제거할 수 있겠습니까? 황단(皇壇)[140]에 올리는 제사를 전하께서 친히 행하실 수 없으면 후원(後苑)에 나아가 망위례(望位禮)를 행하시고 옥후(玉候)가 미령하실 때에도 그냥 지나가지 않으시니, 공북(拱北)[141]의 정성이 보통을 훨씬 뛰어넘습니다. 그러니 저 유생들이 아무리 지극히 우매하더라도 어찌 감히 전하께서 존주(尊周)의 의리에 대해 소홀히 한다고 의심하겠습니까. 또한 부모가 자식을 사랑하는 것에 비유하건대, 자식이 정도에 지나치는 일을 하면 비록 질타하고 책망하며 회초리로 때리더라도 또한 가상히 여기고 기뻐하는 뜻이 없지는 못한 법입니다. 그런데 지금 전하께서는 이러한 뜻이 전혀 없으시니, 이는 신이 삼가 이해하지 못하는 점입니다."

이에 성상이 명하여 전일의 전교를 가져오게 하여서, 먼 곳으로 찬배하게 한 것과 신분을 박탈하여 서인으로 삼은 것 따위의 벌목(罰目)을 말거(抹去)하게 하였다.

140 황단(皇壇) : 임진왜란 때 원병을 보내준 명(明)나라 신종(神宗)의 은혜를 생각하여 1704년(숙종30) 창덕궁 후원에 세운 제단으로, 대보단(大報壇)이라고도 한다.

141 공북(拱北) : 뭇별들이 사면으로 둘러싸고 북극성을 향한다는 뜻으로, 군왕을 옹위하거나 온 천하가 귀부(歸附)하는 것을 비유하는바, 본래 《논어(論語)》 〈위정(爲政)〉에 "정사를 덕으로 하는 것은 비유하면 북극성이 제자리에 머물러 있으면 뭇별들이 그곳으로 향하는 것과 같다.〔爲政以德, 譬如北辰居其所, 而衆星共之.〕"라고 한 공자(孔子)의 말에서 유래한 것이다. 여기에서는 명(明)나라를 종주국으로 섬기는 충정을 뜻한다.

선생이 또 '왕(王)' 자를 고치지 않을 수 없다는 뜻을 힘써 아뢰고, 또 말하기를,

"유생들에 대한 죄벌을 풀어주시더라도 만약 '주(周)' 자로 다시 바꾸지 않는다면 분분한 논란이 그치지 않을 것입니다."

라고 하자, 성상이 마침내 명하여 운각(芸閣 교서관)에 비치한《어찬상훈》에 대해 모두 다시 '주(周)' 자로 바꾸게 하였다. 이에 선생이 일어나 절을 올리고 아뢰기를,

"전하께서 이처럼 신속하게 허물을 고치시니, 허물을 고치는 데에 인색하지 않았던 옛 제왕의 성대한 덕도 어떻게 이보다 더 훌륭할 수 있겠습니까. 군주가 행하는 한 번의 거조는 관계된 것이 매우 중대합니다. 정사가 순조롭게 잘 다스려지고 기상이 화평하면 비유컨대 상서로운 구름과 상서로운 해가 나옴에 우주 사이의 삼라만상이 모두 기뻐하며 즐거워하는 것과 같고, 정사가 공평함을 잃고 지나친 거조가 거듭되어 쌓이면 거센 바람과 천둥을 동반한 비에 만물이 진동하고 동탕하여 경색(景色)이 시름겹고 참혹해지는 것과 같으니, 신중하게 하지 않을 수 없는 것이 이와 같습니다. 바라건대, 전하께서는 이와 같이 지나친 거조를 다시는 행하지 마십시오."

라고 하고, 이어서 물러날 것을 간청하였는데, 해당 조(曹)에 명하여 쌀과 찬물(饌物)을 실어 보내게 하였다. 또 동궁의 서연에 입참하였는데 춘방(春坊 세자시강원)의 관원이 소(疏)를 올려서 선생을 머물게 해 줄 것을 바랐으나 선생은 소(疏)를 남기고 여호(黎湖)로 돌아갔다.

당시에 사학(四學)의 유생들이 조명리(趙明履)에 대해서 부황(付黃)하였는데,[142] 성상이 또 비상한 거조를 행하여 소(疏)를 올린 유생들의 아비들을 모두 정국(庭鞫)하고 먼 곳으로 귀양 보냈다. 이에 대해

선생이 소(疏)를 올렸는데, 그 내용은 대략 다음과 같다.[143]

"신이 분수에 넘치게 우대하는 예우를 입어서 말하는 바가 있으면 성상께서 마음을 열어 모두 받아들여 주셨습니다. 이에 신은 천지와 같으신 성상의 덕을 삼가 칭송하고 일월이 허물을 고친 것과 같은 모습을 거듭 우러러보아서,[144] 자기에게 불선한 점이 있으면 알지 못한 적이 없고 알면 반복한 적이 없었던 안자(顏子)의 행실[145]을

142 당시에……부황(付黃)하였는데 : 부황은 유생들이 조관(朝官)을 탄핵할 때에 그 사람의 성명을 누런 종이에 써서 그것을 큰북에 붙이고 북을 울리면서 시가를 돌며 널리 사람에게 알리는 일이다. 1745년(영조21)에 사학(四學)의 유생 홍계억(洪啓億) 등이 《어제상훈(御製常訓)》 간인본(刊印本)의 '존왕(尊王)'을 다시 '존주(尊周)'로 바꿀 것을 청하는 소(疏)를 올리면서 "승지 조명리가 만부(灣府)에 있을 적에 우리나라의 사정이 저 나라에 흘러 들어감을 직접 보고서 천심(天心)을 공동(恐動)하여 마침내 고치게 하고야 말았다.〔以身在灣府, 目見我國事情之流入彼中, 恐動天心, 終至改而後已.〕"라고 한 소문을 언급하며 조명리에 대해서 '《춘추》의 난적', '열성(列聖)의 죄인'이라고 지목하였으며, 또한 사학에서는 조명리의 성명을 유적(儒籍)에서 묵삭(墨削)하고 '춘추난적(春秋亂賊)'으로 벌명(罰名)을 삼았다. 《英祖實錄 21年 8月 5日》《承政院日記 英祖 21年 8月 5日》

143 그 내용은……같다 : 이때 올린 소(疏)의 내용은 《승정원일기(承政院日記)》 영조 21년 9월 12일 기사와 《여호집(黎湖集)》 권6 〈대죄소(待罪疏)〉에 자세히 보인다.

144 일월이……우러러보아서 : 《논어(論語)》 〈자장(子張)〉에 "군자의 허물은 일식(日食)·월식(月食)과 같아서 허물이 있으면 사람들이 모두 보고, 허물을 고치면 사람들이 모두 우러러본다.〔君子之過也, 如日月之食焉, 過也, 人皆見之, 更也, 人皆仰之.〕"라고 하였는데, 이를 원용하여 말한 것이다.

145 자기에게……행실 : 안자(顏子)는 공자(孔子)의 제자 안회(顏回)를 이른다. 《주역(周易)》 〈계사전 하(繫辭傳下)〉에 "공자께서 말씀하였다. '안씨(顏氏)의 아들 안회는 거의 도(道)에 가깝다고 할 수 있을 것이다. 자기에게 불선한 점이 있으면 알지 못한 적이 없고, 알면 반복한 적이 없다. 역(易)에 말하였다. 「멀리 가지 않고 돌아와 후회하는 데에 이르지 않으니, 크게 길하다.」'〔子曰: 顏氏之子, 其殆庶幾乎! 有不善未

명철하신 성상에게서 다시 보게 되었다고 생각하였습니다. 그런데 홀연히 또 성상의 진노가 요동하여 지나치고 갑작스러운 처분을 내리시고 심지어는 신료들을 접견하지 않고 연달아 감히 듣지 못할 하교를 내리기까지 하셨습니다. 신은 이에 하늘을 우러러 보고 땅을 굽어보며 부끄럽고 애통함을 느껴 사람으로 자처하며 살아갈 수 없습니다.

옛사람은 순수하고 한결같은 충정이 하늘을 감동하게 하여 서서 짧게 이야기를 나누는 동안에도 군주의 마음을 움직이게 해서 유(類)를 미루어 확충해나가 통달하지 못한 바가 없도록 하였습니다. 그러나 신은 성의가 미덥지 못하여 성상으로 하여금 이렇게 자주 돌아왔다가 자주 잃는[146] 거조를 행하도록 하였으니, 그 죄가 비록 만 번 죽더라도 속죄하지 못합니다. 삼가 바라건대, 전하께서는 신의 죄를 다스리시어 조정의 기강을 엄숙하게 하십시오."

비답을 받은 뒤에 또 소회를 다시 아뢰었는데, 그 내용은 다음과 같다.[147]

嘗不知, 知之未嘗復行也. 易曰: 不遠復, 无祇悔, 元吉.]"라고 하였다.

146 자주……잃는 : '자주 돌아왔다가 자주 잃는다[頻復頻失]'는 것은 선(善)으로 돌아왔다가 이를 유지하지 못하고 다시 과오를 저지르는 것이 빈번함을 말한다. 《주역(周易)》 〈복괘(復卦) 육삼(六三)〉에 "돌아오기를 자주함이니, 위태로우나 허물이 없을 것이다.[頻復, 厲, 无咎.]"라고 하였는데, 이에 대한 정이(程頤)의 《역전(易傳)》에 "돌아옴은 안정되고 견고함을 귀하게 여기니, 자주 돌아왔다가 자주 잃는 것은 돌아옴이 안정되지 못한 것이다. 선(善)으로 돌아왔다가 자주 잃음은 위태로운 방도이다.[復貴安固, 頻復頻失, 不安於復也. 復善而屢失, 危之道也.]"라고 하였다.

147 그 내용은……같다 : 이때 올린 소(疏)의 내용은 《승정원일기(承政院日記)》 영조 21년 9월 22일 기사와 《영조실록(英祖實錄)》 동일 기사와 《여호집(黎湖集)》 권6

"명철하신 성상께서 평소 지니신 공북(拱北)[148]의 정성은 더할 나위 없이 지극하신데 우연히 한 글자를 고친 것으로 말미암아 유생들이 소(疏)를 올리는 일까지 있게 되었습니다. 그 소(疏)에서 운운한 바는 성상의 뜻을 자세히 살피지 못한 듯하니, 성상의 마음이 격동하여 진노하시는 것이 진실로 이상할 것이 없습니다. 본래의 글자로 다시 바꾼 것은 처분이 매우 타당하니 그렇다면 유생들도 이제는 그만두어야 하는데 또 유벌(儒罰)을 행하는 거조를 보였습니다. 그러니 명철하신 성상께서 이들을 미워하고 배척하시는 것이 또한 당연한 형세입니다.

비록 그러하나 성인이 형벌을 제정할 적에는 중도(中道)에 맞는 것을 중요하게 여겼고, 명왕(明王)이 정죄할 적에는 반드시 그 실정을 따져 보았습니다. 당초에 유생들이 올린 소(疏)에서 지척한 사람은 분명할 뿐만이 아니니, 오직 조명리(趙明履)가 지나치게 두려워하고 꺼려하여 굳이 고칠 필요가 없는 글자를 고치게 하였다고 논하였을 뿐입니다.[149] 만약 이것이 사실이라면 조명리에게 자연히 죄가 있는 것이 되고, 만약 이것이 사실이 아니라면 유생들이 올린 소(疏)의 내용이 자연히 잘못된 소문이 되니, 명철하신 성상께서 스스로 인책하여 죄로 여기신 것과는 전혀 상관이 없습니다.

〈신상소회소(申上所懷疏)〉에 자세히 보인다.

148 공북(拱北) : 뭇별들이 사면으로 둘러싸고 북극성을 향한다는 뜻으로, 군왕을 옹위하거나 온 천하가 귀부(歸附)하는 것을 비유하는데, 여기에서는 명(明)나라를 종주국으로 섬기는 충정을 뜻한다. 자세한 내용은 76쪽 주141 참조.

149 오직……뿐입니다 : 78쪽 주142 참조.

마지막의 망령된 거조로 말하자면 또 말미암은 바가 있습니다. 종래에 그 소견을 고수하여 군상(君上)에게 굽히지 않으며 이렇게 행동함을 훌륭하게 여기는 것은 본래 유생들의 공통된 병통입니다. 그러나 선비들의 풍습이 선(善)한가, 선하지 않은가의 여부는 오직 그 윗사람이 어떻게 다스리고 이끌어 가는가에 달려있을 뿐입니다. 그러므로 말하기를, '주(周)나라 선비는 귀하고, 진(秦)나라 선비는 천하다.'[150]라고 하였습니다. 지금 조정에서 선비를 대우하는 것을 보면 또한 귀하게 여기지 않고 천하게 여긴다고 이를 만합니다. 옛날에 대우(大禹)가 수레에서 내려서 죄인을 보고 눈물을 흘리며 말하기를, '요임금과 순임금 시대의 백성들은 요임금과 순임금의 마음을 마음으로 삼았는데, 과인의 백성들은 각자의 마음을 마음으로 삼는구나.'라고 하였습니다.[151] 옛날의 성인은 자기를 책망하고 다른 사람을 책망하지 않았던 것입니다. 저 유생들이 대체로 폐단이 없이 안온

150 주(周)나라……천하다 : 윗사람이 어떤 생각을 가지고서 인재를 등용하느냐에 따라 선비의 귀천이 결정된다는 뜻으로, 《양자법언(揚子法言)》 권6에 "주나라 선비는 귀하고 진나라 선비는 천하며, 주나라 선비는 자유롭고 진나라 선비는 구애된다.〔周之士也貴, 秦之士也賤; 周之士也肆, 秦之士也拘.〕"라고 한 데에 보인다.

151 옛날에……하였습니다 : 하(夏)나라 우(禹)임금이 밖으로 나갔다가 길에서 죄인을 보고는 수레에서 내려서 무슨 죄를 지었는지 물어보고 눈물을 흘리면서 울자, 좌우의 신하들이 "저 죄인은 법도를 따르지 않았기 때문에 저렇게 된 것인데, 군왕께서는 어찌하여 이렇게까지 애통해하십니까?〔夫罪人不順道, 故使然焉, 君王何爲痛之至於此也?〕"라고 물었다. 그러자 우임금이 "요임금과 순임금 시대의 사람들은 모두 요임금과 순임금의 마음을 마음으로 삼았는데, 과인이 군주가 되자 백성들이 각자의 마음을 마음으로 삼으니, 이 때문에 애통해하노라.〔堯、舜之人, 皆以堯、舜之心爲心. 今寡人爲君也, 百姓各自以其心爲心, 是以痛之也.〕"라고 대답하였다. 《說苑 卷1 君道》

하지 못한 것은 전하께서 스스로 반성할 만한 것이 아니겠습니까.

유생들의 광망(狂妄)하고 소탕(疏宕)한 기상에 대하여 신은 취할 만하다고 여기니, 만약 이러한 모습은 조금도 없고 그저 나약하고 부드러울 뿐이라면 당당한 성세(聖世)에 또한 이와 같은 선비들을 어디에 쓰겠습니까. 또 저들의 행위로 말하면, 협잡하였던 것인지의 여부는 알지 못하겠으나 중요하게 여길 바는 있었던 것입니다. 비록 시인(詩人)이 말한 것처럼 좋은 목소리로 위로하며[152] 후대하지는 못하더라도 또한 어찌 모욕을 주고 귀양을 보내서 입도 열지 못하게 할 수 있단 말입니까.

소(疏)를 올린 유생의 아비들을 국문한 것으로 말하자면, 모르겠습니다만 그들이 역적죄나 강상죄에 관련이 되었습니까. 전혀 해당됨이 없습니다. 만약 여염의 백성들이 모여서 향회(鄕會)를 만든다면 이미 많은 사람이 관계된 것이니 이를 알았는가, 알지 못하였는가를 그 아비에게 책망할 수 없습니다. 하물며 저 상서(庠序)의 여러 선비가 소(疏)를 올린 거조는 한두 사람에게서 나온 것이 아니니, 어찌 낱낱의 사람마다 그 아비에게 죄줄 수 있겠습니까. 지나친 거조 가운데에 이것이 특히 놀랄 만합니다.

부디 전하께서는 마음을 비우고 기운을 고르게 하여 깊이 살펴 잘못을 뉘우침을 보이시고 귀양을 보낸 자들을 모두 방송하여 사람

152 좋은 목소리로 위로하며 : '좋은 목소리로 위로한다〔懷之好音〕'는 것은 《시경(詩經)》 〈회풍(檜風) 비풍(匪風)〉에 보이는 말로, "누가 고기를 요리하려는고? 작은 가마솥과 큰 가마솥을 씻어주리라. 누가 장차 서쪽으로 돌아가려는고? 그를 좋은 목소리로 위로하리라.〔誰能亨魚? 漑之釜鬵. 誰將西歸? 懷之好音.〕"라고 하였다. 이 시는 망해가는 주(周)나라를 일으킬 이가 있다면 그를 돕고 후대하겠다는 뜻을 담은 것이다.

들의 마음을 위로하고 기쁘게 하십시오. 전하께서 종전에 말씀과 행동을 삼가지 않으셨는데, 전하의 신하가 된 자들 중에 또 강직한 사람이 없어서 지나친 거조가 한창 일어날 때마다 언사를 완곡하게 하고 아름답게 꾸며서 겨우 미봉하였을 뿐이니, 이것이 어찌 신하들이 스스로 기약한 바이겠습니까. 이는 진실로 지나친 거조가 급박하여 이렇게 된 것일 뿐입니다. 그러나 계속하여 감히 어기지 못하는 것이 익숙해져서 상습이 되어버린다면 전하께서는 이들을 무시하고 오직 자기 마음대로 하시게 될 것이니, 이는 사리와 형세로 볼 때 필연적인 것입니다. 마땅히 덕을 지키는 것이 확고하지 못함을 깊이 뉘우치시고 반드시 성상의 의지를 크게 분발하고 성상의 학문을 크게 진전시켜서 이전의 과실을 만회하고 새로운 명(命)을 이어나가셔야 합니다.

조정의 신하들로 말하자면, 한결같이 오직 헌체(獻替)하는 것을 마음에 두어서 깊이 급암(汲黯)이 이른바 '어떻게 조정을 욕되게 하겠는가.'라고 한 것[153]을 가지고 지극히 경계한 뒤에야 나라에 도움

153 급암(汲黯)이……것 : 급암은 전한(前漢) 무제(武帝) 때에 직간을 잘하기로 유명한 사람이다. 급암이 주작도위(主爵都尉)가 되어서 지위가 구경(九卿)의 반열에 올랐는데, 당시에 무제가 문학하는 유자들을 초빙하고서 인의(仁義)를 베풀겠다고 말하였다. 이에 급암이 "폐하께서는 속에는 욕심이 많으면서 겉으로만 인의를 베푸시니, 어떻게 요순의 정치를 본받고자 하십니까?〔陛下內多欲而外施仁義, 奈何欲效唐虞之治乎?〕"라고 대답하자, 무제가 노하여 조회를 파하고 좌우 신하들에게 "심하다. 급암의 우직함이여.〔甚矣, 汲黯之戇.〕"라고 말하였다. 여러 신하가 급암에게 잘못을 따지자, 급암은 "천자가 공경과 보필하는 신하를 둔 것이, 어찌 이들로 하여금 따라서 아첨하고 뜻을 받들어서 군주를 불의에 빠뜨리려는 것이겠는가. 또 내가 이미 그 지위에 있으니, 비록 내 몸을 아끼나 어떻게 조정을 욕되게 하겠는가.〔天子置公卿輔弼之臣, 寧令從諛

되는 바가 있게 될 것입니다. 이렇게 하지 않으면 안정을 찾지 못할 듯합니다."

이에 우대하는 비답을 받았다.

10월에 액정(掖庭)의 사람을 보내어 낙죽(駱粥 타락죽)을 하사하였다. 12월에 명하여 쌀과 찬물(饌物)을 하사하였는데,[154] 병인년(1746, 영조22) 정월에 소(疏)를 올려서 이를 사양하자, 또 별유를 내려서 간곡한 말로 불렀다.[155] 2월에 또 승지가 《어찬자성편(御撰自省編)》을 가지고 찾아와 자문하였다.[156] 발탁하여 이조 판서에 제수하고[157] 수찰

承意, 陷主於不義乎? 且已在其位, 縱愛身, 奈辱朝廷何?]"라고 대답하였다. 《史記 卷120 汲黯列傳》

154 12월에……하사하였는데 : 이와 관련된 내용은 《승정원일기(承政院日記)》 영조 21년 12월 21일 기사와 《영조실록(英祖實錄)》 동일 기사에 자세히 보인다.

155 병인년……불렀다 : 이와 관련된 내용은 《승정원일기(承政院日記)》 영조 22년 1월 11일 기사와 《여호집(黎湖集)》 권6 〈사식물소(辭食物疏)〉에 자세히 보인다.

156 2월에……자문하였다 : 1746년(영조22) 2월 21일 밤에 영조가 좌승지 조명리(趙明履)에게 명하여 주서가 적은 초본(草本)을 가지고 안산(安山)에 있는 박필주에게 가서 문의하게 하자, 조명리가 그 다음날에 출발하여 2월 28일에 박필주가 아뢴 바를 서계(書啓)로 작성하여 보고하였다. 《承政院日記 英祖 22年 2月 21日, 22日, 28日》 《어찬자성편(御撰自省編)》의 원제목은 《어제자성편(御製自省編)》으로, 영조가 독서와 일상생활을 통해서 느끼고 생각한 것들을 모아서 엮은 책이다. 영조가 이 책을 쓰게 된 동기는, 우선 왕세자에게 교훈으로 남겨 주기 위한 것이었고, 다음으로 자신의 생활에 대한 반성의 자료로 삼기 위한 것이었다. 책은 자수지사(自修之事)를 다룬 내편(內篇)과 위치지사(爲治之事)를 다룬 외편(外篇)으로 구성되어 있는데 각각 심(心)과 기(幾)를 주제로 다루었다. 2책 2권으로 구성되어 있고 목판본이다. 《奎章閣韓國本圖書解題 子部 儒家類 御製自省編》

157 발탁하여……제수하고 : 1746년(영조22) 윤3월 6일에 정사(政事)를 행하여 박필주를 이조 판서에 임명하였다. 《承政院日記 英祖 22年 閏3月 6日》《英祖實錄 22年

을 내려서 부르고 또 간곡하게 효유하였다. 선생이 네 차례 장소(章疏)를 올려서 사양하였으나 허락하지 않았다. 전유하여 재촉해 불렀는데, 세 차례 소(疏)를 올려서 사양하니, 승지를 보내어 비답을 내리고 이어서 함께 돌아오도록 명하였다. 이에 네 차례 계(啓)를 올려서 사양하였는데, 간곡하게 재촉하기를 그치지 않았다. 선생이 도성 밖에 이르러 소(疏)를 올려서 왕명을 거역하고 오만하게 처신한 것에 대해 죄줄 것을 청하였는데, 지신(知申 도승지)을 보내어 손수 쓴 비답을 내리고 이어서 함께 돌아오도록 명하였다.

입대(入對)하여 융병(癃病)으로 말미암아 나아오기 어려운 상황을 아뢰니,[158] 성상이 말씀하기를,

"모름지기 오늘날의 세도(世道)를 보아야 하니, 세도가 과연 어떠한가?"

라고 하자, 선생이 대답하기를,

"세도가 이와 같으니, 더욱 마땅히 참된 현인을 불러들여서 등용해야 할 것입니다. 신과 같은 자가 무슨 유익함이 있겠습니까."

라고 하였다. 성상이 말씀하기를,

"지금 조급하게 경쟁하는 것이 풍속을 이루었으니, 경이 만약 나아와 정사당(政事堂)에 누워 있는다면 이러한 습속이 거의 종식될 것이다. 경은 세록지신(世祿之臣)이니 어찌 나랏일을 돌보지 않을 수

閏3月 6日》

158 입대(入對)하여……아뢰니 : 이때에 박필주가 이조 판서로서 숭문당(崇文堂)에 나아와 입시하여 영조와 대화를 나누었는데, 이 일은《승정원일기(承政院日記)》영조 22년 5월 24일 기사와《영조실록(英祖實錄)》동일 기사에 자세히 보인다.

있겠는가. 지난번 제육실(第六室 중종의 묘실)에서 작헌을 행할 때에 위와 아래가 관첨(觀瞻)하고 등불과 촛불이 휘황찬란하여 감흥을 일으킨 바가 있었고, 올해의 연갑(年甲 해의 간지)이 또 성조(聖祖)께서 중흥하신 해가 되는데[159] 경이 오늘 들어왔으니, 이는 실로 만나기 어려운 기회이다. 내가 감히 경에게 근력을 써서 분주히 움직이기를 바라는 것이 아니고, 다만 가만히 앉아서 부박한 풍속을 진정시키기를 바랄 뿐이다."

라고 하였다.

이때에 동궁이 시좌(侍坐)하였는데, 선생이 학업의 성취에 대해서 묻고, 이어서 아뢰기를,

"학문하는 방도는 다른 것이 없습니다. 배우는 자에게 유익함이 있으면 반드시 행하고, 배우는 자에게 유익함이 없으면 일절 행하지 않는 것이니, 이와 같이 할 뿐입니다."

라고 하였다. 또 아뢰기를,

"만년(晩年)의 절개를 지키는 것이 어려운 법이니,[160] 여항의 학자도 오히려 그러합니다. 전하께서는 일국의 군주 자리에 처하시어 만년에도 학문하기를 좋아하시니, 《어찬자성편》을 가지고 보면 그러하

159 올해의……되는데 : 성조(聖祖)는 중종을 가리키고, 중흥하였다는 것은 1506년(연산군12) 9월에 발생한 중종반정(中宗反正)을 가리킨다. 당해의 간지와 중종반정이 일어났던 해의 간지가 모두 '병인(丙寅)'이기 때문에 이렇게 말한 것이다.

160 만년(晩年)의……법이니 : 이는 본래 송(宋)나라 때 위국공(魏國公)에 봉해진 한기(韓琦)의 말로, "초년의 절개를 지키기는 쉽지만 만년의 절개를 지키기는 어렵다. 그러므로 만년의 절개를 위해 매사에 더욱 힘써야 한다.〔保初節易, 保晩節難, 故晩節事事尤著力.〕"라고 하였다. 《宋名臣言行錄 後集 卷1 韓琦》

심을 알 수 있습니다. 그러나 학문하는 방도는 오직 기질을 변화시키는 것을 귀하게 여기는데, 사람이 태어날 때 받은 기품(氣稟)은 이치상 선과 악이 있게 마련입니다.[161] 성상의 거룩한 자질이 비록 매우 고명하시지만, 이미 성인의 경지에 이르렀다고 할 수는 없습니다. 전하께서는 한번 생각하여 보십시오. 전하의 기질의 병통이 과연 어느 곳에 있습니까?"

라고 하자, 성상이 말씀하기를,

"내가 본래 타고난 성품이 매우 조급하지만, 오히려 지나치게 고원한 병통이 있다."

라고 하였다. 이에 선생이 대답하기를,

"무릇 사람의 기질이란 장점이 있으면 반드시 단점이 있는 법입니다. 어리석은 신이 감히 생각건대, 총명하고 특달한 것은 전하의 장점이고, 위곡(委曲)하여 지나치게 상세한 것은 전하의 단점입니다. 비록 지혜가 만물에 두루 미치지만, 간혹 작은 것만 살피고 큰 것을 빠뜨리는 문제를 면하지 못하여 상세히 하는 것은 너무 상세히 하고 간략히 하는 것은 너무 간략히 하시니, 정령(政令)에 해가 되는 것이 한둘일 뿐만이 아닙니다. 그러나 장점과 단점은 실로 별건(別件)이 아니고 반드시 장점을 말미암아서 단점이 되는 것이니, 바라건대

161 사람이……마련입니다 : 이는 《근사록(近思錄)》 권1 〈도체(道體)〉에 "사람이 태어날 때에 받은 기품은 이치상 선과 악이 있게 마련이나 성(性) 가운데에 원래 이 두 물건이 상대하여 나온 것은 아니다.〔人生氣稟, 理有善惡, 然不是性中元有此兩物, 相對而生也.〕"라고 한 정호(程顥)의 말에 보인다. 이에 대해 주희(朱熹)는 "이(理)는 다만 '합(合)' 자로 보아야 한다.〔理, 只作合字看.〕"라고 설명하여 '이(理)' 자를 '마땅히'라는 뜻으로 해석하였다.

전하께서는 십분 공부하시어 장점을 보존하고 단점을 끊으십시오. 이렇게 하신다면 순수하게 이(理)와 의(義)에 귀결되어서 기질이 다시 용사(用事)하지 못할 것입니다."

라고 하였다.

또 아뢰기를,

"무릇 일에 있어서 크고 작음과 가볍고 무거움은 모두 때에 따라서 일정한 형상이 있게 됩니다. 모르겠습니다만, 현재의 급선무는 무엇입니까?"

라고 하자, 성상이 말씀하기를,

"'공정함〔公〕' 외에 다른 도리가 없다. 지금의 세상을 둘러보면 온통 사의(私意)로 가득 차 있다."

라고 하였다. 이에 선생이 대답하기를,

"지금 변방에 문제가 발생할 조짐이 있고, 국내에 변란이 일어날 조짐이 매우 많습니다. 무신년(1728, 영조4)에 일어났던 변란[162]은 바로 만고의 흉역이니, 비록 다행스럽게도 우선 무사히 마무리되었지만 이런 일이 장래에 다시 일어나지 않으리라고 장담할 수 없습니다. 만약 혹 다시 일어난다면 장차 어느 지경에 이르겠습니까."

라고 하자, 성상이 말씀하기를,

"무신년의 변란을 겪은 이후에 밤낮으로 어찌 감히 근심을 잊겠는가."

라고 하였다. 선생이 대답하기를,

"변란이 일어난 것은 유래한 바가 있으니, 신이 진달하고 싶은 바가

162 무신년에 일어났던 변란 : 1728년(영조4) 3월에 발발한 이른바 '이인좌(李麟佐)의 난'을 가리킨다. 자세한 내용은 16쪽 주17 참조.

있으나 성상의 마음에 근심을 초래할까 두렵습니다. 만약 벗이 애매하고 원통한 무함을 당하였으면 반드시 그를 위하여 옳고 그름을 가려 밝히려고 하기 마련인데, 하물며 신하가 군주에 대해서는 더 말해 무엇하겠습니까. 선왕(先王 경종)의 병환이 계속 위독하였는데 흉악한 무리가 일체 이를 숨기더니 이어서 아무런 근거도 없는 흉악한 말을 지어내어 위로 성상을 무함하였습니다.[163] 전하께서는 효성과 우애가 천성에서 나오셔서 숙묘(肅廟 숙종)의 대상(大喪)에 정성과 예를 스스로 다하시어 말씀이 선조(先朝)에 미칠 때마다 옥음(玉音)이 구슬퍼지며 목이 메셨습니다. 지극한 덕이 이와 같으신데 흉악한 무함이 망극하였으니, 어찌 몹시 애통해하지 않겠습니까."

라고 하고, 이어서 수차(袖箚)를 올렸다.

성상이 이를 읽어 보고 하교하기를,

"경이 아니면 이를 말할 수 없다. 조금 전에 경의 말을 듣고 또 이 수차를 읽어 보니, 경은 이조 판서에 제수된 것에 대해서 사은하려고 온 것이 아니다."

라고 하자, 선생이 대답하기를,

"이는 신이 여러 해 동안 마음속에 품고 있던 뜻이니, 한 조각의

163 아무런……무함하였습니다 : 이는 경종의 뒤를 이어 왕위에 오른 영조에 대한 무함을 가리키는바, 영조가 경종을 시해하였으며, 숙종의 친자가 아니라고 한 것이다. 1728년(영조4)에 정권에서 배제된 소론과 남인 계열의 사람들이 영조와 노론의 제거를 계획했는데 그 명분으로 경종이 영조에 의해 독살되었다는 의혹과 영조가 숙종의 친아들이 아니라는 것을 내세웠다. 즉 경종이 독살되었으므로 복수해야 한다는 명분을 내세우고서 밀풍군(密豐君) 이탄(李坦)을 추대하려고 하였는데 결국 실패하였다. 《英祖實錄 4年 1月 17日·19日, 3月 15日·16日·18日·20日·26日·27日》

괴로운 충정은 신명(神明)에게 질정할 만합니다. 당금의 때에 비록 정자와 주자께서 다시 세상에 나오시더라도 틀림없이 이 일을 가지고 제일의(第一義)로 삼으실 것입니다."

라고 하였다. 성상이 말씀하기를,

"내가 하교를 내리고자 하나 마음에 몹시도 애통함이 있으니, 나의 심사를 대략 《어찬자성편》과 《어찬상훈》에 보였다. 민 봉조하(閔奉朝賀) 진원(鎭遠) 역시 수차를 올렸었다. 나홍언(羅弘彦)의 흉서(凶書)[164]는 생각하면 뼈가 떨릴 정도이다. 나홍언은 이미 죽었지만 나홍언 같은 자가 다시는 없으리라고 어찌 장담하겠는가. 내가 야사(野史)를 엄하게 금지함은 본래 깊은 뜻이 있는 것이다. 지금 비록 경의 말을 따라 대훈(大訓)[165]에 첨가해 기재하더라도 저 불령(不逞)한 무리가 어찌 기꺼이 이를 믿으려고 하겠는가."

라고 하자, 선생이 대답하기를,

"만약 흉악한 말의 근본을 환히 변별하여 대훈에 분명하게 기재한다면 어찌 각성하는 자가 없겠습니까. 이천해(李天海)[166]와 같은 무리

164 나홍언(羅弘彦)의 흉서(凶書) : 1730년(영조6) 나홍언이 폐출되었던 종실(宗室)인 여홍군(驪興君) 이해(李垓)와 여릉군(驪陵君) 이기(李圻)를 추대하기 위하여 은밀히 유통시킨 문서를 가리킨다. 이때 나홍언의 아들 나계태(羅啓泰)의 집을 수색하던 중에 모반 계획이 기록된 문서가 발견되었고, 이로 말미암아 서종하(徐宗廈), 윤성시(尹聖視), 이진유(李眞儒) 등 모반에 관련했던 자들이 함께 체포되어 국문을 받았다. 이들은 고문을 받으면서도 끝까지 혐의를 부인하였는데, 이후 나숭열(羅崇說) 등의 공초 중 나계태가 모반을 권유하였다는 사실이 밝혀져 관련자들이 당고개에서 처형당하였다.《英祖實錄 6年 6月 3日 4日・12日・21日, 7月 12日・20日・22日, 8月 14日》

165 대훈(大訓) : 1741년(영조17)에 반포한 소위 '신유대훈(辛酉大訓)'을 가리킨다. 자세한 내용은 50쪽 주82 참조.

는 모두 속임을 당한 자들이니, 진실로 온 세상 사람이 환히 알게 한다면 야사는 염려할 만한 것이 못 되고 또한 틀림없이 믿을 만한 사필(史筆)이 있을 것입니다."

라고 하였다.

성상이 말씀하기를,

"상단의 말은 경이 아니면 말할 수 없는 것이다. 의약청(醫藥廳)을 설치하지 않은 것[167]은 의도한 데에서 나온 것이 아니다."

라고 하자, 선생이 대답하기를,

"이 일은 관계된 바가 매우 중대하니, 그만둘 수 없습니다."

라고 하였다. 성상이 말씀하기를,

"대훈을 내린 뒤에 신하들의 의론이 안정되었으니, 그 나머지는 모두 지엽적인 것들이다."

라고 하자, 선생이 대답하기를,

166 이천해(李天海) : 1725년(영조1) 1월, 영조가 의릉(懿陵)에 행차할 적에 어가 앞에 나아와 흉악한 말을 하면서 대왕대비까지 지적하고, '인산(因山) 후에는 환국(換局)을 해야 한다'고 말한 사람으로, 당시 29세의 군사(軍士)였다. 영조는 그를 잡아다 국문하면서 사관(史官)에게 죄인의 흉악한 말을 공초에 쓰지 말라고 명하고 처형하였다.《英祖實錄 1年 1月 16日, 17日》

167 의약청(醫藥廳)을……것 : 이는 1724년(경종4) 8월에 경종의 병세가 위독해졌는데도 당시 약원 도제조로 있던 이광좌(李光佐)가 의약청을 설치하지 않았던 일을 가리킨다.《英祖實錄 附錄 英祖大王行狀》 이에 대해 1725년(영조1) 6월 11일에 성균관 유생 정유(鄭楺)가 소(疏)를 올려, 이광좌가 약원 도제조의 직책을 맡고 있으면서도 경종의 병을 숨기기 위해서 시약청(侍藥廳)을 설치하지 않았고 저녁 문안도 거행하지 않으면서 사람들이 혹시 알게 될까만 근심하였다고 아뢰었다.《承政院日記 英祖 1年 6月 11日》

"근심거리는 소홀히 하는 데에서 생겨나니, 풀잎만 제거하고 뿌리를 캐내지 않으면 반드시 풀이 다시 자라나기 마련입니다. 흉도와 역종(逆種)에 대해서 엄중하게 징벌하지 않는다면 그들이 다시는 화심(禍心)을 내지 않을 것이라고 어찌 보장한단 말입니까."

라고 하였다. 성상이 말씀하기를,

"경이 정사당(政事堂)에 앉은 뒤에야 세도(世道)를 어떻게 해 볼 수 있을 것이다. 지금 경을 불러들인 뒤로 또 불러들이고 싶은 사람이 있으니, 바로 이재(李縡)이다. 이 사람은 다름 아닌 경이 천거하였던 자이다."

라고 하자, 선생이 대답하기를,

"이러한 사람에게 마땅히 이러한 직임을 맡겨야 할 것입니다. 호서(湖西) 지역의 몇 사람을 불러들여 직무를 맡기신다면 또한 크게 유익한 점이 있을 것입니다."

라고 하고, 이어서 물러나 돌아갈 것을 간청하였다.

이때 선생이 올린 수차의 내용은 대략 다음과 같다.[168]

"전하께서는 숙묘(肅廟 숙종)와 경묘(景廟 경종)께서 승하하셨을 때에 예를 다하고 효를 다하여 지극한 정성이 천지를 감동하게 하셨는데, 일종의 흉역한 무리가 실로 번성하여 앞에는 신축년(1721, 경종1)과 임인년(1722)의 화(禍)[169]를 일으켰고 뒤에는 무신년(1728, 영

168 이때……같다 : 이때 올린 수차의 내용은 《영조실록(英祖實錄)》 22년 5월 24일 기사와 《여호집(黎湖集)》 권7 〈수차(袖箚)〉에 자세히 보인다.

169 신축년과 임인년의 화(禍) : 신축년(1721, 경종1)과 임인년(1722)의 두 해에 걸쳐 일어난 대대적인 옥사를 가리킨 것으로, '신임사화(辛壬士禍)'라고도 한다. 경종은 남인(南人) 역관의 딸인 희빈(禧嬪) 장씨(張氏)의 소생으로서 남인에게 동정적이던

조4)의 변란[170]을 일으켰으니, 이는 단지 '위예(違豫)'[171]라는 두 글자를 세상에 숨겼기 때문에 점차 이러한 지경에 이르게 된 것입니다. 만약 이 두 글자를 신축년과 임인년 무렵에 밝혔더라면 김일경(金一鏡)[172]과 목호룡(睦虎龍)[173] 등 여러 역적이 틀림없이 파고들 틈을 얻지 못했을 것이며, 무신년 이전에 밝혔더라면 심유현(沈維賢)[174]

소론(少論)의 보호를 받아왔는데, 경종이 왕으로 즉위하게 되자 과거 그의 세자 책봉을 반대했던 노론(老論)은 위기를 느껴 경종의 병약함과 후사가 없음을 이유로 연잉군(延礽君)을 세제(世弟)로 책봉하도록 추진하여 이를 관철시키고, 나아가 대리청정까지 추진하였다. 이에 소론 김일경(金一鏡) 등 7인이 신축년에 소(疏)를 올려, 대리청정을 찬성했던 노론 사대신인 김창집(金昌集), 이건명(李健命), 이이명(李頤命), 조태채(趙泰采)를 처벌할 것을 청하였다. 이를 계기로 사대신을 비롯하여 노론 측의 주요 인사들이 조정에서 쫓겨나 유배되는 사건이 일어났는데, 그 이듬해인 임인년에 김일경이 목호룡(睦虎龍)을 사주하여 노론 명문자제들이 이른바 '삼급수(三急手)'를 써서 경종을 암살하려 하였다고 고변하여 임인옥사(壬寅獄事)를 일으켰다. 결국 사대신은 사사(賜死)되었으며, 수많은 노론 인사들이 극형에 처해졌다.

170 무신년의 변란 : 1728년(영조4) 3월에 발발한 이른바 '이인좌(李麟佐)의 난'을 가리킨다. 자세한 내용은 16쪽 주17 참조.

171 위예(違豫) : 제왕에게 병환이 있는 것을 완곡하게 표현하는 말로, 경종에게 병환이 있었던 것을 두고 말한 것이다.

172 김일경(金一鏡) : 1662~1724. 1721년(경종1) 신임사화(辛壬士禍)를 주도한 대표적인 소론(少論) 인물로, 영조 즉위 후에 노론이 다시 정권을 잡게 되면서 탄핵을 받고 참형에 처해졌다.

173 목호룡(睦虎龍) : 1684~1724. 남인(南人) 서얼(庶孼) 출신으로, 일찍이 종실인 청릉군(靑陵君)의 가동(家僮)으로 있으면서 풍수지리술을 배워 지관이 되었다. 1722년(경종2) 경종을 시해하려는 모의가 있었다는 이른바 '삼급수설(三急手說)'로 고변(告變)하여, 그 공으로 부사 공신(扶社功臣) 3등으로 동성군(東城君)에 봉해지고 동지중추부사에 올랐으나, 1724년(영조 즉위년) 영조가 즉위하여 신임사화를 무고로 규정하게 되면서 김일경(金一鏡)과 함께 붙잡혀 국문을 받던 중 옥중에서 급사하였다.

과 이천해(李天海) 등 여러 역적이 또 발동할 길이 없었을 것입니다. 그러니 도대체 이 무슨 까닭으로 숨겼단 말입니까. 아아, 여기에서 흉역한 무리의 정상(情狀)을 볼 수 있을 것입니다. 그 마음에 생각하기를 '이와 같이 하지 않으면 전하를 무함할 수 없고 건저(建儲)를 주도한 신하들을 반역으로 몰아넣을 수 없다.'라고 여긴 것입니다.

선왕의 환후는 여러 해 동안 지속된 것이었는데, 갑진년(1724, 경종4)에 이르러서는 침중하고 위독해져 삼다(蔘茶)를 올리는 날이 이미 많아졌으나 조지(朝紙)에는 다만 '차를 마셨다〔茶飮〕'라고 적었을 뿐입니다. 그리고 병환이 몹시 위중해졌을 때에도 의약청을 설치하지 않아서 외부의 사람들이 듣기에는 지극히 평소와 같았기 때문에 심유현과 이천해의 무리가 요망하게 반역을 모의하게 된 것입니다. 하늘의 밝은 태양 아래에 흉악한 말로 성상을 무함하여 못하는 짓이 없다가 군사를 일으키는 지경에까지 이르렀으니, 이는 그 흉역함이 만고에 없었던 것입니다.

무릇 건저(建儲)의 사체(事體)를 가지고 말하면, 군주에게 후사가 없으면 반드시 아들의 항렬이나 아우의 항렬 중에서 선택하여 저사(儲嗣)로 책립하니, 이는 사책에서 확인할 수 있는 것입니다.

174 심유현(沈維賢) : ?~1728. 본관은 청송(青松)이다. 부친은 청은부원군(青恩府院君) 심호(沈浩)이고, 누나는 단의왕후(端懿王后)이다. 1725년(영조1)에 이천해(李天海)가 임금의 어가 앞에서 흉언을 퍼트린 사건이 발생하여 관련자들에 대한 대대적인 국문이 시행되었는데, 이유익(李有翼)은 공초에서 심유현이 흉언을 만들어 마을에 퍼트렸다는 내용을 진술하여 이 일로 인하여 곤욕을 치렀다. 1728년 담양 부사(潭陽府使)로 재직 중, 태인 현감(泰仁縣監) 박필현(朴弼顯)과 결탁하여 모반을 일으켰는데, 모반이 실패로 돌아가면서 관련자들과 함께 체포되어 국문을 받았고 이후 처형되었다.

경묘에게는 후사가 없으셨고 천현(天顯)[175]의 지친으로는 오직 전하 한 분이 계셨을 뿐이니, 만일 저사를 세운다면 전하를 제외하고 누구를 세울 수 있었겠습니까. 더구나 선왕의 질환이 오랫동안 쾌차하지 못하여 왕실의 처지가 고단(孤單)하고 위태로웠으니, 이러한 때에 전하를 저사로 책립한 것은 실로 종묘사직을 위한 대계(大計)였으며, 이를 받들어 실행한 자는 자신의 몸을 돌보지 않고 나라를 위하여 목숨을 바친 충신이 되는 것입니다. 그런데 역적 김일경의 무리가 감히 역모라고 지목하여서 집의 재산을 몰수하고 아내와 자식들을 관노로 삼아서 사람들에게 감히 선왕의 질환에 대해 말하지 못하게 하였으니, 같은 패거리 안에서 어찌 내심 불평을 품은 자가 없었겠습니까. 그러나 대세에 압도되어서 스스로 빠져나오지 못하였던 것입니다. 곧장 무신년(1728)에 이르러서는 병기를 가지고 농간한 것이 여러 날이 되도록 궐내에서는 이러한 사실에 대해 알지 못하였으니, 당시 국세(國勢)의 위급함은 지금까지도 간담이 서늘하게 만듭니다.

무릇 역적 김일경의 흉필(凶筆)에 의한 교문(教文)[176]이 먼저 내

175 천현(天顯) : '하늘의 드러난 이치'라는 뜻으로 천륜(天倫)과 같은 말인데, 특히 형제의 관계를 나타낸다. 이는 주(周)나라 무왕(武王)이 아우 강숙(康叔) 봉(封)에게 한 말에 보이는 것으로, 《서경(書經)》 〈주서(周書) 강고(康誥)〉에 "아우가 하늘의 드러난 이치를 생각하지 않아서 능히 그 형을 공경하지 않으면, 형 또한 부모가 자식을 기른 수고로움을 생각하지 아니하여 크게 아우를 우애롭게 대하지 않을 것이다.〔于弟弗念天顯, 乃弗克恭厥兄, 兄亦不念鞠子哀, 大不友于弟.〕"라고 하였다. 이에 대해 채침(蔡沈)의 《집전(集傳)》에 "'천현'은 《효경》에서 말한 '천명'과 같으니, 존비가 뚜렷이 드러나는 차서이다.〔天顯, 猶孝經所謂天明, 尊卑顯然之序也.〕"라고 설명하였다.

176 역적……교문(教文) : 이는 1722년(경종2) 9월에 당시 홍문관 제학으로 있었던

려지고 이어서 도성의 문에 흉서(凶書)가 내걸려서[177] 전후로 연이어 원근에 모두 전파되었으니, 인심이 어찌 의혹을 품지 않을 수 있겠습니까. 그렇다면 화란을 불러들인 까닭이 실로 존재하였던 것이니, 신하가 된 자들은 마음 아파하고 고뇌하면서 죽기를 각오하고 시비를 가려 밝히기에도 겨를이 없어야 했습니다. 그런데 수십 년 동안 이것을 가지고 통렬하게 진달한 사람이 없었으며, 간혹 말하는 사람이 있더라도 대부분 간절하게 아뢰어 감동하게 하지 못하였으니, 전하의 조정에는 사람이 없다고 이를 만합니다.

종묘사직의 신령함에 힘입어 근래에는 그런대로 아무 일이 없었으나 장차 닥쳐올 화란에 대해서는 알 수가 없습니다. 혹시라도 나홍언 같은 자가 은밀히 야사(野史)를 지어서 후세 사람들에게 의혹을 품게 한다면 또한 어찌 몹시 염려할 만한 일이 아니겠습니까. 대훈에서 군흉의 죄상을 논단하였으나 선왕의 병환 한 가지 일에 대해서는 조금도 언급함이 없었습니다. 신은 삼가 깊이 근심하고 있으니, 생각건대 마땅히 몇 구절의 말을 대훈에 첨가해 기재하여 이성(二聖 경종과 영조)께서 왕위를 주고받은 일을 하늘에 걸린 해와 달처럼 명백하게 보여서 흉악하게 무함하는 자들이 다시는 입을 놀리지 못하게 해야 합니다. 이렇게 한다면 어찌 더할 나위 없이 분명하고 더할 나위 없이 순리롭지 않겠습니까.

김일경(金一鏡)이 지어 올린 반교문(頒教文)으로, 역적이 토벌되었음을 태묘(太廟)에 고하고 반포한 것이다.

177 도성의……내걸어서 : 영조가 경종을 독살하고서 왕위에 올랐으며, 영조는 숙종의 자식이 아니라는 내용의 괘서(掛書)가 1728년(영조4) 1월에 한양의 서소문(西小門)에 유포된 사실을 가리킨다. 《英祖實錄 4年 1月 17日, 19日》

또 충(忠)과 역(逆)은 대분(大分)이 매우 엄격한데 천망(天網)이 지나치게 넓고 커서 신축년과 임인년의 일로 법에 따라 복주된 자는 그저 김일경과 목호룡 등 몇 명의 역적뿐이었고, 그 나머지는 관대한 법령을 적용 받아 상공(上公)의 품계를 그대로 차지하고 있는 자도 있습니다. 이는 천토(天討)가 행해지지 않은 것이며 사리에도 맞지 않는 것입니다. 이러한데도 그대로 내버려 둔다면 국시(國是)를 정하여 인심을 하나로 만들 수 없을 것입니다."

이때에 해당 조(曹)에 명하여 쌀과 찬물(饌物)을 실어 보내게 하고 개정(開政)하라는 명이 내려졌는데, 선생이 패초(牌招)에 응하지 않은 뒤에 장소(章疏)를 올려서 사직하고 이어서 하사한 쌀과 숯을 사양하였다.[178]

이날 빈대(賓對)[179]에서 성상이 선생이 올린 수차를 내보여 하순(下詢)하자, 당시의 정승인 김재로(金在魯)와 송인명(宋寅明) 등이 모두

178 이때에……사양하였다 : 이와 관련된 내용은 《승정원일기(承政院日記)》 영조 22년 5월 24일, 25일 기사와 《영조실록(英祖實錄)》 동일 기사에 보이는데, 본문의 '쌀과 찬물〔米饌〕'은 '시탄과 쌀〔柴炭及米〕'로 되어 있다. 1746년(영조22) 5월 24일에 박필주가 이조 판서로서 숭문당(崇文堂)에서 입시하였는데, 영조가 박필주에게 개정(開政)해 줄 것을 누차 간곡하게 부탁하였다. 다음날에 개정하기 위하여 박필주를 패초하였으나 박필주가 이에 응하지 못하고 소(疏)를 올려, 그 전날 노쇠한 몸으로 거의 한밤중이 되어 숭문당에서 물러나왔기 때문에 패초에 응하여 개정하는 자리에 나아가지 못하는 상황과 이조 판서의 직함을 도로 거두어 주고 식물(食物)을 사급(賜給)한 것을 중지해 달라는 내용을 아뢰었다. 《承政院日記 英祖 22年 5月 24日, 25日》《英祖實錄22年 5月 24日》《黎湖集 卷7 入城後初疏》

179 빈대(賓對) : 1746년(영조22) 5월 25일에 영조가 희정당(熙政堂)에서 대신과 비국 당상을 인견하였던 자리를 가리킨다. 자세한 내용은 《승정원일기(承政院日記)》 영조 22년 5월 25일 기사와 《영조실록(英祖實錄)》 동일 기사에 보인다.

말하기를,

"대훈은 금석처럼 변함이 없는 법전(法典)으로 바꾸기 어려운 점이 있으니, 선왕의 증후(症候)를 글로 써서 널리 알리는 것은 온당하지 못한 듯합니다. 징토(懲討)에 관한 한 항목은 유현의 말을 따라서 신속하게 처분을 내리십시오."

라고 하였다.

임술일에 또 장소(章疏)를 올려서 사직하고 소회를 다시 아뢰었는데, 그 내용은 다음과 같다.[180]

"《자성편》과 대훈은 동일한 어찬(御撰)인데 《자성편》은 내외의 구분이 있어서 포괄하는 바가 매우 넓습니다.[181] 대훈으로 말하면 다른 일은 언급하지 않고 오로지 신축년과 임인년의 옥사 한 가지 사안만 위주로 하고 있으니, 역란(逆亂)에 관계된 모든 것들을 하나하나 상세히 기재하여 후세 사람들로 하여금 환히 깨달아 의심함이 없도록 해야 할 것입니다. 더구나 관계된 바가 더할 나위 없이 중차대한 것은 더 말해 무엇하겠습니까.

지금 '역적을 토벌하는 일은 엄격하게 해야 하지만 첨가해 기재하는 일은 굳이 필요치 않다'라고 하는 것이 그럴듯한 말인 듯하지만, 신의 생각에는 이 두 가지 일은 한 가지 일이 됩니다. 비유컨대, 의원이 병증을 진찰할 적에 반드시 병의 뿌리가 어느 경락에 있다는

180 임술일에……같다 : 이때 올린 장소(章疏)의 내용은 《영조실록(英祖實錄)》 22년 5월 27일 기사와 《여호집(黎湖集)》 권7 〈자핵소(自劾疏)〉에 자세히 보인다.

181 자성편은……넓습니다 : 《어제자성편(御製自省編)》은 자수지사(自修之事)를 다룬 내편(內篇)과 위치지사(爲治之事)를 다룬 외편(外篇)으로 구성되어서 각각 심(心)과 기(幾)를 주제로 다루고 있다. 자세한 내용은 84쪽 주156 참조.

것을 제대로 파악한 뒤에야 병증에 따라 약을 써서 병의 뿌리를 뽑아 내어 병이 다시 발생하지 않게 할 수 있는 것과 같습니다. 이와 같이 하지 않고서 다만 외면적인 병증만 치료할 뿐이라면 하나의 병증이 제거되자마자 하나의 병증이 다시 생겨나게 되니, 수고롭게 애를 쓴들 날이 부족할 것입니다.

지금 구실을 찾아 난을 창도하는 것에는 이미 연유하는 바가 있는데, 이 연유하는 곳부터 분명하게 밝히지 않고 역적을 토벌한다고 말만 할 뿐이라면 이는 역모의 정황에 대해서는 제대로 살피지도 않은 채 먼저 법률상의 죄명을 적용한 것이니, 어찌 의원이 병증을 제대로 파악하지도 못하고서 한갓 약물만 쓰는 것과 같지 않겠습니까."

비답을 받은 뒤에 입대하였는데,[182] 성상이 영의정 김재로(金在魯)에게 묻기를,

"경이 올린 차자[183] 가운데 따르기를 청한 것은 어떠한 일인가?"

라고 하자, 김재로가 대답하기를,

"수차(袖箚)에서 청한 '대훈에 첨가해 기재하는 것'과 '토죄하는 것'을 의논해 확정하여 시행해야 함을 말한 것입니다."

라고 하였다. 성상이 말씀하기를,

182 비답을……입대하였는데 : 이때 박필주가 이조 판서로 선정전(宣政殿)에 입시하여 영조와 대화를 나눈 일은 《승정원일기(承政院日記)》 영조 22년 5월 27일 기사와 《영조실록(英祖實錄)》 동일 기사에 자세히 보인다.

183 경이 올린 차자 : 1746년(영조22) 5월 27일에 영의정 김재로가 차자를 올려, 24일에 박필주가 올렸던 수차의 내용에 대해 분명한 의사를 표명하고 돌아가기를 원하는 박필주를 입대(入對)시켜 머무르게 할 것을 청하였다. 이 내용은 《승정원일기(承政院日記)》 영조 22년 5월 27일 기사와 《영조실록(英祖實錄)》 동일 기사에 자세히 보인다.

"대훈에 대해서는 어느 곳에 고해야 하는가? 금궤석실(金匱石室)[184]에 이미 보관한 뒤에 한 글자라도 보태거나 산삭한다면 이는 대훈을 동요시키는 것이다. 내가 별도로 한 편의 글을 지었으니, 함께 보고서 의논하라."

라고 하였다. 이에 영의정이 아뢰기를,

"총재(冢宰 이조 판서)가 청한 뜻이 들어가지 않았습니다."

라고 하자, 성상이 말씀하기를,

"후세의 자손들이 마땅히 당시의 일을 가지고 드러내 보여야 할 것이니, 내가 직접 이를 하는 것은 또한 구차하지 않겠는가."

라고 하였는데, 선생이 아뢰기를,

"난이 일어난 까닭을 말하지 않으면, 이는 바로 신이 올린 소(疏)에서 이른바 '의원이 병증을 제대로 파악하지도 못하고서 한갓 약물만 쓴다'라고 한 것과 똑같습니다. 의리는 무궁하니, 이것을 가지고 충분하다고 여기지 마십시오."

라고 하였다. 성상이 말씀하기를,

"나의 생각으로는 이 일에 대해서 파두(巴豆)와 대황(大黃)을 써서 사(瀉)하게 하는 것[185]이 옳다고 본다."

184 금궤석실(金匱石室) : 무쇠로 만든 궤와 돌로 지은 집이라는 뜻으로, 국가의 중요한 문서나 도서를 보관하던 곳을 이른다.

185 파두(巴豆)와……것 : '파두'는 쥐손이풀목 대극과에 속한 상록 교목으로, 중국에서는 파촉(巴蜀) 지역에서 생산되고 콩 모양의 열매를 맺기 때문에 이렇게 명명하였다. 열매를 약재로 쓰는데, 성질은 뜨겁고 매운맛이 난다. 오래된 체증을 고치고 몸 안에 차 있는 물을 빼내며, 한기 장도(腸道)로 침입해 발생한 변비와 복수종창(腹水腫脹) 등을 치료하는 데에 쓰인다. 독성이 심한 약재이다. '대황(大黃)'은 건조한 산지에 자라

라고 하자, 선생이 대답하기를,

"사(瀉)할 곳이 있고 보(補)[186]할 곳이 있습니다."

라고 하였다.

성상이 말씀하기를,

"종당에 서로 의논하여 지극히 합당한 결론에 이르도록 힘써야 할 것이다. 수차의 끝부분에서 말한 것에 대해서는 이미 헤아린 바가 있으니 강구할 필요는 없다. 지난번에 원량(元良)이 신축년과 임인년의 일에 대해서 물은 일로 한쪽에서는 한창 의심하고 두려워하고 있다. 이 기회를 잘 이용해야 비로소 뒷날의 폐단이 없게 될 것이다."

라고 하고, 영의정에게 이르기를,

"총재가 명을 받들었으니, 어찌 세도에 유익함이 있지 않겠는가."

라고 하였다. 이어서 선생에게 이르기를,

"경이 비록 이조 판서로서 공무를 집행하기 위하여 온 것이 아니나, 나 역시 관첨(觀瞻)을 위한 것이 아니라 실로 세도(世道)를 위한 것이다."

라고 하였다. 선생이 몹시 간절하게 돌아갈 것을 청하자, 영의정이

거나 심어 기르는 여러해살이풀로, 뿌리와 줄기를 약재로 쓰는데, 성질은 차갑고 쓴맛이 난다. 체증을 해소하고 화(火)를 제거하며 독을 없애고 실열(實熱)로 인한 변비와 복통창만(腹痛脹滿)과 어혈폐경(瘀血閉經)과 옹종(癰腫) 등을 치료하는 데에 쓰인다. '사(瀉)'는 한의학에서 쓰는 용어로, 남는 것을 덜어낸다는 의미인바, 약재를 사용함에서는 주로 하제(下劑)를 써서 실증(實症)을 치료하는 방법을 가리킨다.

186 보(補) : 한의학에서 쓰는 용어로, 부족한 것을 채워준다는 의미인바, 약재를 사용함에서는 주로 몸을 보하는 약재로 원기를 도와서 허증(虛症)을 치료하는 방법을 가리킨다.

아뢰기를,

"유현의 말이 받아들여지지 않기 때문에 돌아가고자 하는 것입니다."

라고 하니, 성상이 말씀하기를,

"어찌 받아들이지 않겠는가. 내가 만약 경을 불러들이고서 경의 말을 따르지 못한다면 응당 경의 돌아감을 허락할 것이다."

라고 하고, 중관(中官)에게 명하여 선생을 부축하게 하였다.

우의정 조현명(趙顯命)이 소(疏)를 올려서 대훈 속에 선왕의 병환을 첨가해 기재하는 일에 대해 논척하고 이어서 조태구(趙泰耉)를 신구(伸救)하여 공(功)을 가지고 죄를 용서받는다는 주장을 하였다.[187] 선생이 금오문(金吾門) 밖에서 대죄하니, 성상이 사관(史官)을 보내어 불렀는데, 선생이 글을 올려 아뢰고 바로 당일에 물러나 돌아갔다.

영중추부사 김흥경(金興慶), 부제학 이덕중(李德重), 지중추부사 윤양래(尹陽來) 등 57명이 연명(聯名)으로 상소하여 선생을 신구하고 조현명을 논척하자,[188] 성상이 수차례 승선을 보내어 수서(手書)를 내

187 우의정……하였다 : 1746년(영조22) 5월 29일에 우의정 조현명(趙顯命)이 소(疏)를 올려, 이미 종묘에 고한 대훈을 첨개(添改)하려고 하는 박필주의 의견에 반대하고 아울러 "신축년(1721, 경종1)의 초기에 조태구(趙泰耉)가 동궁을 보호하자는 의견을 주장하여 기사인(己巳人)들의 논의를 막아서 국가가 이에 힘입은 바가 있으니, 공(功)을 가지고 죄를 용서받는다는 주장이 실로 타당합니다.〔辛丑之初, 趙泰耉建白保護東宮, 枳塞己巳人之論, 國家有賴. 將功贖罪之說, 實爲允當.〕"라고 아뢰며 조태구를 비호하였다.《英祖實錄 22年 5月 29日》

188 영중추부사……논척하자 : 영중추부사 김흥경(金興慶)은 6월 4일에 차자(箚子)를 올렸고, 부제학 이덕중(李德重)은 6월 1일에 소(疏)를 올렸다. 지중추부사 윤양래(尹陽來)는 소두(疏頭)가 되어 6월 3일에 조관빈(趙觀彬)과 민응수(閔應洙) 등을 포함한 56명과 함께 연명(聯名)하여 소(疏)를 올렸다.《承政院日記 英祖 22年 6月 1日,

려 간곡히 부르고 이어서 함께 돌아오도록 명하였다. 또 어제시(御製詩)를 내려 이르기를,

"경의 마음은 저 푸른 하늘에 질정할 수 있는데, 어이하여 우상의 글을 지나치게 혐의하는가. 지금 내가 글을 지어 의리를 게시하니,[189] 군신간에 틀림없이 소상하게 강명할 것이다.〔卿心可質彼蒼蒼 何以過嫌右揆章 今予掇文揭義理 君臣必也講消詳〕"

라고 하였고, 또 이르기를,

"예로부터 지금까지 하나의 '성(誠)' 자 있으니, 그 무엇에 구애되어 나의 정을 억누르겠는가. 경이 만약 이것이 나의 뜻임을 헤아리지 못하면, 이에 어가를 대령하게 하여 남행길에 오르리라.〔古往今來一箇誠 其何拘掣抑予情 卿若不諒是我志 玆將命駕向南程〕"

라고 하였다. 그리고 그 첫머리에 적기를,

"총재(冢宰)에게 부쳐서 몸소 찾아가는 것을 대신해 글을 청하는 바이다."

라고 하였고, 그 끝머리에 적기를,

"이는 참으로 나의 진심에서 나온 것이니, 부디 조금만 헤아려 달라."

라고 하여 수필(手筆)로 직접 적어서 내렸다.

박문수(朴文秀)가 또 소(疏)를 올려서 선생에 대해 논죄하였는데,[190] 소(疏)의 내용이 몹시 패악스러웠다. 이에 선생이 도성 밖에서

3日, 4日》《英祖實錄 6月 1日, 3日》

189 지금……게시하니 : 이는 영조가 박필주의 수차(袖箚)로 말미암아 대훈(大訓)의 미진한 내용을 추명(推明)하기 위하여 〈시의위충지(示意慰忠志)〉 두 편을 지은 것을 가리킨다. 이 글은 6월 3일에 '시의수후세(示意垂後世)'로 명칭을 바꾸었다.《英祖實錄 6月 2日, 3日》《承政院日記 英祖 22年 6月 3日》

대죄하자, 성상이 수차례 승선을 보내어 전유해서 빨리 입시하게 하였다. 이어서 어선(御膳)을 물리치고 또 약방 부제조 홍상한(洪象漢)을 보내어 전유해서 급히 불렀다. 이에 선생이 부주(附奏)하기를,[191]

"신이 올린 수차(袖箚)와 상신(相臣 조현명)과 중신(重臣 박문수)이 올린 소(疏)는 주장하는 뜻이 각각 다릅니다. 신의 말이 그르면 상신과 중신의 말이 옳은 것이고 상신과 중신의 말이 그르면 신의 말이 옳은 것이니 결단코 둘 다 옳은 이치는 없습니다. 처분이 내려지기 전이니 감히 많은 말을 하여서 옳고 그름을 변별하지 못하겠습니다."

라고 하자, 전유하기를,

"이는 지나치고 지나치다. 즉시 함께 들어와서 내가 면유(面諭)하는 것을 들으라."

라고 하였다. 이어서 승선이 제대로 전유하지 못한 것을 책망하고 말씀하기를,

"이와 같이 하기를 그만두지 않는다면 어가를 대령하게 하는 것 외에 다른 도리가 없다."

라고 하였다.

이때에 박문수에 대해서는 이미 명하여 의금부로 잡아들여 조처하도록 하였고, 또 명하여 윤양래 등을 모두 의금부에 내리게 하였다. 선생이

190 박문수(朴文秀)가……논죄하였는데 : 영성군(靈城君) 박문수(朴文秀)가 소(疏)를 올려, 이조 판서 박필주의 수차(袖箚)에 대해 비판하고 그를 엄하게 처분할 것을 청한 일을 가리킨다. 《英祖實錄 22年 6月 3日》《承政院日記 英祖 22年 6月 4日》

191 이에 선생이 부주(附奏)하기를 : 이때 부주한 내용은 《승정원일기(承政院日記)》 영조 22년 6월 4일 기사와 《여호집(黎湖集)》 권8 〈문외재차서계(門外再次書啓)〉에 자세히 보인다.

진신(搢紳)들이 옥에 갇히는 것을 가지고 인책하니, 전유하기를,[192]

"경은 경이고 제신(諸臣)은 제신이니, 지금 제신에 대해 처분을 내린 것은 경 때문에 그러한 것이 아니다. 경이 만약 함께 들어오면 경을 위로하여 정상을 참작할 수 있을 것이나, 그렇지 않으면 엄중하게 처분하고서 즉시 전알(展謁)하여 내가 부덕해 구신(舊臣)을 제대로 이끌지 못한 것에 대해 사죄할 것이다. 이러한 뜻을 헤아려서 즉시 함께 들어오라."

라고 하였다.

이날에 한낮이 지나도록 어선을 받지 않으면서 또 홍상한을 보내어 전교하기를,

"경이 들어오는 것을 보면 마땅히 수라를 들겠지만 들어오지 않으면 수라를 들 수 없다."

라고 하였으며, 또 감히 듣지 못할 내용의 하교를 많이 내렸다. 날이 이미 저물자 승정원으로 하여금 이조 판서의 행보를 계속 살피게 하였다. 저녁에 입대하자 성상이 명하여 대신 및 여러 재신(宰臣)도 함께 입시하게 하고,[193] 이어서 말씀하기를,

"산림의 사람은 소견이 본래 다르다. '의약청을 설치하지 않아서 흉악한 무함을 만들어냈다'는 말은 귀에 익숙하게 들었기 때문에 이와 같이 말한 것이고, 대훈에 첨가해 기재하고자 한 것 역시 대훈을

192 전유하기를 : 이때 전유한 내용은《승정원일기(承政院日記)》영조 22년 6월 4일 기사에 보인다.

193 저녁에……하고 : 이날 박필주가 선정전(宣政殿)에서 입시하여 영조 및 대신들과 대화를 나눈 일은《승정원일기(承政院日記)》영조 22년 6월 4일 기사와《영조실록(英祖實錄)》동일 기사에 자세히 보인다.

중시하지 않는 뜻이 아니다. 우상의 말은 지나치게 단정하여 말한 잘못이 있으니, 만약 '총재(冢宰)가 비록 대훈을 고치고자 한 것이 아니더라도 이 길이 한번 열리게 된다면 걸핏하면 주공(周公)을 끌어대는 자들이 틀림없이 연이어 나오게 될 것이다.'라고 말한다면 또한 무슨 문제가 되겠는가."

라고 하자, 조현명이 아뢰기를,

"어리석은 신의 생각이 여기까지는 미치지 못하였으니, 성상의 하교가 곡진하십니다."

라고 하였다. 이에 성상이 말씀하기를,

"이는 우상이 사과한 것이다. 이 싸움을 그만두지 않으면 국사를 장차 어찌하겠는가."

라고 하였다.

선생이 다음과 같이 말하였다.

"진신(搢紳)이 연명하여 올린 소(疏)의 명단에 비록 숭품(崇品 높은 품계)의 사람이 많지만, 말씀을 아뢴 선후를 가지고 논하면 이들은 지엽(枝葉)이라고 하겠습니다. 지금 수죄(首罪)인 신을 놓아두고서 지엽을 다스리시니, 신의 마음이 황공하여 위축되는 것은 진실로 말할 것도 없거니와 조정의 형정(刑政)으로 볼 때에도 온당한 것이 아닙니다. 신이 이미 지엄하신 명에 못 이겨서 조정에 나아왔으니, 그렇다면 신에게 베푸신 지우(知遇)에 대하여 우러러 보답하는 길은 오직 성상을 위하여 망극한 무함의 시비를 가려 밝히는 데에 있을 뿐입니다. 흉악한 말의 근본이 수십 년 동안 갑갑하게 쌓여 있다가 겨우 발한 것이니, 우상이 비록 스스로 말하지는 못하더라도 어찌 차마 이를 막아서야 되겠습니까. 선왕에게 병환이 있었던 것이 성덕

(聖德)에 있어 무슨 해가 된단 말입니까. 그런데도 반드시 이를 숨기고자 하니, 그 본심을 알 만합니다. 신이 올린 수차에서 말씀드린 것은 다만 이를 숨기는 것이 죄가 됨을 말하여 성덕이 소연(昭然)히 명백해지도록 한 것일 뿐입니다. 성상께서 무함을 당하신 것이 얼마나 슬프고 가슴 아픈 일입니까. 그런데도 우상은 여기에 대해 한 마디도 언급하지 않고 다만 '첨가하여 기재한다〔添載〕'라는 두 글자를 가지고 신의 죄안으로 삼았으니, 이는 과연 무슨 뜻이란 말입니까. 사마광(司馬光)의 문집에서 영종(英宗)의 병세에 대해 말하면서 서슴지 않고 발설한 것이 많았는데, 당시에 이를 이유로 벌을 내렸다는 말을 들어본 적이 없습니다. 또 사리를 가지고 말하면, 하늘과 땅에 대해서도 서운해 하고[194] 요임금과 순임금도 오히려 부족하게 여기셨던 바가 있으며,[195] 경전의 경우에도 그 사체(事體)가

194 하늘과……하고 : 《중용장구(中庸章句)》 제12장에 "하늘과 땅이 큰데도 사람들이 오히려 서운해 하는 바가 있다.〔天地之大也, 人猶有所憾.〕"라고 한 것을 원용하여 말한 것이다. 이에 대한 주희(朱熹)의 《집주(集註)》에 "사람이 하늘과 땅에 대하여 서운해 한다는 것은 예를 들면 덮어주고 실어주어 낳고 이루어줌이 편벽됨과 추위와 더위, 재앙과 상서가 그 바름을 얻지 못하는 것과 같은 것이다.〔人所憾於天地, 如覆載生成之偏及寒暑災祥之不得其正者.〕"라고 설명하였다.

195 요임금과……있으며 : 이는 본래 공자(孔子)의 말에 보이는 것으로, 《논어(論語)》 〈옹야(雍也)〉에 "자공(子貢)이 말하였다. '만일 백성에게 은혜를 널리 베풀어 많은 사람을 구제한다면 어떻습니까? 인(仁)하다고 할 만합니까?' 공자가 말씀하였다. '어찌 인(仁)만을 한다고 하겠느냐. 그건 반드시 성인이라야 가능한 것이다. 요임금과 순임금도 아마 그건 오히려 부족하게 여기셨을 것이다.'〔子貢曰: 如有博施於民而能濟衆, 何如? 可謂仁乎? 子曰: 何事於仁? 必也聖乎! 堯舜其猶病諸.〕"라고 한 데와 〈헌문(憲問)〉에 "자로(子路)가 군자에 대하여 물으니, 공자가 대답하였다. '군자는 자신을 닦기를 경(敬)으로써 한다.' 자로가 물었다. '이와 같을 뿐입니까?' 공자가 대답하였다.

얼마나 중대하냐마는 후대 유자들이 의론하는 말이 오히려 감히 미치기도 합니다. 지금 비록 대훈이라고 하더라도 어찌 다시 의론하는 것을 용납할 수 없겠습니까. 더구나 신이 첨가하고자 하는 것은 성상과 관계되어서 보다 더욱 중대합니다. 그런데 반드시 이를 가지고 신의 죄로 만들려고 하여, 대신이 시작하고 중신이 그 뒤를 이었으니, 신의 자취가 어찌 동요하여 위태롭지 않겠습니까."

또 아뢰기를,

"모든 일은 그저 의리의 옳고 그름을 가지고 논해야 할 뿐입니다. 지금 진신이 연명하여 장소(章疏)를 올렸는데 사체가 어떠한지는 알지 못하겠으나 주장하는 바는 존재합니다. 또 어떤 사람을 견줄 때에는 반드시 같은 부류로 견주어야 하는 법인데, 성상의 하교에서 견주어 비교하신 것[196]은 완전히 잘못 헤아리신 것입니다. 전하께서는 비록 쉽게 말씀하셨지만 이를 당한 자는 또한 원통하지 않겠습니까. 군주는 자기의 사욕을 이기고 간언을 따르는 것을 선(善)으로

'자신을 닦음으로써 남을 편안하게 한다.' 자로가 물었다. '이와 같을 뿐입니까?' 공자가 대답하였다. '자기를 닦음으로써 백성을 편안하게 해야 하니, 자기를 닦음으로써 백성을 편안하게 하는 것은 요임금과 순임금께서도 오히려 부족하게 여기셨다.'〔子路問君子, 子曰: 修己以敬. 曰: 如斯而已乎? 曰: 修己以安人. 曰: 如斯而已乎? 曰: 修己以安百姓, 修己以安百姓, 堯舜其猶病諸.〕"라고 한 데에 보인다.

196 성상의……것 : 이는 연명으로 상소한 진신(搢紳)들을 두고 영조가 '신축년의 일곱 역적〔辛丑七賊〕'에 견주어서 말한 것을 가리킨다. '신축년의 일곱 역적'은 1721년(경종1)에 세제의 대리청정을 추진한 것을 역모로 몰아 노론(老論) 사대신을 처벌할 것을 청하는 내용의 연명 상소를 올려 신축옥사(辛丑獄事)를 일으켰던 김일경(金一鏡)·박필몽(朴弼夢)·이진유(李眞儒)·이명의(李明誼)·윤성시(尹聖時)·정해(鄭楷)·서종하(徐宗廈) 등의 7인을 가리킨다.《英祖實錄 22年 6月 4日》

삼습니다. 그런데 지금 허다한 진신들이 머리를 나란히 하여 옥에 갇히게 되었으니, 이 얼마나 지나친 거조란 말입니까. 이 한 가지 일에 대해서도 오히려 신의 청을 흔쾌히 따르지 않으시니, 하물며 큰일에 있어서는 더 말해 무엇하겠습니까."

라고 하였다.

성상이 명하여 어제의 전교를 들이도록 하여서 직접 말거(抹去)하였다. 이어서 명하여 진신 제신과 박문수에 대해서 모두 삭직하게 하고, 조현명에게 이르기를,

"경이 몇 해 동안 나를 섬겼으니, 내가 어찌 경과 산림의 선비에게 당인의 영수가 되도록 할 수 있겠는가."

라고 하니, 조현명이 대답하기를,

"신은 말할 만한 것이 없습니다."

라고 하였다.

성상이 선생에게 이르기를,

"경도 잊어버리라."

라고 하자, 선생이 다음과 같이 대답하였다.

"우상이 만약 그 잘못을 뉘우치고 이전의 행위를 고친다면 신이 또한 어찌 굳이 강개하게 여길 필요가 있겠습니까. 다만 대신은 한 나라가 중하게 여기는 바인데, 이처럼 중대한 사안에 대하여 쉽게 논해서 박문수의 상소를 야기하였습니다. 그의 상소에서 '엄중히 처분을 더하여 군주는 군주답고 신하는 신하다운 의리를 바루어야 한다.'라고 말한 것은 지극히 불안하고 두려우니, 이와 같이 죄를 성토하였다면 비록 죽임을 당하더라도 괜찮습니다. 그러나 이것은 오히려 신의 몸을 가지고 말한 것이고, '대훈은 바로 흉역을 감죄하여 처단한 바꿀

수 없는 단안(斷案)이니, 선왕의 병환을 어찌 첨가해 기재할 수 있겠는가.'라고 말한 것은 그 어세가 비륜(比倫)하는 것이 어찌 신하 된 자로서 감히 말할 바이겠습니까. 신을 모함하기에 급급하여서 스스로 사리에 어긋나고 오만한 데로 귀결됨을 깨닫지 못한 것입니다."

그리고 또 아뢰기를,

"천하의 일에는 둘 다 옳거나 둘 다 그른 경우가 없는데, 전하께서는 매사에 안정(顔情)을 살펴 완곡하게 처리하시니, 이는 물(物)에 응하는 방도가 전혀 아닙니다. 지금 신의 일을 가지고 말하면 전하께서 행하신 것은 사책에도 보이지 않는 지나친 거조이고, 또 전혀 부합하지 않는 일을 가지고 독책하여 염치와 의리를 펴지 못하게 하시니, 어찌 유감스러운 점이 있지 않겠습니까. 옛사람이 '중년의 나이에는 절제하고 단속해야 한다'는 경계를 남겼는데, 전하께서는 밤새도록 잠도 주무시지 못하고 격동되어 분노하시는 일이 매우 빈번하니, 이는 모두 '날이 어두워지려 하면 편안히 쉰다.〔向晦宴息〕'[197]라고 한 도리가 아닙니다."

라고 하고, 또 아뢰기를,

"신은 성상의 하교에서 매번 친림(親臨)하겠다고 말씀하시고 또 '경을 기다려 수라를 들겠다.'라는 하교가 있었기 때문에 염치를 무릅쓰고 한번 입시한 것입니다. 그러나 신이 처한 상황을 논하면 일각이라도 머물러 있어서는 안 됩니다."

197 날이……쉰다 : 이 말은 《주역(周易)》 〈수괘(隨卦) 상(象)〉에 "못 가운데에 우레가 있는 것이 수(隨)이니, 군자가 이를 보고서 본받아 날이 어두워지려 하면 방안에 들어가 편안히 쉰다.〔澤中有雷, 隨, 君子以嚮晦入宴息.〕"라고 한 데에 보인다.

라고 하였다.

영의정이 아뢰기를,

"전하께서는 수차에서 아뢴 바에 대해 '아직 완료하지 못한 사안'이라고 하교하셨는데, 지금 언급하시는 바가 없으십니다. 이는 어진 이를 대우하는 도리가 아닙니다."

라고 하자, 성상이 말씀하기를,

"이 일에 대해 다시 헤아려 논의하고 떠나겠는가?"

라고 하였는데, 선생이 아뢰기를,

"신은 다만 의리상 당연한 것을 진달하였을 뿐입니다. 처분을 내리는 것은 전하와 조정의 신하들에게 달려있으니, 어찌 신이 머물러 있다고 해서 이를 행하고, 신이 떠난다고 해서 이를 행하지 않는단 말입니까."

라고 하였다.

기사일에 소(疏)를 남기고 돌아갔는데, 소(疏)의 내용은 대략 다음과 같다.[198]

"신이 떠나려 하니 해를 우러르는 해바라기와 같은 마음이 더욱 간절합니다. 바라건대 명철하신 성상께서는 환난을 염려할 적에는 반드시 주도면밀하게 하시고 명령을 내릴 적에는 반드시 엄중하게 하셔서 왕강(王綱)을 높이고 천토(天討)를 엄격하게 시행하여 전일의 하교를 제대로 실천해서 실속 없는 빈말로 돌아가지 않도록 하십시오."

198 기사일에……같다 : 이때 올린 소(疏)의 내용은 《승정원일기(承政院日記)》 영조 22년 6월 6일 기사와 《여호집(黎湖集)》 권7 〈퇴귀시류소(退歸時留疏)〉에 자세히 보인다.

또 장소(章疏)를 올려서 사직하고 아울러 소회를 아뢰었는데, 그 내용은 다음과 같다.[199]

"오늘날의 분분한 일은 모두 신 때문에 일어난 것으로, 이는 또한 심히 자신의 역량을 제대로 헤아리지 못한 것입니다. 그러나 수십 년 동안 있어 온 흉악한 말의 근본이 하루아침에 신으로 말미암아 만약 드러나게 된다면 비록 고난을 만나 죽게 되더라도 전혀 회한이 없을 것입니다. 이와 관계된 바는 온 나라의 공론인데, 생각지도 못하게 상신(相臣)과 중신(重臣)이 한 마디에 한 마디를 더하여 그 말이 놀랍고 두려워할 만한 지경에 이르렀습니다. 어쩌면 신이 제대로 알지 못하는 별도의 의리가 있는 것입니까? 그러한 것이 아니라면 성상을 위하여 무함을 밝혀서 갖은 노력과 온갖 방도를 다 써야 할 듯한데 어쩌면 이다지도 여러 커다란 차이를 보인단 말입니까. 신의 말이 읍양하며 포위를 푸는 것과 같아서 듣는 자들이 틀림없이 비웃을 테지만 신의 마음은 슬프다 하겠습니다.

박문수는 그 직위를 따져보면 상경(上卿)의 자리에 있고 그 소(疏)의 내용을 말하자면 잗다란 일이 아닙니다. 이는 마땅히 서로 더불어 철저하게 논해야 하니, 저이에게 유익함이 있지 않으면 틀림없이 신에게 유익함이 있을 것입니다. 어찌 노여워할 만한 것이 못 된다고 하여 그냥 놓아둘 수 있겠습니까.

선왕의 질환에 대해 말한 것을 가지고 '군주는 군주답고 신하는

199 또……같다 : 이때 올린 장소(章疏)의 내용은《승정원일기(承政院日記)》영조 22년 6월 9일 기사와《영조실록(英祖實錄)》22년 6월 8일 기사와《여호집(黎湖集)》권7〈인박문수소척신상자핵소(因朴文秀疏斥申上自劾疏)〉에 보인다.

신하다운 의리가 없다'라고 한다면, 예컨대 〈금등(金縢)〉과 〈고명(顧命)〉에서 왕(王)이 편하지 못함을 말한 글들[200]도 또한 전부 '군주는 군주답고 신하는 신하다운 의리를 바루지 못하였다'라고 말해야 하는 것입니까. 대훈에 첨가해 기재하는 것이 죄가 된다면, 반드시 저 박문수처럼 수십 년 동안 군주가 내린 밥을 먹고 군주가 내린 옷을 입고도 군주가 망극한 무함을 당하는 것을 목도함에 월(越)나라 사람이 진(秦)나라 사람의 수척함을 보듯이 하여[201] 한마디 말도 꺼내지 않은 뒤에야 비로소 '군주는 군주답고 신하는 신하다운 의리를 바루었다'라고 이를 수 있는 것입니까.

아아, 신축년(1721, 경종1)과 임인년(1721)의 여러 흉적이 4년 동안 국가의 정사를 맡으면서 오직 사람을 죽이는 것을 일삼았으니, 건저(建儲)를 청한 네 정승이 일시에 모두 주륙을 당하였고 이외에

200 금등(金縢)과……글들 : 〈금등〉과 〈고명(顧命)〉은 모두 《서경(書經)》의 편명으로, 〈금등〉에는 "상(商)나라를 이긴 지 2년에 무왕(武王)이 병이 있어 편하지 못하였다.〔旣克商二年, 王有疾弗豫.〕"라고 한 바가 있고, 〈고명〉에는 "4월 재생백(哉生魄)에 성왕(成王)이 몸에 병이 있어 좋지 않으셨다.〔惟四月哉生魄, 王不懌.〕"라고 한 바가 있다.

201 월(越)나라……하여 : 어떤 일이나 대상에 대해서 전혀 관심을 갖지 않는다는 뜻이다. 이는 본래 한유(韓愈)의 말로, 당(唐)나라 덕종(德宗) 때에 양성(陽城)이 5년 동안이나 간의대부(諫議大夫)로 있으면서 간쟁을 하지 않자 한유가 〈쟁신론(爭臣論)〉을 지어 이를 비판하였는데, 이 글에 "천자가 그를 대우함이 특별하지 않은 것도 아닌데, 일찍이 정사에 대해 한 마디도 언급하지 아니하여 정사의 득실을 보기를 월(越)나라 사람이 진(秦)나라 사람의 살찌고 수척함을 보듯이 하여, 소홀히 여겨 기뻐하거나 슬퍼하는 마음을 갖지 않는다.〔天子待之不爲不加矣, 而未嘗一言及於政, 視政之得失, 若越人視秦人之肥瘠, 忽焉不加喜戚於其心.〕"라고 하였다. 《新唐書 卷194 陽城列傳》《韓昌黎文集校注 卷2 爭臣論》

도 억울하게 죽임을 당한 사람들이 이루 다 헤아릴 수 없을 정도로 많습니다. 선왕의 병환을 숨긴 일이 있지 않았다면 비록 김일경과 목호룡과 같은 흉악한 역적이라고 하더라도 틀림없이 이처럼 제멋대로 날뛰지는 못했을 것입니다. 무신년(1728, 영조4)에 이르러서는 곧바로 갖가지 무망(誣罔)하는 말들을 지어내었으니 귀로는 차마 듣지 못하고 입으로는 차마 말하지 못할 정도였습니다. 세상천지를 다 둘러보아도 이처럼 원통한 일이 어디에 있겠습니까.

그 말미암은 바를 말하자면 모두가 선왕의 병환을 숨긴 것 때문에 초래된 것이니, 비록 예전에는 치우치고 사사로운 마음을 가졌던 자라고 하더라도 이러한 지경에 이르면 마땅히 놀라고 두려워하며 뉘우쳐야 마땅할 것입니다. 그런데 마침내 자기의 하찮은 편견을 고수하고 충언을 비난하기를 마지않고 있습니다. 이와 같이 하고서 스스로 군신 간의 의리에 밝다고 말한다면 어떤 사람이 이를 믿겠습니까. 하물며 지금 난의 뿌리가 그대로 남아 있고 반역의 싹이 아직 꺾이지 않았으니, 훈신(勳臣)이 된 자는 깊이 생각하고 곰곰이 고려함에 지극히 하지 않음이 없어야 하는데, 마침내 도리어 자중(藉重)하여 위협해 휘어잡아서 사람이 입을 열지 못하도록 만드니 난적이 두려워하는 바가 없어서 그 기세를 돋우고 있습니다. 이것이 어찌 나라를 위하여 충성으로 염려하는 길이겠습니까.

나라의 큰일에 대해서는 마땅히 한결같이 의리를 따라서 옛사람이 함께 수레를 밀었던 것[202]처럼 해야 합니다. 그런데 지금 거친

202 옛사람이……것 : 신하들이 서로 힘을 합쳐 국가의 어려움을 극복한다는 뜻으로, 북송(北宋)의 명재상인 위공(魏公) 한기(韓琦)의 말에, "희문(希文)과 언국(彥國)이

호기(豪氣)로 이치에 어그러지는 말을 행하여 죄를 찾아내는 데에만 뜻을 두니 위태롭고 두렵기가 막심합니다. 수십 년 동안 단 한 사람도 감히 이러한 말을 하지 않았던 것이 그 이유가 있음을 이제야 비로소 알았습니다.

그리고 신은 대신에게 또 한 가지 의문이 있습니다. 몇 해 전에 그의 형 좌의정 신 조문명(趙文命)이 졸하기에 앞서 소(疏)를 올렸는데 불충(不忠)과 불성(不誠)을 가지고 스스로 책망하였으니 그 말이 깊고 절실하였습니다.[203] 신은 진실로 무슨 일을 두고 말한 것인지 알지 못하지만, 혹 듣기로는 그가 여러 해 동안 재상으로 있으면서 성상께서 받으신 무함에 대해 시비를 가려 밝히지 못한 것을 항상 한스러워 하였으므로 죽음에 임박하여 한 말이 이와 같았던 것이라고 하였습니다. 진실로 그러하다면 여자(餘子 아우)보다 훨씬 훌륭하다고 하겠습니다. 지금 대신이 주장하는 뜻이 이처럼 그의 형과 똑같

함께 앞에서 정사를 논할 때에는 곧장 서로 다투다가도 각기 헤어져서 궁전만 떠나오면 마치 다툰 적이 없는 것처럼 서로 화기(和氣)를 잃지 않으니, 이는 마치 '수레를 밀어주는 사람[推車子]'과 같아서 그 마음은 항시 수레를 가게 하는 데에 있을 뿐이고, 자신을 위하지 않기 때문이다."라고 한 데에 보인다.《宋名臣言行錄 後集 卷1 韓琦魏國忠獻王》 희문은 범중엄(范仲淹)의 자이며 언국은 부필(富弼)의 자이다.

203 몇……절실하였습니다 : 조문명(趙文命)은 좌의정으로 있다가 1732년(영조8) 10월 9일에 졸하였다. 졸하기 사흘 전인 10월 6일에 소(疏)를 올렸는데, 그 내용에 "신은 본래 불초한 자로서 외람되게도 세상에 보기 드문 지우를 입어 벼슬자리에 이른 것이 여기에 이르렀는데, 다만 불성하고 불충하였기 때문에 천지간에 죄인이 됨을 면하지 못하였으니, 신은 항상 부끄럽고 두렵습니다.〔臣本無似, 濫被不世知遇, 致位至此, 只緣不誠不忠, 未免爲天地間罪人, 臣常愧懼.〕"라고 하였다.《承政院日記 英祖 8年 10月 6日》《英祖實錄 8年 10月 6日》

지 않으니, 애석합니다.

피차간의 말이 얼음과 숯처럼 서로 판이하여 결코 둘 다 옳을 이치가 없는데, 수년 동안 항상 이처럼 지내 와서 도움이 되는 바는 전혀 없이 한갓 난을 일으키는 계제(階梯)만 만들었습니다. 부디 전하께서는 성심(聖心)에 깊이 새겨 옳고 그름을 분명하게 보여서 국론이 하나로 합쳐질 기약이 있도록 하시고 인심이 여러 갈래로 나뉘는 근심이 없도록 하십시오."

이때에 성상의 체후가 미령하다는 소식을 듣고 또 강을 건너와 성상의 안부를 물다. 사관(史官)을 보내어 전유하여 불렀으나 사양하여 나아가지 않고 소(疏)를 남겨 경계의 말씀을 아뢰고 돌아왔다. 성상이 또 승선과 사관을 보내 어찬문자(御撰文字)[204]에 대해 물어보았다. 선생이 또 소(疏)를 올려서 사직하였는데, 그 내용은 대략 다음과 같다.[205]

"신을 알아주는 것과 신을 죄주는 것이 모두 신이 올린 수차에 달려 있는데, 다만 후세를 기약할 수 있을 뿐이니 진실로 감히 지금의 군자가 헤아려 살펴 주기를 바라지 않습니다. 다만 그 쟁집하는 것으로 말하면, 이것보다 더 큰 사안이 없으니 바로 명백하게 효유하여

204 어찬문자(御撰文字) : 영조가 박필주의 수차(袖箚)로 말미암아 대훈(大訓)의 미진한 내용을 추명(推明)하기 위해서 지은 〈시의수후세(示意垂後世)〉를 가리킨다. 영조는 이때 박필주에게 어찬문자에 대해 문의하고 〈시의수후세〉의 정본(定本)을 내려서 보여주었는바, 정본의 내용은 《여호선생연보(黎湖先生年譜)》 권4 병인년 6월 조에 실려 있다. 《英祖實錄 6月 2日, 3日》《承政院日記 英祖 22年 6月 3日》

205 선생이……같다 : 이때 올린 소(疏)의 내용은 《승정원일기(承政院日記)》 영조 22년 7월 5일 기사와 《영조실록(英祖實錄)》 동일 기사와 《여호집(黎湖集)》 권7 〈퇴귀후사직소(退歸後辭職疏)〉에 보인다.

각각 귀결되는 바가 있게 해야 할 것인데, 서로 버티기만 한 채로 결판을 내지 못하여 마무리될 기약이 없습니다. 이에 신은 진실로 당황하고 민망하여 조정에 나아갈 도리가 없거늘 거두어 부르기를 마지않으시고 직명도 그대로 두시니, 이것이 어찌 '우선 네가 배운 것을 버리고 나를 따르라.'[206]라고 한 것과 다른 점이 있겠습니까.

옳고 그름은 천성(天性)에 근본을 두고 있으니, 일이 존재하는 곳에는 옳고 그름이 반드시 따르기 마련입니다. 성상은 학문이 고명하시어 이에 대해 분명하고도 자세히 아시지만, 평소에 행하시는 바를 살펴보면 혹 그렇지 못한 점이 있습니다. 무릇 서질명토(敍秩命討)[207]에 있어서 크고 작은 일체의 모든 일을 옳은 것이 완전히

206 우선……따르라 : 이는 맹자(孟子)가 제(齊)나라 선왕(宣王)에게 한 말로, 《맹자》〈양혜왕 하(梁惠王下)〉에 "사람이 어려서 배우는 것은 자라서 그것을 행하려고 하는 것인데, 왕께서 '우선 네가 배운 것을 버리고 나를 따르라.〔姑舍女所學而從我〕'라고 하신다면 어떻겠습니까. 지금 여기에 옥덩어리가 있다면, 왕께서는 그것이 아무리 값이 나갈지라도 반드시 옥공을 시켜 다듬게 하실 것입니다. 그런데 국가를 다스림에 있어서는 '우선 네가 배운 것을 버리고 나를 따르라.'라고 하신다면, 옥공에게 옥을 연마하는 방법을 가르치는 것과 무엇이 다르겠습니까."라고 하였다.

207 서질명토(敍秩命討) : 이는 본래 고요(皐陶)가 우(禹)에게 한 말로, 《서경(書經)》〈우서(虞書) 고요모(皐陶謨)〉에 나오는 내용을 축약하여 인용한 것이다. 그 전체의 내용은 다음과 같다. "하늘이 차례로 펴서 법을 두시니 우리 오전(五典)을 바로잡아 다섯 가지를 후하게 하시며, 하늘이 차례하여 예(禮)를 두시니 우리 오례(五禮)로부터 하여 다섯 가지를 떳떳하게 하소서. 군주와 신하가 공경함을 함께 하고 공손함을 합하여 충(衷)을 화(和)하게 하소서. 하늘이 덕이 있는 이에게 명하시거든 다섯 가지 복식으로 다섯 가지 등급을 표창하시며, 하늘이 죄가 있는 이를 토벌하시거든 다섯 가지 형벌로 다섯 가지 등급을 써서 징계하시어 정사를 힘쓰고 힘쓰소서.〔天叙有典, 勅我五典, 五惇哉; 天秩有禮, 自我五禮, 有庸哉. 同寅協恭, 和衷哉. 天命有德, 五服五章哉; 天討有罪, 五刑五用哉, 政事, 懋哉懋哉.〕" '서(敍)'는 군신·부자·형제·부부·붕우의 윤서(倫

옳지는 못하고 그른 것이 완전히 그르지는 않은 대로 내버려 두시니, 전하께서 이것을 가지고 행하신 지 수십 년 동안에 이미 그러한 증거가 또한 절로 드러나 분명합니다. 그런데 지금 또 그저 이전의 자취를 답습하실 뿐이라면 신은 조정 신하들의 다툼이 더욱 심해지고 세도가 무너짐이 더욱 극심해져 그 형세가 위망(危亡)한 지경에 이르지 않고는 그치질 않게 될까 두렵습니다."

7월에 연달아 두 차례 소(疏)를 올려서 사직하자, 손수 쓴 비답을 내려 이조 판서에서 체직되는 것을 허락하고, 태의(太醫)를 보내 약물을 가지고 가서 간병하게 하였다. 이에 선생이 소(疏)를 올려서 사은하고 이어서 세자시강원의 직함을 사직하였는데, 그 소(疏)의 내용은 대략 다음과 같다.[208]

"신이 말씀드린 내용은 실로 국가의 큰 변고에 해당하니, 안위(安危)와 치란(治亂)에 관계되어서 결코 머뭇거리거나 미루어서는 안 되는 바입니다. 부디 명철하신 성상께서는 반측(反側)하던 이들이 스스로 안심하게 되었다고 여기지 마시고[209] 처분이 이미 다 완료되었다

敍)를 말하고, '질(秩)'은 존비와 귀천에 대한 등급의 높고 낮은 품질(品秩)을 말하며, '명(命)'은 하늘이 덕 있는 이에게 다스리도록 명하는 것이고, '토(討)'는 죄인을 벌하는 것이다.

208 이에……같다 : 이때 올린 소(疏)의 내용은 《승정원일기(承政院日記)》 영조 22년 7월 19일 기사와 《여호집(黎湖集)》 권7 〈체직후겸사명어의지약물간병소(遞職後兼謝命御醫持藥物看病疏)〉에 보인다.

209 반측(反側)하던……마시고 : 반측(反側)은 배반할 마음을 품고 있어 불안해하는 것을 뜻한다. 후한(後漢)의 광무제(光武帝)가 왕랑(王郞)을 토벌한 뒤에 왕랑과 밀통하였던 자들이 기록된 문서 수천 장을 입수하게 되었는데, 이를 보지도 않은 채 불태우면서 "반측하는 이들로 하여금 스스로 안심하게 한다.〔令反側子自安〕"라고 하며 죄를

고 여기지 마시어 반드시 역변(逆變)의 근본에 있어 조속히 옳고 그름을 가려 밝히기를 신이 이전에 올린 차자에서 아뢴 것과 같이 하십시오. 이렇게 하신다면 사체(事體)에도 조금의 문제가 없고 국론(國論) 또한 장차 한곳으로 귀결되어 변란이 발생할 빌미 자체가 사라지게 될 것입니다."

이에 우대하는 비답을 내려 간곡하게 부르고 우참찬에 제수하였다.[210] 또 사관을 보내어 특별히 부르고 이어서 《시경집전(詩經集傳)》에 대한 의의(疑義)를 물었는데,[211] 부주(附奏)를 올려서 소명(召命)을 사양하고 의의에 대하여 조목조목 대답하였다.

9월에 명하여 조태구(趙泰耉), 유봉휘(柳鳳輝), 최석항(崔錫恒)의 관작을 추탈하였으니,[212] 선생이 올린 수차(袖箚)에서 아뢰어 청한 것을 계기로 비로소 이러한 명이 내려진 것이다. 장악원 제조에 차임하고 또 명하여 쌀과 숯을 하사하였는데 소(疏)를 올려서 사은하고 사양하였다.

묻지 않고 용서하였던 고사가 있다. 《後漢書 卷1 光武帝本紀上》

210 우참찬에 제수하였다 : 1746(영조22) 7월 24일에 시행한 이비(吏批)에서 박필주를 우참찬에 임명하였다. 《承政院日記 英祖 22年 7月 24日》《英祖實錄 22年 7月 24日》

211 사관을……물었는데 : 1746년(영조22) 8월 5일에 영조가 희정당(熙政堂)에 나와 비국 당상을 인견한 자리에서 《시경(詩經)》 관저장(關雎章)의 저자가 문왕(文王)인지 궁인(宮人)인지에 대하여 질문하고 입시한 신하들과 토론한 다음 승정원으로 하여금 설문(設問) 한 통을 써서 별유와 함께 사관을 보내어 우참찬 박필주에게 전유하게 하였다. 이때 보낸 별유에 박필주가 속히 올라오기를 바라는 내용이 보인다. 《承政院日記 英祖 22年 8月 5日》《英祖實錄 22年 8月 5日》

212 9월에……추탈하였으니 : 이 일과 관련된 내용은 《영조실록(英祖實錄)》 22년 9월 2일, 3일, 4일 기사에 보인다.

정묘년(1747, 영조23) 4월에 성상이 선생이 병이 났다는 소식을 듣고 태의(太醫)를 보내 약물을 가지고 가 머물면서 병을 살피게 하고 아울러 쌀과 찬물(饌物)을 하사하였다.[213] 이에 소(疏)를 올려서 사은하고 사양하자, 손수 쓴 비답을 내리고 연달아 액정(掖庭)의 사람을 보내 존문(存問)하며 어선(御膳)을 가져다주게 하였다. 장소(章疏)를 올려서 사은하는 말을 아뢰고 아울러 사직하였다.

9월에 선생의 병세가 더욱 위독해졌다는 소식을 듣고 명하여 태의를 선별해 보내 약물을 가지고 가 간병하게 하고, 또 액정의 사람을 보내 존문하며 어선을 가져다주게 하였다.

11월에 장소(章疏)를 올려서 사은하고 이어서 박문수가 올린 소(疏)[214]에 대해 변론하였는데, 그 내용은 대략 다음과 같다.[215]

"신이 와병 중에 삼가 듣건대, 박문수가 올린 소(疏)에서 작년의 일을 다시 언급하여 장황하게 말을 늘어놓고 별도로 당시에 등대(登對)하였던 대신을 끌어다가 자기의 원조로 삼았다고 합니다.[216] 무릇

213 정묘년……하사하였다 : 이 일과 관련된 내용은 《승정원일기(承政院日記)》 영조 23년 4월 25일 기사와 《영조실록(英祖實錄)》 동일 기사에 보인다.

214 박문수가 올린 소(疏) : 1747년(영조23) 10월 16일에 영성군(靈城君) 박문수(朴文秀)가 올린 소(疏)를 가리킨다. 박문수는 이 소(疏)에서 어영대장으로 특별 서용해 준 것에 대해 사은한 다음 작년에 박필주가 수차(袖箚)를 올려 선왕의 질환을 대훈(大訓)에 첨가해 기재할 것을 청한 일을 언급하며 자신이 이를 반대한 것은 진심을 다한 것임을 밝히고 당시 여러 신하에게 공박을 받았기 때문에 어영대장에서 체직시켜 줄 것을 청하였다. 《承政院日記 英祖 23年 10月 16日》 《英祖實錄 23年 10月 16日》

215 그 내용은……같다 : 이때 올린 소(疏)의 내용은 《승정원일기(承政院日記)》 영조 23년 11월 1일 기사와 《영조실록(英祖實錄)》 동일 기사와 《여호집(黎湖集)》 권7 〈사견어의시질잉변박문수소어소(謝遣御醫視疾仍辨朴文秀疏語疏)〉에 보인다.

사람의 말이란 속마음으로부터 나와서 모두 주장하는 바가 있습니다. 저이가 만약 자신의 잘못을 정말로 깨달았으면 지난날의 잘못을 이제야 비로소 깨닫게 되었다고 시원스레 말하는 것이 진실로 불가할 것이 없을 것입니다. 또 만약 아직 바뀌지 않았다면 이전의 견해를 힘써 지키는 것도 가할 것입니다. 그런데 어찌하여 억지로 다른 사람을 끌어다가 이러한 근거 없는 말을 하여서 자기가 이른바 '군주는 군주답고 신하는 신하다워야 한다'라고 한 것과 몹시도 어긋남을 생각지 않는단 말입니까. 이것이 또한 괴이합니다.

지금 박문수가 이전에 한 말과 나중에 한 말 두 가지를 가지고 미루어 보면, '불가하다'라고 한 것[217]은 일에 대하여 평범하게 논한 말이며, '군주는 군주답고 신하는 신하다워야 한다'라고 한 것[218]은

216 별도로……합니다 : 1747년(영조23) 10월 16일에 박문수가 올린 소(疏)에서 다음과 같이 말하였다. "이어서 삼가 생각건대, 작년에 유신이 올린 수차에서 선왕의 병환을 대훈에 첨가해 기재할 것을 청한 말에 대해서는, 당시 연석에 등대한 대신들이 모두 불가하다고 말하였고 신이 올린 소(疏)에서도 불가하다고 말하였습니다. 불가하다고 말한 것은 똑같은데 대신의 말은 간약(簡約)하였고 신의 말은 간약하지 않았으니, 이는 실로 신의 천성이 그렇게 한 것입니다. 그 말이 만약 혹여 아주 조금이라도 세속의 갑을의 사사로운 뜻에 관계된다면 이는 신이 전하를 저버린 것이니, 어찌 아버지를 사랑하듯이 군주를 사랑하는 신의 마음으로 차마 이러한 짓을 하겠습니까, 차마 이러한 짓을 하겠습니까.〔仍伏念昨年儒臣袖箚中請添大訓之言, 伊時登筵諸大臣, 皆曰不可, 臣疏亦曰不可. 其曰不可則同, 而大臣之言約, 臣之言不約, 此實臣賦性使然. 其言若或毫髮涉於世俗甲乙之私意, 則是臣負殿下也, 豈以臣愛君如父之心, 忍爲此哉, 忍爲此哉?〕" 《承政院日記 英祖 23年 10月 16日》

217 불가하다라고 한 것 : 121쪽 주216 참조.

218 군주는……것 : 1746년(영조22) 6월 3일에 박문수가 올린 소(疏)의 말미에 "삼가 바라건대, 성상께서는 엄중히 처분을 더하여서 군주는 군주답고 신하는 신하다운 의리

죄를 성토하는 말입니다. 이 두 가지는 경중이 똑같지 않은 것이 어찌 한 손가락과 태산(泰山)의 차이[219]일 뿐이겠습니까. 그런데 마침내 이것을 저것으로 옮겨와서 뒤섞어 하나로 만들었으니, 군주에게 아뢴 말이 이와 같이 허황하단 말입니까."

박문수가 올린 소(疏)는, 영의정이 등대하였을 때에 '대훈은 체모가 중대하니 바꾸기 어려운 점이 있다'라고 말하였기 때문에[220] 이를 끌어다가 자기의 원조로 삼은 것이었다.

무진년(1748, 영조24) 정월에 소(疏)를 올려서 경계하는 말씀을 아뢰고 아울러 사직하였는데 허락하지 않았다. 4월에 병세가 더욱 위중

를 바루십시오. 그러면 몹시도 다행이겠습니다.〔伏乞聖上, 嚴加處分, 以正君君臣臣之義, 千萬幸甚.〕"라고 한 것을 가리킨다. 《英祖實錄 22年 6月 3日》《承政院日記 英祖 22年 6月 4日》

219 한 손가락과……차이 : 한 손가락과 태산(泰山)은 그 크기에 있어 현격한 차이가 있지만 한 손가락으로 눈을 가리면 태산도 보이지 않게 됨을 말한 것으로, 북송(北宋)의 신종(神宗)이 한 말에 보인다. 당시에 혜성이 나타나는 변이(變異)가 발생하여 신종이 조명(詔命)을 내려서 직언(直言)을 구하였는데 왕안례(王安禮)가 소(疏)를 올렸다. 신종이 이를 읽어 보고 여러 차례 찬탄한 다음 유시하기를, "지금 한 손가락으로 눈을 가리면 비록 태산과 화산이 앞에 있더라도 보지 못하니, 근습(近習)의 신하가 그 군주를 가리는 것이 어찌 이것과 다르겠는가.〔今以一指蔽目, 雖泰、華在前, 弗之見, 近習蔽其君, 何以異此?〕"라고 하였다. 《宋史 卷327 王安禮列傳》

220 영의정이……때문에 : 1746년(영조22) 5월 25일에 영조가 희정당(熙政堂)에서 대신과 비국 당상을 인견하면서 입시한 신하들에게 5월 24일에 박필주가 올렸던 수차(袖箚)를 보여주고 각각 소견을 아뢰도록 하였다. 당시 영의정 김재로(金在魯)는, 대훈을 만들 때에 '한 글자라도 첨개(添改)해서는 안된다'는 하교가 있었음을 들어서 선왕의 병환을 대훈에 첨가해 기재하자는 박필주의 청은 실행하기 어렵다고 말하였다. 이와 관련된 자세한 내용은 《승정원일기(承政院日記)》 영조 22년 5월 25일 기사와 《영조실록(英祖實錄)》 동일 기사에 보인다.

해지자 또 태의(太醫)를 보내 간병하게 하고, 발탁하여 우찬성 겸 세자이사에 제수하고[221] 사관을 보내 전유하였다. 이에 소(疏)를 올려서 사직하였으나 허락하지 않았다.

5월에 성균관 좨주에 제수되었다.[222] 당시에 먼저 좨주에 제수된 자가 있었는데 명하여 특별히 1원(員)을 더 설치해 제수하고, 액정의 사람을 보내 존문하고 쌀과 찬물(饌物)을 하사하였으며, 또 태의를 보내 간병하게 하였다.

7월에 병세가 심하게 악화되어 의술로는 손쓸 방법이 이미 다하자 다시 약을 들지 않으면서 〈고금변(古今辨)〉과 〈학계(學誡)〉[223]를 짓고 〈자지(自誌)〉[224]를 초하였다. 무신일에 윤씨정(尹氏亭)으로 옮겨 가서 우거하였다.

윤7월 정사일에 다시 태의를 보내 약물을 가지고 가서 간병하게 하였다. 이때 모시는 사람에게 명하여 대나무를 엮어 상을 만들게 해서 염습할 적에 사용하도록 대비하고 상복(上服)을 가져다가 누운 자리 곁에 놓았다. 8일 경신일 해시(亥時)에 교정(僑亭)의 정침(正寢)에서

221 발탁하여……하고 : 1748년(영조24) 4월 18일에 영조가 경현당(景賢堂)에서 친정(親政)을 시행하였는데, 당시 우참찬이었던 박필주를 우찬성에 임명하고, 세자이사에 임명하였다. 《承政院日記 英祖 24年 4月 18日》《英祖實錄 24年 4月 18日》

222 5월에……제수하였다 : 이 내용은 《승정원일기(承政院日記)》 영조 24년 5월 25일 기사와 《영조실록(英祖實錄)》 동일 기사에 보인다.

223 고금변(古今辨)과 학계(學誡) : 이 두 편의 글은 현재 《여호집(黎湖集)》 권18에 보인다. 〈학계〉의 제목 아래에는 "아래의 〈고금변〉까지 아울러 절필(絶筆)로 삼았다.〔倂下古今辨爲絶筆〕"라고 한 소주가 실려 있다.

224 자지(自誌) : 이 글은 현재 《여호집(黎湖集)》 권28에 보인다.

고종(考終)하였다. 이날에 큰바람이 불어서 지붕을 흔들고 번개가 새벽까지 쳤으며, 또 흰빛의 기운이 집을 에워쌌다.

부고가 전해지자 성상이 놀라고 슬퍼하며 거애(擧哀)할 것을 논의하였으나 구례(舊例)가 없다는 이유로 결행하지 못하였다.[225] 이에 전교하기를,

"이상(貳相 찬성)은 산림에서 덕을 길러 세상 사람들이 공경하고 본받는 바가 되었다. 내가 의지하며 소중하게 여기고 원량이 보필을 신뢰하는 이로는 오직 이 사람뿐이었는데, 이러한 소식을 듣게 될 줄 어찌 생각이나 하였겠는가. 이에 애통함이 갑절이나 된다. 상장(喪葬)에 필요한 제반 물품, 묘소 조성에 필요한 담부(擔夫), 사명일(四名日)에 올리는 제수를 3년 동안 실어 보내주도록 하라."

라고 하였다. 그러자 승지 김한철(金漢喆)이 아뢰기를,

"산림의 선비로서 빈한하지 않은 경우가 드물지만, 찬성의 빈한함은 세상에서도 찾아보기 힘든 경우입니다. 아침저녁으로 자주 끼니를 걸렀고 입었던 옷은 매우 성글고 거칠었으며 얇은 이불 하나만으로 겨울과 여름을 지냈으니, 이러한 데에서 그의 검소한 덕을 볼 수 있습니다. 은졸(隱卒)의 은전을 내리시는 것이 이처럼 융숭하고도 진지하시니, 실로 사책(史冊)에 빛날 것입니다."

라고 하였는데, 성상이 말씀하기를,

225 부고가……못하였다 : 1748년(영조24) 윤7월 9일에 동부승지 김한철(金漢喆)이 환경전(歡慶殿)에 입시하여 박필주의 상에 관해 영조와 대화를 나눈 일이 《승정원일기(承政院日記)》 영조 24년 윤7월 9일 기사와 《영조실록(英祖實錄)》 동일 기사에 보인다.

“초종(初終)에는 아마도 대책이 없을 것이니, 다시 귀후서를 신칙하여 서둘러 관재(棺材)를 보내도록 하라.”

라고 하였다.

계해일에 본가에 빈소를 차리고 성복(成服)을 행하였다. 성상이 승지를 보내어 치조(致弔)하고 명하여 예장(禮葬)[226]을 하사하되 삼공(三公)의 예(禮)에 견주게 하였고, 동궁은 부의를 하사하고 궁관을 보내어 치조하였다. 관학 및 각 도(道)의 서원에서 글을 지어 치제(致祭)하였다.

무진일에 윤자(胤子) 박사근(朴師近)이 선생의 평소의 뜻을 생각하여 소(疏)를 올려 예장을 사양하고, 아울러 선생의 유소반고(遺疏半藁)를 올리니 소(疏)의 내용은 다음과 같다.[227]

“신은 한번 난 병이 3년이나 지속하여 성치 않은 몸으로 죽지도 않고 있으니, 털끝만큼도 성상의 은혜가 아닌 것이 없습니다. 그러나 이제는 생을 마감할 시기가 이미 박두하여 살아날 기대가 다시는 없게 되었으니, 신궐(宸闕)을 우러러 바라봄에 어찌 슬픈 마음을 가눌 수 있겠습니까. 이어서 생각건대, 신하가 영결할 즈음에는 반드시 가장 절실하고도 긴요하여 군주에게 아뢸 만한 말이 있는 법이니,

226 예장(禮葬) : 종친(宗親)이나 대신, 공신 등이 죽었을 때 나라에서 주관하여 그 격에 맞게 예(禮)를 갖추어 치러 주는 장례를 말한다.

227 아울러……같다 : ‘유소반고(遺疏半藁)’는 유소로 올리려고 작성하던 미완성의 원고를 말한다. ‘유소’는 신하가 임종하기 직전에 군주에게 바치기 위하여 작성하는 소(疏)로, 보통 신하의 사후에 올려졌다. 이때 올린 유소의 내용은 《승정원일기(承政院日記)》 영조 24년 윤7월 19일 기사와 《영조실록(英祖實錄)》 동일 기사와 《여호집(黎湖集)》 권7 〈유소(遺疏)〉에 보인다.

오늘날의 국사로 말하면 춘궁을 보도(輔導)하는 일보다 더 중요한 것은 없습니다. 자제들의 온갖 취미는 모두 뜻을 빼앗으니,[228] 여항에 있는 사대부들도 그러한데 하물며 제왕의 경우는 더 말해 무엇하겠습니까. 바라건대 전하께서는 이 이치를 깊이 생각하시어 반드시 춘궁으로 하여금 강직하여 직언을 잘하는 선비들을 가까이하고 간사하고 아첨하는 자들을 멀리하게 하여 날마다 올바른 일과 올바른 말을 가지고 훈도하여 습관이 되게 해서 혁혁한 왕업을 무궁하게 이어갈 기반을 다지게 하십시오.

그리고 제왕이 국정을 강구하는 방도는 기미가 보일 때에 방지함을 급선무로 삼는 것입니다. 이 일에 대해서는 먼 옛날의 일을 끌어올 것도 없이 단지 전하께서 겪으신 것을 가지고 확인해 보아도 알 수 있습니다. 처음에 삼가지 않았다가 나중에 대란(大亂)을 초래하였던 경우가 있었으니, 장래에도 다시 그런 일이 없을 것이라고 어찌 장담하겠습니까."

소(疏)가 들어가자 눈물이 용안을 덮더니 비답을 내리기를,[229]

"경의 유소를 보고 지난날 입시했던 때를 생각하니, 보자마자 눈물이

228 자제들의……빼앗으니 : 이는 본래 정호(程顥)의 말로, 《이정유서(二程遺書)》 권1 〈단백전사설(端伯傳師說)〉에 "자제들의 온갖 취미는 모두 뜻을 빼앗으니, 글씨와 편지에 이르러서는 학자의 일에 가장 가까우나 한결같이 이것을 좋아하면 또한 스스로 뜻을 잃는다.〔子弟凡百玩好, 皆奪志, 至於書札, 於儒者事最近, 然一向好著, 亦自喪志.〕"라고 하였다. 이 말은 《근사록(近思錄)》 권11 〈교학(敎學)〉과 《소학(小學)》 〈가언(嘉言)〉에도 실려 있다.

229 비답을 내리기를 : 이때 내린 비답은 《승정원일기(承政院日記)》 영조 24년 윤7월 19일 기사와 《영조실록(英祖實錄)》 동일 기사에 보인다.

얼굴을 덮으며 마치 직접 경을 보는 것만 같다. 원량을 위하여 몹시 도 간절하고 정성스럽게 면려하였으니, 그 충심에 감탄하고 그 뜻을 매우 가상하게 여긴다. 지금 이 유소를 보니 구원(九原)이 어찌 멀다고 하겠는가. 손수 비답을 씀에 글자마다 눈물이 흩뿌려진다. 특별히 승지로 하여금 가지고 가서 선독(宣讀)하게 하라."

라고 하였다. 또 박사근이 올린 소(疏)에 대해서 비답을 내려서 예장을 사양하지 말도록 하였다.[230]

9월에 성상이 직접 제문을 지어서 치제하고 동궁이 궁관을 보내어 치제하였다. 옥당 김선행(金善行)이 고사(故事)를 따라 시장(諡狀)이 올라오기를 기다리지 말고 시호를 하사할 것을 청하자 성상이 특별히 이 말을 따르니,[231] 시법(諡法)에서 '도덕이 높고 견문이 넓다〔道德博聞〕'라고 한 것과 '이른 아침부터 늦은 밤까지 공경하고 조심한다〔夙夜儆戒〕'라고 한 것을 취하여 그 시호를 '문경(文敬)'이라고 하였다.

신미일에 광주(廣州) 쌍제리(雙梯里) 간좌(艮坐)의 언덕에 장사하였는데, 이 부인(李夫人)이 먼저 여기에 안장되어 있었으므로 그 묘혈을 조금 옮긴 다음에 합장하였다. 갑신년(1764, 영조40) 5월에 택조

230 박사근이……하였다 : 박사근이 올린 소(疏)는《승정원일기(承政院日記)》영조 24년 윤7월 19일 기사와《여호집(黎湖集)》권7〈유소(遺疏)〉에 보인다. 이에 대해 영조가 내린 비답은《승정원일기(承政院日記)》영조 24년 윤7월 19일 기사에 보인다.

231 옥당……따르니 : 1748년(영조24) 9월 12일에 환경전(歡慶殿)에서 부수찬 김선행(金善行)이 이황(李滉), 송시열(宋時烈) 등의 산림에게 시장(諡狀)을 기다리지 않고 시호를 내렸던 전례를 들며 박필주의 장례를 즈음하여 은전을 베풀어 시호를 논의할 것을 청하였는데, 영조가 전례에 따라 거행하도록 윤허하였다.《承政院日記 英祖 24年 9月 12日》

(宅兆)가 좋지 못하다고 하여 같은 기슭의 다른 언덕에 이장하였으니, 또한 간좌(艮坐)이다. 이때 도신(道臣)으로 하여금 역부(役夫)를 공급해 주도록 하였고, 또 해당 조(曹)에 명하여 전포(錢布)를 전례보다 후하게 실어 보내도록 하였다. 기사년(1749) 7월에 예관을 보내어 치제하였다. 을해년(1755)에 역옥(逆獄) 사건이 크게 일어나서 신축년과 임인년의 역적들을 모두 주벌하여 제거하니,[232] 성상이 선생의 수차에서 아뢴 내용을 돌이켜 생각해서 명하여 영의정을 추증하고 전례대로 겸함(兼銜)하도록 하였으며 친히 제문을 지어서 사제(賜祭)하였다.

이상의 내용이 바로 선생의 출처에 관한 대략이다.

선생은 자질이 돈후하고 성실하였으며 효성과 우애를 타고났다. 도(道)에 뜻을 둔 것이 몹시 이르면서도 속학(俗學)에 얽매이지 않았고 발인(發軔)이 매우 바르면서도 사승(師承)의 단계를 밟지 않았다. 남이 모르는 가운데에 학문에 전심하여 절묘하게 계합하고 묵묵히 깨달아서 본성을 확충하고 기른 것이 두텁게 쌓여 덕성(德性)이 굳게 정해져서 이치에 막힘이 없고 행함에 의심하지 않았다. 이를 문장에 드러냄에 정교하고 깨끗하여 군더더기나 도습(蹈襲)함이 없었으니, 그 문리(文理)의 밀찰(密察)[233]에 나아가면 조예가 높고 깊은 것을 볼 수 있다.

232 을해년에……제거하니 : 이는 일명 '을해옥사(乙亥獄事)', '윤지(尹志)의 난' 또는 '나주괘서(羅州掛書)의 변'이라고도 한다. 김일경(金一鏡)의 옥사에 연좌되어 나주에 귀양 간 윤지가 노론(老論) 측 인사들을 제거할 목적으로 무리를 모아 1755년(영조 31) 1월에 나라를 비방하는 글을 나주 객사에 붙이고 노론 측의 행위로 꾸몄다. 그러나 주모자가 윤지라는 것이 밝혀져 그는 처형당하고, 소론(少論) 측 인사들이 도리어 화를 입게 되었다.

233 문리(文理)의 밀찰(密察) : 이는 본래 《중용장구(中庸章句)》 제31장에 보이는

깨끗이 행실을 닦고 곤궁해도 자기 본분을 지키는 절조가 마치 옥과 얼음처럼 맑고 깨끗하여 문벌가에서 태어났으나 가난하고 검소함으로 스스로 잡아 지켰다.

평소에 허여하여 교우하는 경우가 적었고 일체의 외물에 대한 이익에 담박하였으나 시종 군주에게 지우(知遇)를 입었으니, 이는 이름과 실상이 자연히 부합하였던 것이지 돌봐주고 천거해 이끌어 주는 도움을 받지 않은 것이다. 세 번 나아갔다가 세 번 물러난 것으로 말하면 모두 법도가 있었으니, 처음에는 분의(分義)를 펴기 위한 것이었고, 두 번째는 '존주(尊周)'라는 글자에 대해 간쟁한 것이었고, 마지막에 총재(冢宰 이조 판서)로서 나아간 것은 국무(國誣)[234]에 대해 옳고 그름을 가려 밝히는 것과 난적들을 토죄하는 것을 가지고 정사를 행하는 데에 급선무로 삼은 것이었다. 비록 그 잔혹하고 악랄한 공격이 번갈아 일어난 탓에 산림으로 대번에 돌아왔으나 삼강을 바루고 의리를 밝혀서 천하 후세에 할 말이 있게 된 것은 바로 선생의 힘이다.

이공(貳公 찬성)에 제수되었을 적에는 선생의 병환이 이미 중해졌다. 유소(遺疏)의 내용 중 특별히 '기미가 보일 때에 방지하라'라고 언급한 것에서 깊은 뜻을 알 수 있는데 끝내 전부 다 아뢰지 못하고 말았다.

말로, "문리밀찰(文理密察)은 족히 분별할 수가 있다.〔文理密察, 足以有別也.〕"라고 하였다. 이에 대해 주희(朱熹)의 《집주(集註)》에 "문(文)은 문장이고, 이(理)는 조리이고, 밀(密)은 상세함이고, 찰(察)은 명변함이다.〔文, 文章也. 理, 條理也. 密, 詳細也. 察, 明辨也.〕"라고 설명하고 '문리밀찰(文理密察)'을 인의예지(仁義禮智) 가운데 지(智)의 덕으로 보았다.

234 국무(國誣) : 국계(國系)에 관한 무함을 뜻하는 것으로, 영조에 대하여 경종을 시해하였다고 하고 숙종의 친자가 아니라고 한 것 등의 무함을 가리킨다.

이는 선생에게 죽어도 눈을 감지 못하는 한이 될 것이나 그 뜻은 더욱 환하게 빛난다.

선생은 어려서부터 세상에서 물러나 은거해 살면서 세속의 일에 마음을 쓰지 않았다. 오직 전성(前聖)이 남긴 경전에 대해 전심으로 연구하여 장마다 기록해 서술하며 오랜 세월을 보내면서 여러 언론들을 절충하여 종지(宗旨)를 밝혀 드러내었는데, 경중을 헤아려 조금이라도 바꿀 수 없게 해서 사문(斯文)을 호위하고 후학에게 은혜를 끼칠 수 있게 하였으니, 이것이 바로 《독서수차(讀書隨箚)》이다. 그밖에 《주자왕복휘편(朱子往復彙編)》, 《춘추류례(春秋類例)》와 문집, 연보가 있다. 일찍이 《경서회동(經書會同)》과 《이례이동(二禮異同)》을 지어서 그 범례를 바루어 손수 몇 권을 썼는데 미처 일을 끝마치지 못하였으니, 〈자지(自誌)〉에서 이른바 '천고의 유감〔千古之憾〕'이라고 한 것이다.

선생은 명리(名理)를 강구하여 밝힘에 정자와 주자가 이루어 놓은 가르침을 정성을 다하여 지키고, 세상의 속된 학자들이 새로운 것을 추구하고 기발한 것을 숭상하는 의론을 배척하여 말하기를,

"우옹(尤翁 송시열)과 같은 유림의 장덕(長德)[235]이 계신다면 이러한 설이 어찌 감히 먹혀 들 수 있겠는가."

라고 하였다.

미발(未發)과 계구(戒懼)[236]에 대해서는 다음과 같이 논하였다.[237]

235 장덕(長德) : 나이가 많고 덕이 있는 사람을 이른다.

236 미발(未發)과 계구(戒懼) : '미발'은 기뻐하고 노하고 슬퍼하고 즐거워하는 정(情)이 발하지 않은 상태를 가리키며, '계구'는 '계신(戒愼)'과 '공구(恐懼)'의 합칭이다.

"미발의 때에는 털끝만한 힘도 쓰기 어렵기 때문에 주 선생(朱先生 주희)이 '공부에 착수할 수 없다.〔着不得工夫〕'[238]라고 말씀하신 것이다. 그러나 그 뜻은 공부를 가지고 이발(已發)이라는 한쪽에만 귀결시킨 적이 없었다. 이른바 '미발공부(未發工夫)'와 같은 따위가 일일이 거론할 수 없을 정도로 많으니, 각각 가리키는 바가 있어서 일괄적으로 논할 수 없다.

이른바 '공부'라는 것은 다만 충막(沖漠)[239] 가운데에서 조관(照

《중용장구(中庸章句)》 제1장에 "도(道)라는 것은 잠시도 떠날 수 없는 것이니, 떠날 수 있으면 도(道)가 아니다. 그러므로 군자는 외부의 사물을 보기 전부터 경계하고 삼가며, 외부의 소리를 듣기 전부터 두려워하고 조심하는 것이다.……기뻐하고 노하고 슬퍼하고 즐거워하는 정(情)이 아직 발해지지 않아 치우침이 없는 상태를 중(中)이라 하고, 그 정(情)이 발하여 모두 절도에 맞는 것을 화(和)라 한다. 그러니 중(中)이라는 것은, 모든 이치가 이를 통해 나오므로 천하의 큰 근본이며, 화(和)라는 것은, 언제 어느 곳에서나 가야 할 길이므로 천하의 공통된 도(道)이다.〔道也者, 不可須臾離也, 可離非道也. 是故君子戒愼乎其所不睹, 恐懼乎其所不聞.……喜怒哀樂之未發, 謂之中, 發而皆中節, 謂之和, 中也者, 天下之大本也, 和也者, 天下之達道也.〕"라고 한 데에 보인다.

237 다음과 같이 논하였다 : 이 내용은 《여호집(黎湖集)》 권11 〈답이중겸(答李仲謙)〉에 보인다.

238 공부에……없다 : 이 말은 《주자어류(朱子語類)》 권26 〈논어(論語) 불인자불가이구처약장(不仁者不可以久處約章)〉에, "미발일 때로 말하자면 절로 공부를 착수할 수 없다. 미발의 때는 요임금과 순임금으로부터 보통 사람에 이르기까지 똑같은 것이다.〔若未發時, 自著不得工夫. 未發之時, 自堯、舜至於塗人一也.〕"라고 보인다.

239 충막(沖漠) : 본래 '충막무짐(沖漠無朕)'이라는 말로, 지극히 고요하여 아무런 조짐이 없는 상태를 가리킨다. 이는 '본연의 성(性)'을 표현한 것으로, 사람이 사물과 감촉하기 이전에 그 본성에는 만물의 이(理)가 본래 갖추어져 있음을 뜻한다. 《이정유서(二程遺書)》 권15 〈입관어록(入關語錄)〉에 "텅 비어 조짐이 없을 적에 만상이 삼연

管)하여 한 번이라도 놓아서 잃어버리지 않는 것일 뿐이다. 호계수(胡季隨)가 계신(戒愼)과 공구(恐懼)를 가지고 미발일 때에 함양하는 것이라고 하였는데, 주 선생이 이를 두고 '참으로 좋다〔甚善〕'라고 말씀하였다.[240]

계구는 이미 공부라는 명목인데 미발일 때에 함양하는 것이니, 이른바 '미발공부'라는 것은 원래 미발의 지두(地頭)를 곧바로 집어서 공부라고 부른 것이 아니라 계구의 함양하는 바가 여기에 달려있기 때문에 이렇게 말한 것이다. 지금 다만 계구를 가지고 공부라고 하면서 미발 상에서는 공부를 말하지 못하도록 한다면 계구의 함양하는 바가 무엇이 되는지 알지 못하겠다."

인심(人心)과 도심(道心)[241]에 대해서는 다음과 같이 논하였다.[242]

히 이미 갖추어져 있으니, 미응이 먼저가 아니고 이응이 뒤가 아니다. 이는 100척의 나무가 근본으로부터 지엽에 이르기까지 모두 일관된 것과 같다.〔沖漠無朕, 萬象森然已具, 未應不是先, 已應不是後. 如百尺之木, 自根本至枝葉, 皆是一貫.〕"라고 한 정이(程頤)의 말에서 유래하였는데, 여기에서 '미응'은 미발(未發), 즉 고요하여 발동하지 않는 때를 말하고, '이응'은 이발(已發), 즉 감응하여 마침내 발동하는 때를 말한다. 정이의 이 말은 《근사록(近思錄)》 〈도체(道體)〉에도 실려 있다.

240 호계수(胡季隨)가……말씀하셨다 : 호계수는 송(宋)나라 학자 호대시(胡大時)로, 계수는 자이다. 이 내용은 《회암집(晦菴集)》 권53 〈답호계수(答胡季隨)〉에 보인다. 호대시가 보낸 편지에 "'계신'과 '공구'는 기뻐하고 노하고 슬퍼하고 즐거워하는 정(情)이 아직 발하지 않았을 때에 함양하려는 것이고, '신독'이라는 것은 기뻐하고 노하고 슬퍼하고 즐거워하는 정(情)이 이미 발한 뒤에 성찰하려는 것이니, 경(經)의 뜻과 일용(日用)의 공부가 이와 같은 것인지 모르겠습니다.〔戒、懼者, 以涵養於喜怒哀樂未發之前, 愼獨者, 所以省察於喜怒哀樂已發之後, 不知經意與日用之工是如此否?〕"라고 하였는데, 이에 대해 주희가 "이 말이 매우 좋다.〔此說甚善〕"라고 답하였다.

241 인심(人心)과 도심(道心) : '인심'은 '형기의 사사로움〔形氣之私〕'에서 생겨난 것

"사람이 사람이 되게 하는 것은 성(性)과 형(形)일 뿐이다. 사람이 태어나면서 소유한 형(形)이 되기 때문에 '인(人)'이라고 하고, 상제(上帝)가 충(衷)을 내려준 성(性)[243]이 되기 때문에 '도(道)'라고 한 것이니, 이것을 가지고 저것으로 삼을 수 없고 또 저것을 가지고 이것으로 삼을 수 없다. 두 가지의 면모가 각각 똑같지 않고 또 이 마음〔心〕을 가져서 지각(知覺)으로 삼기 때문에 발용(發用)에서 보

으로 이목구비(耳目口鼻)와 사지(四肢)의 욕(欲) 따위를 가리키고, '도심'은 '성명의 바름〔性命之正〕'에서 근원한 것으로 측은(惻隱)·수오(羞惡)·사양(辭讓)·시비(是非)의 마음을 가리킨다. 이는 《서경(書經)》 〈우서(虞書) 대우모(大禹謨)〉에 "인심은 위태롭고, 도심은 은미하다. 정밀하게 살피고 한결같이 지켜야 진실로 그 중도(中道)를 지킬 수 있을 것이다.〔人心惟危, 道心惟微. 惟精惟一, 允執厥中.〕"라고 한 순임금의 말에 보인다. 원래 요임금이 순임금에게 제위를 물려주면서 "진실로 중도를 잡아 지켜라.〔允執厥中.〕"라고 하였는데, 순임금이 우(禹)에게 전위(傳位)하면서 다시 열두 자를 더하여 위와 같이 훈계하였는바, 이는 제왕들이 서로 주고받은 심법(心法)으로 보통 '십육자심전(十六字心傳)'이라고 알려져 있다. 《書經集傳 虞書 大禹謨》 《中庸章句 序》

242 다음과 같이 논하였다 : 이 내용은 《여호집(黎湖集)》 권17 〈인심도심설(人心道心說)〉에 보인다.

243 상제(上帝)가……성(性) : 이는 사람이 가지고 있는 인(仁)·의(義)·예(禮)·지(智)·신(信)의 성(性)을 가리킨다. '상제가 충(衷)을 내려주었다〔上帝降衷〕'는 것은 본래 상(商)나라 탕왕(湯王)의 말로, 《서경(書經)》 〈상서(商書) 탕고(湯誥)〉에 "아아 너희 만방의 무리들아 나 한 사람의 가르침을 분명히 들어라. 훌륭하신 상제가 백성들에게 충(衷)을 내려주어 이를 순히 따라 변치 않는 본성을 갖게 하셨다.〔嗟爾萬方有衆, 明聽予一人誥. 惟皇上帝降衷于下民, 若有恒性.〕"라고 하였다. 이에 대해 채침(蔡沈)의 《집전(集傳)》에 "'충(衷)'은 중(中)이다.……하늘이 명(命)을 내릴 적에 인(仁)·의(義)·예(禮)·지(智)·신(信)의 이(理)를 갖추어서 편벽되거나 기운 바가 없게 한 것이 이른바 '충(衷)'이다.〔衷, 中.……天之降命, 而具仁義禮智信之理, 無所偏倚, 所謂衷也.〕"라고 설명하였다.

고 형언한 것이 이와 같은 것이다.

만약 이 마음〔心〕이 없고 다만 오직 성명(性命)과 형기(形氣)일 뿐이면 스스로 주장할 수 없는 것이 저 몸에 있는 이(理)·기(氣)와 똑같으니, 어떻게 이른바 인(人)이라는 것을 인(人)이라고 하고, 이른바 도(道)라는 것을 도(道)라고 하겠는가.

퇴계(退溪) 선생이 양쪽을 주장하여 말한 것[244]은 진실로 각각 그 소종래로 거슬러 올라가는 데에는 문제 될 것이 없지만 지나치게 분석하여 '이(理)가 발함에 기(氣)가 따르고, 기(氣)가 발함에 이(理)가 탄다〔理發氣隨 氣發理乘〕'와 같은 말을 하였으니, 말의 뜻에 끝내 미비한 점이 있다. 또한 인심과 도심이라는 당연한 명목을 놓아두고서 사단(四端)과 칠정(七情)으로 대신하여 바꾸었으니, 그러므로 율곡(栗谷 이이(李珥)) 선생의 의론이 있게 된 것이다.

이른바 '무형(無形)과 무위(無爲)이면서 유형(有形)과 유위(有爲)의 주(主)가 되고, 유형과 유위이면서 무형과 무위의 기(器)가 된다.'라고 한 것[245]으로 말하면, 이(理)와 기(氣)의 정상(情狀)에

244 퇴계(退溪)……것 : 이는 퇴계 이황(李滉)이 도심(道心)을 사단(四端), 인심(人心)을 칠정(七情)으로 구분해 설명한 것을 가리킨다. 이황은, 사단은 이가 발함에 기가 따른 것〔理發而氣隨之〕이고 칠정은 기가 발함에 이가 탄 것〔氣發而理乘之〕이라고 말하였다. 《退溪集 卷7 進聖學十圖箚》

245 이른바……것 : 이는 이이(李珥)가 한 말로, 《율곡전서(栗谷全書)》 권10 〈답성호원(答成浩原)〉에 "이(理)와 기(氣)는 원래 서로 떨어지지 않아 한 물건인 것 같으나 다른 까닭은 이(理)는 무형(無形)이고 기(氣)는 유형(有形)이며, 이(理)는 무위(無爲)이고 기(氣)는 유위(有爲)이기 때문이다. 무형과 무위이면서 유형과 유위의 주(主)가 되는 것은 이(理)이고, 유형과 유위이면서 무형과 무위의 기(器)가 되는 것은 기(氣)이다. 이(理)는 무형이고 기(氣)는 유형이므로 이(理)는 통하고 기(氣)는 국한되는

대해서 남김없이 드러내어서 의혹할 바가 없이 명쾌하니, 정자와 주자 이래로 이러한 의논이 없었다.

그러나 무릇 이(理)가 있고 기(氣)가 있는 것은 대체로 이와 같지 않음이 없다. 지금 만약 인심과 도심에 대해서 또한 오로지 이 설을 따른다면 비록 불상리(不相離)[246]의 본색을 터득하더라도 상대하여 나열함의 분계(分界)를 지워버리기가 쉽다. 총괄하여 논하자면, 퇴계 선생이 분별한 것과 율곡 선생이 구별하지 않은 것은 그 소종래에 대해 아마도 모두 우연히 잘못 살핀 것인 듯하다.[247]"

것〔理通氣局〕이며, 이(理)는 무위이고 기(氣)는 유위이므로 기(氣)가 발함에 이(理)가 타는 것이다.〔理氣元不相離, 似是一物, 而其所以異者, 理無形也, 氣有形也, 理無爲也, 氣有爲也. 無形無爲而爲有形有爲之主者, 理也; 有形有爲而爲無形無爲之器者, 氣也. 理無形而氣有形, 故理通而氣局; 理無爲而氣有爲, 故氣發而理乘.〕"라고 하였다. 이처럼 이(理)와 기(氣)에 대해서 무형(無形), 유형(有形)과 무위(無爲), 유위(有爲)를 가지고 설명한 것은 《율곡전서》 권12 〈답안응휴(答安應休)〉와 권20 〈성학집요(聖學輯要) 수기(修己) 제이상(第二上)〉에도 보인다.

246 불상리(不相離) : 이는 이(理)와 기(氣)가 서로 떨어지지 않음을 말한 것이다. 주희(朱熹)는 이(理)와 기(氣)에 대해 '서로 떨어질 수 없는 관계〔不相離〕'와 '서로 섞일 수 없는 관계〔不相雜〕'의 이중 구조로 되어 있다고 보았다. 《孟子集註 告子上》《近思錄 卷1 道體》

247 총괄하여……듯하다 : 이 부분은 《여호집(黎湖集)》 권17 〈인심도심설(人心道心說)〉에 보다 자세히 보이는데, "대저 총괄하여 논하면, 퇴계가 '두 갈래의 선후를 나눈 병통'에 빠진 것은 진실로 잘못된 것이지만 율곡이 '말미암아서 나온 맥락'을 구별하여 밝히지 않은 것 또한 옳은 것은 아니다. 무릇 이와 같은 것은, 아마도 모두 이(理)와 기(氣)에 있어서 몸에 있음〔在身〕과 마음에 있음〔在心〕의 다른 점이 있다는 것을 우연히 잘못 살핀 것인 듯하다.〔大抵總而論之, 退溪之流於二岐先後之病, 固失之矣, 而栗谷之不別白其所自之來脈, 亦未爲得. 凡若是者, 恐皆不免爲偶失照勘於理氣之有此在身在心之兩樣也.〕"라고 하였다.

심(心)과 기(氣)에 대해 논한 글에서는 다음과 같이 말하였다.[248]

"심(心)이 심(心)이 되게 하는 것은 그것의 출입(出入)과 동정(動靜)이 천만 가지로 변화하기 때문인데 이와 같이 할 수 있는 것은 오로지 기기(氣機)[249]에 달려있다. 이는 심(心)이 기기를 타고 기기가 심(心)이 타는 바가 되는 것으로, 그 구분에 이와 같은 점이 있다. 대체로 모름지기 기질과 형기까지 아우른 뒤에야 비로소 완전하게 하나의 심(心)이 될 수 있는 것이다. 그러나 기기만을 가지고 심(心)을 개괄할 수 없는 것은 분명하다."

심성(心性)과 이기(理氣)에 대해 논한 변(辨)에서는 다음과 같이 말하였다.[250]

"《중용(中庸)》에서 이른바 '미발(未發)'이란 것에 대해서는 이미 이것을 '중(中)'이라고 하였고 또 이것을 '천하의 큰 근본〔天下之大本〕'이라고 하였다.[251] 그렇다면 이는 천리(天理)의 근원으로 더할 나위 없이 순수하고 지극히 정결하여서, 바로 정자(程子)가 이른바 '말할 수가 없다〔不容說〕'라고 한 것[252]에 해당하니, 어찌 조금이라도 다른

248 다음과 같이 말하였다 : 이 내용은 《여호집(黎湖集)》 권13 〈답유자공서(答兪子恭書)〉에 보인다.

249 기기(氣機) : 천지의 일정한 질서에 따라 운행하게 하는 자연의 기능을 가리키는데, 여기에서는 주희(朱熹)의 〈재거감흥(齋居感興)〉 20수 중 세 번째 수에 "사람의 마음은 오묘하여 헤아릴 수 없으니, 드나드는 데에 기기를 탄다.〔人心妙不測, 出入乘氣機.〕"라고 한 구절에 바탕을 두어 말하고 있다. 《晦庵集 卷4 齋居感興二十首》

250 다음과 같이 말하였다 : 이 내용은 《여호집(黎湖集)》 권12 〈답윤서응(答尹瑞膺)〉에 보인다.

251 중용(中庸)에서……하였다 : 130쪽 주236 참조.

252 정자(程子)가……것 : '정자'는 정호(程顥)로, 이 말은 《이정유서(二程遺書)》 권

물건이 관계하여 그 사이에 함께 용납될 수 있겠는가.

무릇 중인(衆人)이 품부받은 것은 진실로 성인(聖人)과 똑같지는 않지만 그 원초(原初)를 가지고 말하면 오직 한 가지 선(善) 외에는 실로 다른 섞인 것이 없다. 그러므로 미발의 체단(體段)이 담연(湛然)하고 찬연(粲然)하여, 성인이라고 해서 더한 바가 없고 중인이라고 해서 덜한 바가 없어서 원래 똑같지 않음이 없다. 지금 그 근본에 서로 뒤섞임이 있는 것이라고 말한다면 이는 성(性) 가운데에 원래 이 두 가지 물건이 상대하여 각자 나옴이 있는 것이니, 어찌 이러한 것이 있겠는가.

대체로 기질이라는 것은 형체가 있은 뒤에 있는 것이니,[253] 다만

1 〈단백전사설(端伯傳師說)〉과 《근사록(近思錄)》 권1 〈도체(道體)〉에 보인다. 정호가 말하기를, "생(生)을 성(性)이라 이르는 것은 '인생이정(人生而靜)' 이상은 성(性)을 말할 수가 없으니, 조금이라도 성(性)을 말할 때에는 곧 이미 성(性)이 아니다.〔蓋生之謂性, 人生而靜以上, 不容說, 才說性時, 便已不是性也.〕"라고 하였는데, 이에 대해 주희(朱熹)가 "'인생이정' 이상은 사람과 물건이 아직 태어나지 않았을 때이니, 다만 이(理)라고만 이르고 성(性)이라고 이름할 수 없으니, 이른바 '하늘에 있으면 명(命)이라 한다'는 것이다. 조금이라도 성(性)을 말할 때에는 곧 사람이 태어난 이후이니, 이 이(理)가 이미 형기(形氣) 가운데에 떨어져 있어서 온전한 성(性)의 본체가 아니니, 이른바 '사람에게 있으면 성(性)이라 한다'는 것이다.〔人生而靜以上, 是人物未生時. 只可謂之理, 未可名爲性, 所謂在天曰命也. 纔說性時, 便是人生以後, 此理已墮在形氣之中, 不全是性之本體矣, 所謂在人曰性也.〕"라고 설명하였다.

253 기질이라는……것이니 : 이는 장재(張載)의 《정몽(正蒙)》〈성의편(誠明篇)〉에 "형체가 있은 뒤에 기질지성(氣質之性)이 있는 것이니, 잘 돌이키면 천지지성(天地之性)이 보존된다. 그러므로 기질지성을 군자는 성(性)이라고 여기지 않는다.〔形而後, 有氣質之性, 善反之, 則天地之性存焉. 故氣質之性, 君子有弗性者焉.〕"라고 한 말에 바탕을 두고 한 말이다. 장재의 이 말은 《맹자집주(孟子集註)》〈고자 상(告子上)〉과 《근사록(近思錄)》 권2 〈위학(爲學)〉에도 실려 있다.

이를 따라서 각자 한 성(性)으로 삼을 뿐이므로 이른바 '천지의 성〔天地之性〕'과 끝내 분별이 있게 되는 것이다. 비록 미발의 경계에 침입함을 용납하지는 않지만 진실로 둘 곳이 없는 것을 걱정할 필요는 없다.

또 이른바 '미발'이라는 것은 내력(來歷)이 없이 특별히 말한 것이 아니니, 바로 맨 첫 구에 '하늘이 모든 사물에 부여해 준 것을 성(性)이라 한다.〔天命之謂性〕'라고 말한 이후로 한마디 한마디가 서로 응한다. 이는 그 본지가 오직 천리의 근원에 있어서 기질과 함께 뒤섞어 말할 수 없음이 또한 뚜렷이 드러나지 않는가.

미발에 대해서는 비록 오로지 이(理)를 말하지만 실제로는 기(氣)가 없이 독립한 때가 있지 않으니, 대체로 이와 같은 이(理)가 있으면 반드시 이와 같은 기(氣)가 있는 것이다. 이(理)가 이(理)가 되는 것은 다만 기(氣) 위에서 볼 뿐이니, 그렇지 않으면 마침내 무엇에 근거하여서 이(理)가 됨을 보겠는가.

만일 이 기(氣)가 없으면 진실로 미발이 될 수 없으나 이곳은 곧바로 기(氣)가 없는 것과 유사하다. 똑같은 하나의 기(氣)인데, 미발의 기(氣)는 통연(洞然)하고 청명(淸明)하여 천리와 하나가 되어서 아주 조금이라도 간격과 장애가 없고, 기질의 기(氣)는 기(氣)가 주가 되어서 맑고 흐림〔淸濁〕과 순수하고 잡박함〔粹駁〕에 있어 곧 허다한 차이가 있다. 진실로 맑은 것과 순수한 것도 있어서 다만 흐리고 잡박함이 될 뿐만이 아니지만 끝내 기질에 소속시키는 데에 문제 될 것이 없다. 미발로 말하자면 천명(天命)의 소재(所在)가 되니, 어찌 함께 아울러서 말할 수 있겠는가."

또 다음과 같이 말하였다.[254]

"전국(戰國) 시대라는 혼란한 시기에 사람들이 성(性)이 본래 선(善)하다는 것을 알지 못하여 세도(世道)가 스러지고 무너지는 것이 한정 없었다. 그러므로 맹자(孟子)가 사람의 성(性)이 선(善)함을 말씀하여 성인의 경지가 배워서 이를 수 있는 것임을 알아서 스스로 한계를 정하지 않도록 하였으니, 그 공이 진실로 위대하다. 그러나 사람이 태어나면서 받은 기품(氣稟)에 악(惡)이 없을 수 없는 법인데, 이에 대해서 끝내 일전어(一轉語)[255]가 부족하였다. 이 때문에 순황(荀況)과 양웅(揚雄)의 무리가 이를 간파하지 못하여 혹 사람의 성(性)이 악(惡)하다 주장하고 혹 선(善)과 악(惡)이 혼재한다고 주장하였으니,[256] 이는 또한 그 형세가 필연적인 것이다. 다만 정자(程子)와 장자(張子) 두 분이 세상에 출현한 뒤에야 비로소 기질(氣質)에 대한 설이 있게 되었으니, 이로부터 선(善)과 악(惡) 두 가지가 분명하게 각각 귀결되는 바가 있게 되었다. 성현이 번갈아 출현하여 사람마다 의리를 드러내 밝혀서 각각 일이 있게 된 것이다.

지금 기품의 악(惡)을 가지고 성(性) 가운데에 침입시키고자 하는

254 또……말하였다 : 이 내용은《여호집(黎湖集)》권12〈답윤서응(答尹瑞膺)〉에 보인다.

255 일전어(一轉語) : 본래 불교의 참선에서 사용하는 말로, 깨달음의 계기를 제공해 주는 한 마디 말을 뜻한다.

256 순황(荀況)과……주장하였으니 : 순황(荀況)의 '성악설(性惡說)'은 《순자(荀子)》〈영욕편(榮辱篇)〉, 〈예론편(禮論篇)〉, 〈성악편(性惡篇)〉 등에 관련된 내용이 자세히 보인다. 양웅(揚雄)의 이른바 '성선악혼설(性善惡混說)'은《법언(法言)》〈수신편(修身篇)〉에 "사람의 성(性)이란 선(善)과 악(惡)이 혼재하니, 선(善)을 닦으면 선인이 되고, 악(惡)을 닦으면 악인이 된다.〔人之性也善惡混, 脩其善則爲善人, 脩其惡則爲惡人.〕"라고 한 데에 보인다.

것은 긴관(緊關 긴요한 관건)이 되는 것이 무엇인지 알지 못하겠다. 무릇 도(道)도 또한 기(器)이고 기(器)도 또한 도(道)이다.[257] 그러나 성인이 형이상(形而上)과 형이하(形而下)의 차이를 가지고 분명하게 단정하였다. 지금 본연(本然)과 기질(氣質)을 가지고 말하면, 본연이라는 것은 형이상이고 기질이라는 것은 형이하이다. 본연에서 하나로 똑같음을 보고 기질에서 각각 다름을 보며, 서로 떨어질 수 없음에 나아가 서로 뒤섞이지 않음을 알고, 서로 뒤섞이지 않음에 나아가 서로 떨어질 수 없음이 됨을 아니, 다만 이와 같을 뿐인 것이다.

이것을 알면 의리상 똑같이 옳다고 여기는 바가 거의 명확하게 들어맞을 것인데, 저 '기질'이라는 두 글자를 가지고 성(性)을 개괄하는 것은 기(器)에 침체되어서 도(道)에 대해 혼미하고 형이하를 말하면서 형이상을 빠뜨리는 데로 귀결됨을 알 수 있다. 제충(帝衷)과 민이(民彝)[258]에 이른바 악(惡)이 없으니, 악(惡)이 되는 것은

257 도(道)도……도(道)이다 : 이는 본래 정호(程顥)가 《주역(周易)》 〈계사전 상(繫辭傳上)〉의 "형이상의 것을 도(道)라고 하고 형이하의 것을 기(器)라고 한다.〔形而上者謂之道, 形而下者謂之器.〕"라는 말에 대해서 해설한 것으로, 《근사록(近思錄)》 권1 〈도체(道體)〉에 "형이상을 도(道)라 하고 형이하를 기(器)라 하니, 모름지기 이와 같이 말해야 하나 기(器)도 또한 도(道)이고 도(道)도 또한 기(器)인 것이다.〔形而上爲道, 形而下爲器, 須著如此說, 器亦道, 道亦器.〕"라고 보인다. 정호의 이 말 대해 주희(朱熹)가 "도(道)는 사물의 이치를 가리키므로 형이상이라 말하고, 기(器)는 사물의 형체를 가리키므로 형이하라 말하였다. 그러나 실제는 도(道)가 기(器)에 붙어 있어서 본래 서로 떨어지지 않는다. 이는 일상생활하는 사이에 천리의 유행 아님이 없음을 말한 것이다.〔道者, 指事物之理, 故曰形而上; 器者, 指事物之體, 故曰形而下, 其實道寓於器, 本不相離也. 蓋言日用之間, 無非天理之流行.〕"라고 설명하였다.

258 제충(帝衷)과 민이(民彝) : 모두 하늘로부터 부여받은 치우침 없는 덕(德)이자 사람의 마음에 있는 떳떳한 도리를 가리키는 말이다. '제충'은 《서경(書經)》 〈상서(商

기질이 하는 것으로, 선(善)이 유실된 것이다.

그러므로 정자(程子)가 말씀하기를, '선(善)과 악(惡)을 말할 적에 선(善)을 먼저 하고 악(惡)을 뒤에 한다.'[259]라고 하였고, 주자가 말씀하기를, '천리(天理)로 말미암아서 인욕(人欲)이 있다.'[260]라고

書) 탕고(湯誥)〉에 "훌륭하신 상제께서 백성들에게 인(仁)·의(義)·예(禮)·지(智)·신(信)을 내려주어 이를 순히 따라 변치 않는 본성을 갖게 하셨다.〔惟皇上帝, 降衷于下民, 若有恒性.〕"라고 한 데서 나온 말이고, '민이'는 《시경(詩經)》 〈대아(大雅) 증민(蒸民)〉에 "하늘이 여러 백성을 내시니, 사물이 있으면 법칙이 있도다. 백성이 떳떳한 성품을 갖고 있어 이렇게 아름다운 덕(德)을 좋아하도다.〔天生烝民, 有物有則. 民之秉彝, 好是懿德.〕"라고 한 데서 나온 말이다.

259 선(善)과……한다 : 이는 《근사록(近思錄)》 권1 〈도체(道體)〉에 "성(性)은 곧 이(理)이다. 천하의 이치가 그 말미암아 나온 바를 근원해 보면 불선(不善)함이 없으니, 희(喜)·노(怒)·애(哀)·락(樂)이 미발(未發)했을 때에 어찌 일찍이 불선함이 있겠는가. 발하여 절도에 맞으면 가는 곳마다 선(善)하지 않음이 없다. 그러므로 무릇 선(善)과 악(惡)을 말할 적에 모두 선(善)을 먼저 하고 악(惡)을 뒤에 하며, 길(吉)과 흉(凶)을 말할 적에 모두 길(吉)을 먼저 하고 흉(凶)을 뒤에 하며, 시(是)와 비(非)를 말할 적에 모두 시(是)를 먼저 말하고 비(非)를 뒤에 하는 것이다.〔性卽理也. 天下之理, 原其所自, 未有不善. 喜怒哀樂未發, 何嘗不善? 發而中節, 則無往而不善, 故凡言善惡, 皆先善而後惡; 言吉凶, 皆先吉而後凶; 言是非, 皆先是而後非.〕"라고 한 정이(程頤)의 말에 보이는바, 《맹자(孟子)》 〈등문공 상(滕文公上)〉에 대한 주희(朱熹)의 《집주(集註)》와 《이정유서(二程遺書)》 권22상 〈이천어록(伊川語錄)〉에도 실려 있다.

260 천리(天理)로……있다 : 이는 주희(朱熹)가 하호(何鎬)에게 답한 편지에 보이는 말이다. 하호가 편지를 보내어 "어디서부터 이 인욕이 있게 되는지 모르겠습니다.〔不知自何而有此人欲〕"라고 묻자, 이에 대해 주희가 답하기를, "인욕이라는 것은 천리와 정반대이니, 천리로 말미암아서 인욕이 있다고 말하는 것은 맞지만 인욕도 천리라고 말하는 것은 맞지 않습니다. 천리 안에는 본래 인욕이 없지만 운행하면서 어긋나 마침내 인욕이 생겨나는 것입니다. 정자(程子)가 말씀하셨습니다. '선(善)과 악(惡)이 모두 천리이니, 악(惡)이라고 하는 것은 본래 악(惡)이 아니고 다만 지나침과 미치지 못함이

하였고, 율곡이 말씀하기를, '인(仁)에 근원하였으나 도리어 인(仁)을 해치고, 의(義)에 근원하였으나 도리어 의(義)를 해친다.'[261]라고 하였다. 이것을 가지고 말하면 본래 소유가 되지 않음이 매우 분명하다. 그런데 마침내 이것을 가지고 모두 원두(源頭)에 근거하여 '이(理)와 기(氣)가 서로 뒤섞인 징후가 있다.'라고 이른다면 그 잘못이 비단 명리(名理) 상에서의 잘못이 될 뿐만이 아닐 듯하다.

심(心)은 이(理)와 기(氣)의 총재(總宰)가 되니, 주자가 비록 '심(心)이라는 것은 기(氣)의 정상(精爽)이다.'[262]라고 말씀하셨지만 또한 어찌 일찍이 '이(理)' 자를 금절하여 심(心)에 넣지 않은 적이 있었겠는가. 《시경(詩經)》에 '하늘이 여러 백성을 내시니, 사물이 있으면 법칙이 있다.〔天生烝民 有物有則〕'라고 하였으니, 물(物)은 기(氣)이고 칙(則)은 이(理)이다. 이른바 심(心)이라는 것은 물(物)인가 칙(則)인가. 만일 칙(則)이라고 한다면 그만이지만 그렇지 않

곧 이와 같은 것이다.'〔人欲云者, 正天理之反耳, 謂因天理而有人欲則可, 謂人欲亦是天理則不可. 蓋天理中本無人欲, 惟其流之有差, 遂生出人欲來. 程子謂: 善惡皆天理, 謂之惡者本非惡, 但過與不及便如此.〕"라고 하였다. 《晦菴集 卷40 答何叔京》

261 인(仁)에……해친다 : 이 말은 《율곡전서(栗谷全書)》 권9 〈답성호원(答成浩原)〉에 실린 심성정도(心性情圖)에 "악(惡)은 희(喜), 노(怒), 애(哀), 구(懼), 애(愛), 오(惡), 욕(欲)이 본래 인(仁)에서 나왔으나 도리어 인(仁)을 해치고, 본래 의(義)에서 나왔으나 도리어 의(義)를 해치고, 본래 예(禮)에서 나왔으나 도리어 예(禮)를 해치고, 본래 지(智)에서 나왔으나 도리어 지(智)를 해치는 것이다.〔惡, 喜怒哀懼愛惡欲原於仁而反害仁, 原於義而反害義, 原於禮而反害禮, 原於智而反害智.〕"라고 한 데에 보인다.

262 심(心)이라는……정상(精爽)이다 : 이 말은 《주자어류(朱子語類)》 권5 〈성정심의등명의(性情心意等名義)〉에 보인다.

으면 이것도 또한 기(氣)인 것이다. 이미 기(氣)라고 말하였으면 비록 지극히 신령한 물건이더라도 어찌 절로 법칙이 없는 채로 혼자서 자립할 수 있겠는가. 그렇다면 비록 기(氣)의 정상이지만 또한 '이(理)와 기(氣)의 총재'를 가지고 말하지 않을 수 없는 것이다."

이윤(尼尹)의 일[263]에 대해서는 다음과 같이 논하였다.[264]

"내가 이윤에 대해서 몇 가지 의심스러운 점이 있다. 그가 찬술한 권유(權惟)[265]의 묘문(墓文) 및 그의 아우 윤추(尹推)[266]의 묘문을

263 이윤(尼尹)의 일 : '이윤'은 이산(尼山)에 살았던 윤증(尹拯, 1629~1714)을 가리키는바, 그가 거주하던 충청도의 노성(魯城)에 이구산(尼丘山)이 있어 노성을 이산이라고도 부르기 때문에 이렇게 칭한 것이다. 윤증의 자는 자인(子仁), 호는 명재(明齋), 본관은 파평(坡平)으로 학문에만 전념하여 여러 차례 천거되어 조정의 부름을 받았으나 나아가지 않았다. 윤증은 본래 송시열(宋時烈)의 고제(高弟)로, 1674년(현종 15)에 자신의 아버지인 윤선거(尹宣擧)의 묘갈명(墓碣銘)을 송시열에게 부탁하였는데, 송시열이 박세채(朴世采)가 지은 행장을 그대로 인용하고 야유하는 뜻을 내비치자 이에 불만을 품고 스승 송시열과의 관계를 끊게 되었다. 이러한 문제로 반목하게 되어 송시열과 오랫동안 다투고 논쟁을 벌였는바, 송시열은 회덕(懷德)에 살았으므로, 이 사건을 '회니(懷尼)의 시비(是非)'라고 하였다. 이후로 서인은 송시열을 주축으로 한 노론(老論)과 윤증을 주축으로 한 소론(少論)으로 분열되었다.

264 다음과 같이 논하였다 : 이 내용은 《여호선생연보(黎湖先生年譜)》 권1 〈병진(丙辰)〉 7월의 '저회니문답(著懷尼問答)'에 보인다.

265 권유(權惟) : 1625~1684. 자는 차인(次仁), 호는 여옹(旅翁), 본관은 안동(安東)이다. 탄옹(炭翁) 권시(權諰)의 아들로 우암 송시열(宋時烈)의 사위이며, 명재(明齋) 윤증(尹拯)과는 처남남매 사이이다. 미촌(美村) 윤선거(尹宣擧)에 대해 예설(禮說)에 있어서 양쪽으로 말한다고 비평하였다.

266 윤추(尹推) : 1632~1707. 자는 자서(子恕), 호는 농와(農窩), 본관은 파평(坡平)이다. 누차 천거되어 관직을 제수받았으나 대부분 나가지 않았으며 회덕 현감(懷德縣監)으로 잠시 나갔다가 곧 사직하였고 뒤에 사헌부 장령을 지낸 바 있다.

보면 처음부터 끝까지 윤휴(尹鑴)[267]를 두둔하고 있음을 스스로 숨길 수가 없다. 윤휴가 《중용(中庸)》에 다시 주석을 달고[268] 기해예송(己亥禮訟)[269]에 이르러 종통(宗統)의 설을 꾸며 내어서 우옹(尤翁 송시

267 윤휴(尹鑴) : 1617~1680. 초명은 갱(鍞), 자는 희중(希仲), 호는 백호(白湖)·하헌(夏軒), 본관은 남원(南原)이다. 대표적인 남인(南人) 인사로, 남인 중에서도 허목(許穆) 등과 함께 청남(淸南)으로 분류된다. 1659년(효종10) 효종이 승하한 뒤에 자의대비(慈懿大妃)의 복상(服喪) 문제를 두고 발생한 1차 예송에서 삼년복을 주장하여 기년복을 주장하는 송시열(宋時烈) 등의 서인(西人)과 대립하다가 패하여 정계에서 물러났는데, 1674년(현종15) 효종의 비인 인선왕후(仁宣王后)가 죽은 뒤에 자의대비의 복상 문제를 두고 발생한 2차 예송에서 현종이 남인 측의 주장을 옳다고 판정함에 따라 다시 정계에 발을 들였다. 숙종 즉위 후에 유일(遺逸)로서 성균관 사업에 제수되었으며, 이조 판서, 대사헌 등을 거쳐 1679년(숙종5) 우찬성에 올랐다. 1680년에 허적(許積)의 서자 허견(許堅)이 인평대군(麟坪大君)의 아들인 복창군(福昌君) 이정(李楨), 복선군(福善君) 이남(李柟), 복평군(福平君) 이연(李㮒) 삼형제와 역모를 꾀한다는 고변이 있자 갑산(甲山)으로 유배되었다가 이윽고 사사(賜死)되었다. 저서로는 《백호집》 등이 있다.

268 윤휴가……달고 : 윤휴(尹鑴)는 《중용(中庸)》·《대학(大學)》·《효경(孝經)》·《상서(尙書)》·《주례(周禮)》·《예기(禮記)》·《춘추(春秋)》 등 여러 경서에 대해 스스로 분장(分章)하고 해석한 '독서기(讀書記)'를 저술하였다. 특히 주희의 《중용장구(中庸章句)》를 잘못된 것이라고 하고 자신의 의견을 정리하여 《중용주자장구보록(中庸朱子章句補錄)》을 지었다. 송시열(宋時烈)은 주희(朱熹)에 의해 도학(道學)이 완성되었다고 여겨 '주자학'을 절대적으로 신봉하였으나 윤휴는 '공자의 뜻을 어찌 주자만 알고 나는 모르겠는가'라는 독자성을 지니고 있었다. 결국 《중용주자장구보록》을 계기로 송시열과 결별하고 '사문(斯文)의 난적(亂賊)'으로 낙인찍혀 조선 시대 내내 금기시되었다. 《宋子大全 附錄 卷2 年譜, 卷5年譜》《寒水齋集 寒水齋先生年譜》《顯宗改修實錄 1年 5月 3日》

269 기해예송(己亥禮訟) : 1659년(효종10)에 효종이 승하하자 자의대비(慈懿大妃)의 복제(服制)를 기년(朞年)으로 할 것인가 아니면 3년으로 할 것인가를 놓고 벌인 논쟁이다. 윤선도(尹善道)와 윤휴(尹鑴)를 비롯한 남인(南人)들은 왕통을 우선시하여

열)을 해치고자 하였다. 이때에 우옹의 문도가 된 자들이 깜짝 놀라고 두려워하며 통렬히 미워한 것은 말이 필요 없는데, 이에 겉으로는 배척하면서도 속으로는 도와서 그가 형벌을 받아 죽게 된 뒤에도 오히려 일컬으며 안타까워하기까지 하였다. 무릇 다른 사람을 스승으로 삼아서 섬기다가 마침내 스승을 죽이려고 하는 자와 겉으로는 연을 끊은 척하면서 속으로는 관계를 이어나가기를 이와 같이 하였으니, 이는 예양(豫讓)이 이른바 '두 마음을 품는다〔貳心〕'라고 한 것[270]일 뿐만이 아니다.

그가 현석(玄石 박세채(朴世采))에게 보낸 편지에서 이른바 '선인(先人)은 죽어야 할 만한 의리가 없었다.'라고 한 것을 보면 그의

효종을 적자(嫡子)로 간주해 삼년복을 주장하였고, 송시열(宋時烈)을 비롯한 서인(西人)들은 효종이 인조의 차적장자(次適長子)이므로 '차적정자는 기년의 복을 입는다〔次適朞制〕'는 예제를 적용하여 기년복을 주장하였는데, 이때 정태화(鄭太和)의 조정에 따라 국제(國制)대로 기년복이 채택되었다. 이때 윤휴는 '신모설(臣母說)'을 주창하여 삼년복을 주장하였다.

270 예양(豫讓)이……것 : '예양'은 전국 시대 진(晉)나라 사람으로, 자신이 모시던 지백(智伯)이 조양자(趙襄子)에게 죽임을 당하자, 그 원수를 갚기 위해 목숨을 버렸던 자객이다. 예양이 위장을 하려고 몸에 옻칠을 하여 문둥이처럼 꾸미고 달군 숯을 삼켜 벙어리가 되었는데, 그 친구가 예양임을 알아보고서 "자네의 뛰어난 재주를 가지고 차라리 조양자의 신하가 되면 복수를 쉽게 할 수 있지 않겠는가. 어찌하여 이렇게까지 고생을 하는가?"라고 묻자, 예양이 말하기를, "이미 예물을 바치고 남의 신하가 되어 섬기면서 그를 죽이려고 한다면 이는 두 마음을 품고 주인을 섬기는 것이다. 지금 내가 하고자 하는 바는 지극히 어려운 일이다. 그러나 내가 이렇게 하는 까닭은 장차 천하와 후세에 신하가 되어 두 마음을 품는 자를 부끄럽게 만들기 위해서이다.〔旣已委質, 臣事人而求殺之, 是懷二心以事其君也. 且吾所爲者極難耳, 然所以爲此者, 將以愧天下後世之爲人臣懷二心者也.〕"라고 하였다. 《史記 卷86 刺客列傳 豫讓》

아비가 이른바 '처와 벗들과 죽을 것을 약속하였다가 죽지 못하였다.'라고 한 것[271]과 대단히 배치된다. 성이 함락된 날에는 걸핏하면 죽을 것을 약속하였는데, 약속한 자들이 약속을 저버리지 않고 모두 죽은 뒤에 마침내 그의 아비가 홀로 구차하게 살아남았다는 이유로 '애당초 죽어야 할 만한 의리가 없었다'라고 이른다면 이는 어리석은 것이 아니면 사리에 어그러진 것이다. 그가 우옹에게 아비의 묘문을 받고 누차 다른 일을 가지고 힐책한 것을 보면 그의 마음 씀이 불미스러운 것이 여지없이 모두 드러난다.

무릇 자기의 어버이를 위하여 다른 사람에게 글을 받는 것은 어찌 그 사람을 어질다고 여겨서가 아니겠는가. 더구나 문제자(門弟子)로서 일생을 좇아 섬겨서 그분의 말과 행실에 대해 자세히 알았을 터이니, 그렇다면 그 사체(事體)가 여느 어진 이에게 부탁하는 것과는 더욱 차이가 있는 것이다. 이는 당시에 있어서 여전히 자기의 스승을 크게 어질다고 여긴 것이다. 스승이 지어 준 글이 비록 자신이 바라는 바에 부합하지 않았더라도 어찌 이것을 가지고 악인이라고 단정하여 사랑하고 미워함과 의심하고 신뢰함이 모두 대번에 뒤바뀔 수 있단 말인가. 아마도 이는 생각할 때마다 부끄러워서 끝내 놓아버리지 못한 점이 있어서 그러한 것이다. 이 때문에 윤휴가 '얼

271 그의……것 : 이와 관련된 내용은《노서유고(魯西遺稿)》권3〈사진선소(辭進善疏)〉에 "지금 신의 본심을 논하는 자가 혹 벗들과 일을 함께 하다가 벗들은 죽었는데 자기는 죽지 못하였다고 여기거나 혹 처와 죽기를 약속하였다가 처는 죽었는데 자신은 죽지 못하였다고 여겨서 이것을 가지고 인책하여 벼슬에 뜻이 없다고 하니, 이 또한 신의 실상이 아님이 없습니다.〔今之論臣本心者, 或以爲與友同事, 友死而不能死, 或以爲與妻約死, 妻死而不能死, 用此引咎, 無意仕宦云, 亦莫非臣之實狀也.〕"라고 보인다.

핏 보면 죽어도 되지만 자세히 보면 죽어서는 안 되는 상황'을 가지고 말한 것[272]을 한번 듣게 되자, 죄에서 벗어날 방도가 있다는 것을 남몰래 다행으로 여겨서 이것을 가지고 화제로 삼아 번번이 다른 사람들에게 거론하였고, 심지어는 감히 방자하게 성상을 끌어들이는 설까지 지어내어 사람들이 입을 열지 못하게 하였으니, 작게는 약으나 크게는 어리석다고 이를 만하다.[273]

그러나 또한 감히 자신하지 못하고서 대체로 감추거나 가리는 말을 만들었고, 또 간혹 별도의 일을 찾아내어 아침에 한 통의 편지를 옮겨서 의심이 심지(心地)에 미치고 저녁에 한 통의 편지를 옮겨서 그 말한 것을 책망하여 어지러이 바꾸며 왕복하여 거리낌 없이 핍박하기를 이와 같이 하였다. 이는 단지 묘문 때문일 뿐이면 스승의 중후한 명성을 무너뜨려 하루아침에 큰 악행을 저지른 형편없는 사람으로 만들 수 없었기에 이러한 온갖 방법으로 공격하는 계책을

272 윤휴가……것 : 이와 관련된 내용은 《노서유고별집(魯西遺稿別集)》 〈여윤휴(與尹鑴)〉에 "고명께서 가르쳐 주신 '얼핏 보면 죽어도 되지만 자세히 보면 죽어서는 안 되는 상황'의 의리는 오직 직접 경험한 사람만이 아는 것이니, 이를 알지 못하는 자와는 말할 수가 없습니다.〔高明所誨可以死可以無死之義, 唯親經歷者知之, 不可與不知者道也.〕"라고 보인다. '얼핏 보면 죽어도 되지만 자세히 보면 죽어서는 안 되는 상황'은 본래 맹자(孟子)의 말로, 《맹자》 〈이루 하(離婁下)〉에 "얼핏 보면 죽어도 되지만 자세히 보면 죽어서는 안 되는 상황에서 죽으면 진정한 용기를 해치는 것이다.〔可以死, 可以無死, 死傷勇.〕"라고 하였다.

273 작게는……만하다 : '작게는 약으나 크게는 어리석다'는 것은 본래 한유(韓愈)의 〈송궁문(送窮文)〉에 보이는 말로, "그대는 우리의 이름과 우리의 하는 일을 알고 우리들을 몰아내어 쫓아 보내려 하니, 작게는 약으나 크게는 어리석다.〔子知我名, 凡我所爲, 驅我令去, 小黠大癡.〕"라고 하였다.

쓴 것이다. 이 때문에 글이 아직 마무리되기도 전에 그의 스승이 악하다는 평판이 이미 사방으로 퍼졌다. 다만 이 세 건의 일로도 마음에서 나와 일에 해를 끼치게 된 것[274]을 구절구절마다 의심할 만하다.

지금 또 '스승과 제자'라는 한 가지 의리를 가지고 말하면, 《논어(論語)》에 '잘 가려서 인(仁)에 처하지 않으면 어찌 지혜롭다 할 수 있겠는가.'[275]라고 하였으니, 그렇다면 제자가 스승을 대하는 것을 더욱 잘 알 수 있다. 윤증이 우옹의 어질지 못함을 알지 못하고 스승으로 섬긴 것이라면 지혜롭지 못한 것이고, 어질지 못함을 알면서도 스승으로 섬긴 것이라면 인(仁)하지 못한 것이다.

또 옛사람이 말하기를, '천하에는 선(善)하지 않은 부모가 없다.'[276]

274 마음에서……것 : 잘못된 말의 폐해를 지적한 것으로, 본래《맹자(孟子)》〈공손추 상(公孫丑上)〉에 보인다. 공손추가 "무엇을 일러 말을 안다고 합니까?〔何謂知言?〕"라고 묻자, 맹자가 대답하기를, "편파적인 말에서 그가 가려져 있는 바를 알고, 정도에 지나친 말에서 그가 빠져 있는 바를 알고, 부정한 말에서 그가 도(道)에서 괴리된 것을 알고, 회피하는 말에서 그의 논리가 궁한 것을 알 수 있다. 이 네 가지 말은 마음에서 나와 정사에 해를 끼치고 정사에 반영되어 일에 해를 끼치게 된다. 성인이 다시 나오시더라도 반드시 내 말을 인정하실 것이다.〔詖辭知其所蔽, 淫辭知其所陷, 邪辭知其所離, 遁辭知其所窮. 生於其心, 害於其政, 發於其政, 害於其事, 聖人復起, 必從吾言矣.〕"라고 하였다.

275 잘……있겠는가 : 이는《논어(論語)》〈이인(里仁)〉에 보이는 말로, "마을의 풍속이 인해야 좋으니, 잘 가려서 인에 처하지 않으면 어찌 지혜롭다 할 수 있겠는가.〔里仁爲美, 擇不處仁, 焉得知?〕"라고 하였다.

276 천하에는……없다 : 이는 정이(程頤)의 제자인 나종언(羅從彦)이 한 말이다.《맹자(孟子)》〈이루 상(離婁上)〉에 "순임금이 어버이 섬기는 도리를 다하자 그의 아버지 고수(瞽瞍)도 기뻐하게 되었는데, 고수가 기뻐하게 되자 천하가 교화되었고, 고수가

라고 하였으니, 이 의리는 부모에게 해당할 뿐만 아니라 스승에게도 적용할 수 있다. 만약 우옹이 참으로 고수(瞽瞍)처럼 악한 사람이라고 하더라도 오히려 스승을 기쁘게 하지 못함을 가지고 자신을 책망하는 것이 마땅한데, 하물며 우옹이 전연 악한 사람이 아닌 경우에는 어떠하겠는가.

대체로 그 잘잘못이 다만 두 사람에게만 관계될 뿐이라면 그냥 놓아두는 것이 마땅하다. 그러나 지금에는 그렇지 않아서 위로는 국가의 흥망과 조정의 진퇴가, 아래로는 학문의 현회(顯晦)와 민생의 휴척(休戚)이 모두 여기에 관계되어 있다. 그러니 세상을 근심하는 마음이 있는 자라면 당론을 만든다는 지탄을 혐의하여 말하지 않을 수 있겠는가."

또 대윤(大尹 윤선거)의 시어(詩語)에 대한 변(辨)을 지었는데, 그 내용은 다음과 같다.[277]

"그가 회포를 서술한 곳에 '북지왕(北地王) 유심(劉諶)[278]처럼 죽음

기뻐하게 되자 천하의 부자간이 안정되었으니, 이를 일러 대효라 하는 것이다.〔舜盡事親之道, 而瞽瞍底豫, 瞽瞍底豫而天下化, 瞽瞍底豫而天下之爲父子者定, 此之謂大孝.〕" 라고 하였는데, 이에 대해 나종언은 순임금이 이와 같은 효를 실천할 수 있었던 것은 "단지 천하에 선(善)하지 않은 부모가 없다고 생각했기 때문이다.〔只爲天下無不是底父母〕"라고 하였다. 《孟子集註 離婁上》《小學集註 嘉言 廣明倫》

277 그 내용은 다음과 같다 : 이 내용은 《여호선생연보(黎湖先生年譜)》 권2 〈기미(己未)〉의 '저대윤시어변(著大尹詩語辨)'에 보인다.

278 북지왕(北地王) 유심(劉諶) : 삼국(三國) 시대 촉한(蜀漢) 소열제(昭烈帝) 유비(劉備)의 손자이며 후주(後主) 유선(劉禪)의 다섯째 아들로, 북지왕에 봉해졌다. 263년에 위(魏)나라의 장군 등애(鄧艾)가 군사를 대거 이끌어 침입하자 후주가 항복하려고 하였는데, 유심이 화를 내면서 "만약 힘이 모자라 패하게 되면, 부자 군신이 힘을

을 바치지 못하였네.'라고 하였으니, 이는 그의 마음속에 벌써 의도한 바가 따로 있는 것이다. 무릇 어떤 사람을 비견할 때는 반드시 같은 부류로 비견해야 하는 법인데, 자기는 여항의 한낱 선비에 불과하고 저이는 천자의 아들이니 귀천의 차이가 천양지차일 뿐만이 아니다. 비록 그 죽음이 의로웠던 점을 취하였을 뿐이라고 하더라도 예로부터 천신(薦紳)과 유생으로서 환난을 만나 절개를 지켜 죽은 자가 매우 많으니, 어찌하여 반드시 북지왕을 끌어다 쓴 뒤에야 될 일이겠는가.

대체로 북지왕의 죽음을 가지고 효묘(孝廟 효종)가 죽지 않았던 것을 드러내어 자기를 비난하는 사람들의 입을 막아버려서 마치 '효묘께서도 이러한 잘못이 있으시니, 어찌 감히 나를 비난하겠는가.' 라고 말한 것과 같았으나, 은연중에 견주기만 하고 감히 공공연히 말하지는 못하였다. 그러다가 이른바 일기(日記)[279]에서 다른 날과 다른 사람의 말이 나옴에 이르러서야 비로소 남김없이 드러났다.

아아, 효묘에게 과연 죽지 않은 잘못이 있단 말인가. 효묘가 계셨던 강화도와 북지왕이 있었던 성도(成都)는 진실로 똑같이 위태로운 곳이었다. 그러나 북지왕은 후주와 함께 같은 성 안에 있었고 효묘는 인묘(仁廟 인조)와 다른 곳에 있었다. 또 북지왕은 후주가 장차 나가

합쳐 성을 등지고 한번 싸우다가 사직과 함께 죽어 선제(先帝)를 뵙는 것이 당연하다." 라고 극간하며 반대하였다. 그러나 결국 후주가 등애에게 항복하는 바람에 유심은 통분을 못 이겨 소열제의 사당에 곡하고 먼저 처자를 죽인 다음 자살하였다.《三國志 卷33 蜀書3 後主傳》《史略 卷3 蜀漢》

279 일기(日記) : 이는 윤선거(尹宣擧)가 남긴 일기를 말한 것으로, 현재《노서유고(魯西遺稿)》 권15와《속집(續集)》 권2 및《별집(別集)》에 보인다.

서 항복하려고 하여 종묘와 사직이 망하는 것이 당각(當刻)에 있었고, 효묘는 행조(行朝 행재소)와 멀리 떨어져서 국가의 존망을 오히려 알 수 없었고 성이 함락된 날에 협박하여 항복을 받은 일이 없었다. 남한산성에서 성을 내려와 항복함에 이르러서는 그 수치가 진실로 망극한 것이었으나 구오(九五)의 군위(君位)가 건재하고 천 리의 봉강(封疆)이 예전 그대로였으며, 저이(儲貳 소현세자)와 효묘를 옹위하여 북쪽으로 간 것은 바로 전국 시대에 서로 인질을 교환하던 고사였다. 처음에도 대번에 죽어서는 안 되었고 종국에도 더욱 죽을 필요가 없었던 것이다.

옛날에 안연(顔淵)이 부자(夫子)의 물음에 답하기를, '선생님께서 살아 계시는데 제가 어찌 감히 죽겠습니까.'라고 하였으니,[280] 설령 북지왕이 이러한 때를 당하였더라도 틀림없이 헤아린 바가 있었을 것이다. 그러니 효묘에게 견주는 것이 마땅한 것인가, 마땅하지 못한 것인가. 이는 몹시도 무엄한 것이다."

선생은 우옹(尤翁 송시열)을 독실하게 신봉하여 다음과 같이 말하였다. "돌아보건대, 지금은 세상과 도(道)가 서로 상대를 잃어버리고[281]

280 옛날에……하였으니 : 이와 관련된 내용은 《논어(論語)》〈선진(先進)〉에 다음과 같이 보인다. 공자(孔子)가 일찍이 광(匡) 땅에서 두려운 일을 당했을 때 안연(顔淵)이 뒤처져 있다가 뒤따라오자, 공자가 말하기를 "나는 네가 죽은 줄 알았다.〔吾以女爲死矣〕"라고 하였다. 이에 안연이 대답하기를 "선생님께서 살아 계시는데 제가 어찌 감히 죽겠습니까.〔子在, 回何敢死?〕"라고 하였다.

281 세상과……잃어버리고 : 세상은 참된 도(道)를 잃어버리고, 참된 도(道) 역시 그것을 실현할 좋은 세상을 잃어버려 세상과 도(道)가 서로 상대를 잃어버림을 뜻한다. 이 말은 《장자(莊子)》〈선성(繕性)〉에 "이로써 살펴보건대, 세상은 참된 도(道)를 잃어버리고, 참된 도(道) 역시 그것을 실현할 세상을 잃어버려서 세상과 도(道)가 서로

하늘과 땅이 자리가 바뀌었으니, 우옹이 아니면 어느 누가 귀왕천패(貴王賤覇)[282]와 존주양이(尊周攘夷)[283]의 의리를 알 수 있겠는가. 한자(韓子 한유(韓愈))가 이르기를, '맹자의 공이 우임금의 아래에 있지 않다.'[284]라고 하였는데, 나 역시 '우옹의 공이 주자(朱子)에게 짝할 만하다.'라고 말하는 바이다."

우옹을 공격하는 자는 실로 이(理)와 의(義)의 중요함을 알지 못한 것이므로 이와 같이 입론한 것이다.

배위 정경부인(貞敬夫人) 한산 이씨(韓山李氏)는 첨정 이형(李泂)

상대를 잃어버리고 말았으니, 도(道)를 체득한 사람이 있더라도 어떻게 세상에서 일어날 수 있겠으며, 세상 또한 어떻게 도(道)에 의지해 일어날 수 있겠는가.〔由是觀之, 世喪道矣, 道喪世矣, 世與道交相喪也. 道之人, 何由興乎世, 世亦何由興乎道哉?〕"라고 한 데에 보인다.

282 귀왕천패(貴王賤覇) : 인의와 도덕으로 천하를 다스리는 것을 '왕도(王道)'라 하고, 무력과 형벌로 천하를 다스리는 것을 '패도(霸道)'라 하는바, 왕도로써 정치해야 한다는 맹자(孟子)의 주장에 근거하여 유가(儒家)에서 왕도를 숭상하고 패도를 천시하는 것을 말한다. 이 말은 본래 한유(韓愈)의 〈여맹상서서(與孟尙書書)〉에, "맹자께서 말씀해 주신 덕분에 지금의 학자들이 그래도 공자를 종주로 삼아 인의를 높이고 왕도를 숭상하고 패도를 천시할 줄을 알게 되었다.〔賴其言, 而今學者尙知宗孔氏, 崇仁義, 貴王賤霸而已.〕"라고 한 데에 보인다.

283 존주양이(尊周攘夷) : 《춘추(春秋)》의 기본 의리로, 천자의 나라인 주(周)나라를 높이고 오랑캐를 배격하는 것인바, '춘추대의(春秋大義)'라고도 한다. 여기에서는 과거 천자의 나라였던 명(明)나라를 종주국으로 존숭하고 청나라를 배척하자는 '존명배청(尊明排淸)'의 의리를 가리킨다.

284 맹자의……않다 : 이는 한유(韓愈)의 〈여맹상서서(與孟尙書書)〉에 보이는 것으로, 불교 배척의 필요성과 시급성을 논하면서 "그러므로 내 일찍이 맹자를 추존하여 그 공이 우임금의 아래에 있지 않다고 말한 것은 이 때문이다.〔故愈嘗推尊孟氏, 以爲功不在禹下, 爲此也.〕"라고 하였다.

의 딸이니, 목은(牧隱 이색(李穡)) 문정공(文靖公)의 후손이다. 선생보다 1년 뒤에 태어났고 선생보다 25년 먼저 졸하였으며, 묘는 부좌(祔左)하였고 소생은 없다. 계자(系子) 사근(師近)은 현감이고 2남을 두었으니, 진원(進源)과 부사 수원(綏源)이고 딸 하나는 황형(黃馨)에게 출가하였다. 서자는 사복(師僕)이니, 윤원(綸源), 이원(理源), 건원(健源), 소원(素源)과 구장원(具章遠)에게 출가한 딸이 사복의 소생이다. 진원의 계자 종숙(宗塾)은 현령이다. 수원의 계자 종학(宗學)은 좌윤이고 딸은 판서 서능보(徐能輔)에게 출가하였으며 서자 종천(宗天)은 현감이다. 윤원의 계자는 종술(宗述)이다. 이원의 아들은 종순(宗舜)이고 딸은 이의집(李義緝)에게 출가하였다. 건원의 아들은 종술(宗述), 종인(宗寅), 종문(宗文)이다. 소원의 아들은 종협(宗協)이다.

선생은 성심(誠心)이 금석을 꿰뚫고 행실이 신명(神明)에 통하였다. 어린 나이에 도(道)에 대해 들어서 학문에 깊이 나아가 홀로 터득한 것이 있었는데, 학문의 등급과 차서를 엄격하게 지켜 하나하나 조금씩 쌓아가고 진수(進修)[285]를 용맹하게 행하여 상앗대가 배를 밀고 나아가듯이 하였다. 책은 읽지 않은 것이 없었으니 이는 문(文)으로써 지식을 넓힌 것이고, 행실은 진실하지 않은 것이 없었으니 이는 예(禮)로써 요약한 것이다. 차분하고 정숙한 가운데에서 마음을 보존해 본성을 함양하고, 글과 말과 상(象)과 뜻의 밖에서 스스로 터득하여[286] 언전(言

285 진수(進修) : '진덕수업(進德修業)'의 준말로, 덕을 향상시키고 학업을 닦는 것을 말한다. 《주역(周易)》 〈건괘(乾卦) 문언(文言)〉에 "군자는 덕을 진전시키고 업을 닦나니, 충신(忠信)이 덕을 진전시키는 것이요, 말을 함에 그 성실함을 세움이 업을 보유하는 것이다.〔君子, 進德修業, 忠信, 所以進德也; 修辭立其誠, 所以居業也.〕"라고 하였다.

286 차분하고……터득하여 : 이는 송(宋)나라 학자 양시(楊時)의 독서법(讀書法)에

詮)에 침체되지 않고 견문에 국한되지 않았다. 지식과 생각은 중대한 것을 지극히 하면서도 작은 것을 생략하지 않고 정밀한 것을 궁구하면서도 추솔한 것을 소홀히 하지 않아서 지덕응도(至德凝道)[287]에 점차 이르게 되었다.

이에 발휘한 문장에서 정심(精深)한 의리와 신묘한 운용(運用)이 행사의 실제에 근본을 두었으니, 참으로 이른바 '인의(仁義)의 부고(府庫)에서 침잠하고 예법(禮法)의 마당에서 조용히 실천한다.'[288]라고 한 것이다. 그러므로 다른 사람이 알아주기를 구하지 않았으나 벗이 찾아오는 기쁨이 있었고, 세상에 쓰이려고 하지 않았으나 비원(賁園)의 부지런함[289]이 있었으니, 만일 자신을 써 주는 자가 있었다면 이를 들어

바탕을 두고서 말한 것이다. 양시가 나종언(羅從彦)에 말하기를, "내가 일찍이 배우는 자들에게 독서하는 법으로 가르친 몇 구의 말이 있는데, '몸으로 체득하고 마음으로 징험하여, 조용히 차분하고 정숙한 가운데에서 묵묵히 깨닫고, 초연히 글과 말과 상(象)과 뜻의 밖에서 스스로 터득한다'라는 것이니, 이는 내가 스스로 한 것이 이와 같았다.〔某嘗有數句教學者讀書之法, 云: 以身體之, 以心驗之, 從容默會於幽閒靜一之中, 超然自得於書言象意之表, 此蓋某所自爲者如此.〕"라고 하였다.《龜山集 卷12 語錄3 餘杭所聞》

287 지덕응도(至德凝道) : 지극한 덕으로 지극한 도가 모이는 경지를 가리킨 것으로, 이 말은 《중용장구(中庸章句)》 제27장에 "그러므로 '진실로 지극한 덕이 아니면, 지극한 도가 모이지 않는다.'라고 말한 것이다.〔故曰: 苟不至德, 至道不凝焉.〕"라고 한 데서 나왔다.

288 인의(仁義)의……실천한다 : 이는 본래 주희(朱熹)가 자신의 화상(畫像)에 대해 지은 자찬(自贊)에서 한 말로, "예법의 마당에서 조용히 실천하고, 인의의 부고에서 침잠한다.〔從容乎禮法之場, 沈潛乎仁義之府.〕"라고 하였다.《晦菴集 卷85 書畫象自警》

289 비원(賁園)의 부지런함 : 초야에 은거한 현인을 부지런히 초빙함을 뜻한다. '비원'은 구원(丘園)에서 꾸민다는 뜻으로 은자의 생활을 가리키는바, 이는 《주역(周易)》

서 천하에 시행할 수 있을 것이다.

벼슬에 나아가기를 어렵게 하고 물러나기를 쉽게 한 것으로 말하면 벽립(壁立)의 계한이 있었고, 지킨 바를 굽히지 않은 것으로 말하면 마부의 수치[290]가 있었다. 교계(交契)에 있어서는 군신 간을 중시하였는데 하나의 '의(義)' 자로 단정하였고, 학문에 있어서는 세상을 다스리고 백성을 구제함에 근본을 두었는데 하나의 '시(時)' 자로 참조하였다. 나를 알아주는 이는 하늘이라 하여[291] 뭇사람의 칭찬을 필요로 하지 않았고, 내 몸을 따라 드러나게 하는 것은 도(道)라 하여[292] 한세상에

〈비괘(賁卦) 육오(六五)〉에 "구원에서 꾸밈이니, 묶어놓은 비단이 재단되어 있듯이 하면 부끄러우나 끝내 길(吉)할 것이다.〔賁于丘園, 束帛戔戔, 吝, 終吉.〕"라고 한 데서 나온 말이다. '묶어놓은 비단〔束帛〕'은 일속(一束)의 비단을 말하는바, 옛날에 어진 이를 초빙할 때에 예물로 썼던 것이다.

290 마부의 수치 : 이는 뜻을 굽혀서 권력을 얻을 것을 권하는 제자 진대(陳代)에게 맹자(孟子)가 한 말에 보이는 것으로, 《맹자》〈등문공 하(滕文公下)〉에 "마부조차도 사수에게 아부하는 것을 부끄러워해서, 사수에게 아부하여 산더미처럼 짐승을 많이 잡을 수 있다 해도 하지 않는데, 선비가 어떻게 도(道)를 굽혀서 제후를 따르겠는가. 또 자네의 생각이 잘못되었네. 자기 지조를 굽힌 자가 남을 바르게 한 경우는 없다.〔御者且羞與射者比, 比而得禽獸, 雖若丘陵, 弗爲也. 如枉道而從彼何也? 且子過矣. 枉己者未有能直人者也.〕"라고 하였다.

291 나를……하여 : 이는 본래 공자(孔子)가 한 말로, 《논어(論語)》〈헌문(憲問)〉에 "하늘을 원망하지 않고 사람을 탓하지 않으면서, 아래로 사람이 할 일을 배워 위로 천리에 통하니, 나를 알아주는 이는 하늘일 것이다.〔不怨天, 不尤人, 下學而上達, 知我者其天乎.〕"라고 하였다.

292 내 몸을……하여 : 이는 본래 맹자(孟子)의 말에 보이는 것으로, 《맹자》〈진심 상(盡心上)〉에 "천하에 도(道)가 있을 때에는 도(道)가 내 몸을 따라 드러나게 하고, 천하에 도(道)가 없을 때에는 내 몸으로 도(道)를 따르는 것이니, 도(道)를 가지고 남을 따른다는 말은 들어보지 못했다.〔天下有道, 以道殉身, 天下無道, 以身殉道, 未聞

이름나기를 구하지 않았다. 만일 선생이 잠깐이라도 떠나감이 없었으면 군주의 마음을 되돌릴 수 있을 듯하였고 시사(時事)를 오히려 해볼 만하였는데, 뒤도 돌아보지 않고 떠나가 그날 하루가 다 가기를 기다리지 않아서[293] 한때의 요행을 가지고 평생 지킨 자중함을 조금이라도 굽히려고 하지 않았다.

이를 아는 자는 고결하다 하고 이를 알지 못하는 자는 세상을 잊는 데에 과감하다 하며 사모하여 우러르는 자는 혹 어찌할 바를 모르기도 하고 부화하고 천박한 자는 혹 교묘하게 헐뜯기도 하지만, 분수(分數)의 경중은 오직 도(道)를 아는 자만이 아는 법이니 세상 사람들에게 말하기는 어렵다. 그러나 엄중한 한마디 말로 백대가 지나도록 난신적자들이 두려워할 줄을 알게 하였으니, 그렇다면 다른 사람의 선(善)을 이루도록 돕는 것을 즐거워하지 않는 자[294]는 자기의 분수를 모른다는 사실만 드러낼 뿐이다.

以道殉乎人者也.〕"라고 하였다.

293 그날……않아서 : 자신의 신념과 어긋날 때에는 지조를 굳게 지키면서 단호하게 낙향하였다는 말로, 《주역(周易)》 〈계사전 하(繫辭傳下)〉에 "군자는 기미를 보고 떠나면서 그날 하루가 다 가기를 기다리지 않는다. 역(易)에 '돌처럼 견고해서 하루가 다하기를 기다리지 않으니 정하고 길하다.'라고 하였다. 절개가 돌과 같으니 어찌 하루가 다하기를 기다리겠는가. 이를 통해서 군자가 결단하는 것을 알 수 있다.〔君子見幾而作, 不俟終日. 易曰: 介于石, 不終日, 貞吉. 介如石焉, 寧用終日? 斷可識矣.〕"라고 한 데에 보인다.

294 다른……자 : 이는 군자와 상반되는 행동을 하는 소인배를 가리키는 것으로, 《논어(論語)》 〈안연(顔淵)〉에 "군자는 다른 사람의 선(善)은 이루도록 도와주고, 다른 사람의 악(惡)은 이루도록 돕지 않는데, 소인은 이와 반대이다.〔君子成人之美, 不成人之惡, 小人反是.〕"라고 한 공자(孔子)의 말에 바탕을 두고서 언급한 것이다.

선생이 비록 세도(世道)로 자임하지는 않았지만 세도에 있어서 중요한 역할을 한 것으로 말하면, 마치 우뚝 솟은 산악이 그 움직이는 자취는 없으나 혜택이 만물에게 두루 미치는 것처럼 은근하였으니, 이를 통해 선생의 학문을 축적한 공과 성(誠)을 확립한 효과가 한 가지 선(善)으로 이름을 이룬 자[295]에 견줄 바가 아니라는 것을 확인할 수 있다. 오랜 세월이 지난 뒤에 진유(眞儒)가 나타난다면 마땅히 아침저녁 사이에 만난 것처럼 기뻐할 것이다.[296]

같은 시대의 선진(先進)인 수암(遂菴 권상하(權尙夏))과 지촌(芝村 이희조(李喜朝)) 등 여러 선생이 모두 선생을 아끼고 중하게 여겼고, 농암(農巖 김창협(金昌協))과 삼연(三淵 김창흡(金昌翕)) 두 선생은 마주하면 번번이 말씀하기를,

"박모(朴某)는 머리 위로 떠받들 만하다."

라고 하였다. 도암(陶菴) 이 선생(李先生 이재(李縡))은 선생과 나이와

295 한……자 : '한 가지 선(善)으로 이름을 이루다〔一善成名〕'는 여대림(呂大臨)이 지은 정호(程顥)에 대한 애사(哀詞)에 보이는 말로, "자임함이 중함에 있어서는 차라리 성인을 배우다가 이르지 못할지언정 한 가지 선(善)으로 이름을 이루려고 하지 않으셨고, 차라리 한 사람이 은택을 입지 못하는 것으로 자신의 병통을 삼을지언정 일시적인 이익으로 자신의 공(功)을 삼으려고 하지 않으셨다.〔其自任之重也, 寧學聖人而未至, 不欲以一善成名, 寧以一物不被澤爲己病, 不欲以一時之利爲己功.〕"라고 하였다. 《伊洛淵源錄 卷3 明道先生 哀詞》《近思錄 卷14 觀聖賢》

296 마땅히……것이다 : 시대를 초월하여 지기(知己)를 만나게 됨을 기뻐함을 말한 것으로, 《장자(莊子)》〈제물론(齊物論)〉에 "공구와 그대도 모두 꿈이고 내가 그대에게 꿈꾼다고 말하는 것도 역시 꿈이다. 이 말은 그 명칭을 수수께끼라 한다. 만대가 지난 뒤에 그 해답을 아는 큰 성인을 한 번 만난다 하더라도 아침저녁 사이에 만나는 것과 같을 것이다.〔丘也與女皆夢也, 予謂女夢, 亦夢也. 是其言也, 其名爲弔詭, 萬世之後而一遇大聖, 知其解者, 是旦暮遇之也.〕"라는 말에서 나온 것이다.

덕망이 같았는데 선생이 이(理)를 논한 것에 대해 찬탄하여 자신이 미칠 수 없다고 하였다. 김효재(金嘐齋) 용겸(用謙)은 을해년(1755, 영조31)의 역변[297]을 당하여 탄식하기를,

"여호의 선견(先見)은 참으로 맑은 거울과 같으니, 그의 유소(遺疏)에서는 이미 오늘날의 일이 있을 줄을 알고 있었다."

라고 하였다. 이는 선생에게 있어서 대덕(大德)의 천류(川流)[298]가 되지만 또한 이치를 밝게 살피고 말을 잘 분변하였던 공임을 알 수 있다.

선생은 어둡지 않은 식견과 빼앗기 어려운 지조를 가지고서 처세함에 고괘(蠱卦)의 상구(上九)[299]를 얻었으나 스승의 도(道)로 자처하지 않았으니, 이는 현비(顯比)[300]의 의(義)를 따른 것이다. 이는 말로(末路)의 유자들이 외면적인 것에만 힘을 쓰고 명예만을 추구하여 시절을

297 을해년의 역변 : 일명 '을해옥사(乙亥獄事)'를 가리키는 것으로, 자세한 내용은 128쪽 주232 참조.

298 대덕(大德)의 천류(川流) : 훌륭한 큰 덕 중에 일부 작은 덕이 됨을 비유하여 한 말로, 《중용장구(中庸章句)》 제30장에 "만물이 그 사이에서 함께 길러져 서로 해치지 않고, 도(道)가 그 사이에서 함께 행해져 서로 위배되지 않는다. 작은 덕은 냇물의 흐름과 같고 큰 덕은 화육을 돈후하게 하니, 이것이 천지가 위대한 까닭이다.〔萬物竝育而不相害, 道竝行而不相悖, 小德川流, 大德敦化, 此天地之所以爲大也.〕"라고 한 것을 원용하여 말한 것이다.

299 고괘(蠱卦)의 상구(上九) : 《주역(周易)》 〈고괘 상구〉에 "왕후를 섬기지 않고 그 일을 고상히 한다.〔不事王侯, 高尙其事.〕"라고 한 것을 가리키는데, 이는 현인이 벼슬에 나아가지 않고 은둔하면서 고결함으로 자신의 지조를 지키는 것을 말한다.

300 현비(顯比) : 군주가 친애하는 도를 밝게 드러내어 신하가 군주를 잘 보좌하게 됨을 말한 것으로, 《주역(周易)》 〈비괘(比卦) 구오(九五)〉에 "드러나게 친애하는 것이니, 왕이 삼면으로 몰이함에 앞에 있는 짐승을 잃으며 고을 사람들이 경계하지 않으니, 길하다.〔顯比, 王用三驅, 失前禽, 邑人不誡, 吉.〕"라고 한 데에 보인다.

헤아리고 자신을 헤아리지 못함을 병통으로 여긴 것이다. 이른바 '산림에 은거하면 지조를 지킴이 있고 벼슬에 나아가면 큰일을 함이 있다'[301]는 것과 '쓰임을 받고 버림을 받는 것은 나와 상관이 없고 도(道)를 행하고 은둔하는 것은 만나는 바에 따라 편안히 여긴다'[302]는 것에 선생이 해당되었다.

내면의 수양에 전심하고 실제로 얻음에 힘써서 사화(詞華)에 빠지지 않고 허황된 점이 없었던 것은 또한 고원(高遠)한 것만을 추구하거나 비근(卑近)한 데에 매몰되지 않은 것이니 바른 문로와 주밀한 규모가 백대에 전해져도 폐단이 없고 왕철(往哲)에게 질정해도 의심이 없을 수 있다. 아아, 훌륭하다.

선생이 역책(易簀)한 지 백 년이 지났는데도 여전히 그 덕(德)을 형용한 글이 없으니, 큰 덕(德)을 확인하는 것이 글에 매여 있지 않은

301 산림에……있다 : 이는 원(元)나라 때의 성리학자 노재(魯齋) 허형(許衡)이 한 말로, 《노재유서(魯齋遺書)》 권1 〈어록 상(語錄上)〉에 "벼슬에 나아가면 큰일을 함이 있고 산림에 은거하면 지조를 지킴이 있어야 하니, 대장부는 마땅히 이와 같이 해야 한다. 벼슬에 나아가서는 큰일을 해내지 못하고 산림에 은거해서는 지조를 지키지 못한다면 뜻한 바와 배운 바를 장차 어디에 쓸 것인가.〔出則有爲, 處則有守, 大丈夫當如此. 出無所爲, 處無所守, 所志所學, 將何爲?〕"라고 하였다.

302 쓰임을……여긴다 : 《논어(論語)》 〈술이(述而)〉에 "공자가 안연에게 말씀하였다. '쓰임을 받으면 도(道)를 행하고 버림을 받으면 은둔하는 것은 오직 나와 너만이 그렇게 할 수 있다.'〔子謂顔淵曰: 用之則行, 舍之則藏, 惟我與爾有是夫.〕"라고 하였는데, 이에 대하여 주희(朱熹)의 《집주(集註)》에서 윤돈(尹焞)의 말을 인용하여 설명하기를, "쓰임을 받고 버림을 받는 것은 나와 상관이 없고, 도(道)를 행하고 은둔하는 것은 만나는 바에 따라 편안히 여기니, 운명은 말할 것이 못된다. 안자는 성인에 가까웠기 때문에 또한 이렇게 할 수 있었던 것이다.〔用舍無與於己, 行藏安於所遇, 命不足道也. 顔子幾於聖人, 故亦能之.〕"라고 하였다.

듯하지만 글이 없으면 또한 어떻게 사실을 기록하겠는가. 그러나 그 체재가 매우 중대하기 때문에 당시 문하에서 수학한 제현들이 모두 추양(推讓)하고 짓지 않더니 이미 모두 세상을 떠나버려 글을 부탁할 만한 자가 없게 되었다. 이에 종학과 종숙이 나에게 명하여 대착(代斲)[303]하게 하였다. 나는 선생의 덕스러운 모습을 생전에 직접 보지 못하였고 선생의 훌륭한 덕을 제대로 알 수 있는 식견이 없지만, 어렸을 때부터 우리나라에 박여호(朴黎湖) 선생이 있다는 것을 진작에 알아서 고심(苦心)하고 열복(悅服)해 왔으니 차마 사양하지 못하는 점이 있었다. 그러나 또한 감히 대번에 평하지 못하다가 어느덧 십수 년의 세월이 흘러서 종학과 종숙은 모두 죽고 나 또한 늙고 병들어 죽음을 앞두게 되었다. 만약 다시 그대로 미적거리다가 바람에 등불이 스러지듯 갑자기 목숨이 다한다면 사문(斯文)에 천고의 한을 남기게 될까 두려워졌다. 이 때문에 병을 무릅쓰고 붓을 움직여 말씀과 행실의 대략을 찬차(撰次)하고 승당(升堂)하여 기술(記述)한 것[304]으로 끝맺어서 영세(永世)의 고신(考信)[305]에 대비하는 바이다.

303 대착(代斲) : 훌륭한 솜씨를 지닌 목수를 대신한다는 뜻으로, 다른 사람을 대신하여 감당하기 어려운 일을 함을 뜻한다. 이 말은 《노자(老子)》 74장에 "무릇 큰 장인을 대신하여 깎는 자는 그 손을 상하지 않는 자가 드물다.〔夫代大匠斲, 希有不傷其手矣.〕"라고 한 데서 나왔다.

304 승당(升堂)하여 기술(記述)한 것 : '승당'은 당(堂)에 올라 직접 가르침을 받았다는 의미로, 직접 가르침을 받은 제자들이 스승의 가르침을 기록한 글을 가리켜 말한 것이다.

305 고신(考信) : 사실 여부를 조사하고 고찰하는 것을 말한다.

매산집

제49권

행장
行狀

근재 박 선생 행장

近齋朴先生行狀

본관은 전라도(全羅道) 나주목(羅州牧) 반남현(潘南縣)이다.

증조는 휘 태원(泰遠)[1]으로 황주 목사(黃州牧使)로 이조참판에 추증되었으며, 증조모는 평산 신씨(平山申氏)로 정부인(貞夫人)에 추증되었다.

조부는 휘 필리(弼履)[2]로 이조판서에 추증되었으며, 조모는 전의 이씨(全義李氏)로 정부인(貞夫人)에 추증되었다.

선고는 휘 사석(師錫)[3]으로 공주 목판관(公州牧判官)으로 의정부 좌

1 태원(泰遠) : 박태원(朴泰遠, 1660～1722)으로, 자는 경구(景久), 호는 회와(悔窩)・일우(一愚)・송담(松潭), 본관은 반남(潘南)이다. 1689년(숙종15)에 진사가 되고, 같은 해 기사환국으로 인현왕후(仁顯王后)가 폐위되자 성균관 유생들을 이끌고 이를 적극 반대하였다. 1697년 휘릉 참봉(徽陵參奉)을 거쳐 부평 현감(富平縣監)・황주 목사(黃州牧使)・합천 군수(陜川郡守) 등을 역임하였다. 이조참판에 추증되었다. 저서로는 《반남박씨오세유고(潘南朴氏五世遺稿)》가 있다.

2 필리(弼履) : 박필리(朴弼理, 1687～?)로, 자는 경옥(景玉), 호는 성암(醒庵), 본관은 반남(潘南)이다. 1735년(영조11) 증광문과에 장원으로 급제한 뒤 1740년 당상(堂上)에 올라 승지에 임명되었고, 그 뒤 동지의금부사(同知義禁府事)에 이르렀다. 이조판서에 추증되었다.

3 사석(師錫) : 박사석(朴師錫, 1713～1774)으로, 자는 성우(聖虞), 본관은 반남(潘南)이다. 안구(安絿)를 사사하였고, 1738년(영조14) 진사시에 급제하였다. 1755년 의금부 도사(義禁府都事)에 임명되고, 이듬해 선공감 감역(繕工監監役), 1762년 예장도감(禮葬都監) 감조관(監造官)에 선발되었으며, 공주판관(公州判官)에 이르렀다. 저서로는 《찬성공유고》 가 있다.

찬성에 추증되었으며, 선비는 기계 유씨(杞溪兪氏)로 정경부인(貞敬夫人)에 추증되었다.

선생은 휘는 윤원(胤源), 자는 영숙(永叔)이며, 성은 박씨(朴氏)이니, 계통은 신라 시조로부터 나왔다. 반남 선생(潘南先生) 휘 상충(尙衷)[4]에 이르러서 문학과 절의로 고려 말에 명성이 있었다. 좌의정 평도공(平度公) 휘 은(訔)[5]은 훈업으로 본조(本朝)에서 현달하였다. 평도공의 현손은 사인(舍人) 휘 소(紹)[6]로, 사화가 장차 일어날 것임을 알

4 상충(尙衷) : 박상충(朴尙衷, 1332~1375)으로, 자는 성부(誠夫), 본관은 반남(潘南), 시호는 문정(文正)이다. 공민왕 때에 과거에 급제하여 벼슬이 예조정랑에 이르렀다. 1367년(공민왕16) 성균관 생원의 수를 늘리고 오경사서재(五經四書齋)를 마련하여 생원을 교수하게 하였는데, 이 때 김구용(金九容)·정몽주(鄭夢周) 등과 함께 경술(經術)의 사(士)로 교관을 겸하였고, 뒤에 전교령(典校令)이 되었다. 1375년 이인임(李仁任) 등의 친원책에 반대하여 친명책을 주장하였고, 뒤이어 판전교시사(判典校寺事)가 되어 정몽주 등과 함께 친명책을 쓸 것을 주장하였는데, 그 해 간관 이첨(李詹)·전백영(全伯英) 등이 상소하여 북원과 통하는 것을 반대하고 친원파 이인임과 지윤(池奫)의 주살을 주장한 것에 연좌되어 귀양을 가다가 별세하였다.

5 은(訔) : 박은(朴訔, 1370~1422)으로, 자는 앙지(仰止), 호는 조은(釣隱), 본관은 반남(潘南), 시호는 평도(平度)이다. 1385년(우왕11) 문과에 급제해 1392년(공양왕4) 관직이 개성부소윤(開城府少尹)에 이르렀다. 조선조에 들어서 지금주사(知錦州事) 등의 벼슬을 하다가 태조의 다섯째 아들 방원(芳遠)에게 충성을 약속하고서 1398년(태조7)에 일어난 제1차 왕자의 난 때에 지춘주사(知春州事)로서 방원의 집권을 위해 지방군사를 동원하였으며, 1400년(정종2) 제2차 왕자의 난에 지형조사(知刑曹事)로 있으면서 역시 방원을 도와 공을 세웠다. 1401년 태종 즉위 후 형조·호조·병조·이조의 4조 전서(典書)를 두루 역임하고, 좌명공신(佐命功臣) 3등으로 반남군(潘南君)에 봉해졌다. 그 뒤 한성부윤·승추부제학(承樞府提學)·전라도 관찰사·형조판서·이조판서 등을 역임하고 벼슬이 좌의정에 이르렀다.

6 소(紹) : 박소(朴紹, 1493~1534)로, 자는 언주(彦胄), 호는 야천(冶川), 본관은

고서 영남에 은둔하여 당시의 이름난 유학자가 되었으니, 세상에서 야천선생(冶川先生)이라 일컬었으며, 영의정(領議政)에 추증되고 문강공(文康公)이란 시호를 받았다. 문강공의 아들은 휘 응천(應川)[7]으로 사재감 정(司宰監正)으로 좌찬성에 추증되었고, 손자는 휘 동민(東民)[8]이니 학행으로 천거되어 참봉에 제수되었으나 나아가지 않았다. 이 분이 동지중추부사 휘 환(煥)[9]을 낳으셨고, 이 분이 좌부승지로 이

반남(潘南), 시호는 문강(文康)이다. 김굉필(金宏弼)의 문하에서 수학하였으며, 무오사화(戊午士禍) 뒤에 사림의 사기가 침체되어있을 때에 가야산에 들어가 학업에 힘썼다. 1518년(중종13) 향공(鄕貢) 3과에 모두 장원하고 이듬해 사마시에 합격하였으며 이듬해 식년 문과에서 장원하였다. 1522년 부수찬(副修撰)이 되었고, 그 뒤 정언(正言)·필선(弼善) 등을 역임하였으며 1529년 평안도 암행어사로 파견되었다가 사간에 임용되었다. 이듬해 훈구파를 탄핵하려다가 사성(司成)으로 좌천되었으며, 1530년 파직되어 고향인 합천에 내려가 학문에 전념하였다. 뒤에 영의정에 추증되었다.

7 응천(應川) : 박응천(朴應川, ?~1581)으로, 자는 혼중(渾仲), 본관은 반남(潘南)이다. 1543년(중종38) 성균시에 합격하여 왕자사부(王子師傅)가 되고, 태인 현감(泰仁縣監)·호조정랑을 거쳐 봉산 군수(鳳山郡守)가 되었다. 대구·이천·수원 등지의 부사(府使)와 광주(廣州)·양주(楊州)의 목사를 거쳐 한성부 서윤(漢城府庶尹)·사재감 정(司宰監正)을 차례로 역임하였다.

8 동민(東民) : 박동민(朴東民, 1556~?)으로, 자는 군각(君覺), 본관은 반남(潘南)이다. 예빈시 참봉(禮賓寺參奉)에 천거되었으나 나아가지 않았으며 호조참판에 추증되었다.

9 환(煥) : 박환(朴煥, 1584~1671)으로, 자는 여술(汝述), 호는 수우(守愚), 본관은 반남(潘南)이다. 김장생(金長生)의 문하에서 수학한 뒤 김현성(金玄成)에게 사사하였다. 광해군 때에는 벼슬하지 않다가, 그 뒤 인조반정에 참여한 공로로 6품직에 특제(特除)되어 장례원 사평(掌隸院司評)·인제 현감을 지냈다. 정묘호란 이후 군자감(軍資監)·장흥고(長興庫)의 주부(主簿)를 거쳐 지평 현감(砥平縣監)이 되었다. 1636년 병자호란 때에 현의 군사들을 모두 이끌고 남한산성으로 들어가 수성군(守城軍)과 합류하였다. 그 뒤 금구(金溝)·양천(陽川)·단양(丹陽)의 수령을 두루 역임하고, 1663년

조참판에 추증된 휘 세성(世城)[10]을 낳았으니, 이 분이 선생의 고조이시다. 승지공은 기해예론을 당하여서 윤선도(尹善道)와 권시(權諰)를 배척하였으며, 권시를 돈유하라는 명을 받들지 않았다가 의금부에 내려 심리에 부쳐져서 위태로웠으니, 당시의 명신(名臣)이 되었다.[11]

목사공(牧使公 박태원(朴泰遠)) 이하 3대는 대대로 문학과 행실을 이어서 선대의 아름다움을 능히 계승하였다. 유 부인(兪夫人)은 선고는

첨지중추부사(僉知中樞府事)를 거쳐 동지중추부사(同知中樞府事)에 이르렀다.

10 세성(世城) : 박세성(朴世城, 1621~1671)으로, 자는 만기(萬基), 본관은 반남(潘南)이다. 1648년(인조26) 사마시에 합격하고, 1651년(효종2) 알성 문과에 을과로 급제한 뒤에 사관을 거쳐 홍문관 정자·예문관 검열·봉교 등을 역임하였다. 1653년 겸설서(兼說書)·전적·감찰·정언 등을 역임하고, 그 뒤 암행어사로 나갔다가 이어 필선(弼善)·병조정랑·수리도감도청 장령·군기시 정·삭녕 군수(朔寧郡守) 등을 역임하였다. 1660년(현종1) 동부승지로 있을 때 자의대비(慈懿大妃)의 복제문제로 관직을 삭탈당하고 문외출송(門外黜送)이 되었다. 1665년 판결사(判決事)를 거쳐 남양부사·동부승지·형조참의·우부승지·호조참의·양주 목사 등을 역임하였다.

11 승지공은……되었다 : 승지공은 박윤원(朴胤源)의 고조인 박세성(朴世城)을 가리킨다. 1659년(효종10) 효종이 승하하자 자의대비(慈懿大妃)의 복제(服制)를 기년(朞年)으로 할 것인가 아니면 3년으로 할 것인가를 놓고 기해예송(己亥禮訟)이 벌어졌다. 이때 윤선도(尹善道)와 윤휴(尹鑴)를 비롯한 남인(南人)들은 삼년복을 주장하고, 송시열(宋時烈)을 비롯한 서인(西人)들은 효종을 서자(庶子)로 간주하여 기년복을 주장하였다. 결국 송시열 등 서인들이 주장한 기년복으로 채택이 되었다. 그 과정에서 윤선도가 상소를 올려 복제에 대해 논하면서 예(禮)를 정한 여러 사람들을 비방하자 대각에서 그를 논척하였는데, 우윤(右尹)으로 있던 권시(權諰)가 윤선도를 구제하다가 규탄을 받고 축출을 당하였다. 이에 현종이 동부승지로 있던 박세성에게 옛 법제를 그대로 두겠다고 전유하게 하였는데, 박세성이 대간이 탄핵을 정지하지 않았다는 이유를 들어서 그 명을 받들어 행하지 못한다고 아뢰자 현종이 노하여 박세성을 의금부에 하옥하게 하였다. 결국 박세성은 삼사(三司)가 간쟁하고 대신(大臣)들이 청한 끝에 사면되었다. 《西溪集 卷9 左副承旨朴公墓誌銘》

처사로 이조참판에 추증된 휘 수기(受基)이며, 대종백(大宗伯 예조판서) 장숙공(章肅公) 휘 명홍(命弘)의 손녀이고, 문간공(文簡公) 농암(農巖) 김 선생(金先生) 휘 창협(昌協)은 그 외조부이시다. 부인께서는 순수하고 고요하며 온화하고 온유하여 아녀자의 도리를 모두 갖추었으니, 영종(英宗 영조) 10년(1734) 갑인 5월 5일 자시(子時)에 한성 사직동(社稷洞)의 집에서 선생을 낳으셨다.

선생께서는 태어나면서부터 몹시 빼어난 자품을 품부 받아 살결이 맑고 깨끗하였고, 성품이 또 어려서부터 총명하여 말을 배우자마자 이미 문자를 이해하였다. 아이들과 놀면서 희롱하거나 친압하지 않았고 담소함에 모두 문장을 이루었으며, 비록 완호하는 물건이 앞에 있더라도 보지 못하는 것처럼 여겼다. 조비(祖妣) 이 부인(李夫人)께서는 여사(女士)로서 문식이 있어서 항상 선생을 품 안에 두고 입으로《소학(小學)》과 옛 역사책들을 가르쳐주니, 선생은 이미 그 대의(大義)를 알았다. 부인께서 양잠과 길쌈을 부지런히 하자 선생께서는〈양잠가(養蠶歌)〉를 지어 부인을 기쁘게 해드렸는데, 곡조가 절로 이루어져 집안사람들이 전송하였다.

스승에게 나아갈 나이에 이르기도 전에 문리가 툭 트여서 번거롭게 가르치지 않아도 종일 글을 읽으면서 심지어는 먹고 자는 것을 잊는 데에 이르렀다. 총명함이 남보다 빼어나서 한 번에 수십 줄을 읽어 내려서 비록 거질이라고 하더라도 입만 열면 곧장 다 읽었으며, 읽은 것은 시간이 지났더라도 장자(長者)가 물으면 즉시 대답하되 하나도 빠뜨리지 않았다. 어떤 사람이 꿩〔華蟲〕을 선물로 주었는데, 선생께서 즉시 종이를 가져다가 쓰기를 "역록연(歷錄然)하게 문채가 있다."라고 하였다. '역록(歷錄)'이란 글자는《시경(詩經)》〈진풍(秦風)〉의 주

(註)에 보이는데[12] 이를 꿩의 무늬에 옮겨와서 사용하였으니, 그 문사(文思)가 월등히 빼어난 것이 이미 이와 같았다.

차츰 자라서는 더욱 고문(古文)을 익혀서 심원하고 고아하여 곧장 작자의 정신과 골수를 꿰뚫었다. 《남화서(南華書)》[13]를 읽기를 좋아하여서 혹 천 번에 이르렀는데, 정자(程子)가 《장자(莊子)》와 《열자(列子)》를 보지 않았던 뜻[14]에 어긋난다고 하여서 마침내 다시는 읽지 않았다. 예원(藝苑)의 여러 공들이 선생의 저술을 보기를 청하였는데 선생께서는 내놓지 않으면서 말씀하기를, "어찌 사자(士子)로서 자신이 지은 문장을 당시의 재상에게 보이는 사람이 있겠는가. 창려(昌黎)의 일[15]을 내 부끄럽게 여긴다."라고 하였다. 항상 도학과 절의와 문장 이 세 가지로써 스스로 기약하여 입에서 끊이지 않았으며 때때로 격앙

12 역록(歷錄)이란……보이는데 : 《시경집전(詩經集傳)》 〈진풍(秦風) 소융(小戎)〉에 "병거라 수레 뒤턱이 얕으니 다섯 곳을 묶은 굽은 끌채로다.〔小戎俴收, 五楘梁輈.〕"라고 한 주(註)에, "목(楘)은 역록연하게 문채가 드러나는 모양이다.〔歷錄然文章之貌也.〕"라고 하였으니, 이를 가리킨다.

13 남화서(南華書) : 장주(莊周)가 지은 《장자(莊子)》의 이칭으로, 《남화경(南華經)》 혹은 《남화진경(南華眞經)》이라 한다.

14 정자(程子)가……뜻 : 정자는 이천(伊川) 정이(程頤)로, 《주자어류》 권93에 "명도는 불교와 노장의 책을 보았는데, 이천은 《장자》와 《열자》도 보지 않았다.〔明道曾看釋老書, 伊川則莊列亦不曾看.〕"라고 한 내용이 보인다.

15 창려(昌黎)의 일 : 창려는 나라의 문장가인 한유(韓愈)를 가리키며, 한유의 선조가 창려에 살았으므로 이렇게 일컬은 것이다. 창려의 일이란 한유가 진사시에 급제하고 나서 박학굉사과(博學宏辭科)에 응시하였다가 낙방하자, 벼슬을 구하기 위해 당시 재상이었던 조경(趙憬)·가탐(賈耽)·노매(盧邁)에게 편지를 올려 스스로를 추천하여 벼슬을 구했던 것을 말한다. 이때 보낸 편지가 《한창려집(韓昌黎集)》 권16 〈상재상서(上宰相書)〉 등에 보인다.

하여 감격해 분발하였고, 말이 사문(斯文)의 시비(是非)와 신임 연간의 충역(忠逆)[16]과 《춘추(春秋)》의 대의(大義)[17]로서 예컨대 삼학사(三學士)[18]와 청음(淸陰)[19]과 동계(桐溪)[20]가 수립한 바와 같은 것에

16 신임 연간의 충역(忠逆) : 신축년(1721, 경종1)과 임인년(1722) 두 해에 걸쳐 노론(老論)과 소론(小論) 간에 뒷날 영조(英祖)가 되는 연잉군(延礽君)의 세제(世弟) 책봉과 대리청정(代理聽政)을 두고 대대적인 인명 살상을 초래한 신임사화(辛壬士禍)가 일어났는데, 이때의 충(忠)과 역(逆)을 가리킨다. 남인(南人) 역관의 딸인 장희빈(張禧嬪) 소생인 경종은 남인에 동정적이던 소론의 보호를 받아왔는데, 경종이 즉위하자 과거 그의 세자 책봉을 반대했던 노론은 위기를 느껴 그의 병약함과 후사(後嗣)가 없음을 빌미로 연잉군의 세제 책봉을 추진, 이를 관철시키고 나아가 대리청정까지 추진하다가, 소론의 김일경(金一鏡) 등이 목호룡(睦虎龍)을 사주하여 노론의 사대신(四大臣)인 김창집(金昌集), 이이명(李頤命), 이건명(李健命), 조태채(趙泰采)를 역모로 무고케 함으로써 사대신 이하 노론 일파를 극형에 처하게 하였다.

17 춘추(春秋)의 대의(大義) : 《춘추》의 대의는 오랑캐를 물리치고 주(周)나라 왕실을 높이는 존왕양이(尊王攘夷)의 정신을 가리키며, 나아가서는 오랑캐인 청나라를 물리치고 명나라를 존숭하는 정신을 가리킨다.

18 삼학사(三學士) : 병자호란 때 청나라와의 화의(和議)를 반대하고 끝까지 척화(斥和)를 주장한 홍익한(洪翼漢)·윤집(尹集)·오달제(吳達濟) 세 사람을 이른다. 인조가 삼전도(三田渡)에서 굴욕적인 항복을 하고 화의가 성립되자, 청나라에서는 척화론자들을 체포하여 신병을 넘겨줄 것을 요구하였다. 이에 오달제와 윤집은 스스로 척화론자로 나섰으며, 홍익한은 1637년(인조15) 2월초 평양에서 회군하는 청군에 잡혀 심양(瀋陽)에 끌려갔다. 이들은 청나라의 회유와 협박에 굴하지 않고 척화의 대의를 끝까지 주장하다가 모두 심양성 서문(西門) 밖에서 처형당했다.

19 청음(淸陰) : 김상헌(金尙憲, 1570~1652)으로, 자는 숙도(叔度), 호는 청음 혹은 석실산인(石室山人), 본관은 안동(安東), 시호는 문정(文正)이다. 병자호란 때 주전론을 주장하였으며, 1639년(인조17) 청나라가 명나라를 공격하기 위해 요구한 출병에 반대하는 상소를 올렸다가 청나라에 압송되어 6년 간 심양(瀋陽)에서 고초를 받고 돌아왔다. 효종이 즉위하여 북벌(北伐)을 추진할 때 이념적 상징으로 추앙되었다.

20 동계(桐溪) : 정온(鄭蘊, 1569~1641)으로, 자는 휘원(輝遠), 호는 동계, 본관은

이르면, 강개하여 눈물을 흘리지 않은 적이 없었다. 혹자가 이를 시험하고자 하여서 그 뜻에 반대하면서 논란하면, 말소리와 얼굴색이 더욱 엄숙하고 의논이 더욱 준엄하여서 장자(長者)라도 뜻을 꺾을 수 없었다. 〈북정론(北征論)〉을 지어서 복수하여 설원하려는 의리를 밝혔는데, 효효재(嘐嘐齋) 김용겸(金用謙) 공이 그 지취를 기특하게 여겨서 말씀하기를, "이는 우옹(尤翁 송시열(宋時烈))의 글을 본 사람이로다."라고 하였다. 선생께서는 스스로 "학문을 향하는 마음이 흥기한 것은 오로지 이 문집 덕분이다."라고 하여서 번번이 우암(尤庵)의 문집을 지니고 다니셨다.

성균관에 나아가 유학할 때에 누차 높은 등급을 차지하여 동류들이 모두 한 수를 양보하였으나, 선생께서는 이욕(利慾)의 장에 발을 적셔서는 안 된다고 하여 마침내 다시는 과거에 나아가지 않으셨다. 숭절사(崇節祠)[21]의 치제에 집사가 되었을 때에 상께서 친히 임하여 예(禮)를 보셨는데, 내시가 선생을 향하여 묻기를, "동공(董公)은 이름이 무엇입니까?" 하자, 선생께서는 대답하지 않았다. 내시가 끈질기게 물었지만

초계(草溪), 시호는 문간(文簡)이다. 1636년(인조14) 병자호란 때 이조 참판으로서 김상헌(金尙憲)과 함께 척화(斥和)를 주장하였으나, 화의가 이루어지자 칼로 자신의 배를 찌르며 자결을 시도하였지만 실패하였다. 모든 관직을 사직하고 낙향하여 은거하다가 5년 만에 죽었다. 영의정에 추증되었다.

21 숭절사(崇節祠) : 중국의 태학(太學) 유생 가운데 귀감이 되는 인물들을 제향한 곳으로 문묘(文廟)의 동쪽에 있다. 숙종(肅宗) 때에 이를 세우도록 명한 뒤 1724년(영조1)에 세워졌다. 진(晉)나라의 태학생 동양(董養)과 당(唐)나라의 태학생 하번(何蕃), 송(宋)나라의 태학생 진동(陳東)·구양철(歐陽徹)을 제사 지냈으며, 1760년(영조36)에는 어필로 '사현사(四賢祠)' 세 글자를 써서 내려 현판을 걸도록 명하였다. 《新增東國輿地勝覽 卷2 京都》

끝내 대답하지 않았으니, 환관과 말하는 것을 꺼리셨던 것이었다.

늘 과명(科名)이 바르지 않으면 그때마다 과거에 나아가는 것을 멈추었다. 신묘년에 국가의 종계(宗系)를 변무(辨誣)하고서[22] 이를 경하하여 과거를 설행하였는데 역시 나아가지 않으셨다. 어떤 사람이 이를 힐책하면서 말하기를, "오랑캐에게 변무하였다고 하여 경과(慶科)에 응하지 않았으니, 만일 과거에 급제하여 입조한다면 장차 전대(專對)[23] 하는 일을 사양할 것인가?"라고 하자, 선생께서 말하기를 "왕역(往役)[24]은 진실로 감히 사양할 수 없으나, 과거라면 선비가 된 자가 마땅히 자기의 지조를 행해야 할 것이니, 어찌 이를 나란히 두고서 동일시한단 말인가."라고 하였다.

정해년(1767, 영조43)에 감해(監解)[25]에 합격하였다. 선생께서는

22 신묘년에……변무(辨誣)하고서 : 신묘년은 1771년(영조47)으로, 이 때에 주린(朱璘)의 《명기집략(明紀輯略)》에 실린 태조(太祖)의 종계(宗系)와 목조(穆祖)의 사적(事蹟) 가운데 잘못된 점과 진건(陳建)의 《황명통기(皇明通紀)》에 실린 종계에 대한 잘못된 부분을 발견하고 주문(奏文)을 지어 청나라에 사신을 보내어 변무(辨誣)한 일이 있었다. 《英祖實錄 47年 5月 27日, 9月 24日》

23 전대(專對) : 사신이 되어 상황에 따라 자신의 판단대로 대응하는 것을 이른다. 《논어》 〈자로(子路)〉에 공자(孔子)가 "《시경》 삼백 편을 외우더라도, 정사를 맡겨줌에 제대로 처리하지 못하며 사방으로 사신 가서 자기 마음대로 대응하지 못한다면, 비록 시를 많이 외운들 어디에 쓰겠는가?〔誦詩三百, 授之以政, 不達, 使於四方, 不能專對, 雖多亦奚以爲?〕"라고 한 데서 온 말이다.

24 왕역(往役) : 군주가 직책을 맡겨 국가의 일을 맡기면 왕명에 따라 이를 수행하는 것을 말한다. 《맹자(孟子)》 〈만장 하(萬章下)〉에 "가서 부역함은 의이고, 가서 만나봄은 의가 아니다.〔往役, 義也; 往見, 不義也.〕"라고 하였는데, 이는 곧 군주가 부득이하게 국가의 일을 위하여 부를 때에는 개인의 사정을 돌보지 말고 나아가서 일하는 것이 의리에 합당하다는 의미이다.

찬성공(贊成公)의 삼등(三登)의 임소에서부터 오느라[26] 시강(試講) 기일이 이미 촉박하였는데, 미처 조흘(照訖)[27]하지 못하였을 때에 상께서 편전에 납시어 시강(試講)하였다. 당시에 조흘하지 않고서 입격한 사람들이 몹시 많았는데, 모두 미봉하여서 구차하게 면하였으나 유독 선생께서 사실대로 보고하니, 상께서 정거(停擧)[28]를 명하였다. 회시(會試)에 이르러 정거가 풀리자 선생께서는 말하기를, "조흘하지 않았던 것은 비록 잘못을 인습한 것이었지만 끝내 마음에 편안하지 않았으니, 어찌 감히 처벌에서 풀려났다고 하여 무릅쓰고 나아갈 수 있겠는가."라고 하였다.

계사년(1773, 영조49)에 또 발해(發解)[29]하였다. 당시에 과장이 혼란스럽다고 하여 조정에서 포졸들로 하여금 복시(覆試)의 시장(試場)을 정탐하게 하였는데, 선생께서 탄식하며 말하기를 "옛사람 중에는 과장의 가시울타리를 보고서 과거를 폐한 사람이 있었는데, 하물며 포교(捕校)가 감시함에 있어서겠는가."라고 하고는, 마침내 시권(試

25 감해(監解) : 본래 감해는 감시(監試)에 합격하는 것인데, 여기서는 성균시(成均試)에 합격한 것을 가리킨다.

26 찬성공(贊成公)의……오느라 : 박윤원의 부친 박사석(朴師錫)이 1764년(영조40) 12월에 삼등 현령(三登縣令)에 제수되어서, 박윤원은 당시에 아버지의 임소인 삼등의 자사(子舍)에 있다가 시강(試講)에 참석하기 위해 서울에 올라왔다. 《德隱遺稿 卷2 祖考近齋先生府君年記》《錦石集 卷10 先考贈議政府左贊成府君墓誌》

27 조흘(照訖) : 과거에 응시하는 유생이 과장을 나오기 전에 성균관에서 호적을 대조하는 일을 말한다.

28 정거(停擧) : 유생(儒生)에게 일정 기간 과거(科擧)에 응시(應試)를 정지시키는 처벌을 말한다.

29 발해(發解) : 문과의 초시(初試)에 합격하는 것을 말한다.

券)을 찢고서 돌아왔다.

임진년(1772, 영조48)에 당시 조정의 상황이 몹시 위태로운 것을 보고는 경사에 거처하는 것을 달갑게 여기지 않았다. 마침 미호(渼湖) 김 선생(金先生 김원행(金元行))을 장례지내고서, 이어서 광릉(光陵)의 강가에서 세내어 살면서 독서하다가 오래 지난 후에 돌아오셨다. 찬성공께서 별세하신 때에 이르러[30] 마침내 공령(功令)을 폐하고는 말하기를, "내가 지금 40세의 나이로 영달을 구한다면, 이는 맹자(孟子)의 부동심(不動心)[31]과 다르게 되는 것이다. 또 어버이께서 계시지 않으니 누구를 영화롭게 하겠는가. 하물며 과거보는 일은 재주를 자랑하여 써주기를 구하는 데에 가까우니, 선비로서 뜻이 있다면 무릅쓰고 나아가지 않는 것이 바로 첫 번째 의리이다."라고 하였다.

갑진년(1784, 정조8)에 조정에서 재상들에게 각각 계방(桂坊 세자익위사(世子翊衛司))에 의망할만한 사람을 천거하도록 하였는데, 순암(醇庵) 오재순(吳載純) 공이 선생과 제헌(霽軒) 심정진(沈定鎭) 공을 천거하여 명에 응하였다. 정미년(1787, 정조11) 봄에 장차 가순궁(嘉順宮)[32]의 가례(嘉禮)를 행하려고 할 적에 상께서 김종수(金鍾秀) 공에게

30 찬성공께서……이르러 : 박윤원의 부친 박사석(朴師錫)이 1774년(영조50) 10월에 별세하였다. 《德隱遺稿 卷2 祖考近齋先生府君年記》

31 맹자(孟子)의 부동심(不動心) : 《맹자》 〈공손추 상(公孫丑上)〉에, 맹자가 "나는 40세에 마음을 동요하지 않았노라.〔我四十不動心.〕"라고 하였는데, 집주(集註)에 "40세는 막 벼슬할 나이이니, 군자의 도가 밝아지고 덕이 확립되는 때이다. 공자가 40세에 의혹하지 않은 것 또한 부동심을 말씀하신 것이다.〔四十彊仕, 君子道明德立之時. 孔子四十而不惑, 亦不動心之謂.〕"라고 하였다.

32 가순궁(嘉順宮) : 수빈(綏嬪) 박씨(朴氏, 1770~1822)의 궁호로, 정조의 후궁이

선생에 대해 물으셨는데, 김종수가 대답하기를 "박(朴) 아무개는 경학으로서 세상에 알려졌는데, 몹시 가난하여 거처하는 곳이 바람과 비도 가릴 수 없으며, 항상 오윤상(吳允常)과 강마하고 있습니다."라고 하였다. 임자년(1792, 정조16)에 선공감 감역(繕工監監役)에 제수되었으나 병으로 사직하는 글을 올려 체직되었다. 어떤 사람이 "어찌하여 벼슬하지 않는가?"라고 묻자, 선생께서는 말하기를 "병이 있어 실로 억지로 힘쓰기가 어렵고, 또 아우와 조카가 봉급을 나누어주기에 굶어 죽는 것을 면할 수 있으니 가난을 면하고자 벼슬해야 할 의리가 없다. 감히 벼슬하지 않는 것을 고상하게 여기는 것이 아니다."라고 하였다.

계축년(1793, 정조17)에 좌상(左相) 김이소(金履素) 공이 또 선생을 천거하였다. 이해 가을에 우상(右相) 김희(金憙)가 차자를 올려 선생과 김재익(金載翼) 등 세 사람을 천거하되, '학문을 독실하게 하고 예(禮)를 좋아하여 법도로써 기준을 삼는다'는 것으로써 선생을 일컬어서 경연관을 맡길 것을 청하였다. 상께서 "초선(抄選)[33]은 으레 빈청에서 회천(會薦)하거늘 차자를 올려 직접 청하였으니 이는 격식에 어긋난 것이다."라고 하여서 차본(箚本)을 도로 내려 보냈다. 재상 김공이 마침내 글을 올려서 관례에 어두웠음을 자송(自訟)하고 또 말하기를 "천거한 사람들은 모두 한 시대의 명망을 지닌 사람들이니, 조정에서 마땅히 특례로 거두어 등용하여야 합니다."라고 하였으나, 당시에

자 순조의 사친(私親)이다. 원호(園號)는 휘경(徽慶), 시호는 현목(顯穆), 본관은 반남(潘南)이다. 박윤원의 아우인 판돈녕부사 박준원(朴準源)의 딸로서 박윤원에게는 조카가 된다.

33 초선(抄選) : 의정 대신(議政大臣)과 이조의 당상관이 회합하여 경연관으로 적합한 사람을 선발하는 것을 말한다.

이를 미워하는 사람이 있어서 일이 끝내 행해지지 않았다.

병진년(1796, 정조20)에 우상(右相) 윤시동(尹蓍東)이 선생의 학술이 유선(儒選)[34]에 실로 부합된다고 하여 힘껏 천거하였는데, 상께서 말하기를 "고인(古人)이 두광국(竇廣國)을 재상으로 삼지 않은 것을 사사로운 것이라고 하였다. 그러나 어찌 난처하지 않겠는가."[35]라고 하였다. 정사년(1797, 정조21) 김종수(金鍾秀) 공이 원자궁(元子宮)이 장차 입학할 것이라 하여서[36] 또 선생에게 맡겨서 보도(輔導)하게 하도록 청하였으나, 상께서 이도 아울러서 듣지 않으셨다.

무오년(1798, 정조22) 봄에 강학청(講學廳)을 마련하여 요속(僚屬)을 선발하였는데, 우상(右相) 이병모(李秉模)가 선생을 천거하면서 아울러 7명을 거론하고 말하기를 "혹은 학문과 행실로서, 혹은 지조와 식견으로서 실로 이 직임에 부합되니, 청컨대 군함(軍銜)을 붙여서 이들로 하여금 모시고서 강학하게 하소서." 하였다. 상께서 이를 윤허하고 원자에게 문안하게 하였는데, 선생께서는 병으로 사양하였다.

34 유선(儒選) : 유학에 뛰어난 유현(儒賢)을 선발하는 것을 말한다.

35 고인(古人)이……않겠는가 : 두광국(竇廣國)은 한(漢)나라 문제(文帝)의 비(妃)인 두황후(竇皇后)의 동생이다. 문제가 그가 어질다는 것을 알고서 정승으로 삼으려 하였으나, "천하 사람들이 내가 두광국에게 사정(私情)을 둔다고 할까 두렵다."라고 하여 결국 그만두었으니, 외척에게 사사로이 관직을 준다는 혐의를 두려워하여 임명하지 않은 것이었다.《通鑑節要 卷8 漢紀 文帝 後元 2年》 훗날 사람들이 문제가 두광국을 정승으로 삼지 않은 것이 오히려 공정한 것이 아닌 사사로운 뜻이었다고 비판하기도 하였는데, 정조의 후궁이자 순조의 사친(私親)인 수빈(綏嬪) 박씨(朴氏)가 박윤원의 질녀였으므로 정조가 문제와 두광국의 일을 이와 같이 인용한 것이다.

36 원자궁(元子宮)이……하여서 : 훗날 순조가 되는 수빈(綏嬪) 박씨(朴氏)의 소생인 정조의 아들이 1790년(정조14)에 태어나 이때에 8세가 되었다.

상께서 하교하여 나오기를 독촉하면서 말씀하기를 "이는 계방(桂坊)의 일례에 불과하니 사사로운 의리에 있어서도 나아가기 어려운 단서가 없다. 또 미관말직의 음관(蔭官)이 어찌 감히 이와 같이 한단 말인가. 처분을 내리고자 하나 우선 그렇게 하지 않으니, 속히 출사하라."라고 하였다. 선생께서는 또 실제로 병이 들었다고 대답하시고는 끝내 명에 응하지 않았다.

이때에 상께서 반드시 초치하고야 말고자 하시어 거듭 문책하는 유지를 내리심에 그 말씀한 내용이 매우 엄하여서 신하로서 감히 들을 수 없는 바가 있었다. 선생께서는 두렵고 황공하여서 사저에서 석고대죄 하고서 죄가 내리기를 기다린 것이 한 달 여였는데, 성상의 노여움이 점차 격해져서 화(禍)를 장차 헤아릴 수가 없었다. 자식과 조카들이 두려워 어찌할 바를 몰라서 심지어 땅에 엎드려 울부짖으면서 한번 행차를 하여 가족을 살려줄 것을 원하였으나, 선생께서는 그래도 뜻을 굽히지 않고서 스스로 반드시 죽을 것이라 여기셨다.

오랜 후에 상께서 선생이 뜻을 굳게 지키고 있음을 들으시고는 비로소 풀어서 용서하라는 하교를 내리셨다. 선생께서는 감격해 울면서 말하기를 "천신(賤臣)이 명을 어기고 불손한 죄에 대한 주벌을 날마다 기다리고 있었는데, 지금 도리어 특별한 은혜를 입게 되어 죄를 주지 않으셨을 뿐만 아니라 또 뒤이어 기리고 가상하게 여겨주셨습니다. 예로부터 신하로서 군부(君父)에게서 이와 같은 은혜를 얻은 사람이 다시 몇 명이나 있을 수 있겠습니까. 이 몸이 죽기 전에 어떻게 은혜에 보답하기를 도모해야할지 모르겠습니다."라고 하였다. 그러나 직명이 아직 체직되지 않았다고 하여 허물을 이끌어서 자책하여서 집 밖을 나가지 않았고, 종유하는 이들이 강학을 청하면 사양하셨다. 이때에 요속(僚屬)들에게 나누어 하사한 것이 있었는데, 선생께서도 다른 예(例)에 의거하여 하사받으셨으나 또한 받지 않으셨으니, 곧 현직으로 자처하고자 하지 않으신 것이었다. 상께서 끝내 뜻을 굽힐 수 없음을 아시고는 특명으로 체직을 허락하였다.

선생은 평소 몸이 야위어서 병을 잘 앓으셨는데, 기미년(1799, 정조 23) 정월에 이르러 전염병이 크게 유행할 적에 선생께서도 이 병에 걸려서 17일 자시(子時)에 취현방(聚賢坊) 정동(貞洞)의 집에서 고종명을 하였다. 이틀 전에 곁에 있는 이에게 말하기를 "이불을 걷고서 나의 손과 발을 보아라."[37]라고 하였고, 또 "옮겨 받들라."라고 하였으니, 정침(正寢)으로 옮겨 받들게 하고자 하였던 것이었다. 선생께서는 이전 해에 문득 강절(康節)이 66세에 지은 시에 "나로 하여금 10년을 물리게 한다면 조금이나마 일을 이룰 수 있겠건만, 천지 사이에 해가 다시 중천에 오는 이치가 없음에 어이 하랴."라는 구절[38]을 읊으며 말씀하기를 "강절과 같은 조예(造詣)로도 이와 같이 말하였으니, 우리 유자(儒者)의 사업이 참으로 무궁하다."라고 하였는데, 향년이 마침내 66세에 그치셨으니, 평소 하신 말씀이 바로 참언이었던 것이다. 조야(朝

37 이불을……보아라 : 부모가 남겨준 몸을 훼손시키지 않고서 죽는 것을 말한다. 《논어》 〈태백(泰伯)〉에, 증자가 병이 들자 제자들을 불러 말하기를, "이불을 걷고서 내 발을 살펴보고 내 손을 살펴보아라. 《시경》에 이르기를, '두려워하고 삼가서 깊은 못에 임한 듯이 하며 얇은 얼음을 밟듯이 하라.' 하였는데, 이제야 내 몸이 다치는 죄를 면할 수 있게 되었구나. 제자들아!〔啓予足, 啓予手. 詩云: 戰戰兢兢, 如臨深淵, 如履薄氷. 而今而後, 吾知免夫, 小子!〕"라고 하였다.

38 강절(康節)이……구절 : 강절은 북송의 학자인 소옹(邵雍, 1011~1077)으로, 자는 요부(堯夫), 시호는 강절이다. 이 구절은 소옹의 〈노거음(老去吟)〉이라는 시에 보인다. 《擊壤集 卷15》

野)에서 슬퍼하고 애석해하지 않는 이가 없었고, 사우(士友)들은 서로 조문하면서 말하기를 "사문(斯文)의 동량이 꺾였다."라고 하였다. 장지가 거듭 미뤄져서 5월 9일에 비로소 과천현(果川縣) 내면(內面) 운만산(雲滿山) 후동(後洞) 인좌(寅坐)의 언덕에 하관하였다.

선생은 타고난 자질이 몹시 고상하여서 밝고 순수하며 영명하고 지혜로웠다. 얼굴빛은 장엄하고 말은 엄격하였으며 기운은 온화하고 마음은 평탄하였고, 올곧으면서도 각박하지 않았으며 엄하면서도 과격하지 않았다. 마음이 깨끗하여 겉과 속이 맑아서 마치 빙호추월(氷壺秋月)[39]과도 같았다. 어려서부터 도(道)에 가까워서 책을 연구하는 이외에 다른 일이 있음을 알지 못하였다. 장성하자 경사(經史)에 깊고 넓게 통달하였고 몸을 단속하기를 청고(淸苦)하게 하여서 행동하기를 반드시 예(禮)로써 하였고, 의(義)에 맞는 일이 아니면 행하지 않았으며, 지키는 바가 있으면 맹분(孟賁)과 하육(夏育)이라 할지라도 이를 빼앗을 수가 없었다.[40] 부정함과 올바름을 분별할 때에는 분명하게 갈라놓기를 마치 예리한 칼로 두 동강을 내듯이 하였다. 외물로 마음에 구애받지 않아서, 늘 한 점의 티끌이라도 붙지 않게 하고자 하여 우뚝하게

39 빙호추월(氷壺秋月) : 얼음으로 만든 호리병에 밝은 가을달이 비친 것과 같이 티 없이 고결한 정신을 뜻하는데, 등적(鄧迪)이 주자(朱子)의 스승인 연평(延平) 이동(李侗)의 인품을 형용한 말이다. 《宋史 卷428 李侗列傳》

40 맹분(孟賁)과……없었다 : 모두 중국 고대의 용사(勇士)이다. 맹분은 제(齊)나라 사람으로 살아 있는 소의 뿔을 맨손으로 뽑았다고 하며, 하육은 위(衛)나라 사람으로 천 균(鈞)의 무게를 들 수 있는 힘을 지녔었다고 한다. 한(漢)나라의 충신(忠臣)이었던 급암(汲黯)의 절의(節義)를 칭송하면서 "맹분과 하육이라 할지라도 그의 뜻을 빼앗을 수 없을 것이다.〔雖賁育, 不能奪之矣.〕"라고 했던 고사가 전한다. 《漢書 卷50 汲黯傳》

큰 뜻을 지니고 있었다. 항상 개연히 탄식하며 말하기를 "부인이 되지 않고 남자가 되어서 의관(衣冠)을 갖춘 나라에서 태어나 야천(冶川)의 시(詩)와 예(禮)의 가학[41]을 이어 받았으니, 내 어찌 스스로를 하찮게 여길 수 있겠는가. 사람의 본성이 선한 것은 성인(聖人)과 똑같으니, 사람으로서 본성을 알지 못하거나 알면서도 이를 온전히 하지 못해서야 되겠는가."라고 하였다.

이에 마침내 성리학에 온전히 뜻을 두어서 《심경(心經)》과 《근사록(近思錄)》과 사자서(四子書)[42]를 가져다 읽으면서 밤낮없이 쉬지 않았고, 낙건(洛建)[43]의 여러 책에 이르기까지 그 내용을 완색하여 체인(體認)하였다. 성인(聖人)을 독실하게 믿어서 '한 터럭만큼이라도 이르지 못하면 나의 일은 아직 끝나지 않은 것이다.'라고 하였다. 공자와 맹자 및 정백자(程伯子 정호(程顥))의 소상(小像)을 서실에 봉안하고는 초하루와 보름에 공경히 바라보고 절하여 앙모하는 뜻을 표현하였다. 석담(石潭 이이(李珥))과 화양(華陽 송시열(宋時烈)) 두 선생을 흠모하여, 광세지감[44]이 매우 깊었다.

41 야천(冶川)의……가학 : 야천은 박윤원의 선조인 박소(朴紹, 1493~1534)로, 야천은 그의 호이다. 시(詩)와 예(禮)의 가학이란 선조와 부모로부터 전수받은 가학(家學)을 이른다. 공자가 그의 아들 이(鯉)에게 시와 예를 배워야 한다고 훈계한 데에서 유래하였다. 《論語 季氏》

42 사자서(四子書) : 공자(孔子), 증자(曾子), 자사(子思), 맹자(孟子)의 《논어》, 《대학》, 《중용》, 《맹자》를 가리킨다.

43 낙건(洛建) : 정자(程子)와 주자(朱子), 또는 그들의 학문인 정주학(程朱學)을 말한 것으로 정호(程顥)와 정이(程頤)는 낙양(洛陽)에서, 주자는 복건(福建)에서 살며 강학하였으므로 이렇게 일컬은 것이다.

44 광세지감 : 동시대에 태어나지 못해 서로 만나지 못한 것을 아쉬워하는 감회를

총명하고 박식함을 하늘로부터 타고나서 성명(性命)의 깊은 뜻과 전주(箋註)가 분분히 뒤섞인 부분에 있어서, 손을 대면 곧 이치가 마음과 계합되어 융회되어서 크게는 육합(六合)을 가득 채우고 있는 도체(道體)와 작게는 만수(萬殊)로 흩어져 있는 묘용(妙用)을 명철하게 꿰뚫지 않음이 없어서 융회 관통하여 극이 있는 데로 돌아감에,[45] 자득하여 밝힌 것이 대체로 모두 통달하여 두루 온전하였다.

격물(格物)과 물격(物格)을 논하여 다음과 같이 말하였다.[46]

"물격은 이미 사물이 극에 이른 것인데, 격물을 '내가 사물에 이른 것'이라는 뜻이라고 하면 두 '격(格)' 자에 차이가 있게 된다. 상하의 '격(格)' 자는 마땅히 차이가 없어야 할 것이니, 내가 생각건대 격물은 사물로 하여금 이르게 하는 것이고, 물격은 사물이 이른 것이다. 두 '격(格)' 자가 혹은 '물(物)' 자의 앞에 있기도 하고 혹은 '물(物)' 자의 뒤에 있기도 하기 때문에 나에게 있어서와 사물에게 있어서의 구분이 있는 것이지만 기실 차이가 없다. 또 격물을 '사(使)' 자의 뜻으로 본다면 더욱 명백할 것이다. 《대학혹문(大學或問)》에 격물을 해석하여 말하기를 '사람들 가운데 알지 못하는 이가 없으나, 혹 그 정미하고 거칠고 가려지고 드러난 것으로 하여금 모두 다하여 남김이 없게 하지 못한다.〔人莫不知而或不能使其精粗隱顯窮極無餘〕'

이르는 말이다.

45 극이……돌아감에 : 원문의 '귀극(歸極)'은 《서경》 〈홍범(洪範)〉에 "그 극이 있는 곳으로 모여들고, 그 극이 있는 곳으로 돌아온다.〔會其有極, 歸其有極.〕"라고 한 데에 보인다. 극이 있는 곳이란 황극(皇極), 즉 세상을 다스리는 바른 표준을 말한다.

46 격물(格物)과……말하였다 : 아래의 내용은 《근재집(近齋集)》 권7 〈여임치공(與任穉共)〉 첫 번째 편지에 보인다.

라고 하였으니, 그렇다면 주자(朱子)가 여기에서 이미 '사(使)' 자를 쓴 것이다. 김밀암(金密庵)이 격물을 '심(心)이 사물에 이른 것'이라고 하고 물격을 '사물이 심에 이른 것'이라고 한 것[47]은 정우복(鄭愚伏)의 '객을 청하여 객이 온 것이다.'라는 설[48]과 비슷하니, 이는 따를 수 없다."

명덕(明德)을 논하여 다음과 같이 말하였다.[49]

"심(心)을 일컬어 명덕(明德)이라고 하는 것은 이(理)를 일컬어 태극(太極)이라고 하는 것과 같다. 이(理)는 지극하여 더할 것이 없으므로 태극이라고 한 것이고, 심(心)은 신명(神明)하되 하늘에서 얻은 것이므로 명덕이라고 한 것이다. 이미 이(理)의 지극함을 태극이라고 하였고 보면 태극을 이(理)라고 하지 않을 수 없고, 이미 심(心)의 신명함을 명덕이라고 하였고 보면 명덕을 심(心)이라고 하지

47 김밀암(金密庵)이……것 : 김밀암은 김지행(金砥行, 1716~1774)으로, 밀암은 그의 호이다. 《밀암집(密菴集)》 권18에 실린 박윤원이 지은 김지행의 묘갈명(墓碣銘)에 김지행이 격물을 논하여, "격물은 심(心)이 사물에 이른 것이요, 물격은 사물이 심에 이른 것이다.〔格物卽心到物, 物格卽物到心.〕"라고 하였다는 내용이 보인다.

48 정우복(鄭愚伏)의……설 : 정우복은 정경세(鄭經世, 1563~1633)로, 우복은 그의 호이다. 《송자대전(宋子大全)》 권212 〈유사(遺事)〉에 송시열이 어느 날 정경세에게 "하교에 이른바 격물과 물격은 바로 객을 청하여 객이 온 것과 같다고 하신 말씀은 과연 정론이 될 수 있겠습니까?"라고 묻자 정경세가 "나는 바꿀 수 없는 설이라고 생각한다."라고 답하였다는 내용이 보인다. 이는 바로 객을 청하는 것을 격물에, 객이 온 것을 물격에 비유한 것이다.

49 명덕(明德)을……말하였다 : 아래의 내용은 문단별로 각각 《근재집(近齋集)》 권5 〈여밀암김공(與密庵金公)〉 9번째 편지, 권24 〈정지록(貞智錄)〉, 권25 〈대학차략(大學箚畧)〉에 보인다.

않을 수 없다. 선유(先儒)가 말하기를 '지선(至善)은 태극의 또 다른 명칭이다.' 하였으니,[50] 나 또한 '명덕은 심(心)의 또 다른 명칭이다.' 라고 하겠다. 명덕은 심(心)이고 심(心)은 명덕이니, 어찌 두 가지가 있겠는가. 명덕이란 것은 인심(人心)의 신명함의 묘(妙)인데 그것을 명명할 수가 없으므로 명덕으로써 지목한 것이니, 이것이 명덕이라는 명칭이 수립된 까닭이다.

격물, 치지(致知), 성의(誠意), 정심(正心), 수신(修身)은 모두 명명덕(明明德)의 일에 속하는데, 격물은 심(心)으로써 그것에 이르는 것이고, 치지는 심(心)의 지식을 지극히 하는 것이며, 성의는 심(心)의 발하는 바를 성실하게 하는 것이고, 정심은 비로소 심(心)을 곧장 말한 것이며, 수신은 몸을 주재하는 것이 바로 심(心)이다. 이 다섯 가지가 모두 심(心)을 벗어나지 않으니, 명덕이 심(心)이 아니면 무엇이겠는가. 또 성(性) 역시 밝지 않은 것은 아니지만, 심(心)은 화(火)에 배속되니 바로 광명한 물건으로, '명(明)'이라는 글자는 심(心)에 가장 적합하다. 그러므로 주자께서 명덕(明德)에 있어서 이와 같이 간파한 것이다.

혹자는 '「허령불매(虛靈不昧)」 네 글자가 이미 충분히 명덕의 뜻을 설명하였다.'라고 한 것이 진북계(陳北溪)의 말이지[51] 주자의 설

50 선유(先儒)가……하였으니 : 이는 옥계 노씨(玉溪盧氏)의 말로, 《대학혹문(大學或問)》의 소주(小註)에 보인다.

51 혹자는……말이지 : 진북계(陳北溪)는 송(宋)나라 유학자인 진순(陳淳)으로 진북계의 말은 《북계대전집(北溪大全集)》 권36에 보이는데, 여기에 "허령 두 글자는 대체로 본체의 밝은 곳을 형용한 것이다. 단지 허령불매라는 네 글자가 이미 충분히 명덕의 뜻을 설명하였다.〔虛靈二字大概形容本體明處. 只虛靈不昧四字說明德意已足矣.〕"라고

이 아니라고 하여, 이를 고집하여 명덕이 전적으로 심(心)을 말한 것이 아니라는 증거로 삼는다. 그러나 주자와 진씨(陳氏)를 나눌 것 없이 오직 그 말이 이치에 타당한지를 볼 뿐이다."

심(心)과 기질(氣質)을 논하여 다음과 같이 말하였다.[52]

"심(心)은 기(氣)의 정상(精爽)이니[53] 정상은 심(心)의 전체여서 지각의 체용(體用)이 정상에서 벗어나지 않는바, 정상이 바로 담일(湛一)[54]이다. 그러니 어찌 정상 위에 또 담일이 있어서 이를 심(心)의 본체로 여긴단 말인가. 혹자가 '담일은 본연의 기(氣)이니 성인(聖人)과 범인(凡人)이 서로 같고, 정상은 혈기에서 나온 것이니 성인과 범인이 서로 다르다.'라고 한 것은 분석은 비록 세밀하지만 근원에서 두 갈래를 만든 것이다. 심(心)은 하나일 뿐이니, 어찌 성인과 범인이 똑같이 지닌 심(心) 외에 또 성인과 범인 간에 서로 다른 심(心)이 있겠는가.

심(心)이 본래 선한 까닭은 기(氣)의 정상(精爽) 때문인데, 지금 '정상에는 맑고 혼탁하며 순수하고 잡박한 차이가 있다.'라고 한다면 이는 심(心)을 기질로 삼아서 심(心)에 선악이 있게 되는 것이니

하였다.

52 심(心)과……말하였다 : 아래의 내용은 《근재집(近齋集)》 권9 〈답이선장(答李善長)〉 24번째 편지와 권24 〈정지록(貞智錄)〉에 보인다.

53 심(心)은 기(氣)의 정상(精爽)이니 : 이 말은 《주자어류(朱子語類)》 권5에 보인다.

54 담일(湛一) : 이 말은 장재(張載)의 《정몽(正蒙)》 〈성명(誠明)〉에 보인다. 여기에서 "담일(湛一)은 기(氣)의 근본이고, 공취(攻取)는 기의 욕구이다.〔湛一, 氣之本, 攻取, 氣之欲.〕"라고 하였는데, 주자가 이를 해석하여 "담일이란 외물에 감촉하기 전의 담연하고 순일한 상태이니, 이것이 기의 근본이다."라고 하였다.

이것이 옳겠는가. 심체(心體)의 허령(虛靈)은 바로 기(氣)의 정상으로, 정상은 바로 담일(湛一)이다. 그런데 지금 '정상은 담일이 아니고 담일이 바로 본체이다.'라고 한다면 허령이 심(心)의 본체가 될 수 없어서 허령 위에 또 담일이 있게 되니, 머리 위에 머리를 얹는 것에 가깝지 않겠는가.

최초의 담일(湛一)의 기(氣)가 모여서 심(心)이 되면 이것이 바로 이른바 정상(精爽)이니, 정상은 혈기에서 나온 것이 아니다. 정상에는 맑고 혼탁하며 순수하고 잡박한 차이가 없으므로, 성인(聖人)과 범인(凡人)의 심(心)이 같은 것이다. 이발(已發)하여 불선(不善)에 들어간 것으로 말하면 이는 기질이 끼어든 뒤의 심(心)이니, 심의 본체라고 말할 수 있는 것이 아니다. 그렇다면 정상은 단지 담일일 뿐이니, 어찌 혼탁하고 잡박함이 있을 수 있겠는가. 정상의 명칭은 본래 심(心)의 명목이니, 한 마디 말로 단정한다면 정상은 본래 신명(神明)인바, 신명과 담일이 어찌 두 가지겠는가. 장자(張子 장재(張載))의 이른바 '기(氣)의 근본'이라는 것은 바로 주자의 이른바 '기(氣)의 정상'이라는 것이니, 비록 기(氣)를 논하고 심(心)을 논한 차이가 있지만 실제로는 같은 기(氣)인 것이다.

기질은 기(氣)의 근본이 아니고 오직 심(心)만이 기(氣)의 근본이기 때문에, 신명하여 온갖 이(理)를 갖추고 있는 것이다.[55] 지금

55 신명하여……것이다 : 《맹자》 〈진심 상(盡心上)〉에 "마음을 다하는 자는 성(性)을 안다.〔盡其心者知其性也.〕"라고 한 구절에 대한 주자(朱子)의 주석에 "심(心)은 사람의 신명(神明)이니, 이 때문에 온갖 이(理)를 갖추고 있으면서 만사(萬事)를 응하는 것이다.〔心者, 人之神明, 所以具衆理而應萬事者也.〕"라고 하였다.

정상(精爽)을 '담일이 아니라 혈기 중의 정상이다.'라고 한다면 이른바 '담일'은 과연 어느 곳에 붙는단 말인가. 이를 구하고자 하더라도 찾을 길이 없게 된다. 인심(人心)을 형용하는 곳에서 정상을 가지고 말하면 혹 정상에 맑고 혼탁함이 있다고 오인하고, 허령(虛靈)을 가지고 말하면 혹 허령에 우열이 있다고 오인하여서 장차 심(心)과 기질로 하여금 구분이 없게 만든다. 그러니 어찌 담일을 가지고 심(心)을 말하여서 그 본체를 밝히지 않을 수 있겠는가.

철로 된 거울의 정추(精粗)의 비유[56]는 그 말이 위태롭도다. 거친 철로 만든 거울은 비록 이를 힘써 연마할지라도 필시 정미한 철로 만든 거울만 못할 것이다. 그렇다면 범인(凡人)의 마음은 비록 극진히 다스리더라도 필시 성인(聖人)의 마음만 못하게 될 것이니, 범인이 성인이 될 길이 없게 될 것이다. 율곡(栗谷)이 말하기를, '마음이 텅 비어 밝아서 기질을 변화시킨다.'라고 하였으니,[57] 기질의 변화는

56 철로……비유 : 이는 한원진(韓元震)이 명덕(明德)과 심(心)의 관계를 두고 거울에 비유해서 했던 말을 가리키는데, 《남당집(南塘集)》 권13 〈여윤서응(與尹瑞膺)〉에 "이를 거울에 비유하자면, 명덕은 거울의 밝은 속성을 말한 것과 같으니, 밝은 속성을 가리켜 말한다면 밝음은 어느 거울이나 똑같지 않은 바가 없다. 심(心)은 거울 자체를 말한 것과 같으니, 오로지 거울 자체만 말한다면 거울을 이루는 철(鐵)마다 정추(精粗)의 차이가 있다. 그러므로 밝은 속성을 가리켜 말한다면 똑같다고 이를 수 있지만 거울 자체를 가리켜 말한다면 똑같다고 이를 수 없는 것이다.〔譬之鏡, 明德猶言鏡之光明也, 指言光明, 則光明無不同矣. 心猶言鏡也, 專言鏡, 則鐵之精粗有不同矣. 故指明而言, 則可謂之同, 而指鏡而言, 則不可謂之同也.〕"라고 한 내용이 보인다.

57 율곡(栗谷)이……하였으니 : 율곡은 이이(李珥)의 호로, 이 말은 《성학집요(聖學輯要)》 제6장 〈교기질(矯氣質)〉에 보이는바, 여기에 "사람만이 비록 맑고 혼탁하며 순수하고 잡박한 차이가 있으나 마음이 텅 비어 밝아서 기질을 변화시킬 수 있다.〔惟人則雖有淸濁粹駁之不同, 而方寸虛明, 可以變化.〕"라고 하였다.

전적으로 마음에 달려 있는 것이다. 만약 인심(人心)에 본래 악함이 있다면 텅 비어 밝을 수 없을 것이니, 어떻게 기질을 변화시킬 수 있겠는가."

인성(人性)과 물성(物性)을 논하여 다음과 같이 말하였다.[58]

"범과 이리의 인(仁)과 벌과 개미의 의(義)를 주자(朱子)가 '한 점의 밝음〔一點明〕'이라고 하였으니,[59] '밝음〔明〕'이라는 것은 이(理)의 같음이고, '한 점〔一點〕'이라는 것은 기(氣)의 다름이다. 범은 비단 인(仁)을 지녔을 뿐 아니라 의(義)를 지녔기도 하니, 유곤(劉昆)이 홍농(弘農)의 태수가 되었을 때에 범이 새끼를 업고서 황하를 건너갔는바, 선한 사람을 피한 것은 의(義)이다.[60] 개미는 비단 의(義)를 지녔을 뿐 아니라 지(智)를 지녔기도 하니, 비가 올 것을 알고서 개밋둑을 쌓는 것은 지(智)이다. 개 또한 인(仁)과 의(義)를 지녔으니, 자기 새끼를 사랑하는 것은 인(仁)이고 주인에게 충성하는 것은 의(義)이다. 그러니 어찌 다만 한 점의 밝음일 뿐이겠는가. 예컨대 양이 꿇어앉아 젖을 먹는 것은 예(禮)이고,[61] 까마귀가 자라서 부모

58 인성(人性)과……말하였다 : 아래의 내용은《근재집(近齋集)》권24〈정지록(貞智錄)〉과 권8〈답이선장(答李善長)〉5번째 편지에 보인다.

59 범과……하였으니 :《주자어류(朱子語類)》권4에 "이(理)는 다르니, 예컨대 벌과 개미에게 군신간의 질서가 있는 것은 오직 의(義) 한 점에만 밝은 것이고, 범과 이리에게 부자간의 은애(恩愛)가 있는 것은 오직 인(仁) 한 점에만 밝은 것이어서 그 밖의 덕목에는 다시 미루어가지 못한다.〔理不同, 如蜂蟻之君臣, 只是他義上有一點子明, 虎狼之父子, 只是他仁上有一點子明, 其他更推不去.〕"라고 한 내용이 보인다.

60 유곤(劉昆)이……의(義)이다 : 후한(後漢) 때 유곤(劉昆)이 홍농 태수(弘農太守)로 있을 적에 어진 정사를 베풀자 범들이 모두 새끼를 등에 업고 황하를 건너가서 범으로 인한 우환이 없어지게 하였다는 고사가 전한다.《後漢書 卷109 劉昆列傳》

에게 음식을 물어다주는 것은 인(仁)이며, 새가 기미를 보고 날아가는 것[62]은 지(智)이다. 이는 진실로 모두 단지 그 일단만을 드러낸 것으로, 이 또한 하나를 차지함에 넷을 소유한다는 것[63]이다. 더군다나 기러기가 두 암컷을 갖지 않음은 의(義)이고, 봄에는 반드시 북쪽으로 날아가고 가을에는 반드시 남쪽으로 날아가는 것은 신(信)이며, 줄지어 가는 것은 예(禮)이니, 이것은 이미 그 셋을 보인 것이다.

그 발현한 것으로 말하자면 온전하지 않고, 받은 것을 말하자면 능히 갖추고 있는 것이다. 인(仁)은 넷을 포함하니, 어찌 인(仁)을 지니고서 의(義)·예(禮)·지(智)가 없는 경우가 있겠는가. 또한 어찌 인(仁)이 없으면서 의(義)·예(禮)·지(智)를 지닌 경우가 있겠는가. 물성(物性)에 오상(五常)이 없다면 사람의 덕이 비록 선할

61 양이……예(禮)이고 : 《춘추공양전(春秋公羊傳)》 장공(莊公) 4년조에 "그렇다면 무엇을 써야 할꼬? 대추, 밤을 써야 하며, 말린 고기를 써야 할 것이다.〔然則曷用? 棗栗云乎, 腶脩云乎!〕"라고 한 주(註)에 "경은 새끼 양을 쓰니,……새끼 양은 붙잡아도 울지 않고, 죽여도 부르짖지 않으며, 젖을 먹을 때는 반드시 꿇어앉아 먹으니, 마치 의리에 죽고 예를 아는 것 같음을 취한 것이다.〔卿用羔,……羔取其執之不鳴, 殺之不號, 乳必跪而受之, 類死義知禮者也.〕"라고 하였다.

62 새가……것 : 원문의 '색거(色擧)'는 《논어》 〈향당(鄕黨)〉에 "새가 사람의 안색을 보고 날아가서 빙빙 날아돈 뒤에 내려앉는다.〔色斯擧矣, 翔而後集.〕"라고 한 데서 온 말이다.

63 하나를……것 : 《이정유서(二程遺書)》 권15 〈입관어록(入關語錄)〉에 "하늘에 다섯 가지 기(氣)가 있다. 그러므로 모든 생물은 오성(五性)을 구비하고 있지 않음이 없으니, 하나를 차지함에 넷을 소유하게 된다. 초목의 경우에는 누런 것은 토(土)의 성을 얻음이 많고, 흰 것은 금(金)의 성을 얻음이 많다.〔天有五氣. 故凡生物莫不具有五性, 居其一而有其四. 至如草木也, 其黃者得土之性多, 其白者得金之性多.〕"라고 한 내용이 보인다.

지라도 어찌 물건을 감동시키는 이치가 있겠는가. 닭에게 인(仁)이 없다면 동소남(董邵南)의 행실이 어찌 닭으로 하여금 먹이를 먹여주도록 할 수 있었겠는가.[64] 고양이에게 의(義)가 없다면 북평왕(北平王)의 어짊이 어찌 고양이로 하여금 젖을 먹이게 할 수 있었겠는가.[65] 뱀과 참새에게 예(禮)가 없다면 어떻게 그들로 하여금 옥환과 구슬을 물어오게 할 수 있었겠는가.[66] 돼지와 물고기에게 신(信)이

64 닭에게……있었겠는가 : 동소남(董邵南)은 당(唐)나라 때 사람으로 주경야독하면서 어머니를 효성으로 봉양하였다고 한다. 한유(韓愈)가 동소남에 대해 지은 〈동생행(董生行)〉이라는 시에, "아, 동생(董生)이여. 효도하고 사랑함을 남들은 알지 못하고 오직 천옹(天翁)이 알아 상서를 내고 길조를 내림을 시기가 없이 하였도다. 집에 개가 새끼를 낳아 밖으로 나가 먹이를 구하자, 닭이 와서 그 새끼를 먹이되 뜰 안에서 쪼아 벌레와 개미를 주워 먹여도 먹지 않고 소리 내어 슬피 우니, 닭은 방황하며 머뭇거리며 오래도록 떠나지 못하고서 날개로 덮어 주며 어미개가 돌아오길 기다리도다.〔嗟哉董生! 孝且慈, 人不識, 唯有天翁知, 生祥下瑞無時期. 家有狗乳出求食, 雞來哺其兒, 啄啄庭中拾蟲蟻, 哺之不食鳴聲悲, 彷徨躑躅久不去, 以翼來覆待狗歸.〕"라고 한 내용이 《소학(小學)》 〈선행(善行)〉에 보인다.

65 고양이에게……있었겠는가 : 한유(韓愈)가 지은 〈묘상유설(猫相乳說)〉에, 사도(司徒) 북평왕(北平王) 마수(馬燧)의 집에 있던 고양이 두 마리가 같은 날에 각각 새끼를 낳았는데, 한 고양이가 바로 죽어서 그 새끼들이 젖을 먹지 못하고 울기만 하였다. 그러자 다른 고양이가 그 소리를 듣고 가서 그 새끼들을 물어다 자기 우리에 놓고는 마치 제 새끼처럼 젖을 먹여 길렀다고 한다. 한유는 이 일을 두고서 "고양이는 사람이 기르는 가축으로 인(仁)과 의(義)의 성품을 지닌 것이 아니니, 길러준 사람에게 감동한 것일 것이다!〔夫貓, 人畜也, 非性於仁義者也, 其感於所畜者乎哉!〕"라고 하여, 북평왕의 공덕(功德)이 이와 같은 상서로움을 불러왔다고 하였다. 《唐宋八大家文鈔 卷10 貓相乳》

66 뱀과……있었겠는가 : 옛날에 수후(隋侯)가 다친 뱀을 치료해 주었는데 그 뱀이 밤에도 환히 빛나는 구슬을 가져다주어서 은혜를 갚았고, 양진(楊震)의 부친 양보(楊寶)가 올빼미에게 쫓겨 나무에서 떨어진 누런 참새를 구해주었더니 이를 날려 보낸

없다면 어찌 그들로 하여금 믿게 할 수 있었겠는가.[67]

성(性)은 단지 하나의 선(善)이니, 일의 선한 것은 모두 오상(五常)에 관계된다. 지금 소가 밭을 갈고 말이 달리는 것은 바로 선의 일이지 악의 일이 아니니, 그렇다면 소가 밭을 갈고 말이 달리는 것은 곧 사람의 인(仁)과 의(義)이니, 여기에서 사람과 물건에 있어서 동일하게 성(性)이 선하다는 것을 알 수 있다. 성(性)은 근원이 하나인데 도(道)는 분파가 있으니, 그렇다면 성(性)은 같은데 도(道)는 같지 않을 듯하다. 그러나 도(道) 역시 같다고 말하는 것은 무엇 때문인가? 도(道)는 이 성(性)의 자연을 따른 것이어서, 성(性)이 하나이면 도(道) 역시 하나인 것이다. 그러므로 '성(性)과 도(道)가 같다.'라고 하는 것이다.[68] 성(性)과 도(道)가 이미 같은데,

날에 서왕모(西王母)의 사자인 황의동자가 와서 보답으로 흰 옥환 4개를 주었는바, 이는 자손이 귀하게 될 징조였다고 한다. 《搜神記 卷20》《後漢書 卷54 楊震列傳》

67 돼지와……있었겠는가 : 《주역(周易)》 〈중부괘(中孚卦)〉의 괘사(卦辭)에 "중부는 돼지와 물고기면 길하니, 큰 냇물을 건넘이 이롭고 정함이 이롭다.〔中孚, 豚魚吉, 利涉大川, 利貞.〕"라고 하였는데, 그 단전(彖傳)에 "'돼지와 물고기면 길함'은 신의가 돼지와 물고기에까지 미친 것이다.〔豚魚吉, 信及豚魚也.〕"라고 하였다. 곧 그 덕이 훌륭하여 돼지와 물고기 같은 미물까지 감동시킴을 말한 것이다.

68 성(性)은 근원이……것이다 : 《중용장구(中庸章句)》 첫 장에 "하늘이 명하신 것을 성(性)이라 하고, 성을 따르는 것을 도(道)라 하고, 도를 품절해 놓은 것을 교(敎)라 한다.〔天命之謂性, 率性之謂道, 修道之謂敎.〕"라고 하였는데, 이에 대해 주희(朱熹)가 "사람과 물건이 태어남에, 각기 부여 받은 바의 이(理)를 얻음으로 인하여 건순(健順)과 오상(五常)의 덕을 삼으니, 이른바 성(性)이라는 것이다.……사람과 물건이 각기 그 성(性)의 자연을 따르면 일상생활을 하는 사이에 각기 마땅히 행하여야 할 길이 있지 않음이 없으니, 이것이 이른바 도(道)라는 것이다.……성(性)과 도(道)가 비록 같으나 기품이 혹 다르기 때문에 과하거나 불급한 차이가 없지 못하므로, 성인이 사람과

물건이 사람의 일을 하지 못하는 것은 무엇 때문인가? 기(氣)에는 변할 수 있는 것이 있고 변할 수 없는 것이 있다. 변할 수 있는 것은 바로 성인(聖人)과 범인(凡人)의 다른 기(氣)로서 맑고 혼탁하며 순수하고 잡박한 구분이며, 변할 수 없는 것은 바로 사람과 물건의 다른 기(氣)로서 바르고 치우치며 통하고 막혀 있는 구별이다.[69] 혼

물건이 마땅히 행하여야 할 것을 인하여 품절하여 천하에 법이 되게 하셨다. 이것을 일러 교(敎)라고 하니, 예악과 형정과 같은 것이 이것이다.〔人物之生, 因各得其所賦之理, 以爲健順五常之德, 所謂性也.……人物各循其性之自然, 則其日用事物之間, 莫不各有當行之路, 是則所謂道也.……性道雖同, 而氣稟或異. 故不能無過不及之差, 聖人因人物之所當行者而品節之, 以爲法於天下, 則謂之教. 若禮樂刑政之屬是也.〕"라고 해석하였다. 여기에서 언급된 성(性)과 도(道)에 대하여 나흠순(羅欽順)은 《곤지기(困知記)》 권상(卷上)에서 "성(性)은 명(命)에 의해 같고 도(道)는 형(形)에 의해 다르니, 반드시 동이의 사이를 분명히 안다면 천과 지, 인과 물의 이치를 다할 수 있을 것이다.〔抵性以命同, 道以形異, 必明乎異同之際, 斯可以盡天地人物之理.〕"라고 하여 성(性)은 인(人)과 물(物)이 같고 도(道)는 인과 물이 다르다고 주장하였는데, 박윤원은 이에 대해서 성(性)과 도(道) 모두 인(人)과 물(物)이 같다고 주장하는 것이다. 참고로 성삼층설을 제창한 한원진(韓元震)은 초형기(超形器)의 차원에서는 성(性)도 같고 도(道)도 같으며, 인기질(因氣質) 이하의 차원에서는 성(性)도 다르고 도(道)도 다르다고 주장하였으며, 인물성이론을 견지한 임성주(任聖周)는 성(性)과 도(道) 모두 인(人)과 물(物)이 다르다고 주장하였다. 이에 대한 한원진의 글은 《남당집(南唐集)》 권27 〈나정암곤지기변(羅整菴困知記辨)〉, 임성주의 글은 《녹문집(鹿門集)〉 권19 〈녹려잡지(鹿廬雜識)〉 참조.

69 변할 수 있는……구별이다 : 《대학혹문(大學或問)》 권1 〈경 1장(經一章)〉에 "그 이(理)를 가지고 말하면 만물은 하나의 근본이어서 진실로 인(人)과 물(物), 귀(貴)와 천(賤)의 차이가 없지만, 그 기(氣)를 가지고 말하면 그 바르고 통한 기를 얻은 것이 인이 되고, 치우치고 막힌 기를 얻은 것이 물이 되니, 이 때문에 귀하기도 하고 천하기도 하여 가지런하지 못한 것이다.〔以其理而言之, 則萬物一原, 固無人物貴賤之殊, 以其氣而言之, 則得其正且通者爲人, 得其偏且塞者爲物, 是以或貴或賤而不能齊也.〕"라고 한

탁하고 잡박한 것은 맑고 순수하게 할 수 있으나, 치우치고 막혀 있는 것은 바르고 통하게 할 수 없다. 그러므로 물건은 끝내 사람의 일을 할 수 없는 것이다. 성인(聖人)이 소와 말에게 굴레를 두어서 그들로 하여금 밭을 갈고 달릴 수 있게 한 것은 또한 성(性)의 자연을 인한 것일 뿐이니, 바로 교(敎)가 성(性)과 도(道)의 안에 있는 것이다. 녹문(鹿門 임성주(任聖周))이 '명덕은 사람과 물건이 같다고 할 수 없다. 천명지성(天命之性)을 사람과 물건이 같다고 한다면 심(心)은 작고 성(性)은 큰 것이 되니, 심(心)이 어떻게 성(性)을 담을 수 있겠는가.'라고 하였는데, 이 말은 의심할 만하다. 심(心)과 성(性)이 과연 형체가 있는 물건이라서 형체의 크고 작음으로 논할 수 있는 것이겠는가."

선생께서는 강론하시는 때에 들어오는 쪽을 주인으로 여겨[70] 이기기를 구하거나, 기세를 타고서 이를 남에게 부린 적이 없었다. 항상 말씀하기를, "의리는 천하의 공공된 것이니, 어찌 스스로를 옳다 하여 남을

구절이 보인다.

70 들어오는……여겨 : 원문의 '입주(入主)'는 들어가면 주인으로 여기고 나오면 종으로 여긴다는 뜻의 '입주출노(入主出奴)'에서 온 말로, 믿고 따르는 학설은 주인으로 여기고 배척하는 학설은 종으로 여김을 뜻한다. 이는 본래 당(唐)나라 문장가 한유(韓愈)의 〈원도(原道)〉에 나오는 말로, 공자(孔子)가 죽은 뒤에 유학(儒學)이 쇠퇴함을 말하면서 "도덕과 인의를 말하는 자가 양주(楊朱)로 들어가지 않으면 묵적(墨翟)으로 들어가고, 노자(老子)로 들어가지 않으면 불가(佛家)로 들어가서 저기로 들어가면 여기에서 나오게 되었다. 그러면서 들어가는 쪽을 주인으로 여기고 나가는 쪽을 종으로 여기며 들어가는 쪽을 따르고 나가는 쪽을 더럽게 여겼다.〔其言道德仁義者, 不入於楊, 則入于墨, 不入於老, 則入于佛, 入于彼, 必出乎此, 入者主之, 出者奴之, 入者附之, 出者汚之.〕"라고 하였다.

그르다고 할 수 있겠는가. 자기와 의견이 같은 것을 좋아하고 다른 것을 미워하는 것은 사사로운 뜻이다."라고 하였다. 그러므로 종일 담론해 분변하고 누차 편지를 왕복하더라도 한결같이 공평하여 온화한 기운을 잃지 않으셨다. 만일 한 치의 훌륭한 점이라도 남에게 있으면 번번이 자신의 뜻을 굽히고서 따랐고, 혹 각자 자신의 견해를 고집하여서 둘이 서로 내려놓지 않더라도 또한 조금도 마음에 거리끼지 않아서 교유하는 정이 쇠하지 않았다.

겸하여 예학(禮學)을 익혀서 "예(禮)는 사덕(四德)[71] 중에 하나로 그 쓰임이 몹시 크다."라고 하고서 이에 원류를 거슬러 올라가 연구하고 같고 다름을 고증하여서 고금에 따른 적합함을 참작하고 상례(常禮)와 변례(變禮)의 절목을 궁구하였으니, 변별해 분석하여 절충한 것이 가지런히 체제가 있었다. 사람들이 의례(疑禮)와 변례(變禮)를 만나면 반드시 선생에게 나아가 질정하였다.

항상 "세교(世敎)가 쇠함에 상례(喪禮)가 먼저 무너졌으니, 조부모와 백부 및 백모, 숙부 및 숙모를 위해 상복을 입는 중에 혼인하는 지경에 이르러서는 극에 달하였다."라고 탄식하였다. 혹자가 이를 논란하여 말하기를, "때를 놓치기가 어렵고, 또 혼인할 집에서 들어주지 않으니 어찌합니까?"라고 하자, 선생께서 말하기를 "이는 예방(禮防)이 무너진 것이니, 이와 같은 자와는 또한 혼인하기를 원치 않는다. 범사에 있어서 시세에 구애받는다면 예법이 없게 될 것이니 이것이 옳겠는가."라고 하였다. 세속에서 처음 상(喪)이 났을 때에 밥 세 그릇을 진설하고는 이를 저승사자를 위한 밥이라고 하였는데, 선생께서는

71 사덕(四德) : 인(仁), 의(義), 예(禮), 지(智)를 가리킨다.

"이는 신라와 고려 때에 불가를 높이던 습속에서 나온 것으로, 올바르게 죽는 예(禮)가 아니다."라고 하여, 유계(遺戒)를 남겨서 이를 없앴다. 또한 부녀자가 죽으려 할 때에 모시는 여종이 불경을 외는 것은 올바르게 죽는 것이 아니라고 하여, 또한 이를 일절 금하였다.

또 부모가 죽으면 머리를 풀어헤치는 것이 예(禮)가 아니라고 하여서 말하기를, "《가례(家禮)》는 《서의(書儀)》의 잘못을 인습한 것으로,[72] 이는 주자(朱子)의 본의가 아니다. 그러나 행해진 지가 오래되어 풍속을 이루어서 상례(喪禮)의 큰 절목이 되었으니, 만일 다스려 바로잡고자 한다면 반드시 현명한 군주와 어진 신하가 투합하여 금령(禁令)을 드러내어서 설행한 뒤에야 바꿀 수 있을 것이다. 만일 아래에 있는 사람이 제멋대로 바꾼다면 이는 망령된 것이다."라고 하였다. 일찍이 말하기를, "예(禮)를 좋아하는 것은 진실로 높이 여길만한 것이지만, 번잡한 글과 말단의 절목에 한갓 얽매여서 본원에 힘쓰지 않는다면, 비록 삼백 예의(禮儀)와 삼천 위의(威儀)[73]를 융회하여 관통하더라

72 가례(家禮)는……것으로 : 주희(朱熹)의 《가례》 권4 〈상례(喪禮)〉 초종(初終)조에 "이에 옷을 갈아입고 음식을 먹지 않는다.〔乃易服不食.〕"라고 한 주에 "처와 자식, 며느리, 첩은 모두 관과 윗옷을 벗고 머리를 푼다.〔妻子婦妾皆去冠及上服被髮.〕"라고 하였는데, 이는 사마광(司馬光)의 《서의(書儀)》 권5 〈상의1(喪儀一)〉 역복(易服)조에 "초혼하였으면, 처와 자식, 며느리, 첩은 모두 관과 윗옷을 벗고 머리를 푼다.〔既復, 妻子婦妾皆去冠及上服被髮.〕"라고 한 말을 인용한 것이므로 이와 같이 말한 것이다.

73 삼백……위의(威儀) : 《중용(中庸)》에 성인(聖人)의 도(道)를 찬탄하며 "크고 넉넉하도다. 예의가 삼백 가지이고, 위의가 삼천 가지이다. 훌륭한 사람을 기다린 뒤에 행해진다.〔優優大哉! 禮儀三百, 威儀三千. 待其人而後行.〕"라고 하였는데, 이에 대한 주(註)에 "예의는 경례이고, 위의는 곡례이다.〔禮儀, 經禮也; 威儀, 曲禮也.〕"라고 하였다.

도 또한 실제로 터득하기를 기대하기 어려워서 문(文)이 질(質)을 이기는 폐단[74]을 열어놓기가 쉽게 될 것이다. 또 내가 다른 사람과 문답할 때에 보면 예(禮)에 대한 내용이 경(經)보다 많다. 경의(經義)라고 하더라도 내가 실로 물어오면 응해줄 수가 없으나, 또한 여기에서 세상에 제대로 독서를 하는 사람이 없음을 징험할 수 있다."라고 하여, 배우는 이들에게 문구에 얽매이는 것을 경계하여서 경(經)을 먼저 익히고 예(禮)를 뒤에 익히도록 하였다.

항상 경세제민에 마음을 두어서 치도(治道)를 논할 때에 반드시 당우(唐虞)와 삼대(三代)[75]로써 기약하였다. 나라를 다스리는 계책과 인재를 등용하는 법과 산업을 제정하고 민생을 풍족하게 하는 규모와 체제에 있어서 모두 연구하여 논하여 저술하였다. 반드시 교화를 돈독히 하고 풍속을 바로잡으며, 현능한 사람을 임명하고 아첨하는 이를 멀리하며, 사치를 금하고 쓸데없는 소비를 제거하며, 부화함을 없애고 충성스럽고 어진 이를 높이는 것을 우선으로 삼았으며, 그 요점은 또 임금의 마음에 근본을 두어서, "인군의 마음이 바르면 천하가 바르게 된다."라고 하였다.

74 문(文)이……폐단 : 《논어집주(論語集註)》 〈옹야(雍也)〉에 "질(質)이 문(文)을 이기면 촌스럽게 되고, 문(文)이 질(質)을 이기면 겉치레만 잘하게 되니, 문(文)과 질(質)이 적당히 배합된 뒤에야 군자라고 할 수 있다.〔質勝文則野, 文勝質則史, 文質彬彬然後君子.〕"라고 한 경문에 대한 주에 "문(文)이 이겨 질(質)을 없애는 데 이른다면 그 근본(根本)이 없어지는 것이니, 비록 문(文)이 있은들 장차 어디에다 베풀겠는가? 그렇다면 그 겉치레만 잘하는 것보다는 차라리 촌스러움이 나은 것이다.〔文勝而至於滅質, 則其本亡矣, 雖有文, 將安施乎? 然則與其史也, 寧野.〕"라고 하였다.

75 당우(唐虞)와 삼대(三代) : 당은 요(堯)임금, 우는 순(舜)임금의 국호이며 삼대는 하(夏)·은(殷)·주(周) 세 왕조로, 모두 태평성대를 가리킨다.

인재가 옛날과 같지 못함을 안타까워하시며 말하기를, "이는 과거(科擧)가 이를 해쳤기 때문이니, 심술(心術)을 무너뜨리고 세교(世敎)를 해치는지라, 마땅히 개혁해야 함에 의심할 여지가 없다. 사자(士子)가 과거시험에 응하는 것은 마치 처자가 몸을 드러내는 것과 같으니, 몹시 부끄러워할만한 일이다. 만일 자중하고자 한다면, 마땅히 과거에 나아가지 않는 것을 올바른 것으로 여겨야 할 것이다."라고 하였다. 또 말하기를, "삼대(三代) 이후로 빈흥(賓興)의 제도[76]가 없어서 과목(科目)으로 인재를 취하니 이것이 아니면 벼슬에 나아갈 길이 없다. 집안을 맡은 책임과 부형(父兄)의 기대 등 관계된 바가 몹시 많아서 비록 자유로울 수 없지만, 뜻을 세움이 견고하다면 어찌 학문하는 방도가 없겠는가. 이는 당사자에게 달려있을 뿐이다. 만일 배운 바가 없다면 장차 어디에서 손을 빌려서 임금을 섬기겠는가. 벼슬에 나아가려는 자는 더욱 배우지 않아서는 안 된다."라고 하였다. 이어서 말하기를, "주자(朱子)의 공거(貢擧)에 대한 의론[77]은 끝내 정자(程子)의 학교에

76 빈흥(賓興)의 제도 : 주(周)나라 때에 인재를 선발하던 제도로, 향대부(鄕大夫)가 그 고을의 소학(小學)에서 인재를 천거하여 빈객으로 예우하고 국학(國學)에 들어가게 한 데에서 유래한 말이다. 《주례(周禮)》 〈지관(地官) 대사도(大司徒)〉에 "향학(鄕學)의 세 가지 일로써 만민을 가르쳐 빈객으로 예우하여 천거한다.〔以鄕三物, 敎萬民而賓興之.〕"라고 하였다.

77 주자(朱子)의……의론 : 주희(朱熹)가 과거제도에 대해서 논한 글로, 조정에 올리지 않은 사의(私議)이다. 《주자대전(朱子大全)》 권69 〈학교공거사의(學校貢擧私議)〉에 보인다. 주자는 여기에서 과거를 준비하는 자들이 경전을 제대로 공부하지 않고 과문을 짓는 일에만 치중하고 있다면서 과거제도의 폐단에 대해 지적하고, 사부(詞賦)를 혁파하고 경전, 성리학과 제자서, 역사서, 시무(時務)를 시험하여 인재를 취해야 한다고 하였으며, 여러 주(州)의 정원을 고르게 할 것과 덕행과(德行科)를 세울 것을

대한 차자[78]만 못할 듯하다."라고 하였다.

높은 관리가 유화(儒化)를 쓸모없는 것으로 여기는 것을 늘 탄식하면서 말하기를,[79] "학교는 인륜을 밝히기 위한 것이다. 인륜이 밝지 않으면 백성들이 예의(禮義)를 알지 못하고, 백성들이 예의를 알지 못하면 금수와 같게 된다. 그러므로 성인(聖人)이 이를 걱정하여서 학교를 만들어 이들을 가르쳐서 인륜을 밝힌 것이다. 인륜이 밝지 않으면 백성들을 다스릴 수가 있겠는가. 반드시 사람의 도리로써 백성들을 이끌어서 윗사람을 친히 여기고 어른을 위해 목숨을 바치는 의리[80]를 알게 하고, 훌륭한 인재와 백성들은 마땅히 시서(詩書)와 육예(六藝)[81]

주장하였다.

78 정자(程子)의……차자 : 정이(程頤)가 학제(學制)를 살펴서 이에 대해 철종(哲宗)에게 건의한 글을 가리킨다. 이 글의 대략적인 내용은 다음과 같다. "학교는 예의를 앞세우는 곳인데, 달마다 시험을 보아 경쟁하게 하는 것은 전혀 가르쳐서 기르는 방도가 아닙니다. 청컨대 시험을 월과로 고쳐서 이르지 못하는 자가 있으면 학관이 불러서 가르치게 하고, 다시는 고하(高下)를 상고하여 정하지 않아야 합니다. 존현당을 지어서 천하의 도덕이 있는 선비들을 맞이하며, 향공의 정원을 줄여 이익으로 유혹되는 일을 없애며, 번문을 생략하여 위임하기를 오로지하며, 행검을 장려하여 풍교를 돈후하게 하여야 합니다.〔學校, 禮義相先之地, 而月使之爭, 殊非教養之道. 請改試爲課, 有所未至, 則學官召而教之, 更不考定高下. 制尊賢堂以延天下道德之士, 鐫解額以去利誘, 省繁文以專委任, 勵行檢以厚風教.〕"《小學 善行》《二程文集 卷8 三學看詳文》

79 높은……말하기를 : 아래의 인용한 내용은《근재집(近齋集)》권22〈흥학교설(興學校說)〉에 보인다.

80 윗사람을……의리 :《맹자(孟子)》〈양혜왕 하(梁惠王下)〉에 "임금께서 어진 정치를 행하기만 한다면 이 백성들이 그 윗사람을 친근하게 여기고 어른을 위해서 자신의 목숨을 기꺼이 바칠 것이다.〔君行仁政, 斯民親其上, 死其長矣.〕"라고 한 데서 온 말이다.

81 육예(六藝) : 학생을 교육하는 여섯 가지 과목으로, 예(禮)·악(樂)·사(射)·어(御)·서(書)·수(數)를 말한다.

로 가르쳐서 국가를 위해 쓰이도록 해야 한다."라고 하였다. 그 말이 모두 딱 들어맞고 절실하면서도 평탄하고 실질적인 것이었다.

치도(治道)의 요체에 통달하고 시무를 알았으며 백성을 편안하게 하고 남을 이롭게 하는 것에 늘 마음을 두어서, 모든 민생의 질고(疾苦)와 홍수와 가뭄, 재해와 역병에 관련된 것들을 마치 자신의 몸이 아픈 것처럼 근심하였으니, 그 인애(仁愛)가 넓음이 또 이와 같았다. 그러나 만약 학문에 근본을 두지 않고 또 능히 때를 헤아리고 스스로를 헤아리지 못하여서 사업과 공적으로 자처하는 사람이 있으면 몹시 그릇되게 여겨서 "이와 같은 사람은 어리석은 사람이 아니면 망령된 사람이다."라고 하였다. 사람들이 선생께서 관직을 사양하고 자신의 뜻을 지키면서 일생동안 준양시회(遵養時晦)[82]하는 것을 보고 혹 사무(事務)를 익히지 못하였다고 생각하였다. 그러나 이는 선생의 흉중의 경륜(經綸)이 범위가 성대하여서 이를 내어서 시행함이 있었다면 임금을 높이고 백성을 비호하며 세상을 도야하고 풍속을 이루었을 것이니, 애당초 멀리 떠나가서 달갑게 여기지 않았던 것이 아님을 실로 알지 못하였던 것이다. 일찍이 말씀하기를 "염락(濂洛)[83]의 현인들이 모두 왕을 보좌할 재주를 지닌 인물들이었고 또 경세제민을 즐겨 말한 것이 많지만, 그 말이 흩어져서 나와서 책을 이루지 못하였다. 오직 유반계(柳磻溪)

82 준양시회(遵養時晦) : 때를 따라 힘과 덕을 기르며 자신을 숨김을 이른다. 《시경》 〈주송(周頌) 작(酌)〉에 "아, 성대한 왕의 군대여, 도를 따라 힘을 기르며 때로 몸을 감춘다.〔於鑠王師, 遵養時晦.〕"라고 한 데서 온 말이다.

83 염락(濂洛) : 염계(濂溪)와 낙양(洛陽)을 함께 일컫는 말로, 송(宋)나라의 성리학자인 주돈이(周敦頤)와 정호(程顥)·정이(程頤)가 거주하던 곳인데, 성리학을 뜻하는 말로 쓰이게 되었다.

가 저술한 《수록(隨錄)》[84]이 예악(禮樂)과 형정(刑政), 관방(官方)과 법제(法制)에 있어서 세세한 절목들이 모두 베풀어져 찬연하게 한 왕대(王代)의 법을 이루었으니, 실로 《주례(周禮)》의 뒤를 잇는다. 지금 세상에서 이를 시행하여서 세상을 다스려 성세를 이루도록 보좌하지 못한 것이 애석하다."라고 하고, 저암(著庵) 유한준(兪漢雋) 공에게 입전(立傳)하기를 권하였다.[85]

선생께서는 늘 왕실에 마음을 두고 세도(世道)를 근심하여서 선정(善政)을 들으면 반드시 흠송하고 감축하였으며, 혹 정사에 과실이 있으면 근심하고 탄식하면서 잠들지 못하여 왕왕 눈물을 흘리는 데에 이르렀다. 늘 정묘(正廟) 병신년 3월 10일의 전교[86]를 읊으면서 말하기를, "우리 임금의 성학(聖學)의 고명함이 천고에 우뚝하여 근본을 둘로 하지 않는 의리[87]에 엄격하신 것이 이와 같으니, 천신(賤臣)인 이 사람

84 유반계(柳磻溪)가 저술한 수록(隨錄) : 유형원(柳馨遠, 1622~1673)의 《반계수록(磻溪隧錄)》을 말한다. 반계는 유형원의 호로, 유형원의 자는 덕부(德夫), 본관은 문화(文化)이다. 1654년(효종5)에 진사시에 합격하였으나 이후 문과에 떨어지자 벼슬하려는 뜻을 버리고 전라도 부안군(扶安郡) 우반동(愚磻洞)으로 이거하여 거의 20년에 걸쳐 《반계수록》을 완성하였다. 이 책은 통치 제도에 관한 개혁안을 중심으로 저술한 책으로, 26권 13책의 분량이며, 토지・교육・임용・군사제도 등에 대한 개혁안이 구체적으로 제시되어 있다.

85 저암(著庵)……권하였다 : 유한준(兪漢雋)이 저술한 유형원(柳馨遠)에 대한 전(傳)이 유한준의 《자저(自著)》 권15 〈유형원전(柳馨遠傳)〉에 보인다.

86 정묘(正廟)……전교 : 병신년은 정조(正祖)의 즉위년인 1776년으로, 영조(英祖)가 이 해 3월 5일에 승하한 뒤 5일이 지난 3월 10일에 정조가 중외(中外)의 신료들과 기로(耆老), 군민(軍民) 등에게 내린 전교를 말한다. 《承政院日記 英祖52年 3月 10日》

87 근본을……의리 : 왕위를 계승한 사람은 사친(私親)이 있다고 할지라도 정식 왕통(王統)만을 근본으로 인정하여서 두 근본을 두지 않는 의리를 말한다. 정조(正祖)는

이 이를 금석(金石)처럼 믿는다."라고 하였다. 오인(午人 남인(南人))이 재상이 되었다는 소식을 듣고는 참담히 즐거워하지 않기를 마치 천진교(天津橋)의 두견새 소리를 들은 것처럼 하였는데,[88] 임자년 이후에 이르러[89] 모두 선생의 기미를 아는 명철함을 추숭하였다.

선생께서는 사승(師承)을 말미암지 않고 스스로 학문을 할 줄을 알았으니, 명리(名理)를 넓혀 밝힌 것이 모두 홀로 터득하신 것이었다. 그러나 또한 자신하지 않으셔서 동시대의 현자들과 두루 교유하여 의심나는 바를 질정하셨다. 미호(渼湖) 김원행(金元行) 선생과 밀암(密菴) 김지행(金砥行) 공과 녹문(鹿門) 임성주(任聖周) 공과 같은 분들을 존경하여서 섬겼는데, 미호에 있어서는 더욱 독실하게 믿어서 스승으로 삼아 의지하였다. 삼산재(三山齋) 김이안(金履安) 공과 운호(雲湖) 임정주(任靖周) 공과 영재(寧齋) 오윤상(吳允常) 공과 같은 분들

사친(私親)이 사도세자(思悼世子)이지만 사도 세자가 폐위된 뒤 효장세자(孝章世子)의 뒤를 이어 왕위에 올랐으므로 이와 같이 말한 것이다.

88 참담히……하였는데 : 송(宋)나라 때의 학자 소옹(邵雍)이 치평(治平) 연간에 낙양(洛陽)의 천진교 위에서 두견새가 우는 소리를 듣고 참담히 즐거워하지 않자, 함께 있던 객이 그 까닭을 물었다. 이에 소옹은 낙양에 이전에는 없던 두견새가 온 것은 지기(地氣)가 남에서 북으로 이동한 것으로 장차 혼란해질 조짐이어서, 앞으로 몇 년 내에 임금이 남쪽 인사를 재상으로 등용하게 되면서 남쪽 사람들이 변경을 일삼을 것이라 천하에 연고가 많아질 것이라고 하였는데, 희령(熙寧) 초에 이르러 이 말이 징험되었다는 고사가 있다.《宋名臣言行錄 外集卷五 邵雍》

89 임자년 이후에 이르러 : 임자년은 1792년(정조16)으로, 이때에 영남 유생(儒生) 이우(李㙖) 등 1만여 명이 연명(聯名)으로 사도세자(思悼世子)의 억울함을 풀어 달라는 상소를 올렸으며, 이듬해에는 남인 채제공(蔡濟恭)이 사도세자를 무함한 이들을 처벌할 것을 상소하였는바, 이 일련의 일들을 가리킨다.《日省錄 正祖 16年 閏4月 27日, 17年 5月 28日》

과는 늘 절절시시(切切偲偲)[90]하였다. 남에게서 취하여 선(善)을 행하는 것[91]이 진실한 정성에서 나와, 마치 굶주리고 목마른 자가 먹고 마시는 것처럼 하였다. 그러므로 제현(諸賢)들이 모두 흠모하며 중시하면서 사문(斯文)이 의탁할 곳으로 삼아서 진수(進修)[92]의 차제를 기꺼이 고하여 주었으니, 그 연마하고 훈도하여서 덕을 이루는 데에 이른 것이 또 이와 같았다.

학문을 함에 있어서 이(理)를 궁구하여 선(善)을 밝히고 몸에 돌이켜서 실천하며, 경(敬)을 지켜서 내면을 기르고 의(義)를 체인하여 외면을 단속하였다. 일찍이 말씀하기를, "거경(居敬)과 궁리(窮理)와 역행(力行) 이 세 가지를 하나라도 빠뜨려서는 안 되며, 경(敬)은 또 온갖 선(善)의 근본이다."라고 하였다. 책에 있어서는 읽지 않는 바가 없었으되, 육경(六經)에 더욱 심취하여 순환하여 익숙히 읽고 읽으면 반드시 외워서 마치 자신의 입에서 나온 것처럼 꼭 들어맞았다. 매번 책상에 임하여 책을 펼칠 때마다 손을 씻고 단정히 모으고서 어깨와

90 절절시시(切切偲偲) : 붕우 간에 간곡하게 권면하는 것을 말한다. 《논어》〈자로(子路)〉에, 자로가 선비에 대하여 묻자, 공자가 "간절하고 자상하게 권면하며 화락하면 선비라 이를 만하다. 붕우 간에는 간절하고 자상하게 권면하고, 형제간에는 화락하여야 한다.〔切切偲偲, 怡怡如也, 可謂士矣. 朋友切切偲偲, 兄弟怡怡.〕"라고 한 데서 온 말이다.

91 남에게서……것 : 원문의 '취인위선(取人爲善)'은 《맹자》〈공손추 상(公孫丑上)〉에서 맹자가 "대순(大舜)은 이보다도 더 위대함이 있었으니, 선을 남과 함께하여 자신을 버리고 남을 따르시며, 남에게서 취하여 선을 행함을 좋아하셨다.〔大舜有大焉, 善與人同, 舍己從人, 樂取於人以爲善.〕"라고 한 데서 온 말이다.

92 진수(進修) : '진덕수업(進德修業)'의 줄임말로, 덕을 진전시키고 업(業)을 닦는다는 뜻인바, 《주역(周易)》〈건괘(乾卦) 문언전(文言傳)〉에 보인다.

등을 움직이지 않고 마음과 눈이 모두 이르러서 정신과 뜻이 무젖어 곧장 책과 하나가 되었으며, 성음이 마치 금석에서 나온 것과 같아서 듣는 이들이 소호(韶護)[93]와도 같다고 하였다.

경전의 뜻에 있어서 신묘하게 계합되고 정신으로 이해하여서 억지로 탐구하지 않고서도 곧장 관건을 뽑아내어 툭 트여서 창달하였다. 견해가 뛰어나서 막히고 구애되는 병통이 없었고, 또 반드시 주자(朱子)의 설을 근거로 삼아서, 견강부회하고 천착하여서 직접 손을 댄 적이 없었다. 그 변별하고 풀이한 것이 대체로 모두 편안히 이치가 순하여서 정미하고 통투하면서도 명백하여 더이상 남은 여지가 없었다. 질환으로 인하여 입언(立言)할 겨를이 없었기 때문에 성경(聖經)의 뜻을 발휘하여서 후대의 사람들을 계도하고 도우려던 뜻이 끝마쳐지지 못하였으니, 이것이 유감이다. 그러나 편지로 문답한 것을 보면 왕왕 이전의 사람들이 미처 궁구하지 못했던 점이 있으니, 유편(遺編)을 보면 알 수 있다.

배우는 이들을 지도함에 있어서도, 마음을 스승으로 삼아서 홀로 도달한 것을 미루어서 가르침을 베풀었다. 세상의 유학자들이 하학(下學)에 힘쓰지 않고 단번에 상달(上達)을 말하는 것[94]을 항상 병통으로

93 소호(韶護) : 순(舜)임금의 음악과 탕왕(湯王)의 음악으로, 모범이 되는 훌륭한 음악을 가리킨다.

94 하학(下學)에……것 : 하학이란 인간으로서 행해야 할 일을 뜻하며, 상달이란 오묘한 천리(天理)에 통달함을 말한다. 《논어(論語)》〈헌문(憲問)〉에 공자(孔子)가 말하기를, "하늘을 원망하지 않고 남을 탓하지 않으면서 아래로 인사(人事)를 배워 위로 천리(天理)에 통달하니, 나를 알아주는 이는 하늘일 것이다.〔不怨天, 不尤人, 下學而上達, 知我者, 其天乎!〕"라고 하였다.

여기셨으므로, 견해가 이르지 못하는 이치를 가지고서 말하지 않고, 먼저 《격몽요결(擊蒙要訣)》과 《소학(小學)》을 가르쳐서 반드시 근본을 돈독하게 하고 실질에 힘쓰는 것을 위주로 하였다. 또 〈권독소학문(勸讀小學文)〉[95]을 지어서 이와 같이 하지 않으면 사람이 되지 않는다는 뜻을 밝히셨다.

학문에 뜻을 두고서부터 전혀 쓸데없는 편찬이나 저술을 하지 않으셨고, 혹 저술하는 바가 있으면 단지 글과 글자가 이치에 순하기만을 구하였으므로, 초년과 만년에 저술하신 바가 마치 두 손에서 나온 듯 달랐다. 늘 말씀하기를, "글은 좋게 하고자 하면 내용이 이미 공허해져서 도(道)와의 거리가 멀 뿐만이 아니게 된다. 주자(朱子)께서 잡서(雜書)를 보아서 정력을 분산시키는 것을 경계하셨으니, 하물며 무용한 문장을 지어서 문장을 꾸미는 데에 마음을 쏟는다면 그 몸과 마음을 해치는 것이 응당 어떠하겠는가. 옛날에는 문(文)과 도(道)가 하나였는데, 후세에는 문과 도가 둘이 되어서 부화함이 성행하고 본질이 멸망하였다."라고 하였다.

또 말씀하기를, "도학(道學)은 이(理)이니 이(理)는 줄어드는 때가 없고, 문장은 기(氣)이니 기(氣)는 쇠하는 때가 있다. 만일 지금 사람이 옛사람의 학문을 한다면 그래도 거의 미칠 수 있지만, 옛사람의 글을 짓는다면 결단코 성취하기 어려울 것이다."라고 하였다. 그러므로 다시는 문장을 지을 적에 아름답게 꾸미고 옛것을 모방하지 않으셨고, 어렸을 때에 저술한 글을 모두 취하여 불태우면서 말씀하기를,

95 권독소학문(勸讀小學文) : 이 글은 《근재집(近齋集)》 권23 〈권독소학문(勸讀小學文)〉에 실려 있는데, 배우는 이들에게 《소학》을 반드시 먼저 읽기를 권하는 글이다.

"말이 들뜨고 과장되니, 남겨서 자손에게 보여주어서는 안 된다."라고 하였다. 임종에 맏아들이 문고(文稿)를 끝내 어떻게 할 것인지 여쭙자, 선생께서 말씀하기를, "이것이 어찌 아까워할만한 것이겠느냐."라고 하였으니, 진실로 높고 넓은 견식으로 본말과 경중의 구별을 살필 수 있는 사람이 아니라면 어찌 능히 여기에 참여할 수 있었겠는가. 문집이 있어서 세상에 전해지지만 제경(諸經)의 차략(箚畧)[96]은 모두 미처 다시 정리하지 못하였으니, 만약 "고묘한 도(道)와 정미한 의(義)가 발한 것이 여기에 그칠 뿐이다."라고 한다면 이는 선생을 알지 못하는 사람이다.

선생께서는 부모님을 섬김에 있어서 사랑과 공경을 지극히 하였고 하찮은 일이라도 반드시 경서의 가르침을 따랐다. 거상을 함에 있어서 예(禮)를 다하여서 삼년 동안 이를 드러내어 웃은 적이 없었다. 모친상을 당하여 심상(心喪)을 할 때에 마침 합부인(閤夫人)의 병환이 매우 위급하여 가인(家人)이 선생에게 급히 와 줄 것을 청하였는데, 당시에 곁에 가족이 없었는데도 선생께서는 내외의 경계를 굳게 지켜서 끝내 내실에 들어가서 부인을 보지 않았고, 의원이 오자 또한 여종으로 하여금 대신 진찰하게 하였다. 어린아이가 부모를 사모하듯 독실하게 사모하기를 종신토록 하루와도 같이 하였으며, 새벽에 일어나면 가묘에 배알하는 것을 심한 병이 아니면 폐하지 않았다. 기미년(1799, 정조 23) 상원(上元)에 이르러 병환이 위급해졌음에도 가인(家人)에게 명

96 제경(諸經)의 차략(箚畧) : 이는 박윤원(朴胤源)이 사서삼경(四書三經)과 《의례(儀禮)》 등의 소주(小註)와 고주(古註)를 주자(朱子)의 주와 비교하고 본인이 생각하는 의미 등을 요약해서 적은 글로, 현재 《근재집(近齋集)》 권23와 권24에 보인다.

하여 제철의 음식을 서둘러 장만하여 사당에 올리게 하였다. 생일을 만날 때마다 비통한 마음을 이기지 못할 듯이 하였고 술과 고기를 올리게 하지 않았으며, 환갑에 이르러서 가인(家人)이 간단한 잔치를 추설(追設)하고자 하였으나 허락하지 않았다.

기일에도 평상시의 식사를 올리게 하지 않았고, 치재(致齋)할 때에는 빈객을 접견하지 않았으며 수업을 하지 않으셨다. 제사를 받들 때에 정성과 예(禮)가 모두 지극하여 공경하고 삼갔으며 제사를 지내려고 하는 밤에는 옷에서 띠를 풀지 않았고, 제사가 끝나면 하루 종일 울음을 삼키셨다. 일찍이 말씀하기를, "기(忌)라는 것은 슬픔을 머금어서 다른 일에 미치지 못함을 이른 것이다. 이날에는 오직 슬퍼하고 사모하면서 밤을 다하여야 하니, 어찌 다른 일에 미칠 수 있겠는가. 지금 사람들이 기제를 지낸 후에 재계를 마쳤다고 하여 출입하기를 평상시와 같이 하니, 이것을 어찌 차마 할 수 있겠는가."라고 하였다. 제사를 지낼 때에 시장에서 사온 술과 소고기를 사용하지 않으면서 말씀하기를, "성인(聖人)께서는 시장에서 사온 술과 포를 먹지 않으셨으니,[97] 하물며 제사에 올리는 데에 있어서겠는가."라고 하였다. 제수에는 또한 빚진 돈을 사용하지 않으면서 말씀하기를, "이잣돈은 본래 이익을 중시하는 것이고, 무겁게 거두어들이는 것은 인(仁)하지 않은 데에 가까우니, 이는 인자(仁者)의 곡식으로 제사를 올리는 의리[98]가 아니

97 성인(聖人)께서는……않으셨으니 : 《논어》 〈향당(鄕黨)〉에 "시장에서 사온 술과 포를 먹지 않으셨다.〔沽酒市脯不食.〕"라고 한 내용이 보인다.

98 인자(仁者)의……의리 : 《예기(禮記)》 〈제의(祭義)〉에 "부모가 별세하셨으면 반드시 인자의 곡식을 구하여 이것으로 제사한다.〔父母既沒, 必求仁者之粟以祀之.〕"라고 한 데서 온 말이다.

다."라고 하였다.

일찍이 말씀하기를, "자식이 추양(追養)[99]하는 것은 오로지 제사를 지내는 일에 달려 있다. 모든 제찬(祭饌)은 또한 집안의 재력에 걸맞게 해야 하니, 제물(祭物)이 넉넉하지 못하더라도 오직 정성만이 신을 감동하게 하는 것이다. 지금 속세에서는 기름으로 지진 제수를 많이 사용하여 마치 연회의 음식과도 같고 또한 반드시 높이 괴어 올려서 심지어는 떡을 담은 그릇이 신주보다도 배를 넘게 만들며 제물의 수에 절도가 없어서 어지럽게 나열하니 몹시 외람되고 잡박하다."라고 하였다. 또 말씀하기를, "기제(忌祭)는 바로 후현(後賢)이 의리로써 일으킨 것이니 단지 정(情)을 펴기 위하여 마련한 것이요 이로써 추양(追養)을 다하기에는 부족하다. 오직 정제(正祭)라야 비로소 제사를 행했다고 할 수 있는 것이다. 예(禮)에서 말한 '사(士)가 제사를 지내지 못하면, 겨울에 갖옷을 입지 않고 여름에 갈옷을 입지 않는다.'라는 것[100]은 바로 사시(四時)의 정제(正祭)를 가리킨 것이다. 지금 사람들 중에 가난하여 이를 거행할 수 없는 사람은 진실로 있지만, 재력이 미칠 수 있는 사람도 오직 기제(忌祭)와 묘제(墓祭)만을 올리니, 이는 애초

99 추양(追養) : 부모님이 돌아가신 후에 제사를 지내 뒤미처 봉양하는 것을 말한다. 《예기(禮記)》 〈제통(祭統)〉에 "제사는 부모님에게 다하지 못한 봉양을 추후에 하여서 효도를 계속하는 것이다.〔祭者, 所以追養繼孝也.〕"라고 하였다.

100 예(禮)에서……것 : 《춘추공양전(春秋公羊傳)》 환공(桓公) 8년 조에 "봄 제사를 사(祠)라 하고, 여름 제사를 약(礿)이라 하고, 가을 제사를 상(嘗)이라 하고, 겨울 제사를 증(烝)이라 한다.……사(士)가 이 네 가지를 지내지 못하면 겨울에 갖옷을 입지 않고, 여름에 갈옷을 입지 않는다.〔春曰祠, 夏曰礿, 秋曰嘗, 冬曰烝.……士不及玆四者, 則冬不裘夏不葛.〕"라고 하였다.

에 예(禮)의 뜻을 밝게 알지 못하는 것이다."라고 하였다.

또 말씀하기를, "예(禮)에 행하지 않아서는 안 되는 것이 세 가지이니, 관례(冠禮)와 친영(親迎)과 시제(時祭)가 그것이다. 그런데 혹 예가(禮家)가 이를 권하는데도 따르지 않으며 문중의 장로가 이를 가르치는데도 행하지 않으니, 습속이 이미 고질이 되어서 어찌할 수가 없다. 조정에서 정하여 법령을 만들어 나라의 사대부들로 하여금 이 세 가지 예(禮)를 행하여서 감히 혹시라도 어기지 못하게 한다면, 고례(古禮)를 회복하여 풍속을 돈후하게 할 수 있을 것이다."라고 하였다.

우리나라의 풍속에 다리머리를 하는 제도〔髢制〕를 늘 비루하다고 여겨서 글을 지어 예(禮)에 맞는 것이 아니라고 논척하였다. 그러므로 며느리의 계례를 할 때에 황조(皇朝)의 쪽을 찌는 제도〔髻制〕를 적용하였다. 무신년(1788, 정조12)에 조정에서 다리머리 올리는 것을 금하는 법령을 펴자 부녀자들의 머리 장식에 모두 족두리를 사용하니, 사람들이 비로소 선생께서 행하신 바를 탄복하였다. 선생께서는 "쪽을 찌는 제도는 다리머리와 다르므로 비록 금하는 물건은 아니지만, 마땅히 그 시기의 왕의 제도를 따라야 한다."라고 하여서, 쪽머리를 없애고 족두리를 착용하게 하였다. 상례(喪禮)와 제례(祭禮)의 예절을 정하여 저술하여 〈태재록(汰哉錄)〉[101]이라 하고서 이를 일가의 법칙으로 삼으셨다.

계씨(季氏)인 충헌공(忠獻公)[102]과 우애가 도타워서 훈지(壎篪)가

101 태재록(汰哉錄) : 이 글은 《근재집(近齋集)》 권24에 보인다.

102 충헌공(忠獻公) : 박준원(朴準源, 1739~1807)으로, 자는 평숙(平叔), 호는 금석(錦石), 본관은 반남(潘南)이며, 박윤원(朴胤源)의 동생이다. 1786년(정조10) 사마

서로 부합되어[103] 천륜간의 지기(知己)라고 허여하였다. 충헌공이 병에 걸려 위독해지자, 선생은 근심으로 애태우며 잠들지 못하였고 혹은 한밤중에 일어나 울었으며, 몸소 약을 구하여 치료해서 낫게 하였으니, 사람들이 지극한 정성이 이른 것이라고 하였다. 서모(庶母)를 대할 적에 몹시 삼갔으며, 서매(庶妹)들을 시집보낼 때에 혼수를 후하게 장만하여주고 전장(田庄)을 팔아서 쓰고자 하는 것을 마음껏 할 수 있도록 하였으니, 정성스럽게 은혜를 다한 것이 이와 같았다. 서제(庶弟)가 요절하자, 광지(壙誌)를 짓고 오래도록 애도하고 슬퍼하였다. 부인과 서로 손님처럼 공경하여서 출행하는 일이 있을 때마다 절하였다. 부인의 선고(先考)와 선비(先妣)의 상(喪)에 삼년동안 내실에 거처하지 않았으며, 부인의 4대조와 방친(傍親)의 기일에 미쳐서도 그렇게 하였다.

외아들이 늦게 태어났으나 의로운 방도로 가르쳐서[104] 조금도 너그

시에 합격하고, 그 이듬해에 셋째 딸이 수빈(綏嬪)에 봉해지자, 건원릉 참봉(健元陵參奉)을 거쳐 사복시 주부(司僕寺主簿)·공조좌랑·보은 현감이 되었다. 1790년에 수빈이 원자(元子)를 낳자 호산(護産)의 노고로 통정대부(通政大夫)에 올라 호조참의에 임명되었고, 1800년에 순조가 즉위하자 수렴청정을 하던 정순왕후(貞純王后)에 의하여 호조·형조·공조의 판서와 금위대장(禁衛大將) 등 삼영(三營)의 병권(兵權)을 잡게 되었다. 영의정에 추증되었으며, 시호는 충헌이다.

103 훈지(壎篪)가 서로 부합되어 : 형제 사이의 화목과 조화를 비유할 때 쓰는 표현으로, 훈은 질나발, 지는 젓대를 말한다. 《시경(詩經)》 〈소아(小雅) 하인사(何人斯)〉의 "맏형은 훈을 불고 둘째형은 지를 분다.〔伯氏吹壎, 仲氏吹篪.〕"라고 한 데서 온 말이다.

104 의로운 방도로 가르쳐서 : 《춘추좌씨전(春秋左氏傳)》 은공(隱公) 3년 조에 보이는 말로, 위(衛)나라 장공(莊公)의 아들 주우(州吁)가 오만방자하게 굴자, 현대부(賢大夫) 석작(石碏)이 장공에게 충간하기를, "신은 듣자오니 자식을 사랑하되 의로운

럽게 용서하지 않았다. 부인의 상중에 과거공부를 하지 못하게 하니, 혹자가 "과체(科體)의 의의(疑義)[105]는 시부(詩賦)와는 다르다."라고 하였는데, 선생께서는 그래도 허락하지 않으셨다. 또 글씨를 익히는 것을 경계하면서 말씀하기를, "최마(衰麻)의 상복을 입은 몸으로 어찌 못가에서 희학을 할 수 있겠는가."[106]라고 하였으니, 그 올바른 가르침이 이와 같았다. 조카를 자기 자식처럼 아껴서 늘 가르치기를, "예로부터 외척들 가운데 그 집안을 보전하는 자가 드물었던 것은 바로 은총을 탐하고 권세를 빙자하여 마침내 은총을 저버리고 나라를 저버려서 스스로 패망에 이르는 지경에 이르렀기 때문이니, 복철(覆轍)[107]을 경계할 만하다. 우리 집안이 한미하였는데 외람되이 왕가와의 혼인을 맺게 되었으니,[108] 이는 실로 선조의 남은 경사[109]에서 온 것이다. 너희들은

방법으로 가르쳐서 잘못된 곳으로 빠지지 않게 해야 한다고 하였습니다.〔臣聞愛子敎之以義方, 弗納於邪.〕"라고 하였다. 이 말은 《소학(小學)》〈계고(稽古)〉에도 실려 있다.

105 과체(科體)의 의의(疑義) : 의의(疑義)는 과거시제(科擧試題)의 일종으로, 의(疑)는 경전(經傳)의 의심나는 곳을 논술하여 풀이하는 것이며, 의(義)는 경전의 의의(意義)를 해설하는 것이다.

106 못가에서……있겠는가 : 서법을 익히는 것을 비유적으로 표현한 말로, 후한(後漢) 때 초성(草聖)으로 일컬어졌던 장지(張芝)가 글씨를 익힐 적에 집안에 있는 모든 의백(衣帛)에다 반드시 글씨를 쓴 후에 이를 빨곤 했으므로, "못가에서 글씨를 연습하여 못물이 다 검게 되었다.〔臨池學書, 池水盡黑.〕"라고 한 데에서 온 말이다. 《晉書 衛恒傳》

107 복철(覆轍) : 수레바퀴가 뒤집힌 자취라는 뜻으로 앞서의 실패를 비유해서 이르는 말이다.

108 외람되이……되었으니 : 박윤원(朴胤源)의 동생인 박준원(朴準源)의 셋째 딸이 1787년(정조11) 정조와 혼인을 맺어 수빈(綏嬪)에 봉해진 것을 말한다.

109 선조의 남은 경사 : 《주역(周易)》〈곤괘(坤卦) 문언(文言)〉에, "선을 쌓은 집안

다만 마땅히 졸렬함을 지켜서[110] 말을 삼가고 경망스러운 교분을 맺지 않아야 하며, 책을 읽고 수신하여 집안의 명성을 실추시키지 말아야 한다."라고 하여 간곡하게 경계하고 신칙하는 말이 입에서 떠나지 않았다.

종족을 화목하게 대하고 벗과의 도리를 중시하여 각각 그 정의(情誼)를 다하였다. 상(喪)을 들으면 반드시 고기를 먹지 않으셨고, 달려가 문상할 수 없으면 자신의 집에서 곡하되, 반드시 가마(加麻)하고서 제문을 지어 제사하면서 말씀하기를, "이것이 죽음을 애도하는 예(禮)이다."라고 하였다. 비복(婢僕)들을 다스릴 때에 엄격하게 하면서도 은혜를 두어서, 죄가 있으면 사리로써 타일러서 스스로 고쳐서 새로워지게 하였고, 그래도 고치지 않은 뒤에 회초리를 치셨다. 남녀의 구별을 삼가서 비록 여종이라 할지라도 남자와 직접 물건을 주고받게 하지 않으셨다.

집안이 평소 가난하여 작은 집이 텅 비어 있었고 거친 밥도 이어가지 못하여서 부엌에서 밥을 짓지 못하고 굴뚝에서 불을 때지 못한 것이 혹은 열흘이 넘는 지경에 이르고는 하였다. 뜰을 엿보면 고요하여 마치 아무도 없는 듯하였으며 오직 푸른 풀만이 뜰에 가득하고 이끼가 계단을 덮었다. 서실에 들어가면 책이 책상에 가득한데 옷깃을 단정히 하고 꼿꼿이 앉아서는 글 읽는 소리가 양양하여 항상 흔연히 스스로 즐거워

에는 반드시 남은 경사가 있다.〔積善之家, 必有餘慶.〕"라고 한 데서 온 말이다.

110 졸렬함을 지켜서 : 질박함을 지킨다는 뜻으로 자신의 분수를 지켜 재주를 자랑하거나 벼슬하지 않음을 이른다. 진(晉)나라 도연명의 〈귀원전거(歸園田居)〉에 "남쪽 들판에서 황폐한 밭 일구며 졸렬함을 지켜 전원으로 돌아왔다.〔開荒南野際, 守拙歸園田.〕"라고 하였다.

하고는 하였으니, 보는 이가 놀랍게 여기면서 "가난함이 이처럼 심한데 즐거워하는 것은 무슨 일인가?"라고 하였다. 부들자리 하나로 수십 년을 깔아서 앉은 곳이 해져서 밑바닥이 보였으니, 사람들이 이를 관유안(管幼安)이 평상을 뚫었던 일[111]에 비유하였다.

평상시에 거처할 때에 마치 재계하듯이 하여서 위치를 가지런히 정돈하였으며, 성품은 또 깨끗함을 좋아하여 하루에도 여러 번 손을 씻었다. 일찍이 폐족(廢族)과 담을 사이에 두고 거처하면서 마음에 항상 미워하였었는데, 어느 날 그 집의 밤이 정원으로 떨어져 아이종이 이것을 주워서 올리자, 선생께서 장차 입에 가까이 가져가시려다가 문득 의심스러워서 어디서 얻은 것인지를 물었다. 아이종이 "아무개 집의 밤입니다."라고 하자, 선생께서는 먹지 않고 땅에 던져버리셨으니, 그 바르고 꿋꿋함이 세속을 월등히 벗어나서 지푸라기 하나라도 구차히 취하지 않으셨던 것이 어린나이였을 때부터 이미 그러하였다.

사양하고 받는 데에 있어서 삼가서 만약 마음에 흡족하지 않은 점이 있으면 종일토록 즐거워하지 않으셨으니, 집안사람들이 감히 의롭지 않은 것을 올리지 못하였으며 또한 그 뜻을 차마 해치지 못하였다. 거상 중에 세찬(歲饌)을 바친 사람이 있자 선생께서는 이를 돌려보내시며 말씀하기를, "거상하는 사람은 세찬의 의식을 해서는 안 된다."라고 하였다. 당시에 흉년을 만나 장차 제사를 빠뜨리게 되자 집안사람이

111 관유안(管幼安)이……일 : 관유안은 삼국 시대의 위(魏)나라 학자 관녕(管寧)으로, 유안은 그의 자이다. "관녕이 한 나무 평상에 앉았었는데, 50여년이 되도록 일찍이 다리를 뻗은 적이 없어 그 평상 위에 무릎이 닿는 곳이 모두 뚫어졌다.〔管寧嘗坐一木榻, 積五十餘年, 未嘗箕股, 其榻上當膝處皆穿.〕"라는 고사가 전한다. 《三國志 卷11 魏志 管寧傳》《小學 善行》

받아서 제사음식에 이바지하기를 청하였는데, 선생께서 말씀하기를, "이는 예(禮)로써 다른 사람을 대하는 것이 아니다."라고 하였다. 선생의 가르침을 받은 이가 서읍(西邑)을 다스리게 되어 명주를 보내서 겨울 추위를 막게 하였는데, 선생께서는 또한 이를 사양하면서 "받아도 되고 받지 않아도 될 때에는 받지 않는 것이 유쾌하다."라고 하였으니, 얼음과 소태나무의 지조[112]를 굳게 지킴이 이와 같았다.

가순궁(嘉順宮)이 입궐할 때에 본방(本房)[113]의 지친들이 으레 연례(宴禮)에 참여하였는데 선생께서는 병을 이유로 입궐하지 않으셨으며, 후에 사사로이 가순궁을 뵙기를 명하였으나 끝내 명을 받들지 않았다. 처지가 다른 사람들과는 다르다고 하여 입을 닫고[114] 그림자를 감추어서 경솔히 다른 사람을 접견하지 않았으며, 또한 스승의 도(道)로써 자처하지 않으시면서 말씀하기를, "척리(戚里)[115]의 몸이 되어서 졸렬함을 지키고자 한다면[116] 마땅히 스스로 교유를 적게 해야 할 것인데,

112 얼음과 소태나무의 지조 : 맑은 얼음물을 마시고 쓰디쓴 소태나무를 씹으면서 굳게 지키는 절조를 말한다. 당(唐)나라 백거이(白居易)의 시에 "3년 동안 자사로 있으면서, 맑은 얼음물을 마시고 쓰디쓴 소태를 씹었노라.〔三年爲刺史, 飮氷復食蘗.〕"라고 한 데서 온 말이다. 《白樂天詩集 卷1 三年爲刺史》

113 본방(本房) : 임금의 장인댁(丈人宅)을 가리킨다.

114 입을 닫고 : 원문의 '색태(塞兌)'는 욕심이 나오는 이목구비(耳目口鼻)를 막는 것이다. 《도덕경(道德經)》 52장에 "입을 막고 문을 닫으면 종신토록 수고롭지 않게 된다.〔塞其兌, 閉其門, 終身不勤.〕"라고 보인다.

115 척리(戚里) : 왕실의 외척을 말한다. 본래 중국 장안의 마을이름인데, 한(漢)나라 때에 내척과 외척이 많이 살았으므로 전하여 외척을 가리키는 말이 되었다.

116 졸렬함을 지키고자 한다면 : 질박함을 지킨다는 뜻으로 자신의 분수를 지켜 재주를 자랑하거나 벼슬하지 않음을 이른다. 진(晉)나라 도연명의 〈귀원전거(歸園田居)〉

교유의 광대함으로는 강회(講會)만한 것이 없다."라고 하였다. 이로써 마침내 학도를 받아들이지 않으셨으나, 만일 의심하여 논란하는 바가 있으면 응답해주시기를 게을리하지 않아서 속마음을 다하여 밑바닥까지 다하였으니, 공업과 교화가 다른 사람에게 미친 것이 또한 깊었다.

성품이 포용하기를 좋아하여서 다른 사람의 과실을 말하는 것을 부끄럽게 여기셨으나, 다른 사람의 옳지 않은 점을 보면 마치 자신을 더럽힐 듯이 여기셨다. 홍국영(洪國榮)[117]의 척속(戚屬)들과 사이가 소원하지 않았었는데, 금강(錦江)에서 서로 만남에 그가 경박하고 음설한 것을 보시고는 편지를 보내 이를 나무라자, 홍국영이 크게 노하여 절교를 고하였다. 선생께서 젊었을 때에 민홍섭(閔弘燮)[118]과 함께 수학하였는데, 민홍섭이 아산(牙山)을 방문하였을 때에 편지를 보내어 선생이 와서 만나보기를 요청하였다. 선생께서는 당시 자사(子舍)에

에 "남쪽 들판에서 황폐한 밭 일구며 졸렬함을 지켜 전원으로 돌아왔다.〔開荒南野際, 守拙歸園田.〕"라고 하였다.

117 홍국영(洪國榮) : 1748~1781. 자는 덕로(德老), 본관은 풍산(豐山)이다. 영조 때에 문과에 급제하여 승문원 부정자를 거쳐 세자시강원 설서(說書)・사서(司書)가 되었고, 벽파(僻派)의 탄압 속에서 훗날 정조가 되는 세손을 보호한 공로를 세웠다. 정조가 즉위한 뒤에 두터운 신임을 받아 동부승지를 지내고 도승지에 올라 대제학・대사헌 등을 역임하였으나 누이동생을 정조의 빈(嬪)으로 들이고, 은언군(恩彦君) 이인(李䄄)의 아들인 담(湛)을 완풍군(完豐君)에 봉하여 왕의 후계자로 삼기를 도모하는 등 세도정권의 유지에 힘쓰다가 효의왕후(孝懿王后) 독살 시도가 발각되어 축출되었다.

118 민홍섭(閔弘燮) : 1735~1777. 자는 대재(大哉), 본관은 여흥(驪興)이다. 문과에 급제 후 관직에 나아가 벼슬이 참판에 이르렀으나, 홍술해(洪述海)의 아들인 홍상범(洪相範)과 홍상길(洪相吉)이 자객 전흥문(田興文)과 호위군관 강용휘(姜龍輝) 등을 시켜 비수와 철편을 지니고서 존현각(尊賢閣)의 용마루에 올라가 정조를 살해하도록 하였다가 발각되어 처형되었던 사건에 민홍섭도 연루되어 처벌되었다.

있으셔서[119] 병을 칭탁하여 가지 않으셨는데, 민홍섭 역시 절교하였다. 심상운(沈翔雲)과 심익운(沈翼雲)[120]과는 그들의 허물을 괘념치 않고서 문예로써 널리 교유하였다. 어느 날 성찬을 가지고 선생에게 와서 함께 맛보고자 하였는데, 선생께서 체증을 칭탁하여 드시지 않자, 심상운이 도외시하는 것을 스스로 알고는 마침내 다시는 찾아오지 않았다. 홍낙임(洪樂任)[121]과 교유를 맺었으되 또한 더불어 접견하여 말하지 않으셨는데, 훗날 이 네 사람이 모두 패퇴하였다. 선생께서는 말씀하기를, "내가 선견지명이 있었던 것이 아니라, 단지 내 성품이 졸렬하여 높은 관리를 보기를 싫어했던 것뿐이다."라고 하였다.

도(道)를 지키기를 몹시 엄하게 하여서, 항상 이단의 학문이 정학(正學)에 젖어드는 것을 근심하였다. 모기령(毛奇齡)[122]을 통렬히 배척

119 자사(子舍)에 있으셔서 : 자사는 각 고을의 관아에서 수령의 자제가 거처하던 곳을 이른다. 박윤원의 부친인 박사석(朴師錫, 1713~1774)이 1763년(영조39) 5월에 아산현감(牙山縣監)으로 부임하였다. 《近齋集 卷28 先考公州牧判官府君行狀》

120 심상운(沈翔雲)과 심익운(沈翼雲) : 심상운(1732~1776)은 자는 봉여(鳳汝), 본관은 청송(青松)이며, 심익운(1734~?)은 자는 붕여(鵬如), 호는 지산(芝山)으로 심상운의 동생이다. 심상운과 심익운 모두 과거에 급제하여 벼슬을 하였으나, 심상운은 훗날 정조가 된 세손을 해치려 했다는 탄핵을 받았고 심익운은 패륜(悖倫)한 죄로 탄핵을 받아 함께 서인으로 폐출되고 제주도로 유배되었다. 심상운은 정조가 즉위한 후에 친국을 받고 사사되었다.

121 홍낙임(洪樂任) : 1741~1801. 자는 숙도(叔道), 호는 안와(安窩), 본관은 풍산(豊山)이다. 영의정 홍봉한(洪鳳漢)의 아들로 영조 때 문과에 장원하여 정언(正言)・문학(文學)・사서(司書)・승지(承旨) 등의 벼슬을 지냈다. 1801년(순조1) 신유사옥 때에 체포되어 제주도에 안치되었다가 그해 5월에 사사(賜死)되었다.

122 모기령(毛奇齡) : 1623~1713. 명말청초의 학자로 자는 대가(大可), 호는 추청(秋晴)이다. 양명학(陽明學)의 영향을 받았으며 고증학에 조예가 깊었는데, 인용은

하여 말하기를, "그가 정자(程子)와 주자(朱子)를 비방한 것이 몹시 패려하니, 진실로 이는 맹자(孟子)에게서 허물을 찾는 것이다. 이른바 《중용》과 《대학》에 대한 설[123]은 더욱 이치에 맞지 않으니, 그가 어찌 일찍이 꿈에서라도 주자(朱子)의 지위에 이른 적이 있겠는가. 바로 사문난적이니, 마땅히 그 책을 불태워야 한다."라고 하였다. 서양의 부정한 학술을 배척하여 말하기를, "그 폐해가 불가와 도가보다도 심하다. 남녀에 구별이 없는 것은 바로 부자간에 암컷을 공유하는 것[124]이고, 제사가 무익하다고 하는 것은 승냥이와 수달[125]만도 못한 것이다. 또 거처와 의복을 평민과 똑같이 하고, 과거에 응하여 벼슬을 구하며, 통혼하고 동료가 되어서 은밀히 서로 유인하여 점차 젖어들어 함께 변화하고 있기 때문에 그 해로움이 더욱 크다. 이는 바로 문 안의 적으로서 그 화(禍)가 맹렬한 불보다도 세차서 장차 나라를 바꾸게 될 것이

방대했지만 상세하게 확인하지 않아 오류가 많다는 비판을 받았다. 《사서개착(四書改錯)》을 지어 주자를 비판하였다.

123 중용과……설 : 모기령(毛奇齡)이 《중용》과 《대학》에 대한 자신의 견해를 남긴 글로, 예컨대 그의 〈중용설(中庸說)〉, 〈대학증문(大學證文)〉 등을 가리키는 것으로 보인다.

124 부자간에……것 : 음란함으로 인륜을 어지럽히는 것을 빗대어 표현한 것으로, 《예기》 〈곡례 상(曲禮上)〉에 "오직 금수만은 예(禮)가 없기 때문에 부자간에 암컷을 공유한다.〔夫唯禽獸無禮, 故父子聚麀.〕"라고 한 데서 온 말이다.

125 승냥이와 수달 : 제사를 지내는 짐승으로 알려져 있다. 《예기》 〈왕제(王制)〉에 "수달이 물고기로 제사한 뒤에 우인이 택량에 들어가며, 승냥이가 짐승으로 제사한 뒤에 사냥을 한다.〔獺祭魚, 然後虞人入澤梁, 豺祭獸, 然後田獵.〕"라고 하였는데, 이에 대한 엄릉 방씨(嚴陵方氏)의 주에 "수달이 물고기로 제사하는 것은 맹춘(孟春)의 달이고, 승냥이가 짐승으로 제사하는 것은 계추(季秋)의 달이다."라고 하였다.

다."라고 하였는데, 신유년에 이르러서[126] 그 말이 크게 징험되었다. 일찍이 말하기를, "정학(正學)이 밝지 못하면 사설(邪說)이 더욱 치성하게 된다. 이를 막는 방도는 오직 우리 당(黨)이 스스로를 다스리는 데에 달려 있으니, 비유컨대 참된 근원이 이미 굳건하다면 나쁜 기운은 저절로 물러나는 것과 같다."라고 하였다.

평소에 화이(華夷)의 구별을 엄격하게 하여서, '갑신년 이후 신주(神州)가 매몰됨에[127] 오직 한 조각 맑고 깨끗한 땅이 그래도 자뢰할 수 있었는데, 인심이 평안함에 익숙해지고 보고 듣는 것에 익숙해져서 와신상담의 뜻이 날로 멀어지고 달로 잊혀져간다.' 하여서 깊이 우려하고 길게 탄식하였다. 일찍이 말하기를, "《춘추(春秋)》에 '융(戎)이 범백(凡伯)을 공격하였다.〔戎伐凡伯〕'라고 하였는데 《춘추공양전(春秋公羊傳)》에서 말하기를, '잡았는데 공격하였다고 한 것은 이를 과장한 것이니, 이적(夷狄)이 중국(中國) 사람을 잡은 것과는 같지 않다.'라고

126 신유년에 이르러서 : 신유년은 1801년(순조1)으로, 이 해에 천주교도를 탄압한 사건이 일어났는데, 이른바 신유박해(辛酉迫害), 신유사옥(辛酉邪獄)이라고 불린다. 천주교는 정조의 관대한 정책에 의해 18세기 말에 전국적으로 교세를 확장시켜 나갔으나 정조가 죽은 뒤 순조가 즉위하자 천주교를 사교(邪教)로 규정하고 본격적으로 탄압하였다.

127 갑신년……매몰됨에 : 갑신년은 숭정(崇禎) 17년인 1644년으로, 명나라가 망하고 청나라가 중국을 차지한 것을 말한다. 이해 3월 이자성(李自成)이 북경을 포위하여 함락시키자, 명(明)나라 마지막 황제인 의종(毅宗), 즉 숭정제(崇禎帝)가 자금성의 북쪽에 있는 경산(景山)으로 가서 처첩과 딸들을 죽이고 목을 매달아 자살하였다. 신주는 중국의 미칭(美稱)으로 '적현신주(赤縣神州)'의 줄인 말이다. 《사기》의 〈맹자순경열전(孟子荀卿列傳)〉에 "중국을 적현신주라 하는데 적현신주의 안에 구주(九州)가 있으니, 하우(夏禹)가 만든 구주가 바로 그것이다."라고 보인다.

하였다.[128] 이적이면서 중국 사람을 잡는 것도 불가한데 하물며 천자의 대부를 잡아서야 되겠는가. 천자의 대부를 잡는 것도 불가한데 하물며 천자의 지위를 훔쳐서야 되겠는가. 《춘추》를 읽은 사람은 이를 본다면 또한 이적이 중화를 어지럽히는 것이 천지의 큰 변고임을 알 수 있을 것이다. 노련(魯連)은 일개 선비였는데도 진(秦)나라를 황제로 섬기는 것을 수치스럽게 여겼으니,[129] 하물며 동방의 중화에 살면서 오랑캐를 섬기는 것이 부끄러워할만한 것임을 알지 못해서야 되겠는가."라고 하여서, 항상 이 의리를 읊으면서 집안의 계책으로 삼아서 마치 종신토록 잊어서는 안 되는 것처럼 하였다.[130]

128 춘추(春秋)에……하였다 : "융(戎)이 범백(凡伯)을 벌(伐)하였다."라는 말은 은공(隱公) 7년 조에 보이는데, 천자가 주(周)나라의 향사(鄕士)인 대부(大夫) 범백을 노(魯)나라에 사신으로 보내어 빙문하였는데, 융(戎)이 초구(楚丘)에서 길을 막고 데리고서 돌아갔다는 내용이다.

129 노련(魯連)은……여겼으니 : 노련은 노중련(魯仲連)이라고도 하는데, 전국 시대 제(齊)나라의 고사(高士)로 뛰어난 재주를 지녔으나 얽매여 사는 것을 싫어하여 벼슬하지 않고 조(趙)나라에 은거한 인물이다. 진(秦)나라가 조나라를 공격하여 수도 한단(邯鄲)을 포위하자, 여러 제후들이 진나라를 두려워하여 감히 조나라를 구원하지 못하였다. 위(魏)나라의 안희왕(安釐王)은 조나라를 구원하고자 군대를 보냈는데, 진나라가 위협하자 위군은 진군하지 못하였다. 위나라에서는 신원연(新垣衍)이란 변사(辯士)를 조나라에 보내, 진나라 임금을 황제로 섬기면 포위를 풀 것이라는 계책을 말하게 하였는데, 이 말을 들은 노중련이 "저 진(秦)나라가 방자하게 황제를 자칭하고 죄악으로 천하에 정사를 한다면, 나는 동해에 뛰어들어 죽을 뿐이요, 내 차마 그 백성은 될 수가 없다.〔彼卽肆然而爲帝, 過而爲政於天下, 則連有蹈東海而死耳, 吾不忍爲之民也.〕"라고 하니, 진나라 장군이 이 말을 듣고 군사를 50리 뒤로 물렸다고 한다.《史記 卷83 魯仲連鄒陽列傳》

130 항상 이……하였다 : 이 부분은《매산집》권38에 실려 있는 〈근재박선생묘지명(近齋朴先生墓誌銘)〉에서는 이 아래의 문단의 마지막 부분에 적혀 있으나, 여기에서는

"'요순(堯舜)보다 훌륭하다.〔賢於堯舜〕'라는 네 글자는 바로 재여(宰予)가 공자(孔子)를 찬미한 것인데,[131] 이병모(李秉模)가 감히 제멋대로 이를 가한(可汗)을 칭미하는 말에 가하였다.[132] 비록 '왕역(往役)[133]이 처지 상 급박하다.'라고 하지만 만일 찬송해 기리고자 한다면 어찌 할 말이 없을 것을 근심하겠는가. 그런데 반드시 이 네 글자로 개와 양 같은 오랑캐에게 빗대었으니, 이업(李鄴)이 오랑캐의 형세를 장황하게 늘어놓았던 짓[134]일지라도 응당 이 지경에 이르지

우선 이 글의 원문의 순서를 따라서 번역해두었음을 밝혀둔다.

131 요순(堯舜)보다……것인데 : 《맹자》 〈공손추 상(公孫丑上)〉에 "재아(宰我)가 말하였다. '나로서 부자(夫子)를 관찰하건대 요순(堯舜)보다 훨씬 훌륭하시다.'〔宰我曰: 以予觀於夫子, 賢於堯舜遠矣.〕"라고 한 내용이 보인다. 재아는 공자의 제자인 재여(宰予)이다.

132 이병모(李秉模)가……가하였다 : 이병모(1742~1806)가 1796년(정조20) 진하사(進賀使)로 청(淸)나라에 들어가 황극전(皇極殿)에 시를 지어 바치기를, "비루한 한(漢)·당(唐)이야 말할 것이 뭐 있겠는가. 요순보다 어진 임금을 다행히 몸소 만났도다.〔陋矣漢唐何足道, 賢於堯舜幸躬逢.〕"라고 하였는데, 이를 가리킨다. 가한(可汗)은 왕을 뜻하는 중세 몽골어 'khan'의 음역어이다. '카칸' 또는 '칸〔汗〕'으로 약칭하기도 하는데, 본문에서는 청 인종(淸仁宗)을 가리킨 것이다. 1798년(정조22)에 원자(元子)를 위한 강학청(講學廳)이 설치되어 좌의정으로 있었던 이병모가 박윤원(朴胤源)을 서연관으로 천거하였는데, 박윤원이 '저 사람은 춘추의 죄인이다.'라고 하고는 출사하지 않았다. 《正祖實錄 22年 1月 11日》《純祖實錄 3年 3月 26日》《艮齋集 後編續 卷7 全齋先生語錄》

133 왕역(往役) : 임금의 명에 따라가서 부역에 종사하는 것을 이른다. 《맹자》 〈만장 하(萬章下)〉에 "서인이 임금이 불러 부역을 시키면 가서 부역을 하고, 군주가 자신을 만나보고자 하여 부르면 가서 보지 않음은 어째서입니까?〔庶人召之役則往役, 君欲見之, 召之則不往見之, 何也?〕"라고 보인다.

134 이업(李鄴)이……짓 : 송 휘종(宋徽宗) 때 급사(給事) 이업이 금(金)나라에 사

는 않았을 것이다. 《송사(宋史)》에서 금(金)나라의 군주 옹(雍)을 이적(夷狄) 가운데 요순(堯舜)과 같은 군주라고 한 것[135]은 비록 그 신하가 찬미하여 서술한 것을 근거로 하여서 그렇게 말한 것이지만, 이것 또한 참람한 짓이다. 그런데 공자를 찬미한 네 글자로써 칭술한 것에 이르러서는, 고금의 권의 문자(權宜文字)[136]에서 감히 나오지 않았던 바이다. 공자는 만세의 스승으로 천자가 북면(北面)하여 스스로를 제자라고 칭하니, 그 존경하는 것이 이보다 높을 수는 없고, 만맥(蠻貊)과 같은 오랑캐에 미치더라도 공자를 존경하고 친히 여기지 않는 이가 없거늘, 유독 이병모가 이를 인용하여 오랑캐에게 아첨하면서 조금도 거리끼지 않았으니, 이는 성인(聖人)을 업신여긴 것이다. 이를 배척하지 않는다면 성인(聖人)의 도가 땅에 떨어지고 민이(民彝)가 무너지고 멸할 것이다."

선생께서는 "유자(儒者)의 몸이 되어서 선왕(先王)의 법복(法服)을 입고[137] 공자(孔子)의 가르치신 말씀을 외우면서 이 사람에게 천거를

신으로 갔다가 돌아와서 말하기를, "금나라 사람은 말을 타는 데는 용과 같고, 걷는 데는 호랑이와 같으며, 물을 건너는 데는 물개와 같고, 성에 올라가는 데는 원숭이와 같다."라고 하였다. 이에 그가 오랑캐의 형세를 너무 과장해서 말했다고 하여, 그를 사여급사(四如給事)라 칭하였다. 《星湖僿說 卷23 四如給事》

135 송사(宋史)에서……것 : 금(金)나라의 군주 옹(雍)은 금나라의 세종(世宗) 완안옹(完顔雍)을 가리키는데, 그의 성품이 인후(仁厚)하여 군병을 일으키지 않아서 북인(北人)들이 소요순(小堯舜)이라 일컬었다는 기록이 《송사전문(宋史全文)》 권27 하 〈송 효종8(宋孝宗八)〉에 보인다.

136 권의 문자(權宜文字) : 권의란 사정상 임시로 대처함을 뜻하는데, 여기서 권의 문자는 청(淸)나라에 보내는 외교문서를 위하여 지은 글들을 가리킨다.

137 선왕(先王)의 법복(法服)을 입고 : 법복이란 법도에 맞는 옷으로, 《소학》 〈명륜

받았으니, 이는 내 몸과 명예를 더럽힌 것이다."라고 하였다. 이 때문에 죽음을 맹세하고 출사하지 않았으나, 본래의 정상을 미처 다 드러내지 못하여서 형적이 절로 오만한 것으로 귀결되었으니, 성상의 노여움이 진동하여 형벌이 장차 내려지려 함에 화기(禍機)가 순식간에 닥쳐 있었다. 그러나 선생은 자신의 뜻을 굳게 지켜 시종 변치 않으면서 말하기를, "만일 성인(聖人)을 높이고 이적(夷狄)을 물리치는 의리로 하여금 나를 말미암아서 대략이나마 펴질 수 있게 한다면, 죽을지라도 전혀 여한이 없을 것이다."라고 하면서 마치 영해(嶺海)와 정확(鼎鑊)[138]이 눈앞에 닥친 것을 보지 못하는 것처럼 하였다. 그런데 다행히도 정묘(正廟 정조)께서 밝은 지혜로 본심이 다른 곳에 있지 않음을 굽어 살펴서 선생이 원래의 뜻을 지키려 하는 것을 보전할 수 있게 해주시어, 이에 눈과 서리가 단비와 이슬로 바뀌고 부월(斧鉞)이 화곤(華衮)으로 변하였으니,[139] 아아 성대하도다.

(明倫)〉과 《효경(孝經)》 〈경대부장(卿大夫章)〉에 공자가 증자(曾子)에게 "선왕의 법도에 맞는 옷이 아니면 감히 입지 않으며, 선왕의 법도에 맞는 말이 아니면 감히 말하지 않으며, 선왕의 덕행이 아니면 감히 행하지 않는다.〔非先王之法服, 不敢服; 非先王之法言, 不敢道; 非先王之德行, 不敢行.〕"라고 한 내용이 보인다.

138 영해(嶺海)와 정확(鼎鑊) : 영해는 도성에서 멀리 떨어진 변경 지방으로 귀양을 가는 것을 뜻하며, 정확은 죄인을 삶아 죽이는 큰 솥으로 혹독한 형벌을 가리킨다.

139 부월(斧鉞)이 화곤(華衮)으로 변하였으니 : 형벌이 영예로 변하였음을 말한 것이다. 부월은 출정하는 대장(大將)에게 임금이 손수 주던 큰 도끼로, 이것을 가지고 전쟁 중에 형륙(刑戮)을 임의대로 행할 수 있었으므로, 인신하여 형벌을 뜻하며, 화곤은 고대 왕공(王公)과 귀족의 복장으로, 지극한 영예를 뜻한다. 진(晉)나라 범녕(范甯)의 〈춘추곡량전 서(春秋穀梁傳序)〉에 "《춘추》의 한 글자의 칭찬이 화곤을 받는 것보다도 영광스럽고, 한마디의 비판이 시장에서 맞는 회초리보다도 욕되다.〔一字之褒, 寵逾

선생은 훌륭한 재능과 덕행을 지니시고서 침체되고 곤액을 겪어서, 옛 성왕(聖王)의 도를 펼칠 뜻을 가슴에 거두어 감춘 채로 별세하게 됨에 이것이 선생의 죽음과 함께 세상에 묻히게 되었으니, 이는 진실로 사림들이 한으로 삼고 있는 것이다. 그러나 근엄하며 미완(微婉)[140]한 올바른 가르침을 따르고 서질(敍秩)과 명토(命討)[141]의 큰 도리를 드러내어서 한 몸으로 만세의 기강을 부지하고 한 마음으로 임금의 노여움을 돌이켜서, 마침내 임금께서 그 마음을 아시고 그 아름다움을 이루어 주시는 하교를 입게 되었다. "이 의리를 누가 불가하다고 하겠는가. 하물며 나의 경우에 있어서겠는가."라고 하신 말씀은 성군의 가르침이 해와 별처럼 찬란하니, 이것이 어찌 단지 선생에게 천고에 드문 특별한 예우가 될 뿐이겠는가. 설사 선생으로 하여금 낭묘(廊廟)의 지위를 얻고 하전(廈氈)[142]에 올라서 어수지교(魚水之交)[143]처럼 군신 간에 의

華袞之贈, 一言之貶, 辱過市朝之撻.]"라는 말이 나온다.

140 미완(微婉) : 은미하고 완곡하게 한다는 뜻으로, 《춘추좌씨전(春秋左氏傳)》 소공(昭公) 31년의 "《춘추》에서 칭한 것을 보면, 은미하면서도 밝게 드러나게 하고 완곡하면서도 분명히 구별되게 한다.〔春秋之稱, 微而顯, 婉而辯.〕"라는 말에서 나온 것이다.

141 서질(敍秩)과 명토(命討) : 서(敍)는 군신·부자·형제·부부·붕우의 차례를 말하고, 질(秩)은 존비와 귀천에 대한 등급의 높고 낮은 품질(品秩)을 말하며, 명(命)은 하늘이 덕이 있는 이를 명하면 관작을 주는 것이고, 토(討)는 하늘이 죄 있는 사람을 토벌하면 형벌을 내려 징계하는 것을 가리킨다. 《書經 皐陶謨》

142 하전(廈氈) : 하(廈)는 큰 집이고 전(氈)은 가는 털방석으로, 원래는 임금이 거처하는 대궐 또는 왕좌를 일컫는데, 여기서는 경연의 강석(講席)의 뜻으로 쓰였다.

143 어수지교(魚水之交) : 임금과 신하가 서로 감응하여서 의기투합하는 것을 말한다. 유비(劉備)가 제갈량(諸葛亮)을 얻고 나서 "내가 공명을 얻은 것은 물고기가 물을 만난 것과 같다.〔孤之有孔明, 猶魚之有水也.〕"라고 말한 데서 유래한 것이다. 《三國志 卷35 蜀書 諸葛亮傳》

기투합하여 구름과 해처럼 높은 임금의 교화를 돕게 하였던들, 그 군주의 알아줌을 얻은 성대함이 또한 어찌 이보다 더하였겠는가. 그렇다면 또한 불우하다고 할 수 없는 것이다.

한창 벼슬에 나아가지 않을 때에, 사람들이 모두 처지와 분수에 맞는 도리를 가지고서 논란하였다. 선생께서는 말하기를, "처지는 외척(外戚)의 사의(私義)이고,[144] 거취는 사대부의 대방(大防)[145]이다. 만약 작은 일에 관계된 것이라면 내 한 몸의 염우(廉隅)를 근심할 것이 없겠으나, 이것은 대의(大義)가 관계된 바이니 어겨서는 안 된다. 또 내가 언관(言官)이 아닌데 상소하여 탄핵하고, 반유(泮儒)가 아닌데 통문을 보내어 성토한다면, 이는 바로 지위를 벗어나서 일을 논하는 것이니, 결단코 해서는 안 된다. 지금 강학청의 직함이 온 것은 나에게 해당되는 일이니, 의리상 마땅히 나아가서는 안 되는데 나간다면 장차 어떠한 사람이 되겠는가. 이것이 내가 임금의 명을 받아들이지 않는 까닭이니, 어찌 좋아서 하는 일이겠는가. 바로 부득이한 점이 있어서인 것이다. 그러나 구구한 충성을 다하고자 하는 정성을 성상께서 밝게 비추어 임하여 계시니, 어찌 감히 속일 수 있겠는가."라고 하였다. 선생의 이 말씀을 본다면, 스스로 헤아리신 바가 성숙하였음을 알 수 있다.

선생께서는 평소 한가하고 고요함을 좋아하여서 도성에서 지내는 것을 좋아하지 않아 밤낮으로 자연을 그리셨으나, 힘이 부쳐서 거행하

144 처지는 외척(外戚)의 사의(私義)이고 : 박윤원(朴胤源)의 동생인 박준원(朴準源)의 셋째 딸이 정조와 혼인을 맺어 수빈(綏嬪)에 봉해졌으므로 이와 같이 말한 것이다.

145 대방(大防) : 중요한 일이나 어떤 원칙의 넘지 못할 한계를 이르는 말로 흔히 예법(禮法)을 비유한다.

지 못하여 항상 울적해하셨다. 또한 호(號)를 세우는 것을 좋아하지 않으셔서, 항상 시내 언덕에 집을 세우고자 하시면서 이를 근재(近齋)라고 이름 붙이셨으니, 학자들이 근재 선생이라 칭하였다.

부인 안동 김씨(安東金氏)는 처사 휘 시관(時筦)의 따님으로, 선원(仙源) 문충공(文忠公) 휘 상용(尙容)[146]이 그 오세조이시다. 부인은 밝은 식견과 고아한 지조를 지녀서 시아버지께서 병이 중해지자 손가락을 베어 피를 올렸으며, 지아비에게 학문을 하기를 권하였으니, 선생께서 곤궁하면서도[147] 도(道)를 지켜서 덕(德)을 이루는 데에 이르게 된 데에는 내조에 힘입은 바가 많았다. 선생과 같은 해에 태어나서 선생보다 18년 일찍 별세하였으니, 선생께서 행장을 지어서 그 현숙함을 갖추어 서술하셨다. 1남을 낳았으니 종여(宗輿)로 서흥 부사(瑞興府使)이며, 지극한 행실이 있어서 능히 선대의 아름다움을 계승하였다. 종여의 아들 운수(雲壽)는 지금 거창 부사(居昌府使)이다. 운수의 아들은 제근(齊近)이고, 1녀는 어리다.

아아, 선생께서는 세상에 드문 호걸의 자품을 지니고서 지난 현철들의 참되고 올바른 학문을 사모하여서, 문장을 통하여 도(道)에 들어가

146 상용(尙容) : 김상용(金尙容, 1561~1637)으로, 자는 경택(景擇), 호는 선원(仙源), 시호는 문충(文忠)이다. 1636년 병자호란 때 종묘사직의 신주를 받들고 빈궁과 원손을 수행하여 강화도에 피난하였다가 성이 함락되자 성의 남문루(南門樓)에 있던 화약을 터뜨려 순절하였다.

147 곤궁하면서도 : 원문의 '고궁(固窮)'은 의리를 고수하면서 곤궁한 처지를 편안하게 여기는 것을 말한다. 《논어》 〈위령공(衛靈公)〉에, "군자는 곤궁해도 편히 여기며 의리를 고수하지만, 소인은 곤궁하면 본문을 잊는다.〔君子固窮, 小人窮斯濫矣.〕"라고 한 데서 온 말이다.

고 박문(博文)을 말미암아 약례(約禮)로 돌아와서,[148] 영준하고 빼어난 기운을 거두어 규구준승(規矩準繩)[149]의 가운데에 두셨다. 그리하여 찬연(鑽硏)하는 공부를 근심으로 인하여 혹시라도 그치지 않았으며, 진수(進修)[150]하는 용기를 노쇠하였다 하여서 스스로 느슨하게 하지 않으셨다. 수양함이 깊어지고 쌓은 것이 두터워지는 때에 이르러서는 굳세고 엄하였던 것이 너그럽고 평이해지고 각박하고 엄려했던 것이 펼쳐지고 편안해져서, 넓게 펼쳐지면서도 깊고 조밀해지고 온화하고 순박하면서도 간단하고 평이해져, 정미하고 순수한 기운이 풍모에서 드러나고 화순한 뜻이 담소에서 넘쳐났다. 그 덕을 보면 마치 난초 향기가 스미고 봄바람이 불어오는 것[151]과 같고, 그 기상을 헤아리면

148 박문(博文)을……돌아와서 : 박문은 문(文)을 널리 배움이고 약례는 예(禮)로써 요약함을 이른다. 《논어》〈옹야(雍也)〉 "문(文)을 널리 배우고 예(禮)로써 요약한다.〔博學於文, 約之以禮.〕"라고 한 데서 온 말이다.

149 규구준승(規矩準繩) : 규는 원(圓)을 만드는 기구이고, 구는 방형(方形)을 만드는 기구이며, 준은 측평기(測平器)이고, 승은 먹줄인바, 표준이 되는 법도(法度)를 뜻하는 말이다. 《맹자》〈이루 상(離婁上)〉에 "성인이 이미 시력을 다하시고 규·구·준·승으로써 계속하시니, 방·원·평·직을 만듦에 이루 다 쓸 수가 없다.〔聖人, 既竭目力焉, 繼之以規矩準繩, 以爲方員平直, 不可勝用也.〕"라고 하였다.

150 진수(進修) : '진덕수업(進德修業)'의 줄임말로 덕을 진전시키고 업(業)을 닦는다는 뜻인바, 《주역》〈건괘(乾卦) 문언(文言)〉에 보인다.

151 난초……것 : 높은 덕을 비유한 말로, 《공자가어(孔子家語)》에 "선(善)한 사람과 같이 지내는 것은 마치 지란(芝蘭)이 놓인 방안에 들어가 오래 향기를 맡으면 그 향기를 느끼지 못하지만 저절로 선에 훈화(熏化)된다."라고 한 말이 있으며, 《근사록(近思錄)》에 주광정(朱光庭)이 명도(明道) 정호(程顥)를 만나 한 달 동안 함께 지내고 돌아와서 사람들에게 "나는 한 달 동안 봄바람 속에 앉아 있었다.〔光庭在春風中坐了一箇月〕"라고 한 말이 보인다.

마치 못처럼 깊고 높은 산처럼 우뚝하여서,[152] 저절로 다른 사람으로 하여금 경애하고 두려워하게 하였다.

학문은 천인(天人)의 묘리를 궁구하였으되 일상생활의 떳떳한 도리의 바깥을 넘어가지 않았고, 오로지 내면에 마음을 썼으되 한결같이 경(敬)에 근본을 두었다. 그리하여 처음과 끝을 관통하고 상하를 관철함에 잠시 동안에도 혹 끊어짐이 없어서 차츰 순일하여 잡되지 않은 경지에 이르러서, 지식은 사물을 두루 포괄하면서도 빠뜨리지 않았고 행실은 평탄함과 험난함을 겪으면서도 변하지 않았다. 고명한 데에[153] 전심치지하여서 날로 새로워져서 위로 천리에 통달하여 그 원대함[154]을 이루었으니, 이렇게 할 수 있었던 것은 성(誠)일 따름이었다. 성인의 도(道)가 높아지지 않음을 근심하고 부정한 학설이 제멋대로 횡행함을 두려워하여 공성(孔聖)이 난적(亂賊)을 토벌한 의리[155]를 종주로 삼고

152 못처럼……우뚝하여서 : 훌륭한 인품을 비유한 말로, 진(晉)나라 석숭(石崇)의 시 〈초비탄(楚妃嘆)〉에 "용맹한 장왕이여, 못처럼 깊고 산처럼 우뚝하도다.〔矯矯莊王, 淵渟岳峙.〕"라고 하였다.

153 고명한 데에 : '고명(高明)'이란 《중용장구》 제27장에 "군자는 덕성을 높이고 문학을 말미암는 것이니, 광대함을 이루고 정미함을 다하며, 고명함을 다하고 중용을 말미암는다.〔君子尊德性而道問學, 致廣大而盡精微, 極高明而道中庸.〕"라고 한 데서 온 말이다.

154 원대함 : 원문의 '구대(久大)'는 《주역》 〈계사전 상(繫辭傳上)〉의 "친함이 있으면 오래할 수 있고 공(功)이 있으면 크게 할 수 있으며, 오래할 수 있으면 현인(賢人)의 덕(德)이요 크게 할 수 있으면 현인(賢人)의 업(業)이다.〔有親則可久, 有功則可大, 可久則賢人之德, 可大則賢人之業.〕"라는 구절을 원용한 것이다.

155 공성(孔聖)이……의리 : 공성은 공자(孔子)로, 《맹자》 〈등문공 하(滕文公下)〉에 "세상이 쇠하고 도가 미약해져서 부정한 학설과 포학한 행동이 또 일어나서 신하가 제 임금을 시해하는 자가 있고, 자식이 제 아비를 시해하는 자가 있었다. 공자께서

추맹(鄒孟)이 잘못된 행동을 막은 가르침[156]을 계술하여, 자신의 출처의 대절(大節)을 한결같이 마음속의 《춘추(春秋)》로써 재량하고, 천리(天理)를 밝히고 인심을 바르게 하며 선성(先聖)의 도(道)를 보호하고 이적을 물리치는 것으로 자신의 임무를 삼아서, 사생(死生)과 화복(禍福)을 내던지고 필생동안 자정(自靖)하여서 선성(先聖)에게 자신의 뜻을 바친 것[157]으로 말하면, 이것은 선생께서 행한 사업에 보이는바 깊고 간절하여 분명히 드러나니, 어찌 빈말로서 베풀 곳이 없는 것과 같겠는가.[158] 장차 도(道)의 맥(脈)을 무궁한 후세로 늘이고 대의(大

이것을 두려워하여 《춘추》를 지으셨다.〔世衰道微, 邪說暴行有作, 臣弑其君者有之, 子弑其父者有之. 孔子懼, 作春秋.〕"라고 하였으며, 이에 대해 주자(朱子)는 주(註)에서 "공자께서 《춘추》를 지어 난신적자를 주벌하였다.〔作春秋, 以討亂賊.〕"라고 하였다.

156 추맹(鄒孟)이……가르침 : 추맹은 맹자(孟子)로, 맹자가 추나라에서 출생했기에 이렇게 일컬은 것이다. 《맹자》 〈등문공 하(滕文公下)〉에 "나 또한 인심을 바로잡아 부정한 말을 그치게 하고, 잘못된 행동을 막으며, 음탕한 말을 내쳐서 세 성인을 계승하고자 하노니, 어찌 변론하기를 좋아하겠는가. 내가 마지못해서이다. 능히 양주, 묵적의 도를 막을 것을 말하는 자는 성인의 무리이다.〔我亦欲正人心, 息邪說, 距詖行, 放淫辭, 以承三聖者, 豈好辯哉? 予不得已也. 能言距楊墨者, 聖人之徒也.〕"라고 하였다. 잘못된 행동은 이단(異端)의 언행을 말한 것이다.

157 자정(自靖)하여서……것 : 자정은 스스로 분의(分義)에 맞게 처신하여 지조를 지킴을 편안하게 한다는 뜻으로, 《서경(書經)》 〈상서(商書) 미자(微子)〉에 "스스로 의리에 편안하게 하여 사람마다 스스로 자신의 뜻을 선왕에게 바친다.〔自靖, 人自獻于先王.〕"라고 한 것을 원용한 것이다.

158 이것은……같겠는가 : 이 부분은 《사기(史記)》 권130 〈태사공자서(太史公自序)〉에서 공자의 《춘추(春秋)》 저술을 두고, "공자께서 말씀하시기를 '내가 빈말에 기재하고자 하였으나 이는 실제 행한 일에서 나타내는 것이 깊고 간절하여 분명하게 드러나는 것만 못하다.〔我欲載之空言, 不如見之於行事之深切著明也.〕' 하였다."라고 한 말을 원용한 것이다.

義)를 천하에 펼치게 되었으니, 선생과 같은 분은 진실로 공문(孔門)의 충신이자 대명(大明)의 유민인 것이다.

아아, 선생께서 수립하신 바가 진실로 탁월하지만, 이는 진실로 도(道)를 독실하게 믿음에 의리를 환하게 보아 홀로 서서 두려워하지 않았던 데서 말미암은 것으로, 하루아침에 강개하여 인습해 취한 것에 비할 바가 아니니, 평소의 올바른 수양과 위대한 식견으로 사사건건 하나의 옳음을 추구하여서 출처의 사이에 마땅히 한 터럭만큼이라도 어긋남이 없게 하고자 하신 것이다. 그렇지만 이 또한 학문의 일부분으로서, 교화를 도타이 하는 큰 덕 가운데 내처럼 흐르는 작은 덕[159]인 것이니, 만일 전체(全體)와 대용(大用)에서 구하지 않고 단지 하나의 절목으로만 결단한다면 이 어찌 선생을 얕게 아는 것이 아니겠는가. 전(傳)에 이르기를 "독실하게 믿으면서 배우기를 좋아하며, 죽음으로써 지키면서 도를 잘 행해야 한다."[160]라고 하였고, 또 이르기를 "부귀가 마음을 방탕하게 하지 못하며 빈천이 절개를 옮겨놓지 못하며 위엄과 무력이 지조를 굽히게 하지 못한다."[161]라고 하였으니, 선생께서 거의 이에 가까우시다.

선생께서 역책(易簀)[162]하신 지 9년 뒤에 그 맏아들이 실기(實記)

159 교화를……덕 : 이 부분은 《중용장구》 제30장에 "만물이 함께 길러지면서 서로 해치지 않으며, 도가 함께 행해지면서 서로 위배되지 않는다. 작은 덕은 냇물의 흐름과 같고, 큰 덕은 교화를 도타이 하니, 이것이 바로 천지가 위대한 까닭이다.〔萬物竝育而不相害, 道竝行而不相悖. 小德, 川流; 大德, 敦化. 此天地之所以爲大也.〕"라고 한 부분을 원용한 것이다.

160 독실하게……한다 : 이 말은 《논어》 〈태백(泰伯)〉에 보인다.

161 부귀가……못한다 : 이 말은 《맹자》 〈등문공 하(滕文公下)〉에 보인다.

한 편을 서술하여 나에게 행장을 지어주기를 부탁하였는데, 맏아들도 별세하고 말았다. 내가 일찍이 선생의 지우와 아껴주심을 입어서 선생의 문하에 출입한 것이 거의 10여년이 되었으나, 후진으로서 어리고 몽매하여서 선생의 덕(德)을 깊이 살피지 못하였고 은미한 말씀과 정미한 의리를 또 계발하지도 못하였으며, 한두 가지 옛날에 들은 것도 모두 나날이 잊어버리고 있는 실정이다. 항상 배움에 따라서 식견이 진전되어서 필력을 펼쳐 선생의 훌륭한 덕을 만에 하나라도 천양하기를 바랐었는데, 병들어 죽어가는 차라 남은 가르침을 뒤미처 생각하여서 선생을 불후하게 하기를 도모할 수가 없게 되었다. 풍전등촉이 갑자기 이르러서 영영 유명(幽明)간의 부탁을 저버릴까 두려워, 참람하고 망령됨을 잊고서 위와 같이 찬술하여 덕(德)을 아는 군자를 기다리는 바이다.

162 역책(易簀) : 학식과 덕망이 높은 사람의 죽음이나 임종을 이르는 말로, 증자(曾子)가 임종 시에 자신이 깔고 누운 대자리가 신분에 맞지 않음을 깨닫고 즉시 자리를 바꾸었던 일에서 온 말이다. 《禮記 檀弓上》

제헌 심 선생 행장

霽軒沈先生行狀

제헌(霽軒) 심 선생(沈先生)께서 별세하신 지 60년이 되었는데, 손자 낙응(樂應)이 선친이 저술한 유사(遺事)를 가지고 와서 나에게 행장을 지어주기를 청하였다. 내가 사양하면서 말하였다. 선생께서는 불세출의 군자이시다. 여호(黎湖 박필주(朴弼周))에게서 《소학(小學)》을 전수받았는데, 여호가 몹시 중하게 기대하고 권면하였다. 미호(渼湖 김원행(金元行))를 섬겼는데, 미호가 그 견해가 영명하고 투철한 것을 찬탄하여 말하기를, "심성(心性)에 있어서 거의 어긋남이 없다."라고 하였다. 삼산재(三山齋) 김공(金公 김이안(金履安))은 공을 칭찬하여 말하기를, "거문고 줄 같은 올곧음이요 옥병과도 같은 맑음이로다. 어린아이의 효성이요 처녀의 정숙함이로다."[163]라고 하였다. 순암(醇庵) 오 문정공(吳文靖公 오재순(吳載純))은 공의 유집(遺集)에 서문을 지어서 말하기를, "뜻이 개결하고 기상이 예리하니, 개결하였기 때문에 외물의 얽매임이 들어오지 못하였고, 예리하였기 때문에 학업이 몹시 전일하였다. 학문이 넓으면서도 순후하여 천인(天人)의 근본과 성명(性命)의 근원을 거슬러 궁구하고, 또 몸소 실천하여 밝게 분변하였다."[164]라고 하였다. 중주(中洲) 이 문경공(李文敬公 이직보(李直輔))은

163 거문고……정숙함이로다 : 이는 김이안(金履安)이 지은 심정진(沈定鎭)의 제문에 실려 있는 내용으로, 《삼산재집(三山齋集)》 권9 〈제심일지문(祭沈一之文)〉에 보인다.

공의 언행을 서술하여, "공은 지경(持敬)[165]의 도(道)를 아는 사람이라고 할 만하다."라고 하였다. 노주(老洲) 오 문원공(吳文元公 오희상(吳熙常))은 공의 묘도에 묘지명을 적어 말하기를, "만년에 덕(德)을 이루어 문(文)과 질(質)이 빈빈하였으니, 일세의 순유(醇儒)라고 할 만하다."[166]라고 하였다. 여러 현인이 천양한 것이 이미 갖추어져 있으니, 내가 다시 무슨 말을 하겠는가. 기술한 바를 가지고서 이에 행장을 적는다.

선생은 휘가 정진(定鎭), 자는 일지(一之)로, 청송(青松)의 세가이다. 초조(初祖)는 휘 홍부(洪孚)로 고려의 위위시 승(衛尉寺丞)을 지냈다. 본조(本朝)에 들어와 휘 덕부(德符)[167]가 좌시중(左侍中)으로 청

164 뜻이 개결하고……분변하였다 : 이 내용은 《순암집(醇庵集)》 권4 〈제헌집서(霽軒集序)〉에도 보인다.

165 지경(持敬) : 경(敬)의 상태를 유지해 나가는 것으로, 정주학(程朱學)에서 말하는 학문을 수양하는 방법 중의 하나이다.

166 만년에……만하다 : 이 내용은 《노주집(老洲集)》 권16 〈제헌심공묘지명(霽軒沈公墓誌銘)〉에도 보인다. 문(文)과 질(質)이 빈빈하다는 것은 바탕과 문채, 즉 내용과 형식이 어느 한 곳으로 치우치지 않고 잘 조화를 이루었다는 뜻이다. 《논어(論語)》 〈옹야(雍也)〉에 공자가 "질이 문을 이기면 촌스럽게 되고, 문이 질을 이기면 겉치레에 흐르게 되니, 문과 질이 빈빈한 뒤에야 군자라고 할 수 있다.〔質勝文則野, 文勝質則史, 文質彬彬然後君子.〕"라고 하였다.

167 덕부(德符) : 심덕부(沈德符, 1328~1401)로, 자는 득지(得之), 호는 노당(蘆堂) 혹은 허당(虛堂), 본관은 청송(青松)이다. 고려 충숙왕 때에 음직으로 출사하여 의주부원수(義州副元帥)·서해도원수(西海道元帥) 등의 요직을 역임하고 1378년(우왕4)에는 지문하부사(知門下府事)로 서해도원수를 겸직하여서 왜구 토벌에 공을 세웠으며, 1385년에는 문하찬성사(門下贊成事)로 동북면상원수(東北面上元帥)를 겸직하여서 북청(北青)에 침략한 왜구를 토벌하는 등 이성계(李成桂)와 함께 왜구를 토벌하

성백(青城伯)에 봉해지고 훈벌이 태상(太常)에 기록되었으니,[168] 이로부터 명망과 덕행이 대대로 이어졌다. 관찰사 휘 선(璿)[169]에 이르러서 광릉(光陵 세조) 때에 관직을 버리고 자정(自靖)[170]하였다. 휘 광언(光彦)[171]은 좌찬성이니, 정암(靜菴 조광조(趙光祖))의 고족제자(高足弟子)

는 데 공을 세우고 그해 겨울 하정사(賀正使)로서 명나라에 다녀온 뒤 청성부원군(青城府院君)에 봉해졌다. 1388년 요동 출병 때에 이성계의 위화도회군(威化島回軍)을 도운 공으로 1393년(태조2) 회군공신(回軍功臣) 1등에 추록되고 청성백(青城伯)에 봉해졌다. 1397년 판문하부사, 이듬해에 영삼사사(領三司事)를 거쳐, 1399년(정종1)에 좌의정이 되었다가 이듬해 치사하였다. 시호는 공정(恭靖)이었다가, 후에 정안(定安)으로 고쳤다.

168 훈벌이 태상(太常)에 기록되었으니 : 태상(太常)은 해・달・별・용(龍)을 그린 임금의 기(旗)로, 국가에 큰 공훈이 있으면 이 기에 기록하였다. 여기서는 심덕부(沈德符)가 이성계(李成桂)의 위화도회군을 도와 회군공신(回軍功臣) 1등에 추록된 것을 가리킨 것이다.

169 선(璿) : 심선(沈璿, ?～1467)으로, 자는 윤부(潤夫), 본관은 청송(青松)이다. 척리(戚里)로서 발탁되어 수령직들을 역임하고, 세조 즉위에 공을 세운 홍윤성(洪允成) 집안과 혼인 관계를 맺어 예조참의를 비롯한 육조의 요직을 맡았다. 1464년(세조10) 경기도 관찰사에 부임하였다가 탄핵을 받고 좌천되기도 하였다. 그 뒤 중추원 부사로서 하정사(賀正使)에 임명되어 명나라에 다녀왔고, 이어서 황해도 관찰사를 지냈으나 질병으로 사임하고 한직에 있다가 별세하였다. 뒤에 장릉(莊陵) 조사단(朝士壇)과 옥과의 구암사(龜巖祠)에 배향되었다.

170 자정(自靖) : 스스로 의리에 맞게 처신하여 편안하게 여긴다는 뜻이다. 은(殷)나라 태사(太師)인 기자(箕子)가 주왕(紂王)의 서형(庶兄)인 미자(微子)에게 "스스로 의리에 편안하여 사람마다 스스로 선왕(先王)에게 뜻을 바칠 것이니, 나는 떠나가 은둔함을 돌아보지 않겠다.〔自靖, 人自獻于先王 我不顧行遯.〕"라고 보이는데, 후세에는 은둔하여 지조를 지킴을 가리키는 말로 많이 사용한다.《書經 微子》

171 광언(光彦) : 심광언(沈光彦, 1490～1568)으로, 자는 언지(彦之), 호는 둔암(鈍庵), 본관은 청송(青松)이다. 1525년(중종20) 식년문과에 장원으로 급제하고 성균관

로서 을사사화[172] 때의 사류(士類)가 되었다. 휘 종침(宗忱)[173]은 부사(府使)로, 우계(牛溪) 성 선생(成先生 성혼(成渾))을 사사하였으니, 이분이 공의 6세조이시다. 증조는 휘가 익달(益達)이고 조부는 휘가 연벽(廷壁)이다. 선고는 휘가 사증(師曾)[174]으로 은거하여 자신의 뜻을 추구하였으니, 세상에서 금계처사(金谿處士)라고 칭하였다. 처사공은 전주 이씨(全州李氏)에게 장가들었으니 세필(世弼)의 따님으로, 온화하고 어질어서 부덕(婦德)이 있었다. 영종(英宗 영조) 2년(1726) 을사

전적에 제수된 뒤에 사간원 정언·홍문관 부수찬·사헌부 장령 등의 요직을 역임하였다. 1537년 파주 목사로 선정을 베풀어 감사의 추천으로 이듬해 사복시정(司僕寺正)에 승진되었으나 탄핵으로 다시 외직으로 밀려나 부평 부사로 부임하였다. 1541년 사간원 대사간에 발탁되었고, 1543년 예조참판이 되었으며 이듬해에 사은사로 명나라에 다녀왔다. 인종이 즉위하고 전라도 관찰사에 제수되었으며, 그 후 명종 때에 이조참의·이조참판·한성부 판윤 등을 역임하였고, 1558년 지중추부사의 한직으로 물러났다가 다시 형조판서에 발탁되고 1561년 우참찬(左參贊)이 되었다. 시호는 호안(胡安)이다.

172 을사사화 : 을사년(1545, 명종 즉위년)에 을사사화가 일어나 명종(明宗)의 모후 문정왕후(文定王后)의 동생인 윤원형(尹元衡)이 인종(仁宗)의 외숙인 윤임(尹任)과 그 일파 및 이에 가담했던 사림들을 대거 숙청되었다.

173 종침(宗忱) : 심종침(沈宗忱, 1553~1614)으로, 자는 사성(士誠), 본관은 청송(靑松)이다. 음직으로 사섬시 참봉(司贍寺參奉)이 되었고, 장례원 사평(掌隷院司評)으로 승진하였으며, 외직으로 나가 은진 현감·안음 현감을 역임하였다. 익위사 사어(翊衛司司禦)에 서용된 뒤 익위(翊衛)로 승진하였다. 군기시 첨정(軍器寺僉正)을 역임한 뒤 임천 군수에 제수되었으나 부임하지 않았으며, 여산 군수에 제수되었다가 돌아와 궁궐도감에서 능력을 발휘하여 선공감 첨정이 되고, 숙천 부사에 승진하였다. 1614년(광해군6) 외직의 임무를 마치고 돌아오는 길에 지병으로 객사하였다.

174 사증(師曾) : 심사증(沈師曾, 1686~1744)으로, 자는 효원(孝源), 호는 금계거사(金溪居士), 본관은 청송(靑松)이다. 척화를 주장했던 삼학사(三學士)들에게 제향을 올리며 벼슬하지 않고 지조를 지키며 살았다.

11월 3일에 선생을 결성리(結城里)의 집에서 낳으셨다. 이 날 이 부인(李夫人)의 꿈에 천마(天馬)가 울며 날아올라서는 뜰에 내려왔는데, 해산할 때에 이르자 향기가 집안에 가득하였다.

타고난 자질이 수려하고 깨끗하였고 정신과 기상이 맑고 밝았으며, 파리한 모습에 밝은 눈동자가 빙옥과도 같았다. 9세에 숙부인 한송공(寒松公)[175]을 따라갔는데, 한송공은 지극한 행실과 도타운 덕이 세상의 모범이 되었다. 몸소 자식과 조카들을 가르치니, 선생께서 혼정신성(昏定晨省)하는 외에는 전심으로 책을 외고 읽어서 침잠하여 밝히고 연구한 것이 육경(六經)의 가르침이 아님이 없었다. 이따금 또 제자백가의 글을 널리 보아서 거의 모두를 포괄하였다. 한번은 1년이 되도록 병을 앓았는데 위독하더라도 공부를 그치지 않았으며, 역려(逆旅 여관)에 있다고 하더라도 마찬가지였다. 혹자가 "어찌하여 스스로 고생을 하는가?"라고 묻자, 선생께서는 말하기를 "이와 같이 하지 않으면, 내 마음이 근심스럽다."라고 하였다. 한송공은 평소에 공부에 대한 감독을 엄격히 하였으나, 유독 공이 근면하다가 과로하여 병이 날까 염려하여 항상 친히 책을 덮고 등유(燈油)를 줄여주었다.

17세에 《대대례(大戴禮)》를 읽다가 문득 강개하여 잠들지 못하고서

175 한송공(寒松公) : 심사주(沈師周, 1691～1757)로, 자는 성욱(聖郁), 호는 한송재(寒松齋), 본관은 청송(青松)이다. 권상하(權尙夏)의 문인으로, 1739년(영조15) 49세에 음보(蔭補)로 의릉 참봉이 되었다. 그 뒤, 내자시 봉사(內資寺奉事)・의금부 도사・통례원 인의(通禮院引儀)・호조좌랑・한성부 판관・영덕 현령・익위사 사어(翊衛司司禦)・돈녕부 주부・공조좌랑・함흥 판관・배천 군수・전주 부사 등을 역임하였다. 영덕에 큰 기근이 들었을 때 수많은 백성을 구휼하고, 향약을 실시하였으며, 함흥 판관으로 있을 때에는 관개사업을 실시하여 황폐한 밭을 개간하는 데 힘썼다.

위기지학(爲己之學)[176]에 뜻을 두었다. 박 문경(朴文敬 박필주(朴弼周)) 선생을 여호(黎湖)로 찾아뵙고서 학문을 하는 지결(旨訣)을 여쭙고는 더욱 스스로 감동하여 분발하였다. 비록 거업(擧業)에 부지런히 힘썼으나, 즐거워하는 바는 여기에 있지 않았다. 계유년(1753, 영조29)에 사마시(司馬試)에 합격하였는데, 시장(試場)에 임하여서도 정문(程文)을 짓지 않았고 편안히 득실을 잊고서 단지 날마다 독서를 할 따름이었다. 무인년(1758, 영조34)에 영릉 참봉(寧陵參奉)에 제수되었는데, 당시 한송공의 심제(心制)[177]를 지키고 있다고 하여 사양하고 나아가지 않았다.

갑오년(1774, 영조50)에 대료(大僚)의 천거로 세자익위사 부솔(世子翊衛司副率)에 제수되었다. 정묘(正廟 정조)께서 당시 이극(貳極)[178]에 계시면서 선생을 몹시 공경하고 중히 여기셨고, 경학이 고명함을 몹시 칭찬하여 말씀하기를 "강설이 몹시 정미하고 좋도다."라고 하였다. 선생이 병으로 서연에 나아가지 못하면 전교하여 말씀하기를, "어찌면 이렇게 오래도록 보지 못한단 말인가?"라고 하였다. 또 혹은 번차를 뛰어넘어서 이불을 들고 숙직하게 하였으니, 시강(侍講)한 지 3년

176 위기지학(爲己之學) : 오직 자신의 덕성을 함양하기 위해 공부하는 것을 말하는 것으로, 남이 알아주기를 바라서 공부하는 '위인지학(爲人之學)'과 상대되는 말이다. 《논어》 〈헌문(憲問)〉에 "옛날의 학자들은 자신을 위한 학문을 하였는데, 지금의 학자들은 남에게 보여주기 위한 학문을 한다.〔古之學者爲己, 今之學者爲人.〕" 하였다.

177 심제(心制) : 심상(心喪)의 복제(服制)로, 심상이란 상복은 입지 않으나 상기(喪期) 동안 상을 치르는 마음으로 지내는 것을 말한다.

178 이극(貳極) : 두 번째로 높은 자리란 뜻으로, 세자(世子)를 가리킨다. 임금의 자리를 극(極)이라 하며, 이(貳)는 부(副)의 뜻이다.

동안에 동료들이 감히 견주지 못할 정도였다. 한번은 이연(离筵)[179]에 올랐을 때 날이 몹시 더웠는데, 선생이 창 아래에 엎드려 있었는데 창이 마침 닫혀있자, "창을 열어라."라고 재차 하교하였으나 선생은 마치 이를 듣지 못한 것처럼 하였다. 그러자 동궁께서 깨닫고서 "내가 잘못하였다."라고 하고 사람을 시켜 창을 열게 하였으니, 미관(微官)이라고 하여서 스스로를 폄하하지 않았던 것이 이와 같았다.

병신년(1776, 영조52)에 중부도사(中部都事)로 승진하였고, 호조좌랑으로 옮겼으며 겸하여 악기조성청 낭청(樂器造成廳郎廳)에 차임되었다. 이듬해에 외직으로 나가 회덕 현감(懷德縣監)이 되었는데, 폐사(陛辭)[180]할 때 전교하기를, "계방(桂坊)[181]에 있을 때부터 이미 알고 있었으니, 응당 잘 다스릴 것이다."라고 하였다. 회덕현에는 큰 문벌이 많았는데, 선생께서는 관대하게 정사를 하되 장엄함으로써 보익하였다. 사대부의 노속(奴屬)은 으레 군정으로 징발하지 못하였으므로 군액(軍額)이 모두 비어있었는데, 선생께서 개연히 깨우쳐 훈계하여 모두 아울러서 군역에 충당하였다. 환곡(還穀) 상환의 정사 또한 고질병이었는데, 선생께서 번거롭게 엄히 감독하지 않고도 기한대로 실어서 바쳤으며, 또한 원망하거나 미워하는 이가 없었다.

해를 이어서 큰 기근이 들었는데 매우 심한 지경은 아니라고 하여

179 이연(离筵) : 세자에게 경사(經史)를 강의하고 교육하는 자리를 말한다. 서연(書筵) 또는 주연(胄筵)이라고도 한다.

180 폐사(陛辭) : 외직(外職)에 임명된 신하가 부임하기에 앞서 임금 앞에 나아가 하직 인사를 드리는 것을 말한다.

181 계방(桂坊) : 세자익위사(世子翊衛司)의 별칭으로, 계원(桂苑)이라고도 한다.

공진(公賑)을 허락하지 않자, 선생께서 먹고 자는 것을 잊으시고 힘써 순찰사에게 청하여 약간의 진곡(賑穀)을 얻었고 녹봉을 털어서 사사로이 진휼하였으며, 또 자주 밥과 국을 만들어서 먹여주었다. 이와 같이 한 지 수개월 만에 굶주렸던 백성들이 소생하게 되었다. 어사(御使)가 고을을 순행할 적에 진곡(賑穀)을 얼마쯤 소매에 넣고서 다른 읍의 잘 진휼하지 못한 죄를 적발할 때면 그때마다 이를 가리켜 보이면서 "모읍(某邑)은 이와 같이 하였다."라고 하였고, 돌아가서는 포상하고 보고하였다. 순찰사가 비용을 약간 절감하여 가계(家計)로 삼기를 권하자, 선생께서는 정색하며 말하기를 "상관께서도 이런 말을 한단 말인가."라고 하였다.

회덕현에 동춘(同春 송준길(宋浚吉)) 선생이 시행한 향약이 있었는데, 이를 가려서 조절하여 고쳐 윤색하였고, 선악적(善惡籍)을 마련해서 선한 이는 연회를 베풀어 권면하고, 악한 이에게는 벌을 내렸다. 이를 말미암아 풍속이 돈후해지고 옥사와 송사가 줄어들었다. 사형에 해당하는 옥수(獄囚)가 있었는데, 선생께서는 그 원통함을 살펴서 힘써 살리는 쪽으로 부쳐주고 마침내는 석방하였으니, 치적이 한 도(道)에서 으뜸이었다. 얼음과 소태나무의 지조[182]를 스스로 지켜서 한 터럭만큼도 취하지 않았으므로 관직을 떠나는 날에 이미 먹을 것이 없는 지경이었으니, 사람들이 "회천(懷川)의 태수가 청렴하기가 옥과 같다."라

182 얼음과 소태나무의 지조 : 맑은 얼음물을 마시고 쓰디쓴 소태나무를 씹으면서 굳게 지키는 절조를 말한다. 당(唐)나라 백거이(白居易)의 시에 "3년 동안 자사로 있으면서, 맑은 얼음물을 마시고 쓰디쓴 소태를 씹었노라.〔三年爲刺史, 飮氷復食蘗.〕"라고 한 데에서 온 말이다. 《白樂天詩集 卷1 三年爲刺史》

고 하였다. 관리와 백성들이 그 은덕을 품고서 차마 속이지 못하였다.

마침 상께서 우레가 치는 이변으로 인하여 구언(求言)하였는데, 선생은 일찍이 진저(震邸)[183]에서 지우(知遇)를 입었다고 하여서, 이토정(李土亭 이지함(李之菡))과 서화담(徐花潭 서경덕(徐敬德))의 고사를 원용하여 응지소(應旨疏)를 올렸다. 거기에 대략 이르기를, "지금의 형세는 몹시 급박한 점이 있습니다. 만약 한 가지 정사만의 착오를 지적하고 한 가지 일만의 이해를 진술한다면 한갓 작은 보탬이 될 뿐, 폐해를 구제하고 재해를 그치게 하여서 성상의 지극한 뜻을 우러러 체행하기에는 부족합니다. 전하께서 성상의 자리에 임하신 이래로 건강(乾綱)[184]은 날로 높아지고 신도(臣道)는 날로 낮아져서 종용함이 풍기를 이루고 언로가 막혀서 정사는 급하고 각박하며 문(文)이 승하여서[185] 화미(華靡)해졌습니다. 재이(災異)가 있지 않은 것이 없어서 민생이 날로 더욱 곤궁해지는데, 단지 작은 이익만을 꾀하고 가까운 공리만을 힘써서, 크게 진작시키고 크게 분발한 사업은 들어보지 못하였습니다." 라고 하였다. 이어서 상께서 분명하게 삼대(三代)로써 법을 삼되 스스

183 진저(震邸) : 팔괘의 진(震)이 동쪽 방위를 가리키므로 동궁(東宮)과 같은 말로 쓰이는바, 정조가 세손으로 있었던 때를 가리킨 것이다.

184 건강(乾綱) : 《주역》에서 건괘(乾卦)의 괘상(卦象)이 순강(純剛)의 덕을 지녔으므로, 천도(天道)와 인군(人君)의 기강을 가리키는바, 여기서는 임금의 기강을 뜻한다.

185 문(文)이 승하여서 : 《논어(論語)》 〈옹야(雍也)〉에 "본바탕인 질(質)이 아름다운 외관인 문(文)을 이기면 촌스럽고, 문이 질을 이기면 겉치레만 잘하는 사(史)이니, 문과 질이 적절히 배합된 뒤에야 군자이다.〔質勝文則野, 文勝質則史, 文質彬彬然後君子.〕"라고 하였다.

로 수양하는 것〔修己〕과 어진 이를 얻는 것〔得賢〕과 인재에게 관직을 주는 것〔官人〕을 세 가지 요점으로 삼기를 청하여서 펼쳐서 논하기를 절실하게 하였고, 마지막에 다시 입지(立志)를 가지고서 권면하였다. 그러자 상께서 후한 비답을 내리셨다.[186]

신축년(1781, 정조5)에 병으로 사직하고 돌아왔다가, 계묘년(1783, 정조7)에 다시 호조 좌랑에 제수되어 입시하였다. 전교하여 말씀하기를, "호조 좌랑의 학식이 몹시 넉넉하니, 내가 지금까지도 잊지 못한다."라고 하였다. 제용감 판관(濟用監判官)으로 옮기고, 송화 현감(松禾縣監)에 제수되었는데, 또 전교하여 말씀하기를, "몹시 삼가는 유자(儒者)이니, 지금 우선 가거라. 내 장차 부를 것이다."라고 하였다. 송화현을 다스리기를 한결같이 회덕(懷德)에서와 같이 하였다. 송화현에 유향(儒鄕) 간의 다툼이 있어서 영읍(營邑)에서 이를 없애지 못하였는데, 선생께서 단지 책을 읽고 자기 몸을 다스리는 도리로써 가르치자, 쟁송이 저절로 그쳤다. 이듬해에 문효세자(文孝世子)의 책봉의 예(禮)가 이루어지자,[187] 특지(特旨)로 세자익위사 사어(世子翊衛司司禦)에 제수되었다. 이윽고 전교하여 말씀하기를, "지방관을 계방(桂坊 세자익위사(世子翊衛司))으로 삼는 것은 전례가 없지만, 내 특별히 생각하여 잊지 못하여서 그리하였을 따름이다."라고 하였다. 곧 그대로 전직

186 거기에 대략……내리셨다 : 심정진(沈定鎭)이 올린 상소문의 자세한 내용과 정조의 비답은 《승정원일기》 정조 5년 11월 3일 기사 및 《제헌집(霽軒集)》 권4 〈응지소(應旨疏)〉에 보인다.

187 이듬해에……이루어지자 : 정조와 후궁 의빈 성씨(宜嬪成氏) 사이에 태어난 문효세자(文孝世子, 1782~1786)는 1784년(정조8) 7월 2일에 왕세자로 책봉되었고, 다음 달인 8월 2일에 책봉의 예가 거행되었다.

에 임명되었다.

살인하여 감옥에 있던 자가 달아났는데 백일이 되도록 체포하지 못하였으니, 법에 따라 파직되어야 할 상황이었다. 상께서 명하여 누차 그 기한을 너그럽게 하여주고 또 토포영(討捕營)으로 하여금 체포하도록 하였으나 죄수를 끝내 잡지 못하였다. 이에 왕부(王府 의금부)에서 공을 도배(徒配)할 것을 의논하자, 상께서 말씀하기를, "이 사람은 바로 계방(桂坊 세자익위사(世子翊衛司))의 옛 관료이다. 장차 거두어 쓸 것이니, 파직을 멈추어라."라고 하였으니, 이때가 을사년(1785, 정조9) 봄이었다. 얼마 뒤에 서용하여 세자익위사 사어(世子翊衛司司禦)에 제수하였다. 가을에 비로소 서연(書筵)을 열어 《효경(孝經)》을 강론하였는데, 특지로 공을 불러 참석하게 하였다. 이어서 전교하기를, "내가 동궁에 있을 때 이 사람에게 힘입어 도움을 얻은 것이 많았으니, 통정대부의 품계를 제수하라."라고 하였다. 상께서 〈기쁨을 적은 시〔識喜詩〕〉를 지어서 공에게 명하여 써서 올려 게판(揭板)하게 하고, 또 명하여 갱운(賡韻)해 올리게 하였다.[188] 이윽고 서추(西樞 중추부)에 들어가서 오위장(五衛將)을 겸직하였다.

병오년(1786, 정조10) 7월 11일에 연화방(蓮花坊)의 집에서 별세하였다. 처음에는 양주(楊州)의 증산(甑山)에 장례하였다가, 기미년(1799, 정조23) 5월 3일에 광주(廣州) 도곡(陶谷) 임좌(壬坐)의 언덕

188 상께서……하였다 : 1785년(정조9) 정조는〈기쁨을 적은 시〉를 지어서 각신(閣臣)에게 쓰게 명하여 이를 심정진(沈定鎭)의 집에 하사하고, 또 심정진으로 하여금 이 시에 갱운하게 하고 원시를 써서 올려 동궁에 게판(揭板)하게 하였다. 이에 대해 그해 9월에 심정진이 지은 발문이 《제헌집(霽軒集)》 권3 〈어제지희시발(御製識喜詩跋)〉에 보인다.

으로 천장(遷葬)하였다. 원배(元配) 평산 신씨(平山申氏)를 먼저 이곳에 장례하였는데 이때에 이르러서 합장하였고, 계배(繼配) 파평 윤씨(坡平尹氏)도 합부(合祔)하였다. 신씨(申氏)는 도곡처사(陶谷處士) 암(嵒)의 따님이니, 정숙하고 어질며 공손하고 근신하였는데, 일찍 별세하여 자식이 없다. 윤씨(尹氏)의 선고는 동지중추부사(同知中樞府事) 득수(得壽)이며, 부녀자의 이륜(彜倫)이 종족과 향당에게 모범이 되었다.

2남 1녀를 낳았으니, 아들 중에 장자 종영(鍾永)은 어질었으나 요절하였다. 차남 문영(文永)은 현감으로, 대를 이어 가학을 전승하였다. 한송공(寒松公)의 후사가 끊기자, 문영으로 하여금 후사를 잇게 하고 족자(族子) 헌영(獻永)을 취해 후사로 삼았으니, 그 또한 현감이다. 딸은 사인(士人) 이문준(李文峻)에게 시집갔다. 문영의 두 아들은 낙응(樂應)과 낙철(樂澈)이고, 세 딸은 박경양(朴儆陽), 서기보(徐琪輔), 진사 홍병천(洪秉天)에게 시집갔다. 헌영의 네 아들은 낙용(樂容), 낙흥(樂興), 낙청(樂淸), 낙원(樂元)이고 세 딸은 홍일순(洪一純), 서상훈(徐相薰), 이겸소(李謙沼)에게 시집갔다. 이문준의 계자(繼子)는 승연(承淵)이다. 낙응의 아들은 노혁(魯赫)이며, 딸들은 이시익(李時翼)과 김봉근(金鳳根)에게 시집갔다. 낙철의 계자(繼子)는 노면(魯勉)이며, 딸은 이민달(李敏達)에게 시집갔다. 낙용의 아들은 낙흥의 아들인 노재(魯在)이다. 나머지는 모두 어리다.

선생께서는 효성을 타고나시어, 5세에 모부인(母夫人)의 병이 심해졌을 때에 이미 근심하고 급급해하며 부축하고 간호할 줄을 알았고 음식을 권하여 올렸으며 밤에도 눈을 붙이지 않은 것이 한 달여였다. 한번은 오랜 장마를 만나서 집의 기둥이 기울어졌는데, 종일 노천에

서서 기둥을 붙들고서 하늘에 비를 그치게 해달라고 빌었다. 어떤 사람이 그 까닭을 묻자, 선생께서는 말하기를 "부모님께서 이 방에 계시기 때문이다."라고 하였다. 겨우 약관의 나이에 두 해를 연이어서 어버이의 상(喪)을 당하여, 슬픔으로 몸을 훼손하여 수척해져서 거의 생명을 잃을 지경이었다. 항상 육의(蓼義)의 애통함[189]을 지녀서, 사람들 중에 늙어서도 어버이를 봉양하는 이를 보면 처연하게 스스로 아파하였으며, 어떤 사람이 아프신 어버이를 두었다는 말을 들으면 근심이 얼굴빛에 나타났다. 집에서 지낼 때에 직접 이부자리를 거두었는데, 혹자가 그 까닭을 여쭈면 그때마다 눈물을 흘리며 말하기를, "옛날에 우리 부모님께서 몹시 가난하여 앞에 한 명의 노복도 없었다오."라고 하였으니, 한 번 발을 움직이는 때에도 감히 부모를 잊지 않는 효심[190]을 선생께서 가지고 있었다.

이에 한송공(寒松公)에게 효심을 옮겨 공을 섬기기를 마치 낳아주신 분을 섬기듯이 하여서, 어려서부터 장성한 때에 이르기까지 집에 있을 때나 관직을 따라갔을 때 하루라도 곁을 떠난 적이 없었다. 한 번은 멀리 떠나게 되었는데, 문득 숙부와 숙모를 그리워하는 마음을 그칠 수 없어서 인하여 곧장 돌아왔다. 한송공께서 콩잎 국을 좋아하였는데, 더운 여름날 부임할 때에 여점(旅店)의 음식이 깨끗하지 못할까

189 육의(蓼義)의 애통함 : 생전에 효도를 다 하지 못한 불효자의 애통한 심정을 가리킨 것으로, 《시경(詩經)》 〈소아(小雅) 육아(蓼莪)〉편이 부모의 길러주신 은혜를 갚지 못함을 비통해하는 내용이므로 이렇게 말한 것이다.

190 한 번……효심 : 《예기(禮記)》 〈제의(祭義)〉에 "한 번 발을 움직이는 때에도 감히 부모를 잊지 않고, 한마디 말을 하는 때에도 감히 부모를 잊지 않는다.〔壹擧足而不敢忘父母, 壹出言而不敢忘父母.〕"라고 한 데서 온 말이다.

염려하여 항상 손을 씻고 잎을 따서 직접 검사하여 삶아서 올렸으니, 한송공이 이에 힘입어 식사를 더 하게 되었다. 정축년(1757, 영조33)에 한송공의 상(喪)을 당함에, 상복을 벗고서 심상(心喪) 3년을 펴서 잠잘 때에 내실에 거처하지 않았고 웃을 때에 이를 드러내지 않았으며, 밤낮으로 부르짖고 사모하여 곡소리와 눈물이 그치지 않았으니, 곁에 있는 사람이 차마 이를 보지 못하였다. 처음 벼슬한 때에 이르러서는 사양하며 말하기를, "내가 숙부의 상을 당한 것은 어버이의 상을 당한 것과 같다."라고 하였다. 혹자가 선생의 집안이 가난한 것을 걱정하여서 출사하기를 권하자, 선생이 말하기를 "굶어 죽는 것은 작은 일이다."라고 하였고, 또 말하기를, "공문(孔門)에서 여묘(廬墓)할 때에 '짐을 챙겨 돌아갔다'는 말이 있으니,[191] 어찌 벼슬살이를 할 겨를이 있겠는가."라고 하였다. 상(喪)을 마친 지가 오래되었는데도 말이 한송공에게 미칠 때면 그때마다 눈물이 흘러 뺨에 드리웠다. 한송공의 부인이 별세할 때에 이르러서는, 상을 치르기를 한송공의 상을 치른 것처럼 하였다.

본성이 어질고 후하며 자애롭고 신실하여서 관직에 있을 때에 곤궁한 친족과 가난한 때에 사귄 벗들이 마치 집으로 돌아오듯이 귀의하여 짚신이 항상 집안의 뜰과 섬돌에 가득하였는데, 모두 후하게 대접하여

191 공문(孔門)에서……있으니 : 《맹자》 〈등문공 상(滕文公上)〉에 "공자께서 돌아가시자 삼년이 지난 다음 문인들이 짐을 챙겨 장차 돌아갈 적에 자공에게 읍하고 서로 향하여 통곡하여 모두 목이 쉰 뒤에 돌아갔지만, 자공은 다시 돌아와 묘 마당에 집을 짓고서 홀로 3년을 거처한 다음에 돌아갔다.〔昔者孔子沒, 三年之外, 門人治任將歸, 入揖於子貢, 相嚮而哭, 皆失聲然後歸, 子貢反, 築室於場, 獨居三年然後歸.〕"라고 한 것을 가리킨다.

서 사람마다 옷 한 벌을 만들어주었다. 모든 혼례와 상례에 모두 힘을 다하여 도왔고, 벗의 상(喪)을 들으면 그때마다 고기를 먹지 않으셨다. 인애와 연민이 미치는 바에 있어서 비록 곤충과 같은 미물일지라도 상할까 염려하였다. 집안을 다스림에 법도가 있었는데, 남녀의 구분에 있어서 더욱 엄격하여서 내실에 들어가면 부부간에 서로 손님처럼 대하여서 설만한 말과 흐트러진 모습을 두신 적이 없었다. 기운과 모습이 단정하고 장엄하여 바라보면 마치 범접할 수 없는 듯하였으나, 남을 대하고 사물을 접할 때에 온화하여 마치 따뜻한 봄 날씨와도 같았다. 그러나 어떤 사람의 옳지 못한 점을 보면 꾸짖으면서 조금도 가차를 두지 않으셨다. 모습은 마치 옷을 이기지 못할 듯하였으나, 마음은 실로 지극히 강건하여 모든 의리의 그릇됨과 올바름에 관계된 것에 있어서 잡아 지키는 바가 곧고 확실하여서 수많은 사람이라 할지라도 빼앗기 어려운 지조가 있었다.

문효세자(文孝世子)가 홍서하시자,[192] 나라가 외롭고도 위태로울까 염려하여 이 때문에 몹시 애통해하였다. 옛날에 세자시강원에서 함께 했던 관리를 볼 때마다 오열하지 않은 적이 없었고, 병이 위태로워졌을 때에도 여러 번 잠꼬대에서 애통함을 드러내었다. 이보다 앞서서 흉도들이 경모궁(景慕宮)을 추숭하는 일[193]을 앞장서서 말하였는데, 자제가 은근히 아뢰기를, "이 일이 장차 어떻게 되겠습니까?"라고 하자,

192 문효세자(文孝世子)가 홍서하시자 : 정조(正祖)의 첫째 아들인 문효세자가 1786년(정조10) 5월 11일에 다섯 살의 나이로 별세하였다.

193 경모궁(景慕宮)을 추숭하는 일 : 경모궁은 정조(正祖)의 생부인 사도세자(思悼世子)가 추숭되기 이전에 그 신위(神位)를 봉안했던 궁으로, 사도세자는 훗날 장조(莊祖)로 추숭되었다.

선생께서 말하기를, "내가 성상을 춘저(春邸)에서 섬긴 것이 여러 해였다. 학문과 의리가 진실로 탁월하시니, 절대 그럴 리가 없을 것이다."라고 하고, 이어서 장총(張璁)과 계악(桂萼)의 일[194]을 들어서 비유하면서, 슬퍼하고 탄식하기를 그치지 않았다. 평소에 늘 두려워하고 삼가서 조정의 득실과 인물의 잘잘못을 입으로 드러낸 적이 없었으며, 혹 말하는 이가 있으면 그때마다 손을 휘둘러 만류하면서 대답하지 않았다.

한송공(寒松公)이 한수(寒水) 권 선생(權先生 권상하(權尙夏))에게 도(道)를 듣고서부터 날마다 《소학(小學)》과 사서(四書)와 《주자대전(朱子大全)》을 읽었으므로, 선생은 어린 나이에 이미 그 학설을 알고서 마음으로 좋아하였다. 여호(黎湖 박필주(朴弼周)) 선생을 배알하고 또 주천(朱川) 박서(朴瑞) 공을 종유하고서, 빗장을 뽑고 자물쇠를

194 장총(張璁)과 계악(桂萼)의 일 : 장총과 계악은 모두 명(明)나라 세종(世宗) 때의 신하이다. 세종은 헌종(憲宗)의 손자인 흥헌왕(興獻王)의 장자(長子)인데, 무종(武宗)이 후사가 없이 죽자 양정화(楊廷和) 등이 태후(太后)의 명을 받들어서 세종을 맞아들여 무종의 종제(從弟)라는 신분으로 황제(皇帝)의 자리에 오르게 했다. 세종은 황제가 된 뒤 친부(親父)인 흥헌왕의 전례(典禮)를 의논하도록 명하였는데, 양정화 등이 한(漢)나라 정도왕(定陶王) 및 송(宋)나라 복왕(濮王)의 고사를 인용하여 무종을 '고(考)'라고 칭하고 흥헌왕을 '숙부(叔父)'라고 칭하라고 의논을 올렸다. 그러자 세종은 "부모를 어떻게 서로 바꿀 수가 있는가." 하면서 다시 의논하게 하였다. 그때 마침 진사(進士) 장총이 세종의 뜻에 영합하는 상소를 올리자, 세종이 기뻐서 그 상소대로 흥헌왕을 '고(考)'라고 칭하니, 계악 등의 무리가 세종의 뜻에 영합하였다. 이에 하맹춘(何孟春) 등이 대궐 뜰에서 통곡하며 반대하니, 세종이 크게 노하여 하맹춘 등 220명을 죄주었는데, 곤장을 맞고 죽은 자가 18명이나 되었다. 그러자 장총과 계악 등의 기세가 더욱 거세져서 드디어 흥헌왕을 '황고(皇考)'라고 칭하고, 흥헌왕의 비를 '장성태후(章聖太后)'라고 칭하였으며, 효종(孝宗)을 '황백고(皇伯考)'라고 칭하였다. 《史略 卷9 世宗肅皇帝》

열듯이 학문의 정수를 알게 됨이 이로부터 시작되었다. 주천(朱川)이 선생을 칭찬하여 말하기를, "단아하고 총명하여서 자기의 견해를 버리고 선(善)을 받아들이는 도량이 있으니, 크게 진전하기를 기대할 만하다."라고 하였고, 책을 저술할 때에 아들에게 말하기를, "오직 심(沈) 아무개에게만은 보여주어도 좋다."라고 하였다. 한송공이 임종할 때에 간곡하게 학문으로써 권면하고, 유명(遺命)을 남겨 미호(渼湖) 김 선생(金先生 김원행(金元行))을 사사하도록 하였다. 미호 선생은 선생을 몹시 특별하게 아끼고 중히 여겨서 공이 나아가 뵐 적마다 반드시 자리를 마련하고는 "이는 걸상을 내리는 뜻[195]이다."라고 하였다. 미호 선생이 별세하자, 선생은 백건(白巾)을 쓰고 환질(環絰)을 두르고서 밖에서 거처하고서 기년(朞年)이 지난 후에야 그만두었다.

선생께서는 청고하여 빼어난 자품을 지녀서, 재화와 명리에 있어서 허물을 벗듯이 초연하였다. 음식은 굶주림을 채우는 데에 그쳤으며 의복은 몸을 가릴 뿐이었고, 집은 겨우 비바람을 가릴 뿐이었으며 기물과 안석은 단지 그럭저럭 갖추어지게만 하였다. 가인(家人)에게 살림살이에 대해 묻지 않고서 자연스럽게 내맡길 뿐이었다. 그러므로 기욕(嗜慾)에 있어서 공력을 들이지 않고도 저절로 없게 하였지만, 다만 스스로 말하기를 "어렸을 때에 노하는 일이 많았으므로 평생 이를 바로잡는 데에 있어서 공부를 쏟은 것이 몹시 많았다."라고 하였다.

195 걸상을 내리는 뜻 : 특별히 예우하는 것을 말한다. 후한 때의 고사(高士) 서치(徐穉)가 있었는데, 진번(陳蕃)은 예장 태수(豫章太守)로 있을 적에 다른 사람이 찾아오면 잘 만나주지 않았으나 서치가 찾아오면 벽에 걸어두었던 걸상을 내려서 그에게 앉게 하였다는 고사에서 온 말이다. 《後漢書 卷53 徐穉傳》

도(道)에 있어서 자못 글을 인하여서 깨우쳤었는데, 중년 이후로 화려함을 거두어 실질로 나아가서 사학(斯學)에 몸을 바쳐 대업(大業)을 이루기를 궁구하여서, 작은 명예로써 드러나는 것을 바라지 않고 작은 행실로써 이름이 나는 것을 달갑게 여기지 않아서, 착실하게 진덕수업(進德修業)하는 사이에 은연중에 스스로 기뻐하여 연수(年數)가 부족한 것도 잊었다. 평소 다음과 같이 말하였다.[196] "학문에는 본래 법문(法門)이 있으니, '정좌(靜坐)'[197]와 '구용 구사(九容九思)'[198]와 '숙흥야매(夙興夜寐)'[199]와 '엄숙히 생각하고 말을 안정되게 함'[200]과 '얼굴

196 평소……말하였다 : 다음에 인용한 말은 《제헌집(霽軒集)》 권4 〈우서(偶書)〉에도 보인다.

197 정좌(靜坐) : 마음을 가라앉히고 조용히 앉아 있는 것으로, 송유(宋儒) 가운데 정자(程子)의 문하에서 중시하였던 수양(修養) 방법의 하나이다.

198 구용 구사(九容九思) : 구용은 옛날 군자가 수신하고 처세할 적에 견지해야 하는 아홉 가지 몸가짐으로 '발은 진중하게〔足容重〕, 손은 공손하게〔手容恭〕, 눈은 바르게〔目容端〕, 입은 무겁게〔口容止〕, 목소리는 조용하게〔聲容靜〕, 머리는 곧게〔頭容直〕, 숨소리는 엄숙하게〔氣容肅〕, 서 있는 모습은 덕이 있게〔立容德〕, 얼굴빛은 장엄하게〔色容莊〕'하라는 것이다. 《禮記 玉藻》 구사는 군자가 생각해야 하는 일 아홉 가지로 '볼 때는 밝게 보기를 생각하고〔視思明〕, 들을 때는 밝게 듣기를 생각하고〔聽思聰〕, 얼굴빛은 온화하기를 생각하고〔色思溫〕, 용모는 공손하기를 생각하고〔貌思恭〕, 말할 때는 충성되기를 생각하고〔言思忠〕, 일할 때는 조심하기를 생각하고〔事思敬〕, 의심날 때는 묻기를 생각하고〔疑思問〕, 분노할 때는 어려움을 생각하고〔忿思難〕, 얻을 것을 보고서는 마땅히 가질 것인가를 생각하라〔見得思義〕'는 것을 이른다. 《論語 季氏》

199 숙흥야매(夙興夜寐) : 본디 이는 《시경》 〈소완(小宛)〉에 "내 날로 매진하거든 너도 날로 매진하라. 일찍 일어나고 밤 늦게 자서 너를 낳아 주신 분을 욕되게 하지 말라.〔我日斯邁, 而月斯征. 夙興夜寐, 無忝爾所生.〕"라고 한 데서 나온 말인데, 송나라 진백(陳柏)이 이를 인용하여 〈숙흥야매잠(夙興夜寐箴)〉을 지었는바, 아침부터 밤늦게까지 자신의 정신을 수양하는 내용을 담고 있다.

빛을 바르게 함'[201]은 바로 성현들의 곧장 아래로 내려온 성법(成法)으로, 예로부터 학문이 모두 이를 따라 이루어졌다." 그러므로 항상 언행과 용모를 삼가고 점검하여서, 새벽에 일어나 세수하고 머리를 빗고 집을 깨끗이 쓸고는 몸을 곧추세워 높이 앉아서 기상을 장중하게 하였으며, 성인의 말씀이 아닌 책은 접하지 않고 이치에 맞지 않는 말은 입 밖에 내지 않았다. 마음을 보존하고 이치를 연구함이 늙을수록 정미해지고 진전되어서 혹은 종일토록 정좌(靜坐)하여 마음의 본체를 징험하였다.

학문하는 것을 논할 때에는 반드시 책을 읽는 것을 우선으로 삼아서, "말에서 터득하지 못하고서 그 뜻을 통달할 수 있는 경우는 없다."라고 하였다. 그러므로 글의 뜻에 있어서 분석하기를 몹시 정미하게 하였으나, 몸에 돌이켜서 실천하는 것으로 귀결되고자 하였다. 일찍이 말하기를 "경전을 한갓 능히 말하기만 한다면 이는 곧 장인(匠人)이니, 무슨 이로움이 있겠는가."라고 하였다. 그러므로 가볍게 다른 사람과 논변을 주고받은 적이 없었지만, 종유하여 배우는 사람이 있으면 그 사람의 현우(賢愚)를 따라서 가르쳐 고해주기를 힘써서 각기 얻는 바가 있게

200 엄숙히……함 : 《예기》 〈곡례 상(曲禮上)〉에 나오는 말로, 여기에 "공경하지 않음이 없으며, 엄숙히 생각하는 듯이 하며, 말을 안정되게 하면 백성을 편안히 할 수 있을 것이다.〔毋不敬, 儼若思, 安定辭, 安民哉.〕"라고 하였다.

201 얼굴빛을 바르게 함 : 《논어》 〈태백(泰伯)〉에 나오는 말로, 여기에 "군자가 귀중히 여기는 도(道)가 세 가지 있으니, 용모를 움직일 때에는 사나움과 태만함을 멀리하며, 얼굴빛을 바르게 할 때에는 성실함에 가깝게 하며, 말과 소리를 낼 때에는 비루하게 함과 도리에 위배되는 것을 멀리하여야 한다.〔君子所貴乎道者三. 動容貌, 斯遠暴慢矣; 正顔色, 斯近信矣; 出辭氣, 斯遠鄙倍矣.〕"라고 하였다.

하였으니, 심취하여 기뻐하고 사모하지 않는 이가 없었다.

차록(箚錄)하는 것을 달갑게 여기지 않으셨으나, 성(性)을 논하여서는 말하기를 "이(理)를 가지고 본연(本然)이라고 하고 기(氣)를 가지고 기질이라고 하니, 이는 한 곳을 둘로 말한 것일 뿐이다. 이(理)로써 보면 사람과 물건이 모두 같고, 기(氣)로써 보면 사람과 물건이 모두 다르다. 말하는 이가 본연과 기질의 사이에서 또 분수(分殊)의 본연을 점하여서 사람과 물건이 같지 않다고 한다면 이는 그릇된 것이다."라고 하였다.[202] 심(心)을 논하여서는 말하기를 "심(心)과 기질은 모두 같은 기(氣)이지만, 심(深)은 기(氣) 가운데 정상(精爽)으로 능히 천리(天理)의 주재가 될 수 있다. 그러므로 심(心)의 본체는 성인과 범인이 똑같은 것이다. 근세에 이른바 청허령(淸虛靈)과 탁허령(濁虛靈)이라는 것은 발한 곳을 따라서 말해야만 비로소 가능하다."라고 하였다.[203]

202 성(性)을 논하여서는……하였다 : 이 내용은 《제헌집(霽軒集)》 권3 〈솔성지위도설(率性之謂道說)〉과 〈성설(性說)〉에도 보인다.

203 심(心)을 논하여서는……하였다 : 이 내용은 《제헌집(霽軒集)》 권3 〈서조경서답이백눌심설후(書趙景瑞答李伯訥心說後)〉에도 보인다. 근세의 이른바 청허령(淸虛靈)과 탁허령(濁虛靈)이란 각각 청기(淸氣)가 모여서 된 허령과 탁기(濁氣)가 모여서 된 허령을 가리키는데, 예컨대 남당(南塘) 한원진(韓元震)은 심조(沈潮)에게 보낸 편지에서 다음과 같이 말하였다. "기(氣)의 정상(精爽)이 사람에게 모여 허령이 되니, 허령은 바로 심(心)의 본체로서, 사람마다 모두 똑같은 바이다. 그러나 성인(聖人)의 심(心)은 청기(淸氣)가 모여서 허령이 되기 때문에 항상 이(理)에 밝고, 보통 사람의 심(心)은 탁기(濁氣)가 모여서 허령이 되기 때문에 항상 욕(欲)에 밝은 것이니, 이것이 허령이 품부받은 기(氣)가 사람마다 똑같지 않아서 허령한 심(心)이 모두 선할 수 없는 이유이다." 《南塘集 卷15 與沈信夫》

예(禮)에 있어서는 스스로 정력이 미치지 못한다고 말하였으나, 《의례통해(儀禮通解)》[204]에 있어서 3년 동안의 공력을 들였다. 《논어(論語)》는 오랜 세월 침잠하였으니, 목숨이 다하도록 종사하겠다는 뜻을 두었던 것이었다. 이를 드러내어 문장을 지음에 굳세고 간결하며 광대하게 펼쳐져서 저절로 일가언(一家言)을 이루었으니, 옛 작자들에게 비의하더라도 부끄러움이 없다. 만년의 저술은 옛것을 답습하고 익혀서 익숙해진 비루함을 벗어나서, 의리에 근거하여 곧장 육경(六卿)의 궤적으로 달려갔다. 남 문청공(南文淸公 남유용(南有容))이 공의 어릴 적 작품을 칭찬하여 말하기를 "사리(辭理)와 법이 모두 갖추어졌으니, 비유하자면 예(禮)를 행하는 자리에서 빈객을 대접함에 정연하게 질서가 있어서 부유하는 먼지가 일어나지 않는 것과 같다."라고 하였으니, 세상에서 그 지언(知言)에 감복하였다. 문집 6권이 세상에 전해되며, 《역해(易解)》가 집안에 보관되어 있다. 정묘(正廟 정조)께서 유집(遺集)을 보시고는 서글프게 감회를 일으켜서 여러 번 연신(筵臣)을 대하여 추념하는 전교를 내렸으니, 여기에서 군신 간의 조우(遭遇)의 성대함을 징험할 수 있다. 그러나 나이와 작위에 곤액을 겪어 옛 성왕(聖王)의 도를 펼칠 뜻으로 하여금 조금도 그 대개를 드러내지 못하게 하였으니, 애석하도다.

말로(末路)에 명위(名位)가 몹시 설만해져서 인훤(麟楦)이나 학헌

204 의례통해(儀禮通解) : 송나라 때 주희(朱熹)가 편찬한 《의례경전통해(儀禮經傳通解)》를 말한다. 《의례》를 경문(經文)으로 삼고 《예기》, 사서(史書), 잡서(雜書) 등에서 예(禮)에 관한 내용을 뽑아 편집한 책으로, 주희가 이를 완성하지 못하고 죽자, 후에 제자인 황간(黃榦)과 양복(楊復)이 누락된 부분을 보충하여 《의례경전통해속》을 편찬하였다.

(鶴軒)[205]과 다른 경우가 거의 드무니, 이를 얻은 사람에게는 이것이 영광이 되기에 부족하다. 선생처럼 명칭과 실질이 순수하면서도 조정의 부름이 이르지 않고 천거가 더해지지 않아서 음도(蔭塗)에서 마친 경우는, 진실로 대도(大道)의 나라에서도 들리게 할 수가 없는 것이다. 그러나 이것으로써 어찌 족히 선생의 경중을 따질 수 있겠는가. 다만 그 고아함을 이루어주는 데에 족할 뿐이다.

선생께서는 문을 닫고 준양시회(遵養時晦)[206]하여서 다른 사람에게 알려지기를 구한 적이 없었고 또한 세상에 알아주기를 구한 적도 없었으나, 청송의 절조가 세한(歲寒)에 더욱 무성해지고[207] 의란(猗蘭)의

205 인훤(麟楦)이나 학헌(鶴軒) : 실질은 없으면서 겉모습을 꾸며 높은 관작을 차지한 경우를 말한다. 인훤은 기린훤(麒麟楦)이라고도 하는데, 당(唐) 나라 때 구주(衢州) 영천 현령(盈川縣令)인 양형(楊炯)이 조관(朝官)을 만날 때마다 조관을 가리켜 '기린훤'이라고 하고는 그 까닭을 말하기를 "지금 연회를 베풀면서 기린 놀이를 하는 자들을 보면, 머리와 뿔에 무늬를 새겨 넣고 그림을 그리며 털가죽을 장식한 다음 나귀에게 덮어씌워 기린 모양을 하고는 연회장을 빙빙 도는데, 가죽을 벗겨 보면 나귀에 지나지 않는다. 덕(德)이 없으면서 높은 관직에 있는 자들 또한 나귀에게 기린 가죽을 덮어씌운 것과 무엇이 다르겠는가."라고 하였다는 고사에서 온 말이다. 학헌은 헌(軒)은 본래 대부(大夫) 이상의 고관이 타는 수레인데, 춘추 시대 위(衛) 나라 의공(懿公)이 학(鶴)을 매우 좋아하여 학을 헌에다 태우기까지 했다는 고사에서 온 말이다. 《太平廣記 卷265》《左傳 閔公 2年》

206 준양시회(遵養時晦) : 때를 따라 힘과 덕을 기르며 자신을 숨김을 이른다. 《시경》〈주송(周頌) 작(酌)〉에 "아, 성대한 왕의 군대여, 도를 따라 힘을 기르며 때로 몸을 감춘다.〔於鑠王師, 遵養時晦.〕"라고 한 데서 온 말이다.

207 청송의……무성해지고 : 공자가 "날씨가 추워진 뒤에야 소나무와 측백나무가 뒤늦게 시듦을 알 수 있다.〔歲寒然後, 知松柏之後彫也.〕"라고 하였는바, 혼란한 세상이나 곤궁한 때를 당하면 군자의 변치 않는 마음을 더욱 잘 볼 수 있음을 비유한 것이다. 《論語 子罕》

지조가 저절로 유곡(幽谷)에까지 퍼져서[208] 같은 시대의 제현(諸賢)들이 칭송하고 사모하는 바가 되었다. 그 서술한 것이 고쳐 평할 여지가 없으니, 굳이 후세의 요부(堯夫)[209]를 기다릴 것이 없다.

아아, 글에 이르지 못한 점이 있으면 이른바 도(道)가 아닌데, 선생께서는 문원(文苑)과 이수(理藪)를 두루 관통해 지나감에 학문이 이루어지고 덕이 높아져 안에 온축된 것이 넓고도 두터웠다. 그러므로 고묘한 도(道)와 정미한 의리가 발한 것이 높기를 기약하지 않더라도 저절로 높고 크기를 기약하지 않더라도 저절로 크며 공교롭기를 기약하지 않더라도 저절로 공교로워서 거의 문(文)과 도(道)가 합일되었으니, 이는 이것으로써 손을 빌어서 지난 현철을 뵐 수 있는 것이다. 아아, 훌륭하도다.

내가 약관의 나이일 때부터 근재(近齋) 박 선생(朴先生 박윤원(朴胤源))을 섬겨서 미호(渼湖 김원행(金元行))의 명리(名理)를 익숙히 익히고 아울러 문하에 있던 여러 공들의 서론(緖論)에 미쳤는데, 박 선생께서

208 의란(猗蘭)의……퍼져서 : 의란은 본래 향기가 나는 난초로, 공자(孔子)가 지었다는 〈의란조(猗蘭操)〉를 가리킨다. 공자가 천하를 바로잡기 위해 여러 제후들을 차례로 방문하였으나 제후들에게 등용되지 못하였는데, 노(魯)나라로 돌아오던 도중에 깊은 골짝의 난초가 꽃을 피워 그 향기가 골짝을 진동시키는 것을 보고, 좋은 세상을 만나지 못한 자신의 처지를 가탁하여 〈의란조〉란 거문고 곡조를 지었다. 이를 〈유란조(幽蘭操)〉라고도 한다. 이 곡조는 《악부시집(樂府詩集)》에 실려 있다.

209 후세의 요부(堯夫) : 후세에 그 가치를 알아주는 사람을 말한다. 요부는 송(宋)나라 소옹(邵雍)의 자로, 소옹은 《황극경세서(皇極經世書)》를 짓고서 책 겉면에 "이 글을 요부에게 올린다.〔文字上呈堯夫.〕"라고 썼다고 한다. 자신의 저서를 당세에는 알아주는 이가 없어도 후세에 자기와 같은 사람이 나오면 알아줄 것임을 의미하는 것이다. 《朱子語類 卷53 孟子三 公孫丑中》

는 공을 칭찬해 마지않으셨다. 선생의 유편(遺編)을 읽을 때에 이르러서는 마음에 스르르 얼음이 풀리듯 하여 자연스레 이치가 순해지게 되었고,[210] 또 공의 두 아드님을 종유하면서 더욱 선생의 덕업과 행적을 듣게 됨에 기뻐 탄복하는 마음을 가눌 수 없었다. 《시경》에 이르기를 "금옥(金玉) 같은 바탕이요, 잘 다듬은 문장이로다."[211]라고 하였고, 또 이르기를 "문채 나는 군자여 끝내 잊을 수가 없도다."[212]라고 하였으니, 내가 선생에 있어서 또한 이와 같이 여긴다.

선생께서는 만년에 청교(青郊)의 제촌(霽村)에 거처하여서, 배우는 이들이 제헌 선생(霽軒先生)이라고 칭하였다. 선생께서는 덕(德)을 세우고 훌륭한 말을 남겨서 저절로 불후의 실제가 있으니,[213] 어찌 글로 써서 후세에 드리우기를 기다릴 것이 있겠는가. 후손이 선조를 위하는 간절한 정성에 감동하고, 또 이름을 의탁하는 것을 영광으로 여겨서, 감히 글솜씨가 없다고 하여 사양하지 않고 외람되이 적는 바이다.

210 스르르……되었고 : 원문의 '이환(怡渙)'은 두예(杜預)의 〈춘추좌씨전서문(春秋左氏傳序文)〉에서 "마치 강해가 대지를 적셔 주고 고택이 만물을 윤택하게 하듯, 스르르 얼음이 풀리듯 의문이 해결되어 자연스레 이치가 순해진 뒤에 터득하는 바가 있게 하는 것이다.〔若江海之浸, 膏澤之潤, 渙然冰釋, 怡然理順, 然後爲得也.〕"라고 한 데서 온 말이다.

211 금옥(金玉)……문장이로다 : 이 말은 《시경》 〈대아(大雅) 역복(棫樸)〉에 보인다.

212 문채……없도다 : 이 말은 《시경》 〈위풍(衛風) 기욱(淇奥)〉에 보인다.

213 덕(德)을……있으니 : 《춘추좌씨전(春秋左氏傳)》 양공(襄公) 24년 조에 "최상의 것은 덕을 세우는 것이고, 그 다음은 공을 세우는 것이고, 그 다음은 훌륭한 말을 남기는 것이다. 이 세 가지는 아무리 오래되어도 없어지지 않으니 이를 일러 썩지 않음이라 한다.〔大上有立德, 其次有立功, 其次有立言, 雖久不廢, 此之謂不朽.〕"고 한 데서 온 말이다.

하당 신공 행장
荷塘愼公行狀

스승과 제자의 윤리는 임금, 아버지와 더불어 셋이 된다. 그러므로 "백성은 세 분의 은혜로 살아가기에 섬기기를 똑같이 하여야 하니, 살아가게 해주신 은혜를 죽음으로 보답해야 한다."[214]라고 한 것이다. 우암(尤庵) 선생의 시대에 변고가 문정(門庭)에서 일어나서,[215] 거꾸로 스승을 쏘고[216] 스승의 가죽을 깔아 베고자 함에[217] 그 소문이 몹시

214 백성은 ……한다 :《소학(小學)》〈명륜(明倫)〉에 난공자(欒共子)가, "백성은 세 분의 은혜로 살아가기에 섬기기를 똑같이 하여야 한다. 아버지는 나를 낳아 주시고, 스승은 나를 가르쳐 주시고, 임금은 나를 먹여주셨으니, 아버지가 아니면 태어나지 못하고 임금이 먹여주지 않으면 자라지 못하고 스승이 가르쳐 주지 않으면 알지 못하니, 낳아 주신 것과 똑같다. 그러므로 똑같이 섬기되 오직 있는 바에 목숨을 바쳐야 한다. 살아가게 해주신 은혜를 죽음으로 보답하고, 물건을 내려준 은혜를 힘써 갚는 것이 사람의 도이다.〔民生於三, 事之如一. 父生之, 師教之, 君食之, 非父不生, 非食不長, 非教不知, 生之族也. 故一事之, 唯其所在, 則致死焉. 報生以死, 服賜以力, 人之道也.〕"라고 한 말에서 인용한 것이다.

215 우암(尤庵)……일어나서 : 우암은 송시열(宋時烈, 1607~1689)의 호이다. 변고가 문정에서 일어났다는 것은 송시열의 문하에서 변고가 일어났다는 뜻으로, 윤증(尹拯, 1629~1714)이 본래 송시열의 고제(高弟)였으나, 1674년(현종15)에 부친 윤선거(尹宣擧)의 묘갈명을 짓는 과정에서 사제간의 의리가 끊어져 이후 서인이 송시열을 주축으로 한 노론과 윤증을 주축으로 한 소론으로 분열된 일을 가리킨다.

216 거꾸로 스승을 쏘고 : 스승에게서 배운 것으로 도리어 스승을 해치는 것을 말한다. 하(夏)나라 사람 방몽(逄蒙)이 활쏘기의 명수인 예(羿)에게 활쏘기의 기법을 배웠는데, 예의 기법을 다 터득하자 세상에 자기보다 뛰어난 자는 예밖에 없다 생각하고 드디어 스승인 예를 죽였다는 고사에서 온 말이다.《孟子 離婁下》

악하여서 사문(斯文)의 화(禍)가 극에 달하였다. 신희천(愼希天) 공이 세교(世敎)가 쇠망하는 것을 근심하여 《하당문답(荷塘問答)》을 지어서 수 천 마디의 말을 이어가며 시비의 근원과 말단을 크게 밝힘에 말은 엄하고 이치는 옳았다. 이 의리를 미루어 보건대 노선생(老先生)이 천리(天理)를 밝히고 인심(人心)을 바르게 한 공을 우러러 도울 만하니, 아아 훌륭하도다.

공은 자가 성백(聖伯)으로 거창(居昌) 사람이니, 고려 참지정사(參知政事) 공헌공(恭獻公) 휘 수(修)[218]가 비조가 된다. 여러 대(代)가 전하여서 감사(監司) 휘 기(幾)에 이르러서 비로소 본조에서 벼슬하여 명예와 덕을 지닌 이가 서로 잇따르고 높은 관직이 이어졌다. 휘 제현(齊賢)은 제용감 봉사(濟用監奉事)로 백휴암(白休庵 백인걸(白仁傑))을 스승으로 섬겼으며, 율곡(栗谷) 이 선생(李先生 이이(李珥))과 도의(道義)로써 사귀었으니, 이 분이 공의 오대조이시다. 참의(參議)에 추증된 휘 덕우(德宇)와 사복시 정(司僕寺正)에 추증된 휘 혜(譓)와 좌승지(左承旨)에 추증된 휘 지무(祉茂)와 참판(參判)에 추증된 휘 하익(夏翊)은 바로 공의 고조·증조·조부·선고이시다. 참판공은 서산 유씨

217 스승의……함에 : 원문의 '침피(寢皮)'는 짐승을 잡아 그 가죽을 깔고 자고 그 고기를 먹는다는 뜻의 침피식육(寢皮食肉)을 줄인 말로 《춘추좌씨전(春秋左氏傳)》 양공(襄公) 21년 조에 보인다. 원래 용맹을 자랑하는 말인데 후대에는 인신하여 원수에게 원한이 깊음을 비유하는 말로 쓰였는바, 여기에서는 스승을 원수로 여김을 빗대어 표현한 말이다.

218 수(修) : 신수(愼修, ?~1101)로, 본관은 거창(居昌)이다. 송(宋)나라 개봉부(開封府) 출신으로 고려 중기에 귀화하여 거창 신씨(居昌愼氏)의 시조가 되었다. 1075년(문종29) 시어사(侍御史)가 되었으며, 벼슬은 수 사공 우복야참지정사(守司空右僕射參知政事)에 이르렀다. 시호는 공헌(恭獻)이다.

(瑞山柳氏)에게 장가들었으니 선전관(宣傳官) 여수(汝璲)의 따님으로, 해주(海州) 교정(交井)의 본가에서 공을 낳으셨다.

공은 타고난 자품이 순수하고 아름다워서 약관의 나이가 되기도 전에 학문에 전심하였다. 당시 남계(南溪) 박 문순공(朴文純公)[219]이 파주(坡州)에서 도(道)를 강론하였는데 공이 나아가서 수업하였고, 후에 검재(儉齋) 김유(金楺) 공, 구계(癯溪) 권상유(權尙游) 공, 이집(李潗) 공과 함께 동지계(同志禊)를 만들어서 매년 남계서원(南溪書院)에서 모여 강학하였다. 병신년(1716, 숙종42)에 한양으로부터 해주(海州)로 옮겨서 못을 파고 연꽃을 심고는 재실에 편액을 달기를 "하당(荷塘)"이라고 하고, 인하여 호(號)로 삼고서 소요하며 편히 쉬면서 초연히 세속을 벗어나려는 생각이 있었다. 병오년(1726, 영조2)에 생원시에 합격하였으니, 이는 어버이를 위해서 자신의 뜻을 굽힌 것이었다. 영종(英宗) 병자년(1756, 영조32)에 통정대부에 오르고 6월 3일에 졸하였으니, 태어난 숙종 정사년(1677, 숙종3)으로부터 81세가 된다. 해주(海州) 여동(餘洞) 신좌(辛坐)의 언덕에 장사지냈다. 배위는 숙부인(淑夫人) 창녕 조씨(昌寧曺氏)로 통덕랑 국형(國衡)이 그 선고이시다. 선생보다 3년 먼저 태어나 선생보다 17년 먼저 별세하여서, 공의 무덤 왼편에 합장하였다. 계자(繼子)는 사영(思永)이고, 손자는 치적(致迪)·치록(致錄)·치복(致福)·치혁(致赫)이며, 증손과 현손은 많아서 기록하지 않는다.

공은 효우(孝友)를 타고나서 어버이를 기쁘게 하고 그 뜻을 봉양하

219 남계(南溪) 박 문순공(朴文純公) : 박세채(朴世采, 1631~1695)로, 자는 화숙(和叔), 호는 남계, 본관은 반남(潘南), 시호는 문순이다.

기에 힘썼다. 참판공께서 만년에 팔순을 누렸는데, 공의 연령 또한 육순에 가까웠으나 늘 노래자(老萊子)처럼 어버이를 기쁘게 해드렸다.[220] 어버이의 상(喪)을 당하자 예(禮)를 집행한 것이 예제(禮制)를 지나쳐서, 죽을 먹고 여막에서 거처하면서 슬픔으로 몸을 훼손하여 수척해져서 거의 목숨을 보전하지 못할 지경이었다. 묘가 10리만큼 떨어져 있었으나 5일에 한 번씩 성묘하되 비바람을 피하지 않았으며 손수 송백(松柏)을 심음에 옛사람의 사정(思亭)의 규범[221]이 있었으니, 초부와 목동들이 매번 길을 따라 문안하였다.

여러 아우와 돈독히 우애하여서 세업(世業)을 균등히 나누었다. 계부(季父)의 집이 파산(坡山)에 있었는데, 차마 멀리 떨어져 있지 못하여서 매년 봄과 가을마다 번갈아 만나서 잠자리를 살피고 반찬을 올리기를 어버이를 모시는 것과 똑같이 하였다. 계부께서 별세하자 정성을 다하여 장례를 마치고 선묘(先墓)에 부장(祔葬)하고 제전(祭田)을 두었으며 자손에게 경계를 남겨서 향사(享祀)를 폐하지 않도록 하였다. 종형제를 마치 동기간처럼 보아서 옷과 음식을 반드시 제공하였으며,

220 노래자(老萊子)처럼……해드렸다 : 춘추 시대 초(楚)나라에 노래자(老萊子)라는 은사(隱士)가 있었는데, 어버이를 모시는 효성이 지극하여 나이 일흔에도 색동옷을 입고 재롱을 피워 어버이를 즐겁게 해드렸던 고사가 있다. 《小學 稽古》

221 옛사람의 사정(思亭)의 규범 : 돌아가신 부모님을 그리워하여 묘소 곁에 집을 짓고 이를 사정(思亭)이라 이름 붙인 고사를 가리킨다. 북송(北宋) 때에 진씨(甄氏)의 자제가 부모의 장례를 마친 뒤에 부모를 사모하는 뜻에서 묘소 곁에 집을 짓고 추모하였는데, 진사도(陳師道)가 이에 대한 기문을 지었다. 그 글인 〈사정기(思亭記)〉에 "진군(甄君)이 부모와 형제의 장사를 치른 다음 그 곁에다 집을 지어 놓고 나에게 이름을 지어 달라고 하기에 사정이라고 지어주었다. 그 이유는 부모를 잊어서는 안 되기 때문이다."라고 하였다. 《古文眞寶後集 卷10》

학문을 권하고 가르쳐 이끌되 《주례(周禮)》의 육행(六行)[222]으로 타일러서 높은 성취를 이루게 하였다.

오랜 벗에게 독실하게 대하여서, 진사(進士) 이광시(李光蓍)와 사문(斯文) 구만겸(具晩謙)과 회덕(懷德) 이면(李緬) 등의 공들과 늙어서까지 절시(切偲)[223]하여서 산수에서 노닐며 시를 읊었고, 사론(士論)이 있을 때마다 반드시 함께 자리하여 강론하고 토론하여서 한 고을의 모범이 되었다. 공이 거처한 곳은 바닷가에 접하여 땅은 척박하고 풍속은 어리석었는데, 공은 율곡(栗谷) 선생의 향약(鄕約)[224]을 그대로 따라서 자신의 재산에서 덜어내고 여러 사람의 힘을 합쳐서 사창(社倉)을 경영해 세우고서 봄과 겨울에 이자를 계산하여 궁핍한 백성들의 요역(徭役)과 종곡(種穀)을 도와서 지급하였고, 향약을 따르지 않는 자가 있으면 먼저 가르친 뒤에 벌을 내렸다. 그러자 공이 세상을 뜰 때까지 신의가 넘쳐서 백성들이 송사를 할 줄 몰랐고, 그 지방의 훌륭한 선비들이 기뻐하면서 아끼고 사모하여 말하기를, "이는 신 사마(愼

222 주례(周禮)의 육행(六行) : 《주례》 〈지관(地官) 대사도(大司徒)〉에 나오는 여섯 가지 행실로서, 효도〔孝〕, 우애〔友〕, 동성(同姓) 간에 화목함〔睦〕, 이성(異姓) 간에 화목함〔婣〕, 이웃 간에 신실함〔任〕, 서로 구휼함〔恤〕을 말한다.

223 절시(切偲) : 절절시시(切切偲偲)의 준말로, 붕우 간에 간절하고 자상하게 권면하는 것이다. 자로(子路)가 어떠해야 선비라고 할 수 있는지를 묻자, 공자(孔子)가 답하기를, "간절하고 자상하게 권면하며 화락하면 선비라고 할 수 있다. 붕우 간에는 간절하고 자상하게 권면하고, 형제간에는 화락해야 한다.〔切切偲偲, 怡怡如也, 可謂士矣. 朋友切切偲偲, 兄弟怡怡.〕"라고 하였다. 《論語 子路》

224 율곡(栗谷) 선생의 향약(鄕約) : 율곡은 이이(李珥, 1536~1584)의 호로, 이이는 1574년(선조7)에 황해 감사로 부임하여 해주 석담 지방에서 향약을 실시하였는데, 그 내용이 《율곡전서(栗谷全書)》 권16 〈해주향약(海州鄕約)〉에 보인다.

司馬)께서 남기신 규범이다."라고 하였다.

아아, 갑술경화(甲戌更化)[225] 이후에 해주(海州)의 향중의 평론이 서로 갈라져서 부정함과 올바름이 뒤섞여서 하나로 정해지지 않았다. 공은 세도(世道)를 걱정하여 이윤(尼尹)이 스승을 배반한 죄[226]를 극론하여 한 지방의 감계(鑑戒)로 삼아 추향(趨向)을 잃지 않게 하였으니, 이는 공의 공이 크다. 향중의 유생들이 공의 치적을 들어서 정려하여 기리는 은전을 베풀기를 청한 것이 어찌 마땅하지 않겠는가. 해주의 고사(高士)인 이두익(李斗翼)은 《춘추(春秋)》의 의리를 들어서 청성묘(淸聖廟)의 비문(碑文)을 지은 것을 배척하였고, 전만거(全萬擧)는 '수양산의 고사리'를 인용하여 청나라의 곡물을 해주의 백성들에게 먹이는 것을 사양하였다.[227] 공과 이 두 사람은 수립한 바가 모두 석담(石

225 갑술경화(甲戌更化) : 1694년(숙종20)에 발생한 환국으로 김춘택(金春澤)·한중혁(韓重爀) 등 서인(西人)들이 폐위되었던 인현왕후(仁顯王后)의 복위 운동을 일으키자, 당시 집권 세력이었던 민암(閔黯)·이의징(李義徵) 등 남인(南人)들이 이를 빌미로 서인들을 완전히 제거하려다가 오히려 자신들이 화를 당한 사건이다. 이 당시 숙종은 장 희빈(張禧嬪)에 대한 감정이 점차 악화되어 폐비 사건을 후회하고 있었는데, 남인들이 무모한 옥사를 벌이려 하자 분노하여 민암과 이의징 등을 유배 보내고, 송시열(宋時烈)·민정중(閔鼎重)·김익훈(金益勳) 등 기사환국 때 축출된 서인들의 관작을 복구시키고 서인을 등용하여 정국 전환을 꾀하였다.

226 이윤(尼尹)이……죄 : 이윤은 윤증(尹拯, 1629~1714)으로 그가 거주하던 충청도의 노성(魯城)에 이구산(尼丘山)이 있어 노성을 이산(尼山)이라고도 부르기 때문에 이렇게 칭한 것이다. 자는 자인(子仁), 호는 명재(明齋), 본관은 파평(坡平)이다. 학문에만 전념하여 여러 차례 천거되어 조정의 부름을 받았으나 나아가지 않았다. 원래 송시열(宋時烈)의 고제(高弟)였으나, 1674년(현종15)에 부친 윤선거(尹宣擧)의 묘갈명을 짓는 과정에서 사제간의 의리가 끊어졌다. 스승을 배신한 죄란 이를 말한 것이다. 이후로 서인은 송시열을 주축으로 한 노론과 윤증을 주축으로 한 소론으로 분열되었다.

潭 이이(李珥))의 유풍과 여운에서 감회를 일으킨 것이니, 여기에서 군자의 은택이 누대를 지나더라도 끊어지지 않음을 징험할 수 있다. 그러므로 이 일들을 잇달아 적어서 서도(西道)의 준칙으로 삼는 바이다. 공의 현손인 제원(濟遠)이 나를 종유하였는데, 공의 덕행을 적어주기를 청하였다. 나는 이미 고령의 나이가 되어서 필기구를 놓아둔 지가 오래되었으나, 공의 풍절(風節)에 감동하여 병을 무릅쓰고 붓을 적셔 써서 무궁한 후세에 알아줄 사람을 기다리는 바이다.

227 해주의 고사(高士)인……사양하였다 : 1698년(숙종24)과 그 이듬해에 나라에 큰 기근이 들자 최석정(崔錫鼎, 1646~1715)이 당시 정승으로서 청(淸)나라에 구휼미를 청한 일이 있었다. 그 후 해주의 어떤 선비가 은(殷)나라 말기의 의사(義士)인 백이(伯夷)와 숙제(叔齊)를 제향하는 사당인 해주 수양산(首陽山) 청성묘(淸聖廟)의 비문(碑文)을 최석정에게서 받았는데, 해주에 살던 이이(李珥)의 방손(傍孫)인 이두익(李斗翼)이 그 비문의 뒤에 "공의 선조는 청나라 용골대(龍骨大)의 군대 앞에 절을 올렸으니, 이것이 어찌 말고삐를 잡고 직간하는 의리이겠는가. 또 공은 청나라에 구휼미를 청하였으니 이것이 어찌 주(周)나라의 곡식을 먹지 않는 의리이겠는가. 만약 이 글을 사용한다면 백이와 숙제 두 분의 영령이 틀림없이 저승에서 편안하지 못할 것이다. 그러므로 이에 돌려보낸다."라고 하였다. 공의 선조란 최석정의 조부인 최명길(崔鳴吉)로, 청나라와의 화의(和議)를 주장하였으므로 이와 같이 비난한 것이다. 전만거(全萬擧)는 최석정이 청나라에 구휼미를 청한 일을 시를 지어서 비판하였는데, 그 시에 "들건대 연산의 곡식을 동쪽으로 오만 곡을 실어온다고 하네. 해서의 백성들에게는 먹이지 말지니 수양산의 고사리가 푸르네.〔聞道燕山粟, 東輸五萬斛. 莫饋海西民, 首陽薇蕨綠.〕"라고 하였다. '수양산의 고사리'란 백이와 숙제가 수양산에 들어가서 은나라에 대한 절개를 지키면서 주(周) 나라의 곡식을 먹지 않겠다고 하여 고사리를 채취해 먹다가 죽었다는 고사에서 온 말이다. 위의 이두익과 전만거에 대한 고사는 모두 《매산집》 권52 〈잡록(雜錄)〉에 보인다.

팔물재 이공 행장

八勿齋 李公行狀

공은 휘는 기보(基普), 자는 경수(景修)이다. 계통은 고려 장군인 휘 총언(悤言)에게서 나왔으니, 공을 세워서 벽진(碧珍)[228]을 식읍(食邑)으로 받아 자손들이 이어서 관향으로 삼았다. 본조에 들어와서 휘 약동(約東)[229]이란 분이 이조참판으로 평정공(平靖公)이라는 시호를 받았으며 청백리로 기록되었고, 높은 관작이 이어졌다. 관찰사 휘 상일(尙逸)[230]에 이르러 우재(尤齋) 송 선생(宋先生)이 묘비명을 지어서[231]

228 벽진(碧珍) : 경상북도 성주군(星州郡)의 옛 지명이다.

229 약동(約東) : 이약동(李約東, 1416~1493)으로, 자는 춘보(春甫), 호는 노촌(老村), 본관은 벽진(碧珍)이다. 1451년(문종1) 증광 문과에 급제하여 사섬시 직장(司贍寺直長)을 거쳐 감찰·황간 현감·지평(持平)·선전관·종부시 정·구성 부사 등을 역임하였다. 1470년(성종1) 제주 목사 때 선정을 베풀고 청렴을 지켜 칭송을 받았다. 1474년 경상좌도 수군절도사를 거쳐 1477년 대사헌이 되어 천추사(千秋使)로 명나라에 다녀왔다. 그 후 경주 부윤·호조참판·전라도 관찰사·한성부 좌윤·이조참판 등을 거쳐, 1491년에 지중추부사(知中樞府事)로 치사하였다. 성종 때 청백리로 뽑히고 기영록(耆英錄)에 올랐으며, 시호는 평정(平靖)이다. 저서로는 《노촌실기》가 있다.

230 상일(尙逸) : 이상일(李尙逸, 1600~1674)로, 자는 여휴(汝休), 호는 용암(龍巖), 본관은 벽진(碧珍)이다. 1630년(인조8) 문과에 병과로 급제해 성균관 박사를 거쳐 승정원 주서가 되었고, 효종이 즉위하자 사헌부 장령으로 김자점(金自點) 일당의 죄를 논하였고, 그 뒤 진주 목사·세자시강원 보덕을 역임하였으며, 1654년(효종5) 폐서인이 된 소현세자(昭顯世子)의 빈 강씨(姜氏)의 신원을 주장하다 사형된 김홍욱(金弘郁)의 옥사에 연루되어 삭탈 관직되고 성주에서 은거하였다. 이듬해 다시 안동 부사에 기용되고 여러 곳의 부사를 지낸 뒤 참의·승지·판결사를 역임하였다. 이후 황해도

그 덕업을 칭술하였으니, 이 분이 바로 공의 오대조이시다. 고조는 휘 파(坡)로 군수(郡守)이다. 증조는 휘 지윤(志尹)[232]으로 위수(衛率)이며, 신임사화(辛壬士禍)[233]를 만나 금오랑(金吾郎 의금부도사(義禁府都事))으로 있으면서 부문(府門)에 '불사(不仕)'라고 크게 적자, 흉악한 무리들이 국문을 청하여 백일 동안 갇혀 있다가 끝내 금고형을 받는 데에 이르렀다. 조부는 휘 세연(世瑌)이며, 선고는 휘 정철(挺徹)이고, 선비는 함안 조씨(咸安趙氏)로 원만(元萬)의 따님이니, 어계(漁溪) 정절공(靖節公) 여(旅)[234]가 그 선조이시다. 원릉(元陵 영조) 무오

감찰사 및 여러 조의 참의·승지에 제수되었다가, 후에 모두 사직하고 충청도 청풍부(淸風府)에 은거하였다. 저서로는 《삼인사적(三仁事蹟)》이 있다.

231 우재(尤齋)……지어서 : 우재 송 선생은 송시열(宋時烈)로, 우재는 그의 호이다. 송시열이 지은 이상일(李尙逸)의 신도비명은 《송자대전(宋子大全)》 권168 〈강원감사이공신도비명(江原監司李公神道碑銘)〉에 보인다.

232 지윤(志尹) : 이지윤(李志尹, 1658~1722)으로, 자는 유화(幼華), 본관은 벽진(碧珍)이다. 기사사화가 일어난 것을 보고 과거를 보지 않다가, 1699년(숙종25)에 생원시에 합격하고 1701년 학행으로 천거되어 제릉 참봉(齊陵參奉)에 제수되었다. 이후 사옹원 봉사(司饔院奉事)·한성참군(漢城參軍)·통정원 인의(通禮院引儀)·형조좌랑·호조정랑·용담 현령(龍潭縣令) 등을 역임하였다. 1713년(숙종39) 세자익위사 위수에 제수되었고, 그 후 진잠 현감(鎭岑縣監)에 제수되었으며, 1721년(경종1)에 의금부 도사가 되어 신임사화가 일어나는 것을 보고는 '불사(不仕)' 두 글자를 크게 적어 승정원에 보내었다가 의금부 당상인 심단(沈檀) 등의 논계를 받고 국문을 당하였다. 이후 백마강에 은거하였다.

233 신임사화(辛壬士禍) : 신축년(1721, 경종1)과 임인년(1722) 두 해에 걸쳐 노론(老論)과 소론(小論) 간에 뒷날 영조(英祖)가 되는 연잉군(延礽君)의 세제(世弟) 책봉과 대리청정(代理聽政)을 두고 대대적으로 일어났던 사화를 가리킨다.

234 어계(漁溪) 정절공(靖節公) 여(旅) : 조려(趙旅, 1420~1489)로, 자는 주옹(主翁), 호는 어계, 본관은 함안(咸安)이다. 단종을 위하여 수절한 생육신의 한 사람으로,

년(1738, 영조14) 정월 19일에 진주(晉州) 외가의 집에서 공을 낳으셨으니, 꿈에 용이 나타나는 길조가 있었다.

공은 나면서부터 총명하고 지혜로워서 말을 배우자마자 입에서 나오는 말이 노성(老成)한 사람과도 같았다. 어린 나이에 이미 시문(詩文)을 지을 줄 알아서, 장자(長者)가 꿩에 대해 시를 짓기를 명하자, 곧장 이르기를 "얼룩덜룩 꿩의 털 하얗지 않으니, 중국에는 성인(聖人)이 없구나.〔斑斑毛不白 中國無聖人〕"[235]라고 하니, 사람들이 다투어 이를 전하여 읊었다. 기거할 때에 일정한 법도가 있어서, 책상을 마주하고 꼿꼿하게 앉음에 기운과 얼굴빛이 후중하고 심원하니, 동년배들이 감히 공의 이름을 부르지 못하였다. 족증조(族曾祖)인 청간공(聽澗公)[236]이 항상 천리마의 자질을 지닌 망아지라고 칭하여서 빈객을 대할

1453년(단종1) 성균관 진사가 되어 사림 사이에서 명망이 높았으나, 1455년 단종이 세조에게 선위(禪位)하자 함안으로 돌아와서 서산(西山) 아래에 살았다. 1781년(정조5)에 이조판서로 추증되었으며, 저서로는 《어계집》이 있다. 시호는 정절이다.

235 얼룩덜룩……없구나 : 주(周)나라 성왕(成王) 때에 주공(周公)이 섭정하여 천하가 태평해지자, 월상씨(越裳氏)가 중국에 성인(聖人)이 있음을 알고 조회하러 와서 주공에게 흰 꿩을 바치며 "우리나라 노인들이 말하기를 '하늘에 풍우가 거세지 않고 바다에 해일이 일지 않은 지 지금 3년이 되었다. 아마도 중국에 성인이 계신 듯하니, 어찌하여 가서 조회하지 않는가.'라고 하였기에 조공을 바치러 왔습니다."라고 하였다. 이 시에서는 이를 원용하여 지금은 꿩의 털이 하얗지 않으니 이는 바로 중국에 성인(聖人)이 없음을 의미하는 것이라고 말한 것이다. 《後漢書 卷86 南蠻列傳》

236 청간공(聽澗公) : 이지완(李志完, 1668~1755)으로, 자는 중전(仲全), 호는 청간당(聽澗堂), 본관은 벽진(碧珍)이다. 조부는 관찰사 상일(尙逸)이며 아버지는 의금부도사 채(埰)이다. 1722년(경종2) 신임사화로 영의정 김창집(金昌集)이 유배지에서 사사되자 성주로 내려가서 장례에 참여한 일로 유적(儒籍)에서 삭제되었다. 1725년(영조1) 민진원(閔鎭遠)의 천거로 선공감 감역(繕工監監役)에 임명되고, 이어 의금부도

때마다 말하기를 "우리 집안에 보배가 있소이다."라고 하였으니, 보는 이들이 모두 재기를 중하게 여겼다.

집안이 본래 가난하여 채소를 캐고 땔나무를 짊어졌으며 혹 나뭇잎과 풀 열매를 따서 어버이에게 올렸지만 또한 굶주린 기색을 드러내지 않았으며, 어버이께서 밥상을 받고서 음식을 나누어 주더라도 굳게 사양할 따름이었으니, 뜻을 잡아 지킴이 곧고 정확한 것이 어린 나이부터 이미 그러하였다. 조비(祖妣)께서 높은 연세에 나물을 씹으시자, 공은 냇물의 물고기를 잡아서 맛있는 음식을 갖추되, 냇물이 얼어 막힌 뒤에야 이를 그만두었다. 돌아와서는 책을 읽기를 그치지 않았으니, 제부(諸父)들이 모두 당세의 동생(董生)[237]이라고 허여하였다.

효성을 타고나서 화순한 모습으로 색양(色養)[238]하였으며, 부모님의 뜻에 앞서 받들어 순종하여 지극하지 않음이 없었다. 어버이께서 앓으시면 항상 노천에 서서 이마를 조아리고서 하늘에 빌고 북두성에 절하

사・감찰 등을 역임하였다. 1727년 화순 현감으로 부임하였는데, 이듬해 이인좌(李麟佐)의 난에 화순의 인근 여러 고을의 일까지 관장하여 군사들을 모으고 격문을 돌려 흩어진 민심을 수습하는 데 힘썼다. 난이 평정된 뒤에 사임하고 향리에서 후진양성에 힘썼으며, 노인직(老人職)으로 가선대부에 올랐다.

237 동생(董生) : 당나라 중기의 은사인 동소남(董邵南)으로, 몇 차례 진사시에 응시하였으나 뜻을 이루지 못하자 은둔하여 주경야독하면서 효성을 다하여 어머니를 모셨는데, 동시대의 문장가인 한유(韓愈)가 그에 대해 지은 〈동생행(董生行)〉이 《소학(小學)》 〈선행편(善行篇)〉에 실려 있다.

238 색양(色養) : 얼굴빛을 온화하게 하여 부모님을 봉양하는 것을 말한다. 《논어(論語)》 〈위정(爲政)〉에 자하(子夏)가 효(孝)를 묻자 공자가 "색난(色難)"이라고 대답한 데서 온 말로, 이는 "얼굴빛을 온화하게 하여 부모님을 대하는 것이 어렵다." 혹은 "부모님의 얼굴빛을 받들어 순종함이 어렵다."라는 뜻이다.

였다. 훌륭한 의원이 먼 곳에 산다는 것을 듣고 그 집에 찾아갔더니 의원은 나가서 돌아올 기약이 없었는데, 밤에 들어서서 의원이 홀연 이르러 말하기를 "오늘 곧장 돌아온 것은 마음에 감응한 바가 있어서 그런 것입니다."라고 하였다. 마침내 그 약을 복용하고서 병이 낫게 되었다. 어버이의 상(喪)을 당하였을 때에 연령이 몸을 크게 훼손해서는 안 될 나이었으나[239] 슬픔으로 몸을 훼손하여 수척해져서 거의 목숨을 보존하지 못할 지경이었다. 날마다 성묘를 가서 춥거나 덥다고 하여서 빠뜨리지 않았고, 혹 밤을 틈타 돌아올 때면 호랑이가 뒤를 따르다가 집에 이르면 돌아갔다.

두 아우에게 우애하여서 상을 나란히 하여 함께 공부하고 이불을 함께 덮고 잤으며, 종당(宗黨)과 화목하게 지내어 그 도리를 다하기에 힘썼다. 평소 말하기를 "지극한 정(情)이 은혜를 해치는 것은 대부분 서로 똑같고자 하는 데서 말미암고, 또 책선(責善)하여 다 갖추기를 요구하는 일이 쌓여서 이르게 되는 것이니, 이는 두려울 만한 일이다. 친애하는 이를 대하는 방도는 한두 번 효유하여서 받아들이지 않으면 내버려둘 뿐이지만, 만약 크게 잘못을 하였다면 눈물을 흘리더라도 만류하기를 기약해야 한다."라고 하였다.

거처와 옷과 음식에 있어서 검소한 쪽을 따르도록 힘쓰면서 말하기를 "내 본성이 사치함을 좋아하지 않는다. 약관 때에 처가에서 만든

239 연령이……나이었으나 : 《예기》 〈곡례 상(曲禮上)〉에 거상(居喪)의 예법에 대해 말하면서 "50세에는 극도로 슬퍼하여 몸을 크게 훼손해서는 안 되고, 60세에는 슬퍼하는 마음을 더욱 완화하여 몸을 훼손하지 않게 한다.〔五十不致毁, 六十不毁.〕"라고 하였다.

옷 가운데 가볍고 따뜻한 것이 많았었는데, 항상 마음에 편안치 않았으니, 마음에 편안하지 않은 것은 하고자 하지 않는다. 또 내 어버이께서는 중년에 홑겹 옷과 거친 음식도 이어가지 못하셨으니, 내가 지금 봉양 받는 것은 옛날에 비하면 크게 참람한 것으로, 이는 진실로 차마 하지 못할 것이다."라고 하였다. 주량(酒量)이 몹시 넓었으나 몇 잔을 마시는 데에 그쳐서 술기운에 괴롭힘을 당한 적이 없었으니, 그 절제하고 법도를 삼감이 이와 같았다. 자제를 의로운 방법으로 가르치고[240] 노비를 은혜로써 다스려서, 자식과 조카들이 혹 노속에게 지나치게 장을 치면 빨리 명하여 그치게 하였으니, 이것이 집안에서의 품행과 치적의 대략이다.

품부 받은 자품이 도(道)에 가까워서 어려서 아이들과 놀 때에 "천지군신부자(天地君臣父子)" 여섯 글자를 땅에 그렸다. 장성하여서는 역천(櫟泉) 송 문원(宋文元 송명흠(宋明欽)) 선생에게 가르침을 청하여 성리서들을 전수받아 읽어서 사단칠정(四端七情)과 이기(理氣)의 분변에 있어서 발명한 것이 많았다. 선생께서 항상 공을 생각하여 기거 및 음식과 의복을 편하고 마땅한 쪽으로 힘써주었고, 출입할 때에 장구(杖屨)를 모시고 수행할 것을 명하였으며, 빈객을 영접할 때에 반드시 좌우에서 시중들게 하였고, 경서(經書)의 뜻을 논란할 때마다 반드시 찾아서 궁구하도록 명하였다. 또 "등뼈를 꼿꼿하게 하고서[241] 수백 근을

240 자제를……가르치고 : 이 말은《춘추좌씨전(春秋左氏傳)》은공(隱公) 3년 조에 보이는 말로, 위(衛)나라 장공(莊公)의 아들 주우(州吁)가 오만방자하게 굴자, 현대부(賢大夫) 석작(石碏)이 장공에게 충간하기를, "신은 듣자오니 자식을 사랑하되 의로운 방법으로 가르쳐서 잘못된 곳으로 빠지지 않게 해야 한다고 하였습니다.〔臣聞愛子教之以義方, 弗納於邪.〕"라고 하였다.《소학(小學)》〈계고(稽古)〉에도 실려 있다.

짊어지라.〔硬着脊梁擔百十斤〕"는 여덟 글자를 주었으니, 중대하게 기대함이 여러 문인(門人)들이 미치지 못할 것이었다. 공은 태산이 무너짐[242]을 곡하고 나서, 역천을 섬기던 대로 미호(渼湖) 김 문경(金文敬 김원행(金元行)) 선생을 섬겨서 《중용》과 〈태극도(太極圖)〉를 강학하니, 선생이 공의 행동거지와 언사가 옹용하고 진실하며 간절하니, 의리가 정미하고 주밀한 것이 공연히 그러한 것이 아니라고 칭찬하였다. 늘 말하기를 "역천(櫟泉)의 문하에서 김애(金愛)와 황인도(黃仁燾)를 먼저 꼽았었는데, 지금 이(李) 아무개를 보니 어찌 김애와 황인도보다 아래이겠는가."라고 하였다.

공은 책에 있어서 읽지 않는 것이 없었으나 소리를 내어 읽은 적이 없었고, 손에서 책을 놓지 않았으며 입에서는 읊조리는 소리가 끊이지 않았다. 글을 지음에 꾸미기를 일삼지 않았으되 이치가 뛰어났으니, 진실로 덕(德)이 있는 말이었다. 남은 원고 여러 권이 집에 보관되어 있다. 집에 거처할 때에 의관을 정돈하고 삼가서 조금도 흩어진 모습이 없었다. 다른 사람을 접할 때에 온순하고 공손하여 말을 하지 못하는

241 등뼈를 꼿꼿하게 하고서 : 의지를 굳건하게 하라는 의미이다. 《주자어류(朱子語類)》 권52에 "하물며 세상이 쇠하고 도가 미약한 때를 만났으니 더욱 등뼈를 꼿꼿하게 하여 굽힘이 없어야만 된다.〔況當世衰道微之時, 尤用硬着脊梁, 無所屈撓方得.〕"라고 하였다.

242 태산이 무너짐 : 원문의 '산퇴(山頹)'는 태산이 무너졌다는 말로 스승이나 철인의 죽음을 비유하는 말인데, 여기서는 스승인 송명흠(宋明欽)의 죽음을 가리킨다. 공자가 자신이 죽는 꿈을 꾸고 아침 일찍 일어나 뒷짐을 지고 지팡이를 끌고 문 앞에 한가로이 거닐며 "태산이 무너지겠구나. 대들보가 부러지겠구나. 철인이 죽게 되겠구나.〔泰山其頹乎! 梁木其摧乎! 哲人其萎乎!〕"라고 노래하고는 얼마 후에 별세한 일에서 유래하였다. 《禮記 檀弓上》

듯하여서, 패려하고 오만하여 무례한 사람이라 할지라도 아끼고 공경하지 않음이 없었다.

평소에 사물을 마음에 두지 않았으나, 선조의 사당과 묘소나 원우(院宇)에 있어서는 홀로 괴로이 마음을 써서 향기로운 제수가 끊어지지 않았다. 선현을 사모하는 것 역시 진실한 정성에서 나와서, 족제(族弟)인 수보(壽普)와 함께 몽와(夢窩 김창집(金昌集))와 단암(丹巖 민진원(閔鎭遠)) 두 공을 위하여 사당을 중건하였으며, 도암(陶菴 이재(李縡))의 서원을 지을 때에는 사액을 청하는 상소를 지었는데, 심성(心性)의 깊은 이치와 문로의 바름을 천양한 것이 자세히 다 갖추고서도 명쾌하여 사림들이 찬송하는 바가 되었다.

늙어서 더욱 호학(好學)하여서 정자(程子)와 주자(朱子)의 명리(名理)에 대한 논의를 손수 베껴서 출입할 때에 스스로 지녀 항상 눈으로 볼 수 있게 하였다. 한번은 별빛에 거닐다가 한밤중에 이르러서도 자지 않고서 말하기를, "하늘과 땅이 방위를 나눔에 해와 달이 교대하고 별들이 밝고 빽빽하며 바람과 구름이 일어났다 사라지고 산천이 벌여 있으며 초목이 피었다 지고 금수가 날고 달린다. 이는 실로 큰 광경을 크게 펼쳐 서술한 것이지만, 모두 지극한 이치가 존재하고 있다."라고 하였으니, 또한 여기에서 심목(心目)의 위대함을 볼 수 있다.

신미년(1811, 순조11)에 공은 여생이 얼마 남지 않았다 하여 여러 묘를 살피고 배알하다가 병을 얻어 돌아왔다. 그러나 능히 꼿꼿하게 앉아 공수하고서 부인에게 손을 저어 가까이하지 말게 하고서 부축받고 누워서 유연(悠然)하게 별세하였으니, 바로 9월 14일이었다. 향년 74세였다. 멀고 가까운 사우(士友)들 중에 탄식하지 않는 이가 없어서 "공의 상(喪)은 사문(斯文)과 관계되어 있다. 명정(銘旌)에 마땅히 처사(處士)라고 써야 하니, 이것은 공이 재능과 학식을 감추고서 아무것도 구하지 않았던 뜻을 취한 것이다."라고 하였다. 11월에 성주(星州) 후리곡(厚理谷)의 오좌(午坐)에 장례하였다.

배위는 진양 강씨(晉陽姜氏)로, 선고는 간(榦)이다. 4남1녀를 두었으니, 극명(克明)과 극정(克正)과 진사인 극영(克永)과 과방(過房)[243]한 호병(好秉)이며, 딸은 김윤순(金允淳)에게 시집갔다. 극명(克明)의 아들은 양준(洋峻)이고, 극정(克正)의 아들은 학준(鶴峻), 인준(麟峻), 붕준(鵬峻)이며 딸은 심석택(沈錫澤)의 처이다. 극영(克永)의 아들은 희준(羲峻)이며, 호병(好秉)의 계자(繼子)는 익준(翊峻)이다. 승겸(承謙)과 박문숙(朴文淑)의 처와 김석모(金錫謨)의 처는 양준(洋峻)의 자녀이다. 승룡(承龍)과 인준(麟峻)의 후사로 나간 승문(承文)과 김석문(金錫文)의 처는 학준(鶴峻)의 자녀이다. 승환(承煥)은 인준(麟峻)의 아들로 희준(羲峻)에게 출계하였다. 김계근(金啓根), 김우근(金宇根), 군수 이승조(李承朝)의 처, 홍철모(洪哲謨)의 처, 이익(李瀷)의 처, 이제명(李濟明)의 처는 사위 김윤순(金允淳)의 자녀이다.

아, 미호(渼湖)와 역천(櫟泉) 두 선생의 학문은 그 법문이 모두 석담(石潭 이이(李珥))과 화양(華陽 송시열(宋時烈))에게서 나왔으니, 이를 종주로 삼지 않으면 훌륭한 학문이 아니다. 공은 스승을 독실하게 믿어 그 학설을 힘써 지키기를 마치 70명의 제자가 공자(孔子)를 섬겼던 것[244]과 같이 하였다. 그러므로 그 노선이 이미 진실하였고, 진수(進

243 과방(過房) : 자식이 없는 사람이 형제나 혹은 동종(同宗)의 아들을 데려다가 후사(後嗣)로 삼는 것을 말한다.

244 70명의……것 : 70명의 제자란 공자의 제자 3000명 중 육예(六藝)에 통달한 제자

修)[245]에 방도가 있었다. 이를 채워서 기름에 미쳐서는 공손하고 예(禮)가 있었고,[246] 화합하면서도 휩쓸리지 않았으며,[247] 때를 따라 몸을 감추고[248] 지킴에 있어서 요점을 터득하여,[249] 스스로 몸을 보존하여서 우뚝하게 법도 있는 집안의 보필하는 선비[250]이자 남방의 고사(高士)가 되었다. 그러니 이른바 "노(魯)나라에 군자가 없다면 이 사람이 어디에서 이를 취하였겠는가."라고 한 말[251]을 어찌 믿지 않겠는가. 도백(道伯

72명을 가리킨다.《史記 卷67 仲尼弟子列傳》

245 진수(進修) : '진덕수업(進德修業)'의 줄임말로, 덕을 진전시키고 업(業)을 닦는다는 뜻인바,《주역(周易)》〈건괘(乾卦) 문언전(文言傳)〉에 보인다.

246 공손하고 예(禮)가 있었고 :《논어》〈안연(顔淵)〉에 "군자가 공경하고 잃음이 없으며, 남과 더불어서 공손하고 예(禮)가 있으면 사해의 안이 다 형제이다.〔君子敬而無失, 與人恭而有禮, 四海之內皆兄弟也.〕"라고 하였다.

247 화합하면서도 휩쓸리지 않았으며 : 다른 사람과 잘 화합하면서도 자신의 소신을 잃고서 다른 사람들에게 휩쓸리지 않는다는 뜻이다.《중용장구(中庸章句)》에 "군자는 잘 화합하면서도 휩쓸리지 않는다.〔君子和而不流.〕"라고 하였다.

248 때를……감추고 : 원문의 '준회(遵晦)'는 준양시회(遵養時晦)를 줄여 쓴 것으로 현재의 상황에 순응하며 역량을 축적하여 때를 기다림을 말한다.《시경》〈주송(周頌) 작(酌)〉에 "아, 성대한 왕사로서 도를 따라 힘을 길러 때로 감추어 크게 밝아진 뒤에야 이에 큰 갑옷을 쓰셨도다.〔於鑠王師, 遵養時晦, 時純熙矣, 是用大介!〕"라고 한 데서 유래한 말이다.

249 지킴에 있어서 요점을 터득하여 : 원문의 '수약(守約)'은《맹자(孟子)》〈공손추 상(公孫丑上)〉에 "맹시사의 지킴은 기(氣)이니 또 증자의 지킴이 그 요점을 터득함만 못하다.〔孟施舍之守氣, 又不如曾子之守約也.〕"라고 하였다.

250 법도……선비 :《맹자》〈고자 하(告子下)〉에 "들어가면 법도 있는 대신의 집안과 보필하는 선비가 없고 나오면 적국과 외환이 없는 자는 나라가 항상 망한다.〔入則無法家拂士, 出則無敵國外患者, 國恒亡.〕"라고 한 말에서 인용한 것이다.

251 이른바……말 :《논어(論語)》〈공야장(公冶長)〉에 공자(孔子)가 제자인 자천

관찰사)과 수의(繡衣 암행어사)가 번갈아 글을 올려 공의 품행을 천거한 것이 여러 번이었으나, 살아서는 한 번의 명(命)도 입지 못하였고 죽어서도 추증하는 은전을 입지 못하였으니, 끝내 태평성대의 일사(逸事)가 됨을 면치 못하게 되었다. 그러나 이는 외물이 이른 것이니, 공에게 무슨 관여가 있겠는가. 속세를 버리고 홀로 우뚝 선 곧은 자취를 더욱 더 볼 수 있다.

공은 만년에 안자(顔子)의 사물(四勿)[252]과 두 마음을 품지 말고〔勿貳〕[253] 속이지 말며〔勿欺〕[254] 잊지 말고〔勿忘〕 조장하지 말라〔勿助〕[255]는 뜻을 취하여 재실에 편액을 달아서 "팔물(八勿)"이라고 하였으니,

(子賤)을 평가하면서 "군자답다 이 사람이여! 노나라에 군자가 없었다면 이 사람이 어디에서 이러한 덕을 취하였겠는가.〔君子哉, 若人! 魯無君子者, 斯焉取斯?〕"라고 한 말을 인용한 것이다. 여기서는 이기보(李基普)가 이이(李珥)와 송시열(宋時烈)의 학맥을 이은 김원행(金元行)과 송명흠(宋明欽)에게서 배워 훌륭해졌음을 표현한 것이다.

252 안자(顔子)의 사물(四勿) : 안자는 공자의 제자 안연(顔淵)으로, 안자의 사물이란 안연이 공자로부터 '극기복례위인(克己復禮爲仁)'의 답을 들은 뒤에 그 실천 조목을 묻자, 공자가 "예가 아니면 보지 말며, 예가 아니면 듣지 말며, 예가 아니면 말하지 말며, 예가 아니면 동하지 말아야 한다.〔非禮勿視, 非禮勿聽, 非禮勿言, 非禮勿動.〕"라고 답한 것을 가리킨다.

253 두……말고 : 《서경》 〈대우모(大禹謨)〉에 "어진 이에게 맡겼으면 의심하지 말고, 간사한 자를 제거하는 데 의심을 갖지 마십시오.〔任賢勿貳, 去邪勿疑.〕"라고 한 데서 온 말이다.

254 속이지 말며 : 《논어》 〈헌문(憲問)〉에 공자가 자로(子路)에게 충고하여 "속이지 말고 안색을 범하며 간해야 한다.〔勿欺也, 而犯之.〕"라고 한 데서 온 말이다.

255 잊지……말라 : 《맹자》 〈공손추 상(公孫丑上)〉에 "반드시 호연지기(浩然之氣)를 기르는 일에 종사하되, 결과를 기필하지 말고 마음에 잊지도 말고 조장하지도 말아야 한다.〔必有事焉而勿正, 心勿忘, 勿助長也.〕"라고 한 데서 온 말이다.

배우는 이들이 팔물재(八勿齋) 선생이라고 칭하였다. 나는 어려서 영남에서 노닐 적에 공의 명망과 덕행에 감복하였는데, 공의 맏아들 극영(克永)이 외람되게도 공의 행장을 나에게 부탁하였으나 극영도 또 별세하고 말았다. 극영의 손자 승환(承煥)이 간절한 심사를 정성스럽게 펴서, 인하여 그 문자와 의론을 살펴볼 수 있었으니, 더욱 공의 학문이 미칠 수 없는 것임에 찬탄하였다. 늙고 병들어 죽을 날이 가까움에 공의 언행의 아름다움을 모두 서술할 수가 없어서, 유사(遺事)를 가지고서 조절해 줄여서 위와 같이 글을 써서 입언(立言)하는 이가 택하기를 기다리는 바이다.

증산 현령 양우 박공 행장
甑山縣令養愚朴公行狀

공은 휘는 기호(基鎬)이고 자는 숙경(叔京)이니, 양우(養愚)는 호이다. 박씨(朴氏)는 계통이 밀양(密陽)에서 나왔다. 원조(遠祖)는 휘 현(鉉)으로, 고려조에 벼슬하여서 전중어사(殿中御史)가 되었다. 휘 침(忱)에 이르러서 본조의 좌명원훈(佐命元勳)으로[256] 호조전서(戶曹典書)에 추증되었다. 이 분이 휘 강생(剛生)[257]을 낳으셨으니 호는 나산경수(蘿山耕叟)이며, 부제학으로 이상(貳相 찬성(贊成))에 추증되었다. 두 대(代)가 내려와서 휘 중손(仲孫)[258]에 이르러 이조판서로 밀산군

256 본조의 좌명원훈(佐命元勳)으로 : 박침(朴忱)은 1395년(태조4)에 개국원종공신(開國原從功臣)으로 녹훈되었는데, 이를 가리킨다.

257 강생(剛生) : 박강생(朴剛生, 1369~1422)으로, 자는 유지(柔之), 호는 나산경수(蘿山耕叟), 본관은 밀양(密陽)이다. 1390년(공양왕2)에 문과에 급제하여 예문검열(藝文檢閱)에 보직되었고, 조선이 개국되자 호조전서에 임명되었으나 사퇴하였다. 1408년(태종8) 진위사(陳慰使)의 서장관으로 명나라에 가서 세자에 대하여 보고를 잘하고 돌아와 선공감역(繕工監役)이 되었다. 1412년 앞서 지인주사(知仁州事)로 있을 때의 부정사건으로 연루되어 태형(笞刑)을 받고 사임하였으며, 1417년 수원부사로 재임 중 사헌부의 탄핵을 받고 파직되었다가, 뒤에 다시 등용되어 세종 때 안변도호부사(安邊都護府使)를 지냈다. 1424년(세종6) 딸이 세종의 후궁인 귀인박씨(貴人朴氏)가 됨으로써 찬성(贊成)에 추증되었다. 저서에는 《배불론(俳佛論)》이 있다.

258 중손(仲孫) : 박중손(朴仲孫, 1412~1466)으로, 자는 경윤(慶胤), 호는 묵재(默齋), 본관은 밀양(密陽)이다. 1435년(세종17) 식년문과에 급제하여 집현전 박사가 되고, 홍문관의 부수찬·지제교를 거쳐 의정부 사인(議政府舍人·사헌부 집의(司憲府執義)·지병조사(知兵曹事)·동부승지·도승지 등을 역임하였다. 1453년(단종1) 계유

(密山君)에 봉해졌으며 시호는 공효(恭孝)이다. 이 분이 휘 미(楣)[259]를 낳으셨으니 예조참의로, 글을 지은 것이 《동문선(東文選)》에 실려 있다. 이 분이 휘 광영(光榮)[260]을 낳으셨으니, 연산조(燕山朝)에 상소를 올려 폐비 윤씨(尹氏)를 추숭하는 일을 논쟁하였다가 연산군의 뜻을 거슬러서 찬배되었다. 3대(代)가 전하여서 휘 충원(忠元)[261]에 이르러,

정난 때에 수양대군을 도운 공으로 정난공신(靖難功臣) 1등에 녹훈되고 응천군(凝川君)에 봉해지면서 병조참판에 제수되었다. 이어 한성부윤에 임명되고, 대사헌과 여러 조(曹)의 판서를 거쳐 밀산군(密山君)으로 개봉(改封)되었으며, 세조 때에 좌찬성으로 승진되었다. 시호는 공효(恭孝)이다.

259 미(楣) : 박미(朴楣, 1433~1493)로, 자는 자첨(子瞻), 호는 존성재(存誠齋), 본관은 밀양(密陽)이다. 음보(蔭補)로 등용되어 직장(直長)에 재직 중 1458년(세조4) 별시 문과에 급제해 정언이 되었다. 그 뒤 사섬시 부정・이천 부사・광주목사(光州牧使)・선농전 사관(先農典祀官) 등을 역임하였고 1489년(성종20) 동부승지에 올랐으며 이어서 좌부승지・예조참의・대사간을 역임하였다. 시호는 대민(戴敏)이다.

260 광영(光榮) : 박광영(朴光榮, 1463~1537)으로, 자는 군실(君實), 본관은 밀양(密陽)이다. 1486년(성종17) 생원시에 합격하고, 1498년(연산군4) 식년 문과에 병과로 급제해 승문원 부정자에 보임되었다가 이어서 홍문관 박사・봉상시 주부・홍문관 부수찬 등을 역임하였다. 1504년 정언으로 연산군의 생모인 폐비 윤씨(廢妃尹氏)의 추숭을 반대하다가 연산군의 노여움을 사서 목천(木川)으로 유배되었다. 1506년 중종반정으로 풀려나서 정언으로 복직되고 이듬해 지평으로 승진, 이어 응교・집의를 거쳐 통례원 좌통례・동부승지・상호군(上護軍)・대사간・병조참의・돈녕부 도정(敦寧府都正)・한성좌윤・공조참판・형조참판을 역임하였다. 외교적 수완이 뛰어나 명나라에 세 차례 다녀왔다.

261 충원(忠元) : 박충원(朴忠元, 1507~1581)으로, 자는 중초(仲初), 호는 낙촌(駱村)・정관재(靜觀齋), 본관은 밀양(密陽)이다. 1528년(중종23)에 사마시에 합격하고 1531년에 승문원에 올라 홍문관에 참예하였고, 이어서 사간원 정언・이조좌랑・헌납・이조정랑 등을 역임하였다. 1545년 중국사신 영접사로 나갔다가 그 후 군자감 부정(軍資監副正)・예빈시 정(禮賓寺正)・좨주(祭酒) 등을 역임하고 1554년 성절사로 중

천관(天官 이조(吏曹))의 관원과 문형(文衡 대제학(大提學))과 좨주(祭酒)를 거쳐 이상(貳相 찬성(贊成))에 이르렀으며, 밀원군(密原君)에 봉해졌고 문경(文景)이라는 시호를 받았다. 이 분이 휘 호현(好賢)을 낳으셨으니, 생원시에 급제하였고 효(孝)로써 알려졌다.

또 두 대(代) 전하여서 남계처사(南溪處士) 휘 승임(承任)이 병자년(1636, 인조14) 이후에 과거를 폐하고서 창해(滄海) 허격(許格)[262]과 친교를 맺었는데, 효묘(孝廟)가 대의를 펼치려고 할 때에[263] 우암(尤菴) 송 선생(宋先生 송시열(宋時烈))이 일을 함께 하고자 하였고 벗들도 이를 권하였으나 나아가지 않았으니, 이 분이 공의 6세조이시다. 증조는 휘 성원(聖源)[264]이니, 유선(諭善)으로 시호는 문헌(文獻)이며, 세

국에 다녀온 뒤 형조참의가 되었다. 그 후 한성우윤·병조좌랑·홍문관 제학·예조판서 등을 역임하였고 1564년 명종이 '대제학 병조판서 박충원(大提學兵曹判書朴忠元)'이란 10자를 친필로 하사하였다. 1567년(선조1) 대종백(大宗伯)으로 전직되었을 때, 중국에 국사를 검토하는 일로 빈상(儐相)의 명을 받아 종사관이 되어 중국에 다녀왔다. 여러 중직을 거쳐 정승에 이르렀다. 시호는 문경(文景)이며, 저서에는 《낙촌유고》가 있다.

262 창해(滄海) 허격(許格) : ?~? 자는 춘장(春長), 호는 숭정처사(崇禎處士)·창해·대명처사(大明處士)로, 본관은 양천(陽川)이다. 병자호란이 일어나고 남한산성에서 인조가 항복했다는 소식을 듣고는 은둔하면서 명나라에 대한 의리를 지키다가 죽었다. 죽은 뒤에 박세채(朴世采)가 명정에 '대명처사(大明處士)'라고 쓰게 하였으며, 상소가 올라와 영조가 명을 내려 그의 교지에 청나라 연호를 쓰지 말게 하였고 3품의 관직을 증직하였다.

263 효묘(孝廟)가……때에 : 효종(孝宗)이 즉위하여 북벌(北伐)을 추진하던 때를 말한다.

264 성원(聖源) : 박성원(朴聖源, 1697~1767)으로, 자는 사수(士洙), 호는 겸재(謙齋), 본관은 밀양(密陽)이다. 이재(李縡)의 문하에서 수학하였다. 1728년(영조4) 별시

상에서 겸재(謙齋) 선생이라 칭하였다. 조부는 휘 종간(宗幹)이니, 사옹원 첨정(司饔院僉正)이다. 선고는 휘 문환(文煥)이니 통덕랑(通德郞)으로 선비들에게 명망이 있었다. 선비는 광산 김씨(光山金氏)이니 생원 익하(益河)의 따님으로 판서 우형(宇亨)이 그 조부이시다. 정종(正宗 정조) 12년(1788) 무신 12월 18일에 한성의 초동(草洞)의 집에서 공을 낳으셨다.

공은 기량이 넓고 깊어서 겨우 말을 배우자마자 첨정공(僉正公)이 구두로 문자를 전수해주고 그 재주를 기특하게 여겼다. 7세에 종부(從父) 익위공(翊衛公)에게 나아가 배웠는데, 희학을 한 적이 없었고 입으로는 속어를 말하지 않았으며, 부형(父兄)의 서책과 금슬(琴瑟)을 감히 방위를 바꾸지 못하였다. 15세에 경사(經史)에 통달하였고, 17,8세에 공거(公車)[265]에 응시하였으니, 경사의 선비들 가운데 추중하는 이가 많았다. 약관의 나이에 학문에 뜻을 두어서 단정히 꿇어앉아 신심을 거두어들였는데, 무릎이 닿는 곳의 자리가 이 때문에 뚫리게 되었다. 집안이 가난하고 어버이께서 연로하다 하여서 거업(擧業)을 폐하지는 않았으나, 성인(聖人)의 경전(經傳)과 현인의 가르침이 아니면 읽지

문과의 을과에 급제하여서 사간원 정자(司諫院正字)・사헌부 감찰(司憲府監察) 등을 역임하였다. 1744년 지평(持平)으로 있을 때 영조가 기로소(耆老所)에 들어가는 것을 반대하다가 남해(南海)에 위리안치 되고 2년 뒤 석방되었다. 그 후 세손강서원 유선(世孫講書院諭善)이 되었으며, 참판을 끝으로 관직에서 물러나 봉조하(奉朝賀)가 되었다. 이조판서에 추증되었고, 시호는 문헌(文憲)이다. 저서에는《예의유집(禮疑類輯)》・《돈효록(敦孝錄)》・《보민록(保民錄)》・《겸재집(謙齋集)》 등이 있다.

265 공거(公車) : 중앙에서 치르는 과거시험에 응시하는 것을 뜻하는 말로, 한(漢)나라 때 지방 선비들이 과거시험에 응시할 적에 공가(公家), 즉 국가의 수레를 타고 서울로 왔으므로 이렇게 이른 것이다.

않았다. 임진년(1832, 순조32)에 선공감 가감역(繕工監假監役)에 제수되었다가, 바로 감역(監役)으로 승진하였다. 공은 가난하여 말을 기를 수가 없었고, 또 구차하게 빌리고자 하지도 않아서 도보로 역(役)에 나아갔는데, 제조(提調) 홍석주(洪奭周) 공이 이 일을 듣고, 특별히 돈장(敦匠)[266]의 직임을 풀어주어서 그 노고를 면하게 하였다.

광흥창 봉사(廣興倉奉事)로 옮기고, 갑오년(1834, 순조34)에 직장(直長)으로 승진하였는데, 공은 "녹봉을 나누어주는 일을 잘 하면 될 뿐이다."라고 하였다. 내가 예전에 근수정(近水亭) 가에서 객과 함께 배를 띄우고 노닐 적에 정자가 광흥창 곁에 있으므로 공을 맞아 이야기를 나누고자 하였는데, 공이 사양하면서 말하기를 "관리로서의 직책이 있으니, 직차(直次)를 떠나서는 안 됩니다."라고 하였다. 당시에 잉곡(剩穀)이 흉년이 들어서 초식(稍食 녹봉)이 한창 고갈되어 있었는데, 창인(倉人)[267]이 요전력(料錢曆)[268]을 가지고 와서 고하기를, "5,6일 후가 바로 정삭(正朔)입니다. 삭봉(朔奉)이 있어야 할 터이니, 우선 먼저 용하(用下)하였다가 금일의 빈 부분을 보충하시지요."라고 하자, 공이 이를 물리치며 말하기를 "네가 창법(倉法)을 무너뜨리려고 하느냐?"라고 하였다.

조운이 와서 정박할 때마다 하루도 지체하지 않고서 즉시 나가서 감독하여 두곡(斗斛)이 고르게 됨에, 가죽신이나 짚신과 같은 것도

266 돈장(敦匠) : 장인(匠人)들과 공역(工役) 전반에 대해 지휘 감독하는 일을 말하는데, 여기서는 선공감 감역의 일을 가리킨다.

267 창인(倉人) : 녹봉을 관장하던 광흥창(廣興倉)의 이서(吏胥)를 가리킨다.

268 요전력(料錢曆) : 급료가 적혀 있는 문서를 가리킨다.

받지 않고 물리치셨으니, 창인(倉人)들이 은혜를 칭송하였다. 광흥창의 아전 중 한 사람이 밀린 조세가 천 석(石)에 가까워서 법률을 범한 것이 심히 엄중하였다. 공은 근심하면서 기꺼워하지 않는 낯빛으로 말하기를 "내가 수일의 정력을 쏟으면 공사(公私) 간에 모두 편할 수 있다."라고 하고는, 이에 보고하지 않고서 별도로 조달하였다. 직소(直所)에 있을 때에 광흥창의 군졸들이 교대하면 밤이 깊었을 때에 반드시 술을 내려 추위를 막게 하였으며, 밤중마다 한 번씩 광흥창 안을 돌면서 아전을 대할 때 항상 간곡하게 경계하고 신칙하니, 창인(倉人)들이 감히 법을 어기지 못하였다. 을미년(1835, 헌종1)에 주부(主簿)로 승진하였으나, 정해진 사일(仕日)이 차서 옮기지 못하였다. 혹자가 알선하기를 권하자, 또 웃으면서 말하기를 "내 어찌 공경(公卿)의 집에서 기웃거리는 자이겠는가. 때를 만나고 만나지 못하는 것은 운명에 달려 있을 뿐이다."라고 하였다.

정유년(1837, 헌종3)에 증산 현령(甑山縣令)에 제수되었다. 이때 맏아들 정진(鼎鎭)이 상시(庠試 성균시)에 합격하였는데, 공이 근심하면서 말하기를 "한미하고 영락한 집안에서 거듭 영화로운 것은 두려워할 만한 일이니, 너는 덕(德)을 닦아서 이에 부응하기를 힘써라."라고 하였다. 직임에 임하여 진고령(陳古靈)과 주 문공(朱文公)이 고을을 다스림에 있어서 남긴 뜻[269]을 본떠서, 온 경내에 명령을 내렸다. 그

269 진고령(陳古靈)과……뜻 : 진고령은 송(宋)나라 진양(陳襄, 1017~1080)으로, 자는 술고(述古), 호는 고령이다. 그가 선거령(仙居令)이 되어서 백성을 가르친 글이 《소학》〈가언(嘉言)〉에 보인다. 주 문공은 송나라 주희(朱熹)로, 문공은 그의 시호이다. 주희는 지남강군(知南康軍)으로 재직 중이던 효종(孝宗) 순희(淳熙) 7년(1180)에 여산(廬山)의 허물어진 백록동서원을 중건하고 서원의 벽에 다섯 개 항목의 규약을

대략에 이르기를, "효(孝)는 사람이 똑같이 하늘로부터 얻은 것이다. 그러므로 백성들이 가르치지 않더라도 능히 어버이를 사랑할 줄을 아는 것이다. 그러나 효(孝)에는 크고 작음이 있으니, 어버이의 구복(口腹)을 봉양하는 것은 효 가운데 작은 것이고, 어버이의 뜻을 봉양하는 것은 효 가운데 큰 것이다. 크고 작은 구별은 가르침이 아니면 알 수 없으므로, 마침내 어버이의 뜻을 봉양하는 방법을 보여서 효를 돈독히 하는 풍속을 기약하는바, 이에 구교(九敎)와 사금(四禁)을 설행한다. 구교(九敎)는 첫째, 형제간에 화목하고 처자(妻子) 간에 화합하며, 둘째, 정성으로써 제사를 올리고 예(禮)로써 빈객을 접하며, 셋째, 친척 간에 원망함이 없고 인아(姻婭) 간에 서로 믿으며, 넷째, 어른을 어른으로 높이고 어린이를 어린이로 보살피며, 다섯째, 이웃을 화목함으로써 사귀고 노복을 관대함으로써 다스리며, 여섯째, 궁핍하고 가난한 이를 주휼하며, 일곱째, 다른 이의 나쁜 점은 가려주고 좋은 점은 선양하며, 여덟째, 농사에 힘쓰고 부역을 삼가 지키며, 아홉째, 쓰기를 절도 있게 하고 검소함을 밝히는 것이다. 이것이 구교(九敎)이니, 이는 부모가 가르치고자 하는 바로서 자식 된 자가 감히 소홀히 해서는 안 된다. 사금(四禁)은 첫째, 주정하고 노름하며 싸우고 송사하며, 둘째, 언행이 공경스럽지 않으며, 셋째, 재물을 낭비하고 의복을 꾸미며, 넷째, 말을 만들어 남을 무함하고 비방하는 것이다. 이것이 사금(四禁)이니, 이는 부모가 금하게 하고자 하는 것으로서 자식 된 자가 감히 범해

게시하였는데, 이를 가리키는 것으로 보인다. 그 내용은 오교지목(五敎之目), 위학지서(爲學之序), 수신지요(修身之要), 처사지요(處事之要), 접물지요(接物之要) 등으로, 《주자대전(朱子大全) 권74 〈백록동서원게시(白鹿洞書院揭示)〉에 보인다.

서는 안 된다."라고 하였다. 또 〈권농문(勸農文)〉 수백 마디의 글을 지어서 포고하였으며, 널리 효자와 열녀, 외로운 사람들을 가려서 쌀과 고기를 지급하였다.

모든 공납(公納)에 관계된 것들은 기한에 앞서서 정해진 기준대로 올려보냈다. 칙수고(勅需庫)의 적전(糴錢) 중에서 아전이나 백성들이 갚지 않아 밀린 조세가 된 것은, 조곡(糶穀)을 빌려주는 날에 몸소 직접 분급하여 균등하고 후하게 하였으며, 별도의 적전(糴錢)이 있으면 읍의 포흠을 메우는 밑천으로 삼았다. 사람들 중에 혹 청하는 이가 있으면, 공은 그 쓰임을 묻고서 급한 상황이면 관전(官錢)을 주었고, 끝내 다른 돈을 가져다 메워 넣지 않았다. 몸소 빈관(賓館)과 단유(壇壝) 가운데 세월이 오래되어 무너진 것을 살펴서 모두 녹봉을 덜어내어 새롭게 하였다. 제생(諸生)들을 현학(縣學)에 모아서 문묘(文廟)를 수호하는 규약 4장(章)을 정하였다.

그해에 큰 가뭄이 들어서 정청(正廳)을 피하고 재계하고서 몸소 사직과 산천에 빌되 모두 관영에 알리지 않고 먼저 행하였으며, 매번 빌 때마다 하늘을 우러러 눈물을 흘렸다. 큰비가 패연하게 내려 농정(農政)이 한창 베풀어지자, 사방의 들판을 순시하면서 이를 힘쓰기를 권하였는데, 수행하는 이들이 폐해를 일으킬까 염려하여서 이에 밥을 싸서 가지고 갔다. 고을이 큰 바다를 임해 있어서 왕왕 세찬 바람이 불어 농사를 해치는 일이 있었는데, 제단을 마련하여 바람을 그치게 하는 제사를 행하니, 이해에 서도(西道)에 모두 흉년이 들었으나 증산(甑山)만은 큰 풍년이 들었다. 순계(醇溪) 이정리(李正履) 공이 이를 듣고는 탄식하고 칭찬하면서 말하기를 "이는 마땅히 태사(太史)[270]가 채록해야 한다."라고 하였다. 사방의 경내에서 모두 비석을 세워서 이를 칭송하였으니, 당시는 공이 관직에 이른 지 겨우 6개월이 된 때였다.

이전에는 증산의 풍속이 무식하여서 학문을 알지 못하였는데, 공이 〈권학문(勸學文)〉을 지어서 여섯 방(坊)[271]을 두루 깨우치고, 행실을 잘 닦은 선비를 택하여 스승으로 삼아, 가르치고 계도하는 일을 주관하게 하였다. 또 달마다 그 곳에 가서 연장자와 연소자들을 모아놓고 말하기를 "사람이 사람답게 되는 데에는 《소학(小學)》만한 것이 없고, 이치를 궁구하는 데에는 《대학(大學)》만한 것이 없으니, 이 두 책으로 제생을 위해 강학하기를 청합니다."라고 하였다. 제생이 앞으로 나와 토론하였고, 이어서 향음주례와 향사례를 행하였다.

한번은 공사(公事)로 인하여 출행하였는데, 어자(御者)가 술에 취하여 말을 놓치는 바람에 말이 바람이 나서 달려가 다른 사람의 팔을 물어뜯었다. 공은 노하여 말하기를 "사람에게 상해를 입힌 것은 말이 아니라 바로 술이다."라고 하고, 다섯 집을 한 통으로 하여 술 빚는 것을 금하고 돈으로 속죄하게 하였다. 50환을 모아서 주어서, 백성들이 원금을 보존하고 이자를 번식하여서 군첨(軍簽)[272] 가운데 빈 숫자를 길이 보충하게 하였고, 또 녹봉을 털어 50금(金)을 더하여서 이를 보충하였다. 미복을 입고 출행하였을 때에 어떤 노파가 환포(還布)[273] 때문에 울고 있었는데, 또한 돈을 내어주어 도와주었으니, 이와 같은

270 태사(太史) : 국가의 역사 기록을 담당한 사관(史官)을 높여 칭한 것이다.

271 여섯 방(坊) : 방은 조선 시대에 면(面)에 해당하는 행정 구역을 이르던 말로, 평안도 증산(甑山)에 총 여섯 개의 방이 있었다.

272 군첨(軍簽) : 군정(軍丁)을 뽑아 병적(兵籍)에 올려 발부하는 통지서를 말한다.

273 환포(還布) : 환곡(還穀)과 군포(軍布)를 말한다.

일이 대체로 몹시 많았다. 창고에서 보관 중인 환곡 중에서 임의로 태가(駄價) 수백 냥을 조성하여 으레 관용(官用)으로 갖추고는 하였으나, 공은 정당한 부세가 아니라고 하여 마침내 이를 없앴다. 아병(牙兵)들이 지내는 막사(幕舍)가 훼손되어 번을 서는 병졸들이 한데서 지내 사망하는 이가 많았는데, 또 녹봉을 털어 새로 지어서 그 안에서 지내게 해주었다.

근방의 읍(邑)에 살인 사건이 있었는데 공이 가서 이를 검험함에 지나는 곳마다 모두 아전과 관노들을 엄히 단속하였다. 거주민 가운데 미리 식구들을 거두어 도주한 자들이 있었는데, 공이 그 집물을 모두 기록하고 관인(官印)을 찍고 수결을 놓아서 사녀(士女)들을 돌아오게 하여 안정시켰다. 호구(戶口) 조사를 할 때에 으레 해당 읍(邑)의 관노들에게 음식 대접을 하였는데, 공은 관전(官錢)을 배급하여 음식을 먹이도록 하였다. 이에 부로(父老)들이 다투어 술과 음식을 가지고 와서 관속(官屬)들을 맞이하였다. 백성들 중에 송사로 인해 읍에 이른 이는 반드시 효제(孝悌)와 충신(忠信)으로 간곡하게 효유하니, 백성들이 모두 서로 경계하며 말하기를 "만일 혹시라도 이치가 올바르지 않은데 들어가 송사한다면 나는 사람이 아니다."라고 하였다. 숙질(叔姪)간에 밭을 두고 송사하고 형제간에 소를 가지고 다툰 이가 있었는데, 공이 '천륜은 지극히 중요하고 재산은 지극히 가볍다'고 깨우쳐주자, 모두 낯이 붉어져서 물러나서는 마침내 서로 양보하였다.

질이 나쁜 젊은이 이현백(李賢伯)이란 자가 있었는데, 본래 증산(甑山) 사람으로 기방(箕坊)으로 이거하여 수천 금을 벌었다. 그 아우가 어머니를 증산에서 봉양하였는데 가난하여 봉양할 수가 없어서 십여 곡(斛)의 조세를 밀리는 죄를 저지르는 지경에 이르게 되어 그 형에게 대납해주기를 빌었다. 그러자 이현백은 들어주지 않고서 자식으로 하여금 아우를 얽어매어 관영에 바치도록 하였다. 공은 이현백을 장을 치고 가두고서 아우의 빚을 징수하고, 그 죄를 논열하여 관영에 보고하였다. 그런데 도백(道伯 관찰사)이 먼저 들은 말로 인해 오해하여서 공을 중고(中考)[274]에 두자, 공은 즉시 자신의 죄를 탄핵하는 글을 올리고서 행장을 꾸렸다. 그러자 읍의 백성들 수백 명이 뜰에 들어와 눈물을 흘리며 말하기를 "공은 남아서 백성들을 살려주소서."라고 하였다. 이윽고 강등하고 파면되자, 백성들이 서로 말하기를 "응당 공을 위하여 조도(祖道)[275]를 기원하여야 할 것이다."라고 하고 이에 돈과 곡식을 가져와 성황당(城隍堂)에 올리고서 공이 판여(板輿)[276]를 받들고서 무사히 잘 가기를 축원하였고, 또 성찬을 진설하고서 전별하였으나 공은 이를 물리쳤다. 임지를 떠나고 나자, 백성들 가운데 울면서 고별하는 이가 십 리로 이어졌다. 가는 길에 하늘에는 바람이 없었으며 강에는 얼음이 터져서 뱃길이 열렸다가, 경사에 이르고 나서야 큰 눈이 내리고 추워졌다. 공은 멀리 증산의 백성들에게 감사하며 "다행히도 증산 백성

274 중고(中考) : 관원의 근무 성적을 상, 중, 하로 나누어 고과(考課)하는데, 중에 해당함을 이른다. 이조나 병조에서 매년 두 차례 관원의 공과(功過)를 조사하여 벼슬을 올리기도 하고 내리기도 하는데, 중고를 받으면 승진하지 못하였다.

275 조도(祖道) : 먼 길을 떠나는 사람을 위하여 도로의 귀신에게 제사를 지내고 떠나는 이에게 대접하며 전별하는 것을 말한다.

276 판여(板輿) : 판여는 부들방석을 깐 수레로, 지방관으로 부임하여 어버이를 봉양함을 말한다. 진(晉)나라 반악(潘岳)이 장안 영(長安令)으로 옮겼다가 박사(博士)로 제수되자 벼슬을 버리고 〈한거부(閑居賦)〉를 지었는데, "태부인을 마침내 판여에 모시고 가벼운 수레에 올라, 멀리는 왕기를 구경하고 가까이는 집의 동산을 돌았다.〔太夫人乃御板輿, 升輕軒, 遠覽王畿, 近周家園.〕"라고 하였다. 《晉書 卷55 潘岳列傳》

들이 조도를 빌어준 데에 힘입어, 눈 속에 무탈하게 판여를 모시고 돌아왔네.〔幸賴甀民祈祖道 雪中無恙奉輿還〕"라는 시를 지었다.

계묘년(1843, 헌종9)에 조지서 별제(造紙署別提)에 제수되었다. 이때에 국상을 당하였는데[277] 가난하여 호소(縞素)를 마련하지 못하였다. 조지서의 예속(隷屬)이 제거(提擧)에게 얻어서 바쳤는데, 공은 받지 않고 이에 해진 옷으로 단령(團領)을 만들고 백지를 조화(皁靴)에 바르고서 혹한에 공무에 나아갔다. 자제들이 모구(毛具)를 빌려서 올리면, 번번이 꾸짖고서 이를 물렸다. 제용감 주부(濟用監主簿)로 옮겼다. 을사년(1845, 헌종11)에 현륭원 영(顯隆園令)에 제수되었고, 7월에 내간상을 당하였다.

병오년(1846, 헌종12) 2월 15일에 지평(砥平)의 고향 집에서 별세하니, 향년 59세이다. 원주(原州) 임당산(任堂山)의 경좌(庚坐)에 장례하였다. 배위는 청송 심씨(青松沈氏)로 진사 양진(養鎭)의 따님이며, 만사(晚沙) 지원(之源)이 그 선조이시다. 유순하여 여사(女士)의 풍모가 있었으며, 선생보다 1년 먼저 태어나고 선생보다 15년 먼저 별세하여서, 양주(楊州) 학곡(鶴谷)의 부감(負坎)의 언덕에 장례 지냈다. 두 아들을 낳았으니, 장남은 정진(鼎鎭)이고 차남은 이진(履鎭)이다. 이진은 두 아들을 두었는데 모두 어리다.

공은 훌륭한 자태가 풍후하고 깨끗하였고 기운과 풍도가 안정되었으며 법문(法門)[278]이 남겨준 규모로 일찍 시(詩)와 예(禮)의 대방(大

277 이때에 국상을 당하였는데 : 헌종의 비인 효현왕후(孝顯王后) 김씨가 1843년(헌종9) 8월 25일에 별세한 것을 말한다.

278 법문(法門) : 법도가 있는 집안이란 뜻으로, 《맹자(孟子)》 〈고자 하(告子下)〉에

方)을 들었다. 사서(四書)와 《심경(心經)》과 《근사록(近思錄)》 등의 책을 가지고 밤낮으로 읊조리며 보아서, 그 지취를 궁구하여 자신의 몸에 돌이켜서 천리(天理)의 소재를 구하여 이로써 마음을 바르게 하고서 이를 행동에 미룰 것을 생각하여, 고심하여 연찬하여서 터득하지 못하면 그만두지 않았다. 옛사람의 선행(善行)과 시문(詩文)과 명(銘)과 찬(贊)으로서 진덕수업(進德修業)에 도움이 되는 것을 취하여 좌우(座右)에 적어두었다.

일찍이 말하기를, "심하구나, 유속(流俗)이 사람을 해침이여. 한 번 여기에 빠지면 함께 군자의 도(道)를 이야기할 수 없도다. 정자(程子)가 말하기를 '사람에게는 사백 네 가지 병통이 있는데, 오직 속된 것은 고칠 수가 없다.'라고 하였으니,[279] 무릇 속(俗)이라는 것은 견식도 지조도 없이 이해득실만을 알고 이치와 의리가 있는 줄을 알지 못한다. 만일 이를 고치고자 한다면 다른 것이 없으니, 경(敬)일 따름이다.

"들어가면 법도 있는 대신의 집안과 보필하는 선비가 없고, 나오면 적국과 외환이 없는 경우는 나라가 항상 망한다.〔入則無法家拂士, 出則無敵國外患者, 國恒亡.〕"라고 한 데에서 보이는 '법가(法家)'와 뜻이 같다.

279 정자(程子)가……하였으니 : 이는 실상 정호(程顥)의 말과 황정견(黃庭堅)의 말을 합한 것으로, 《근사록(近思錄)》에 "사람에게는 사백 네 가지 병통이 있으니, 모두 자신에게서 말미암지는 않으나, 마음은 모름지기 자신에게서 말미암도록 해야한다.〔人有四百四病, 皆不由自家, 則是心須敎由自家.〕"라고 한 정호의 말이 보이며, 《육예지일록(六藝之一錄)》 권305 〈논고(論古)〉에 "자제들의 여러 병을 다 치료할 수 있으나, 오직 속된 것은 고칠 수가 없다.〔子弟諸病皆可醫, 惟俗不可醫.〕"라고 한 황정견의 말이 보인다. 이를 합하여 정자의 말로 인식한 것은 본래 김원행(金元行, 1702~1772)으로, 그의 문집 《미호집(渼湖集)》 권14 〈홍낙신에게 주다〔贈洪樂莘〕〉에 그 내용이 보이는데, 매산이 이 오류에 대해 밝힌 것이 《매산집》 권22 〈조병덕에게 답함〔答趙秉悳〕〉 신축년(1841, 헌종7) 4월 편지에 보인다.

경(敬)은 덕성(德性)을 항상 써서 세습(世習)의 얽매임을 없애어 군자의 도(道)를 말할 수 있다."라고 함에, 말의 기운이 장엄하고 용모와 행동거지가 단아하였다.

어버이를 섬김에 어버이의 뜻을 어기는 일이 없어서 종신토록 변하지 않았으며, 벗이 선물한 물건을 감히 사사로이 소유하지 않았다. 누이들과 함께 사는 것을 즐거움으로 삼았는데, 누이 한 명이 병으로 별세하자 장례를 치르기를 부족함이 없게 하였다. 외종숙이 가난하여 거처가 없자 자신이 얻은 녹봉으로 집을 사드리고 외가의 선조들의 사판(祠版)을 봉안하였으며 전대의 쌀을 보태주었고, 또 친척과 벗 가운데 굶주린 사람에게 분주하게 음식을 보내주었다.

두 아들을 기르면서 몹시 아꼈으나 어린아이일 때 안아준 적이 없었고, 장성함에 이르러서는 의로운 방도로써 가르쳤는데,[280] 과거를 보러 갈 때에 책상자의 원고들을 점검하자 엄한 소리로 꾸짖어 그만두게 하였다. 노복을 다스림에 관대함과 엄함을 아울러 베풀었다. 스스로 생활하기를 몹시 소박하게 하여서, 옷은 겨우 형체를 가릴 뿐이었고 음식은 배를 채우지 못하였으며 거처는 비바람도 막을 수 없었다. 계사년(1833, 순조33) 이후에 혹자가 첩을 들이기를 권하였는데, 사양하며 말하기를 "이는 집안을 어지럽히는 물건이다."라고 하였다. 다른 사람을 접하기를 한결같이 정성으로써 하여서, 여럿이 함께 거처하며 즐거

280 의로운 방도로써 가르쳤는데 : 《춘추좌씨전(春秋左氏傳)》 은공(隱公) 3년 조에 보이는 말로, 위(衛)나라 장공(莊公)의 아들 주우(州吁)가 오만방자하게 굴자, 현대부(賢大夫) 석작(石碏)이 장공에게 충간하기를, "신은 듣자오니 자식을 사랑하되 의로운 방법으로 가르쳐서 잘못된 곳으로 빠지지 않게 해야 한다고 하였습니다.〔臣聞愛子教之以義方, 弗納於邪.〕"라고 하였다. 이 말은 《소학(小學)》 〈계고(稽古)〉에도 실려 있다.

이 웃을 적에 화목한 기운이 가득하였다.

관직에 있을 적에 청렴하게 공무를 받들어서, 증산(甑山)에 도착하자 관기(官妓)를 물리치고 간사한 관리를 배척하니, 관리들이 감히 아도물(阿睹物)[281]을 말하지 않았다. 겸허하게 스스로를 다스려서 다른 사람에게 맞서려고 하지 않았으나, 대인(大人)에 있어서는 드높은 위세를 대수롭지 않게 여겼다.[282] 남에게 좋은 점이 있으면 말하기를 즐겨서 마치 미치지 못할 듯이 하였으며, 나쁜 점이 있으면 가리고 덮어서 발설하지 않았고, 아랫사람을 다스릴 때에도 그러하였으므로, 사람들 가운데 친애하지 않는 이가 없었다. 책을 읽을 때마다 천 번 읽는 것을 법도로 삼아서, 뜰에서나 길거리에 있더라도 작게 읊조리는 소리가 입에서 끊이지 않았다. 그러므로 글을 지음에 진부한 말을 답습하지 않았으며, 또 《상서(尙書)》에서 득력한 것이 많았다. 성률(聲律)은 몹시 크고 웅건하기를 힘썼고, 저술한 바가 몹시 많았으나 스스로 공교롭지 않다고 하여서 모두 산삭하였는데, 맏아들이 만년의 저술 겨우 약간 권을 거두어 모았다.

문헌공(文獻公 박성원(朴聖源))이 도암(陶庵 이재(李縡))의 진전(眞傳 적전(嫡傳))을 계승하여 건릉(健陵 정조(正祖))의 빈사(賓師)가 되어, 문

281 아도물(阿睹物) : 돈을 가리킨다. 본래 육조(六朝) 시대의 구어로 '이것'이라는 뜻인데, 진(晉)나라 사람 왕연(王衍)이 돈이란 말을 절대 입 밖에 내지 않으므로 그의 탐욕스러운 처가 돈을 가져다가 그의 책상에 놓아두고 시험하였더니 왕연이 이를 가리키며 '아도물'을 치우라고 하였다는 고사에서 온 말이다. 《世說新語 規箴》

282 대인(大人)에……여겼다 : 대인은 높은 지위에 있는 존귀한 사람으로, 《맹자》 〈진심 하(盡心下)〉에 "대인에게 유세할 때에는 드높은 위세를 대수롭지 않게 여기고 그 높음을 보지 말아야 한다.〔說大人則藐之, 勿視其巍巍然.〕"라고 한 데서 온 말이다.

학과 덕행을 후손들에게 넉넉하게 남겨주었는데, 공이 능히 선대의 아름다움을 따라서 풍부하게 그것을 갖추었다. 그러니 만일 능히 때를 얻어서 온축된 것을 펼칠 수 있었다면 이로움과 은택이 남에게 미친 것을 어찌 이루 다 헤아릴 수 있었겠는가. 공과 같은 이는 법가(法家)의 훌륭한 손자[283]이자 탁세(濁世)의 청사(淸士)라고 할 만하거늘, 나이와 지위에 곤액을 당하여 그 지업을 채우지 못하였으니, 애석하도다. 내가 공과 교분을 맺은 지 수십 년 동안에 교의가 돈독하였고, 정진(鼎鎭)이 또 나를 종유하였는데, 유사(遺事)를 지어서 덕을 형상하는 글을 부탁하였으니, 내가 의리상 사양할 수 없어서 병을 무릅쓰고 위와 같이 엮어 나열하여 후세의 덕을 아는 이를 기다리는 바이다.

283 법가(法家)의 훌륭한 손자 : 법가는 법도 있는 대신의 집안으로, 박기호(朴基鎬)의 증조부인 박성원(朴聖源)이 세자였던 정조를 보필하여 높은 벼슬에 이르렀던 것을 가리킨다. 법가란 《맹자》 〈고자 하(告子下)〉에 "들어가면 법도 있는 대신의 집안과 보필하는 선비가 없고 나오면 적국과 외환이 없는 자는 나라가 항상 망한다.〔入則無法家拂士, 出則無敵國外患者, 國恒亡.〕"라고 한 말에서 인용한 것이다.

구봉 김공 행장 경술년(1850, 철종1)

九峯金公行狀 庚戌

공은 휘는 수인(守訒), 자는 군신(君愼), 호는 구봉(九峯)이니, 김씨(金氏)는 계통이 신라 경순왕(敬順王)으로부터 나왔다. 휘 녹광(祿光)에 이르러 광주(廣州)에 봉해져서, 자손이 그대로 관향으로 삼았다. 여러 대가 전하여 휘 훤(晅)[284]에 이르렀으니 문하 찬성사(門下贊成事)로서 행적이 《고려사》에 실려 있으며, 대대로 명망과 덕행이 있어서 높은 관직이 이어졌다. 본조(本朝)에 들어와서 생원으로 승지(承旨)에 추증된 휘 차무(次武)와 판결사로 참판(參判)에 추증된 휘 려(礪)와 이 분이 낳으신 휘 희로(希魯)로서 생진시(生進試)에 모두 합격하고 준걸한 재주가 있어 남명(南冥 조식(曺植))이 '우리 당(黨)의 위인'이라 일컬으신 분이 바로 공의 고조와 증조와 조부 3대(代)이다.

284 훤(晅) : 김훤(金晅, 1234~1305)으로, 본관은 광주(廣州)이다. 1269년 임연(林衍)이 왕을 폐하고 안경공(安慶公) 창(淐)을 세우자, 원나라가 당시 세자였던 충렬왕 심(諶)을 동안공(東安公)으로 책봉하고 군사를 보내어 임연 일당을 토벌하고자 하였는데, 이때 성절사(聖節使)의 서장관으로 원나라에 가서 이를 중지하게 하였다. 1270년(원종11) 금주 방어사(金州防禦使)로서 밀성 사람 방보(方甫)가 일으킨 난을 평정하여, 그 공으로 예부낭중이 되고, 곧이어 도호부사가 되었다. 1275년(충렬왕1) 총랑(摠郎)이 되었다가 전라도 부부사(全羅道部夫使)가 되어 부임하던 중 전라도 안찰사의 부정을 적발한 일로 무고를 입어 관직을 박탈당하고 좌천되었다가, 다시 승진해 좌간의대부(左諫議大夫)에 이르렀고, 밀직학사(密直學士) 등을 역임하였다. 충선왕이 세자로 원나라에 있을 때, 춘궁시독(春宮侍讀)으로 시종해 벼슬이 정당문학에 이르렀으며, 뒤에 찬성사에 올랐다.

선고인 휘 태을(太乙)은 호가 구옹(矩翁)으로, 도백(道伯 관찰사)이 학행이 전일하고 독실하다고 하여 천거하여서 선묘(宣廟 선조)가 특별히 강릉 참봉(康陵參奉)에 제수하였다. 참봉공은 의성 김씨(義城金氏) 참봉 휘(輝)의 따님에게 장가들어서, 밀양(密陽) 구명동(九明洞)의 집에서 공을 낳았다.

공은 태어나면서부터 뛰어난 자질을 품부 받아서 번거롭게 스승이 가르치지 않더라도 스스로 책을 읽을 줄 알았다. 조금 장성하여서는 성리학에 전념하였는데, 한강(寒岡) 정 선생(鄭先生)이 함안(咸安)의 군수로 있을 때에[285] 공이 책상을 짊어지고 가서 가르침을 청하였으니, 선생이 몹시 무겁게 기대하여서 "무릇 사람의 온갖 행실은 효(孝)가 그 근원인데, 그대는 독실한 효가 어린 나이부터 드러나 타고난 자질이 본래 훌륭하니, 어찌 학문이 이루어지지 못할 것을 근심하겠는가."라고 하였다. 이로부터 사빈(泗濱)과 무흘(武屹)[286] 사이에서 좇아 배워서 강변하고 토론함에 알지 못하면 그만두지 않았다. 매번 문회(文會)에서 공이 없으면 즐거워하지 않았다.

임진년(1592, 선조25) 4월 왜노(倭奴)가 온 나라 군사를 동원하여 쳐들어오자 수비하던 병사들이 조수(鳥獸)처럼 흩어졌는데, 공의 종조숙부(從祖叔父) 양무공(襄武公) 태허(太虛)[287]가 울산(蔚山)에서 창

285 한강(寒岡)……때에 : 한강 정 선생은 정구(鄭逑, 1543~1620)로, 자는 도가(道可), 호는 한강, 시호는 문목(文穆), 본관은 청주이다. 1586년(선조19) 8월에 함안군수(咸安郡守)에 제수되어 10월에 부임하였다. 《寒岡年譜 卷1 年譜》

286 사빈(泗濱)과 무흘(武屹) : 사빈은 금호강 하류 사수(泗水)로 현재 대구광역시 북구 사수동을 말하며, 무흘은 정구(鄭逑)가 경상북도 성주(星州) 수도산(修道山)에 무흘정사(武屹精舍)라는 서재를 짓고 무흘구곡을 경영하였는데, 이곳을 가리킨다.

의(倡義)하니, 공이 눈물을 흘리며 말하기를 "흉적이 독기를 부림에 국사가 망극합니다. 오늘날 단연코 나라를 위해 충성을 바쳐서 일심으로 나아가 싸워서 죽음이 있을 따름입니다."라고 하였다. 양무공이 화왕성(火旺城)을 지킬 때, 공이 나아가 군사(軍事)를 모의함에 계책을 세운 것이 몹시 많았다. 양무공이 공의 어버이가 연로한 것을 걱정하여 돌아가서 봉양할 것을 권하자, 공은 모친을 모시고 가야산으로 옮겨가서 몸소 수수(滫瀡)로 봉양하였고[288] 농사짓고 목축하면서 여가가 있으면 그때마다 학업에 힘썼다. 항상 '왕노재(王魯齋)[289]가 병기(兵器)가 분란한 가운데 있었으나 강학을 그치지 않았다'는 말을 읊으면서 스스

287 양무공(襄武公) 태허(太虛) : 김태허(金太虛, 1555~1620)로, 자는 여보(汝寶), 호는 박연정(博淵亭), 본관은 광주(廣州)다. 1580년(선조13) 무과에 급제하여 옥포 만호(玉浦萬戶)가 되었고, 1592년 임진왜란에 밀양성이 함락된 뒤 밀양 부사로 임명되어 분전하였다. 이어 울산 군수로 전임되고, 울산성전투에서 도원수(都元帥)인 권율(權慄)을 도와 전공을 세워 당상관에 올랐다. 1599년 성주 목사를 거쳐, 경상우도 병마절도사가 되었으며, 1605년 선무원종공신(宣武原從功臣) 1등에 책록되었다. 이어 경상좌도 병마절도사・오위도총부 도총관・호위대장을 역임하였으며, 그 뒤 지중추부사에 올랐다. 시호는 양무이다.

288 수수(滫瀡)로 봉양하였고 : 부드럽고 맛있는 음식으로 부모를 봉양하는 것이다. '수수'는 전분을 음식에 섞어 부드럽게 만드는 조리법의 일종으로, 《예기(禮記)》 〈내칙(內則)〉에 부모를 음식으로 봉양하는 방법을 말하면서 "근(堇), 환(萱), 분유(枌榆)의 날것과 말린 것을 잘 조리하여 부드럽게 하고 기름진 것으로 맛있게 한다.〔堇萱枌榆免薨, 滫瀡以滑之, 脂膏以膏之.〕"라고 하였다.

289 왕노재(王魯齋) : 송나라의 학자 왕백(王柏, 1197~1274)으로, 자는 회지(會之) 또는 백회(柏會), 호는 노재, 시호는 문헌(文憲)이며, 무주(婺州) 금화(金華) 사람이다. 주자(朱子)의 사위였던 황간(黃榦)의 문인 하기(何基)에게 배웠으며, 하기・허겸(許謙)・김이상(金履祥) 등과 함께 주자 이래의 정맥으로 인정받아 '금화사선생(金華四先生)'이라고 불렸다. 저서로는 《독역기(讀易記)》・《독서기(讀書記)》 등이 있다.

로를 경계하고 채찍질하였다. 선릉(宣陵)과 정릉(靖陵) 두 능의 변고[290]를 듣고는, 피난했던 인사(人士)들과 함께 북면(北面)하고서 부르짖고 곡하면서 "나라의 운명이 불행하여 끝내 국가가 전복되고 망하는 우환을 보게 되었으니, 신민이 된 자가 어찌 이 적들과 함께 같은 하늘을 일 수 있겠는가."라고 하였다. 마침내 여섯 조목을 적어서 양무공에게 바쳐서,[291] 시일을 정하여 적을 섬멸하게 하였다.

계묘년(1603, 선조36)에 생원시에 합격하자, 한강(寒岡 정구(鄭逑))이 합격 소식을 듣고 기뻐하며 말하기를 "아무개는 전란으로 유리(流離)하였다고 하여서 학업을 폐하지 않았으니, 치하할 만하다."라고 하였다. 무신년(1608, 선조41)에 공이 처음 태학(太學 성균관)에서 유학하자, 제생(諸生)들이 공의 언행에 법도가 있는 것을 보고는 공경하며 중히 여기지 않는 이가 없어서, 추천하여 장의(掌議)로 삼았다. 공은 횡당(黌堂)에 머물면서 이안진(李安眞) 공, 엄성(嚴惺) 공, 이순형(李純馨) 공, 정복형(鄭復亨) 공, 유숙(柳淑) 공, 김선(金宣) 공과 도의(道義)로써 사귀었다. 이때 금용(金墉)의 변고[292]가 일어날 조짐이 보이

290 선릉(宣陵)과……변고 : 1592년(선조25) 임진왜란 때 왜적들이 성종(成宗)의 능인 선릉(宣陵)과 중종(中宗)의 능인 정릉(靖陵)을 파헤쳐 훼손한 사건을 말한다.

291 마침내……바쳐서 : 김수인(金守訒)이 양무공에게 바친 여섯 조목은 '군의(軍宜)' 여섯 조목으로, 그 대략은 첫 번째 사기(士氣)를 격려할 것, 두 번째 군율을 닦아서 밝힐 것, 세 번째 식량을 조절하여 갖출 것, 네 번째 군기(軍器)를 정교하고 치밀하게 할 것, 다섯 번째 험준한 요새를 의거하고 지킬 것, 여섯 번째 야간 공격에 전적으로 힘쓸 것으로, 자세한 내용은 김수인의 문집인 《구봉집(九峯集)》 권2 〈난중잡록(亂中雜錄)〉에 보인다.

292 금용(金墉)의 변고 : 인목대비의 유폐(幽廢)를 말한다. 금용은 본래 중국 하남성(河南省) 낙양현(洛陽縣)의 성(城)으로 위(魏)나라 명제(明帝)가 만든 것인데, 그 후

자, 김공(金公)이 돌아가겠다고 고하였는데, 공이 전송하며 말하기를 "모였다 흩어지고 헤어졌다 만나는 것에 운수가 있음을 생각하면서도 근심하며 슬피 탄식하는 것은 군자가 명(命)을 아는 것이 아니다. 그러므로 단지 떠나고 머무는 심사만을 말할 뿐이다."라고 하였다.

혼조(昏朝 광해군) 때 정사가 혼란하자 공은 재주를 감추고서 준양시회(遵養時晦)[293]하였으니, 당로자(當路者)가 그 재능과 학문을 선모하여 발탁하고자 하였으나, 공은 몹시 엄히 거절하였다. 임해군(臨海君)의 옥사[294]가 일어나자 개탄하기를 그치지 않았는데, 한강(寒岡) 등 제현(諸賢)이 글을 올려 전은(全恩)하기를 청하였음을[295] 듣고는 이에

에 사마사(司馬師)가 위주(魏主)인 방(芳)을 폐위시켜 이곳으로 옮기게 하고, 진(晉)의 양후(楊后), 민회태자(愍懷太子), 가후(賈侯)를 폐하여 모두 이곳에 유폐시키는 등 왕족을 이 성에 유폐시킨 사례가 많았으므로 이와 같이 표현한 것이다.

293 준양시회(遵養時晦) : 때를 따라 힘과 덕을 기르며 자신을 숨김을 이른다. 《시경》 〈주송(周頌) 작(酌)〉에 "아, 성대한 왕의 군대여, 도를 따라 힘을 기르며 때로 몸을 감춘다.〔於鑠王師, 遵養時晦.〕"라고 한 데서 온 말이다.

294 임해군(臨海君)의 옥사 : 선조가 승하하고 광해군이 즉위한 뒤에 선조의 서장자(庶長子)인 임해군을 역모죄로 다스린 일을 말한다. 광해군이 즉위한 뒤에 대간(臺諫)들이 임해군이 역모를 꾀하는 기미가 있다고 계사를 올렸고, 이에 국청이 열려 고언백(高彦伯), 박명현(朴名賢) 등을 비롯한 임해군의 심복과 비복 100여 명이 복주(伏誅)되었다. 정인홍(鄭仁弘)과 이이첨(李爾瞻)의 대북(大北) 일파는 임해군까지도 죽일 것을 주장하였으나, 이원익(李元翼), 이항복(李恒福) 등의 원로대신들이 형제의 도리를 들어 귀양을 보내는 것으로 옥사를 마무리 짓고자 하였다. 결국 임해군은 교동(喬桐)으로 유배되었고, 1609년(광해군1) 5월에 원인 불명으로 사망하였다. 《燃藜室記述 卷19 廢主光海君故事本末》

295 한강(寒岡)……청하였음을 : 한강은 정구(鄭逑, 1543~1620)의 호이다. 광해군이 즉위한 뒤에 임해군(臨海君)이 역모죄로 유배되자 조정에서 임해군에게 중벌을 가해야 한다는 논의가 있게 되었는데, 이때 정구를 비롯한 이들이 글을 올려 임해군은

"선생께서 이미 다하셨으니, 내가 어찌 감히 다시 말하겠는가."라고 하였다. 계축년(1613, 광해군5)에 이르러 적신(賊臣) 이이첨(李爾瞻)이 박응서(朴應犀)를 사주하여 변고를 아뢰어 명류(名流)들을 무함하여 끌어들여 죄를 얽어 옥사를 꾸며서, 연흥부원군(延興府院君) 김제남(金悌男) 공을 죽이고 영창대군(永昌大君)을 대비의 곁에서 빼앗고서 죽였다.[296] 선조(先朝)의 옛 신하들이 대부분 법망에 걸렸으며, 양무공 역시 무함을 입어 귀향하였다.

이때 국사가 날로 그릇됨에 군흉(群凶)들이 다투어 나와서 정조(鄭造)와 윤인(尹訒)이 이이첨(李爾瞻)의 지시를 받아 앞장서서 폐모(廢母)의 의논을 발설하였는데, 이위경(李偉卿)이 반유(泮儒)로서 이에 화답해 응하여서 이어서 흉악한 상소를 투척하니, 온 세상이 흉흉하여 감히 이의를 제기하는 이가 없었다. 공은 당시에 성균관에 거처하면서 〈영고숙론(穎考叔論)〉[297]을 지었는데, 그 대략은 다음과 같다.

광해군의 지친(至親)이므로 법대로 다스리지 말고 그 죄를 용서하여서 형제간의 은의(恩義)를 온전하게 하여야 한다고 주장하였다.

296 적신(賊臣)……죽였다 : 1613년(광해군5) 봄에 박응서(朴應犀)·서양갑(徐羊甲) 등이 강도죄로 붙잡혔는데, 이들은 모두 양반가의 서자(庶子)로서 자신들의 불우한 처지에 불만을 품은 이들이었다. 그런데 이이첨(李爾瞻) 등이 이들을 사주하여 영창대군(永昌大君) 옹립을 위한 거사 자금을 마련하기 위해 일으킨 역모라고 자백하게 하였다. 이 사건으로 영창대군은 서인(庶人)으로 떨어뜨려 강화(江華)로 유배하게 하였고, 인목대비의 부친 김제남(金悌男)은 사사(賜死)되었다. 이듬해 영창대군을 살해되고, 1617년 인목대비(仁穆大妃)에 대한 폐모론을 발의하여 이듬해 대비를 서궁(西宮)에 유폐시켰다.

297 영고숙론(穎考叔論) : 이 글은 김수인(金守訒)의 문집인 《구봉집(九峯集)》 권2에 보인다. 영고숙은 춘추 시대 정(鄭)나라 영곡(穎谷)의 봉인(封人)이다. 춘추 시대

"자식으로서 어머니를 폐하고 형으로서 아우를 살해하는 것은 인륜의 지극한 변고이다. 그 신하는 마땅히 죽음을 무릅쓰고 쟁론하여 군주를 허물이 없는 곳에 두어야 할 것이니, 이것이 바로 효(孝)를 군주에게 옮기는 것이다. 장공(莊公)이 강씨(姜氏)를 폐하고서 성영(城穎)에 둔 날에 영고숙(穎考叔)은 당시 봉인(封人)으로 있어서 간쟁할 수 있는 지위를 지니고 있었으며, 고기를 먹지 않고 놓아둠에 장공의 질문이 마침 이르렀으니 이는 또한 납유(納牖)[298]의 방도가 있었던 것이다. 그렇다면 마땅히 이전의 잘못을 직언하여 다시 대의(大義)를 펼쳐서 모자(母子)로 하여금 위치를 바르게 해야 했을 터인데, 이렇게 하지 않고 끝내 도리어 땅을 파고 들어가 굴속에서 만나는 속임수를 써서 성사시켰으니, 이를 순효(純孝)라고 할 수 있겠는가."

초기 정(鄭)나라 장공(莊公)이 아우 숙단(叔段)의 반역을 편든 어머니 강씨(姜氏)를 유폐하고 "황천(黃泉)에 가기 전에는 만나지 않을 것이다."라고 맹세하였다. 영고숙이 이 소문을 듣고 뵙기를 청하니, 장공이 만나주고 음식을 하사하였는데, 영고숙이 고기는 먹지 않고 한 곳으로 모아 놓았다. 장공이 까닭을 묻자 대답하기를 "소인에게는 어머니가 계신데, 소인이 올리는 음식은 모두 맛보셨으나 임금님의 고깃국은 맛보지 못했으니, 이 고깃국을 가져다가 드리고자 합니다.〔小人有母, 皆嘗小人之食矣, 未嘗君之羹, 請以遺之.〕"라고 하였다. 장공이 이 말을 듣고 탄식하면서 자신의 처지와 맹세에 대해 말해주며 후회하고 있다고 하자, 영고숙이 아뢰기를 "임금께서는 무엇을 걱정하십니까? 만약 물〔黃泉〕이 나는 데까지 땅을 파고 들어가 굴속에서 서로 만나신다면 누가 잘못이라고 하겠습니까.〔君何患焉? 若闕地及, 泉隧而相見, 其誰曰不然?〕"라고 하니, 장공이 그의 말을 따라 끝내 어머니와의 관계가 회복되었다. 《春秋左氏傳 隱公 元年》

298 납유(納牖) : 납약자유(納約自牖)라는 말로, 신하가 군주를 간하되, 반드시 군주가 잘 알 수 있는 것부터 시작하여 점진적으로 군주의 마음을 유도함을 이른다. 《주역》〈감괘(坎卦) 육사(六四)〉에 "맺음을 들이되 임금이 잘 아는 곳으로부터 하면 끝내 허물이 없으리라.〔納約自牖, 終无咎.〕"라고 하였다.

사문(師門)에서 《춘추(春秋)》의 "천왕이 아우를 죽였다."라는 말을 인용하여 상소를 올렸으나 답을 받지 못한 때에 이르러서,[299] 공은 전은(全恩)하여야 한다는 논의를 반유(泮儒)들에게 창도하여 말하기를 "이륜(彝倫)은 우주의 동량이자 나라의 기강인데, 지금 이륜이 끊겨서 흉악한 논의가 선동해 일어나서 화(禍)가 모후(母后)에게 미치고 죄가 대군에게 미치니, 8살의 대군이 무슨 죄가 있겠는가. 명륜당(明倫堂)은 인륜을 밝히기 위한 것이다. 우리들이 이곳에서 유학하고 이곳에서

299 사문(師門)에서……이르러서 : 영창대군(永昌大君)이 강화도에 유배되고 인목대비(仁穆大妃)는 별궁에 따로 거처하게 해야 한다는 논의가 있자, 정구(鄭逑)가 1613년(광해군5)에 올린 두 번째 차자에서 "옛날 노 양공(魯襄公) 30년에 주 경왕(周景王)의 조정에 적신(賊臣) 담괄(儋括)이 반란을 일으켜 왕자 영부(佞夫)를 천자로 옹립하려 하였는데, 영부는 곧 경왕의 아우로서 사실 담괄이 자기를 옹립하려 한다는 사실을 몰랐습니다. 얼마 지나지 않아 일이 탄로되어 담괄은 도망을 가고, 영부는 윤언다(尹言多)와 유의(劉毅) 등 다섯 사람의 주도하에 죽임을 당하였으니, 그 죽음은 왕명이 아니었습니다. 공자가 《춘추》에서 그 사실에 관해 쓰기를 '천왕(天王)이 그의 아우 영부를 죽였다.〔天王殺其弟佞夫.〕'라고 하였는데, 선유(先儒)는 논하기를 '대체로 왕이 사람을 죽일 때는 그 사실을 쓰지 않고 반드시 죄가 없는 자를 죽일 때에만 쓴다.' 하였습니다. 천자는 독단으로 사람을 죽일 수 있으므로 영부의 죽음은 마땅히 쓰지 말아야 하는데도 그 필법이 이와 같았으며, 영부가 역모에 가담하지 않은 점에 대해서는 성인이 그를 무죄로 처리하였습니다. 사실을 따져 법을 적용한 그 뜻이 어찌 깊고 절실하며 분명하지 않습니까.……어린아이로서 아무것도 모르는 영창대군의 억울한 사정은 또 사실의 내용을 미리 몰랐던 저 영부 정도만이 아니고, 조정의 논의가 그치지 않으며 반드시 벌을 주라고 하여 임금의 명을 받아내려고 하니 이 또한 경왕이 윤언다 등의 요구를 금하지 못했던 일보다 심하지 않습니까. 그러고서 우리 전하로 하여금 장차 어떻게 춘추의 의리를 따지는 천하와 후세 사람들에게 변명할 말이 있기를 바랄 수 있겠습니까. 이 점이 신이 매우 두려워하는 것입니다."라고 하였는데, 정구의 아들이 도성에서 정구의 이 상소문을 읽어보고는 두려워하여 결국 올리지 못하였다. 《寒岡集 卷2 癸丑箚子, 寒岡年譜 卷1》

먹으면서 이 인륜의 지극한 변고를 만나서 이를 밝힐 것을 생각지 않는단 말인가."라고 하였는데, 유생들 중에 응하는 이가 없었다. 공은 이에 분연히 상소문을 초하였는데, 그 대략에 이르기를 "대군은 바로 선왕께서 아끼시던 자식입니다. 태어난 지 3세에 선왕께서 별세하여 버림을 받아 믿고 의지할 사람은 오직 전하뿐입니다. 그런데 지금 도리어 정조(鄭造)와 윤인(尹訒)과 이위경(李偉卿) 무리에게 모함을 받아 8살 아이를 역모의 주인이라 지목하니, 이것이 망국의 거조가 아니겠습니까."라고 하였다. 홀로 대궐문에 이르러 글을 올리고 7일 동안 석고대죄를 올렸으나, 상소에 대한 비답이 내려오지 않았다. 마침내 도성문을 나서며 시를 읊기를 "명륜당 위에 인륜이 밝아지지 못하였으니, 집으로 돌아가 이 몸 늙어가는 것만 못하네. 일편단심이 하소연할 곳 없으니, 문을 나섬에 오직 눈물이 수건을 적시네."라고 하고, "나라를 다스리는 훌륭한 계책은 바로 오륜이거늘, 이 노여움을 감춤에 어진 사람에게 부끄러울까 염려되네. 지금 체악(棣蕚)을 세찬 서리가 때리니, 훤위(萱闈)의 피눈물 흐르는 새벽에 어찌할꼬."라고 하였다.[300]

돌아옴에 구명산(九明山)에 집을 짓고서 입을 닫고 그림자를 거두고서[301] 다른 사람과 접하지 않았다. 날마다 《논어》 등의 책을 읽으면서

300 명륜당 위에……하였다 : 이 시 두 수는 김수인(金守訒)의 문집인 《구봉집(九峯集)》 권1 〈상소에 비답을 받지 못하고 마침내 남쪽으로 돌아가면서 절구 두 수를 짓다〔疏不見省遂南歸作二絶〕〉에도 보인다. 체악(棣蕚)은 형제를 가리키는 말로, 여기서는 광해군과 영창대군을 비유한 것인바, 《시경》 〈소아(小雅) 상체(常棣)〉에 "활짝 핀 아가위꽃, 얼마나 곱고 아름다운가. 이 세상에 누구라 해도, 형제만 한 이가 없네.〔常棣之華, 鄂不韡韡? 凡今之人, 莫如兄弟.〕"라고 한 데서 온 말이다. 훤위(萱闈)는 자전(慈殿)의 거처로, 여기서는 영창대군의 어머니인 인목대비를 가리킨다.

즐기고 완상하여서 마치 이대로 일생을 마칠 것 같았고, 〈구명산기(九明山記)〉[302]를 지어서 그 뜻을 보였으니, 그 대략에 "천지가 닫힘에 이륜이 끊기고 양기가 형통치 못함에 군자의 도가 소멸되었으니, 이는 바로 곤궁하면서 낮은 지위에 있는 사람이 각각 자신의 뜻에 맞게 지내야 하는 날이다. 내가 이 산에 뜻을 부친 까닭은 감응한 바가 있기 때문이다. 《대역(大易)》에서 '구(九)'는 양(陽)의 수이고, 《시경(詩經)》에서 '명철(明哲)'은 보신(保身)함이 된다.[303] 일신(一身)을 가지고서 말한다면 양강(陽剛)이 부족하면 온갖 이욕이 침입하고, 일국(一國)을 가지고서 말한다면 건도(乾道)가 평탄치 않으면 사특함이 아울러 일어난다. 내 이미 세상에 간예함이 없으니, 일신에 종사하여서 명철(明哲)이라는 칭호를 보존하는 것이 낫지 않겠는가."라고 하였다.

301 입을……거두고서 : 세속과 떨어져 은거함을 뜻한다. 《도덕경(道德經)》 52장에 "입을 막고 문을 닫으면 종신토록 수고롭지 않게 된다.〔塞其兌, 閉其門, 終身不勤.〕"라고 하였고, 《장자(莊子)》 〈어부(漁父)〉에 "그늘에서 그림자를 쉬게 하고 조용히 멈추어 발자국을 없앨 줄 몰랐으니 어리석음이 또한 심하다.〔不知處陰以休影, 處靜以息迹, 愚亦甚矣.〕"라고 하였다.

302 구명산기(九明山記) : 이 글은 1615년(광해군7)에 지어진 것으로, 김수인(金守訒)의 문집인 《구봉집(九峯集)》 권2에도 보인다.

303 시경(詩經)에서……된다 : 《중용장구(中庸章句)》 제27장에 "윗자리에 있을 때는 교만하지 않고, 아랫사람이 되어서는 배반하지 않는 것이니, 나라에 도(道)가 있을 때에는 그 말로 높은 지위에 오를 수 있고, 나라에 도가 없을 때에는 그 침묵으로 난세에 몸을 보존할 수 있는 것이다. 《시경(詩經)》 〈대아(大雅) 증민(烝民)〉에 '도리에 밝은데다 슬기롭게 처신하여 그 몸을 온전히 보전할 수 있었네.'라고 하였는데, 이것을 두고 한 말이다.〔居上不驕, 爲下不倍, 國有道, 其言足以興; 國無道, 其默足以容. 詩曰旣明且哲, 以保其身. 其此之謂與.〕"라고 하였다. 명철은 보신함이 된다는 말은 혼란한 세상에서 슬기롭게 처신하여 몸을 온전히 보전함을 뜻한다.

무오년(1618, 광해군10)에 왕대비가 폐인이 되어 서궁(西宮)에 거처하게 됨에 화(禍)가 조석 간에 닥치게 되자, 공은 분한 마음을 이기지 못하여 말하기를 "윤강(倫綱)이 끊겼으니, 국사를 어찌할 수가 없도다."라고 하였다. 이로부터 세상일에 뜻을 끊고 종일토록 홀로 지내면서 이어서 계축년(1613, 광해군5) 이후로 흉악한 논의를 부회한 여러 역적들과, 정청(庭請)[304]에 참여하지 않고서 상소하여 폄척을 입은 올바른 사람들을 기록하여 충역(忠逆)의 구분을 엄격히 하여 《춘추(春秋)》의 의리를 부치고, 인하여 그 위에 제(題)하기를[305] "서궁(西宮)의 일을 어찌 차마 말하겠는가. 근궁(芹宮)[306]에서 선비를 양성함은 사람의 기강을 부지하기 위함이다. 나라에 큰 변고가 있는데 보은하여 힘을 바칠 것을 생각지 않고 도리어 흉악한 역적에게 달려가 붙어서 돌아보고 거리끼는 바가 없다. 내 시골에 엎드려 있으면서 분함과 한탄을 참을 수 없어 이에 한 책을 기록하니, 보는 이들이 이로써 삿됨과 바름을 변별할 수 있을 것이다."라고 하였다.

경신년(1620, 광해군12)에 모친상을 당하였는데, 거상함에 있어서 예(禮)를 다하여서 연로하였다고 하여 조금도 게을리하지 않으니, 향

304 정청(庭請) : 인목대비(仁穆大妃)를 폐하여 서궁(西宮)에 유폐시키기 위한 정청을 가리킨다.

305 그 위에 제(題)하기를 : 이 아래의 내용은 김수인(金守訒)의 문집인 《구봉집(九峯集)》 권2 〈서동반록후(書同泮錄後)〉에도 보인다.

306 근궁(芹宮) : 성균관을 가리킨다. 《시경》 〈노송(魯頌) 반수(泮水)〉에 "반수(泮水)에서 즐김이여, 잠깐 미나리를 캐노라.〔思樂泮水, 薄采其芹.〕"라고 한 데서 온 말이다. 옛날 제후(諸侯)의 학궁(學宮)을 반궁(泮宮)이라 하였는데, 반수(泮水)에 미나리를 심었기 때문에 이런 이름이 붙게 되었다.

당(鄕黨)에서 공의 효성을 들어서 누차 영읍(營邑)에 알렸다. 인조(仁祖)의 개옥(改玉)[307]에 미쳐서 반유(泮儒)들이 편지를 보내어 힘써 청하자, 공이 말하기를 "행년 60에 어찌 다시 채근(采芹)[308]의 뜻을 두겠는가마는, 인륜이 다시 밝아졌으니 당시에 상소하였던 뜻이 펴질 수 있게 되었다."라고 하고 마침내 태학(太學 성균관)에 들어가서 추중되어 장의(掌議)가 되었다. 성균관에 있는 4년 동안 명성과 명망이 성대하여 상께서 한창 조용(調用)하고자 하셨는데 공이 갑자기 별세하였으니, 바로 천계(天啓) 병인년(1626, 인조4) 5월 11일로, 공이 태어난 계해년(1563, 명종18) 10월 4일로부터 64세가 된다.

상께서 성균관의 유생들에게 명하여 호상(護喪)하여 귀향하게 하니, 기호지방의 인사 중에 전송하고 곡하면서 영남으로 고개를 넘어간 이가 많았다. 9월에 부(府)의 서쪽 서장동(瑞莊洞) 유좌(酉坐)에 장례 지냈으니, 선영(先塋)을 따른 것이었다. 두 배위를 두었으니, 여흥 민씨(驪興閔氏)는 연(延)의 따님이고 팔계 정씨(八溪鄭氏)는 참판에 추증된 종(宗)의 따님으로, 6남1녀를 두었다. 아들 지익(之釴)과 지경(之鏡)은 모두 문학과 행실이 뛰어나다고 일컬어졌고, 지윤(之鈗)은 군자감 정(軍資監正)에 추증되었으며, 지일(之鎰)은 학행이 있었고,

307 인조(仁祖)의 개옥(改玉) : 인조반정(仁祖反正)을 말한다. 개옥은 개보개옥(改步改玉)의 준말로, 임금을 바꾸고서 패옥(佩玉), 곧 예(禮)를 고친다는 뜻이다. 《春秋左氏傳 定公 5年》

308 채근(采芹) : 미나리를 뜯는 것으로, 성균관에서 공부하는 것을 말한다. 《시경》〈노송(魯頌) 반수(泮水)〉에 "반수(泮水)에서 즐김이여, 잠깐 미나리를 캐노라.〔思樂泮水, 薄采其芹.〕"라고 한 데서 온 말로, 옛날 제후(諸侯)의 학궁(學宮)을 반궁(泮宮)이라 하였는데, 반수(泮水)에 미나리를 심었기 때문에 이런 이름이 붙게 되었다.

또 지흠(之欽)과 지건(之鍵)이 있다. 딸은 여흥(驪興) 민우(閔遇)에게 시집갔다. 손자와 증손은 다 기록하지 않는다.

공은 타고난 자질이 도(道)에 가까워서 효제(孝悌)를 하늘로부터 부여받았다. 9세에 아버지를 여의었는데, 가슴을 치고 발을 구르며 죽을 마시면서 예(禮)를 집행하기를 성인처럼 하였으니, 모부인께서 고기를 먹기를 권하면 그때마다 울부짖으면서 먹지 않았다. 홀어머니를 섬김에 사랑과 공경이 모두 지극하였고, 형제자매간에 화락하였다. 이를 미루어 종족과 인척에게 미치자 모두 환심을 표하였으며, 남과 사귐에 시종 변하지 않았다. 성품이 또 강직하여서 다른 사람을 따라서 부침하고자 하지 않았다. 마을의 인망이 있는 어떤 사람이 어버이 상(喪)을 당하고서 역병에 걸려서 몸소 빈렴(殯殮)을 하지 못하고서 다른 사람의 무함을 입었었는데, 공은 직접 관영에 나아가서 이를 분별하여 말하기를 "다른 사람의 불행을 틈타서 모함하는 것은 의리에 맞는 일이 아닙니다."라고 하여, 그 일이 마침내 그쳐지게 되었다. 항상 겸양하는 태도를 지녀서 여러 사람과 거처하며 강학할 때에 자신이 낫다고 하여 다른 사람을 능가한 적이 없었으며, 다른 사람을 대함에 미워하지 않으면서도 위엄 있게 하였고, 또한 규각(圭角)을 드러내지 않았다. 그러므로 어진이나 불초한 이나 모두 공과 함께 종유하기를 즐거워하여서 군자라고 허여하였다.

학문을 하는 규모는 경전을 궁구하고 이치를 연구하는 것을 근본으로 삼고 굳건히 노력하는 것을 법도로 삼아서 일상생활에서 징험하고서 말하기를 "학문에 있어서 귀한 것은 몸과 마음에 체인하는 것이니, 그렇지 않다면 학문하지 않는 것과 무슨 차이가 있겠는가."라고 하였다. 또 말하기를 "도(道)는 광대하니 진실로 착수하기가 어려우나, 마땅히 효제충신(孝悌忠信),[309] 절용애인(節用愛人),[310] 극기복례(克己復禮)[311] 등의 일을 공부하는 진체(眞諦)로 삼아야 한다. 그렇게 하면 저절로 근거하여 지키는 바가 있게 될 것이고, '충신(忠信)' 두 글자는 《논어》의 첫 번째 의리이다."라고 하여, 어지러운 세상에서 표박하는 중에도 소매 품에 보관하고서 찬연하고 연역하기를 그치지 않았다. 여러 책을 널리 섭렵하였으나 사화(詞華)를 높이 여기지 않아서 글을 지음에 오직 뜻을 통달하게 하기를 힘썼고, 저술하는 것을 기뻐하지 않아서 편지글과 상소문과 일기와 경의(經義)와 문답(問答)을 모두 회록(回祿)에게 주었다.[312] 오직 일고(逸藁) 수편을 잔결된 중에서 수습하였으니, 떨어진 용의 비늘이자 신마(神馬)의 털 조각과 같아서 또한 족히 진귀하게 여길만하다.

아, 계축년(1613, 광해군5)의 변고에 흉도들이 모의하여 모후를 폐

309 효제충신(孝悌忠信) : 효제는 《논어》 〈학이(學而)〉에 "효와 제는 인을 행하는 근본일 것이다.〔孝悌也者, 爲仁之本與!〕"라고 하는 유자(有子)의 말에서 보이며, 충신은 《논어》에서 여러 번 언급되었는바, 예컨대 《논어》 〈학이〉에 "충신을 위주로 해야 한다.〔主忠信.〕"라고 하였다.

310 절용애인(節用愛人) : 《논어》 〈학이(學而)〉에 공자가 "천승의 나라를 다스리되 일을 공경하고 믿게 하며, 쓰기를 절도 있게 하고 백성을 사랑하며, 백성을 부리기를 때에 맞게 하여야 한다.〔道千乘之國, 敬事而信, 節用而愛人, 使民以時.〕"라고 한 데에 보인다.

311 극기복례(克己復禮) : 《논어》 〈안연(顔淵)〉에, 안연이 인(仁)에 대하여 묻자, 공자가 "사욕을 이겨 예로 돌아감이 인을 하는 것이다.〔克己復禮爲仁.〕"라고 답한 데에 보인다.

312 회록(回祿)에게 주었다 : 회록은 화신(火神)의 이름으로, 회록에게 주었다는 것은 불태워버렸다는 뜻이다.

위하고 영창대군을 화(禍)의 근본이라 하여서 죄명을 얽어서 옥사(獄事)를 이룸에 곤륜산이 세차게 불타서[313] 일세를 불살랐다. 전은(全恩)해야 한다는 논의를 주장한 이가 겨우 한둘이었으나, 말이 입에서 나오자마자 화(禍)가 곧 미쳐서 온 조정이 벌벌 떨며 마치 스스로를 보전하지 못할 듯이 여겼다. 그런데 공은 도리어 홀로 시휘(時諱)를 저촉하고 주상의 분노를 범하여서 스스로 요행이 없으리라 생각하면서도 강개하여 상소를 올렸으니, 만일 평소에 웅어취사(熊魚取舍)[314]에 있어서 강학하지 않았다면 어찌 능히 마련하여 갖추기를 이와 같이 할 수 있었겠는가. 끝내 뜻밖의 화(禍)를 만나지 않은 것은 천운이다.

인조반정에 이르러서 이륜이 크게 펴지자, 공이 우뚝하게 홀로 남아서 다시 태학(太學 성균관)에서 공부하니, 선비들의 명망이 모임에 주상께서 알아주심이 한창 융숭하였는데, 공이 갑자기 별세하여 미처 임용되지 못하여서 공의 포부로 하여금 침체되어 곤액을 겪어서 조금도 대개를 드러내지 못하게 하였으니, 푸른 하늘에 따지지 않을 수 없는 것이다. 그러나 본래 위치를 벗어나 궁문에 부르짖음에 반드시 성명(性

313 곤륜산이 세차게 불타서 : 큰 환란으로 인해 선인(善人)이 화를 입음을 비유한 말로, 《서경(書經)》 〈하서(夏書) 윤정(胤征)〉에 "불이 곤륜산을 태우면 옥과 돌이 모두 탄다.〔火炎崑岡, 玉石俱焚.〕"라고 한 데서 온 말이다.

314 웅어취사(熊魚取舍) : 생명과 의리를 둘 다 취할 수 없는 경우에 생명을 버리고 의리를 취하는 것을 말한다. 《맹자》 〈고자 상(告子上)〉에 "어물도 내가 원하는 바요 웅장도 내가 원하는 바이지만, 이 두 가지를 겸하여 얻을 수 없다면 어물을 버리고 웅장을 취하겠다. 삶도 내가 원하는 바요 의(義)도 내가 원하는 바이지만, 이 두 가지를 겸하여 얻을 수 없다면 삶을 버리고 의를 취하겠다.〔魚我所欲也, 熊掌亦我所欲也, 二者不可得兼, 舍魚而取熊掌者也; 生亦我所欲也, 義亦我所欲也, 二者不可得兼, 舍生而取義者也.〕"라고 한 데서 온 말이다.

命)을 다하여 순국하고자 하였으니, 이는 족히 하늘의 떳떳한 도를 부지하고 풍성(風聲)을 수립할 수 있는 것이며, 또한 이로써 손을 빌려서 지난 현철을 뵐 수 있는 것이다. 고인(古人)이 말하기를 "능히 충성을 다하는 자는 감히 말하기 어려운 일을 피하지 않으니, 선비가 일신을 잊지 않는다면 충(忠)을 행할 수 없다."라고 하였으니, 공이 실로 이런 점을 지녔던 것이다.

공은 임종에 자식들에게 경계하여 말하기를 "내 한 가지 재예(才藝)도 이루지 못하였거늘 함부로 헛된 명예를 얻어서 스스로를 속이고 남을 속였으니 후회되고 한스러운 마음이 끝이 없다. 내가 죽은 뒤에 다른 사람에게서 만사(輓詞)나 뇌사(誄詞)를 받지 말고, 유고를 모아 거두어서 다른 이의 이목에 자랑하지 말며, 또한 부귀를 탐하고 연연해하여 집안의 명성을 실추시키지 말지어다."라고 하였다. 공의 후손이 능히 선조를 닮아서 공이 남긴 뜻을 살펴서 천양하기를 구하지 않았으므로, 비명(碑銘)과 향기로운 제향이 모두 수백 년의 공론에서 나왔다. 공은 세속을 버리고 홀로 서서 세속 먼지의 밖에서 담담하게 지내면서 당시의 영화를 선모하지 않았으니, 어찌 후세의 명성을 바랐겠는가. 공의 8대손인 명규(命奎)와 병규(炳奎)가 나를 종유하였는데, 공의 유문(遺文)과 고사(故事)를 가져와서 덕을 형용하는 글을 지어주기를 청하였다. 내 이미 노쇠하여 붓을 놓아둔 지 오래이지만, 공의 명절(名節)에 감동하여 병을 무릅쓰고 적어서 덕을 아는 군자를 기다리는 바이다.

매산집

제50권

행장 行狀

우의정 이공 행장 임자년(1852, 철종3)

右議政李公行狀 壬子

녹천(鹿川) 이 혜정공(李惠定公)[1]은 두터운 덕과 큰 기량으로 경륜과 공훈을 베풀어 명릉(明陵 숙종)의 충성스러운 신하가 되었고, 경종(景宗)의 묘정(廟庭)에 배향되었다. 손자로 대사간(大司諫) 존중(存中)[2]과 대총재(大冢宰 이조판서) 최중(最中)[3]을 두었는데, 모두 문학과 명절

1 녹천(鹿川) 이 혜정공(李惠定公) : 이유(李濡, 1645～1721)로, 자는 자우(子雨), 호는 녹천, 본관은 전주(全州), 시호는 혜정이다. 세종대왕의 다섯째 아들인 광평대군(廣平大君) 여(璵)의 후손이며, 송시열(宋時烈)의 문인이다. 1668년(현종9) 별시 문과에 병과로 급제하고 헌납・정언・지평・교리・수찬・응교 등을 거쳐, 1680년(숙종6) 경신대출척으로 서인이 재집권하자 승지로 발탁되었다. 이어 경상도 관찰사・대사헌을 역임하고, 1694년 갑술환국 후 평안도 관찰사를 거쳐 호조판서가 되었다. 1702년 양역(良役)의 사무에 밝아 특별히 병조판서로 임명되어 이듬해 설치된 양역이정청의 구관당상(句管堂上)을 겸임해 양역 사무를 정비하였고, 그 공으로 1704년 우의정에 오르고, 이어서 좌의정・영의정에 올랐다. 1718년 영중추부사가 되고 기로소(耆老所)에 들어갔다. 1726년(영조2) 경종 묘정에 배향되었다.

2 존중(存中) : 이존중(李存中, 1703～1761)으로, 자는 경이(敬以), 호는 척재(惕齋)・하당(荷堂), 본관은 전주(全州)이다. 사마시에 장원으로 합격해 진사가 되고 정릉 참봉(貞陵參奉)을 거쳐 익위사 사어를 역임하고, 세자시강원에 출입하였다. 1750년(영조26) 다시 식년 문과에서 삼장 장원(三場壯元)을 해 통정대부의 품계에 올라 여주목사・동부승지 등을 역임하였다. 1751년 대사간으로 있으면서 권신 김상로(金尙魯) 형제를 신임사화 당시의 적당(賊黨)이라 탄핵했다가 거제도로 귀양을 갔고, 다시 정의현으로 옮겨졌다. 1753년 풀려난 뒤 예조참의에 제수되었으나, 곧 사직하고 낙향하여 학문에 몰두하였다. 후에 탄핵한 공로를 인정받아 정조 때에 이조판서 겸 대제학에 추증되었다. 저서로는 《척재집》이 있다.

(名節)로써 세도(世道)에 도움이 되었다. 현손 휘 지연(止淵)에 이르러서 곧 마음을 늘 왕실에 두어서 선대의 아름다움을 능히 뒤따랐으니, 이것이 이른바 "나오는 후손마다 어진 이가 아님이 없다."라는 것이다. 어진 이는 나라의 기강이자 사람들이 우러르는 대상이니,[4] 아아, 아름답도다.

공은 자는 경진(景進), 호는 희곡(希谷)으로, 계통은 영릉(英陵 세종)의 별자인 광평대군(廣平大君) 장의공(章懿公) 휘 여(璵)[5]에게서 나왔다. 이 분이 영순군(永順君) 휘 부(溥)[6]를 낳으셨으니, 문장과 공훈이

3 최중(最中) : 이최중(李最中, 1715~1784)으로, 자는 인부(仁夫), 호는 위암(韋菴), 본관은 전주(全州), 시호는 문정(文貞)이다. 1755년(영조31) 《천의소감(闡義昭鑑)》 편찬 때에 찬집낭청(纂輯郎廳)의 일원으로 참여하였으며, 1756년 강원도 어사가 되었고 이정어사(釐整御史)로 다시 파견되었다. 1757년 이후로 홍문관 응교·삼척 부사·대사간·이조참의·부제학·예조참판·대사헌·형조판서 등을 지냈으며, 1770년 《문헌비고》의 편찬 때에 편집당상이 되었다. 이듬 해 이조판서에 올랐다가 당쟁에 연루되어 함경도 갑산에 유배되었고, 곧 풀려나 함경도 관찰사에 이어 우참찬을 끝으로 1773년 관직에서 물러나 봉조하(奉朝賀)가 되었다. 1782년(정조6) 이유백(李有白)의 사건에 연좌되어 추자도에 귀양 가서 죽었으며, 순조 때 신원되었다.

4 어진 이는……대상이니 : 이 내용은 《어림(語林)》에 나오는 말로 《초학기(初學記)》 권17 〈인부(人部)〉에 인용되어 보인다.

5 광평대군(廣平大君)……여(璵) : 이여(李璵, 1425~1444)로, 자는 환지(煥之), 호는 명성당(明誠堂), 시호는 장의(章懿)이다. 아버지는 세종이며, 어머니는 소헌왕후(昭憲王后) 심씨(沈氏)이다. 1432년(세종14) 광평대군에 봉해지고 1436년 성균관에 입학하였으며 1437년 무안대군(撫安大君)의 후사가 되었다. 1438년 새로 개척한 북변(北邊)의 국방강화와 풍속교화를 위하여 서울에 경재소(京在所)를 두고 종친으로 하여금 이를 주관하도록 하였을 때에 종성(鐘城)을 맡았다. 20세의 나이로 요절하였다.

6 영순군(永順君) 휘 부(溥) : 이부(李溥, 1444~1470)로, 자는 준지(俊之), 호는 명신당(明新堂), 시호는 공소(恭昭)이다. 할아버지는 세종이고, 아버지는 광평대군

있어서 국조의 종영(宗英)[7] 가운데 으뜸이 되었다. 휘 한(漢)에 이르러서 처음으로 속적(屬籍)[8]에서 분리되어서, 배천 군수(白川郡守)로 이조 판서에 추증되었다. 4대(代)가 전해져서 휘 형(逈)[9]에 이르러 사헌부 장령으로 좌찬성에 추증되었다. 이 분이 휘 중휘(重輝)[10]를 낳았는바 금산 군수(錦山郡守)로 영의정에 추증되었으니, 이 분이 바로 공의 5세조이시다. 고조는 녹천공(鹿川公) 휘 유(濡)로 영의정이고, 증조는 휘 현응(顯應)[11]으로 남평 현감(南平縣監)으로 이조판서에 추증되었

(廣平大君) 여(璵)이며, 태어나자마자 아버지를 여의어 5세까지 세자와 같이 공부하며 궁중에서 자랐고 8세에 특별히 가덕대부(嘉德大夫)에 승서되고 영순군(永順君)에 봉해졌다. 1466년(세조12) 등준시(登俊試)에 합격하였고, 이듬해 5월 이시애(李施愛)의 난에 공로를 세워 적개공신(敵愾功臣)에 책훈되고 현록대부(顯祿大夫) 자계에 올랐다. 1468년 세조가 온양에서 베푼 문과중시에서 장원하여 미곡 50석을 하사받았으며, 1469년(예종1)에 일어난 남이(南怡)의 옥(獄)에 공을 세워 익대공신(翊戴功臣) 2등에 녹훈되었다.

7 종영(宗英) : 종실(宗室)에서 재능이 뛰어난 사람을 일컫는 말이다.

8 속적(屬籍) : 왕실에 소속된 종적(宗籍)을 가리킨다.

9 형(逈) : 이형(李逈, 1603~1655)으로, 자는 여근(汝近), 본관은 전주이다. 1623년 인조반정 때 유생으로 참여하여 공을 세우고 6품관에 오른 뒤, 1630년(인조8) 사마시에 뽑혀 사옹원 주부(司饔院主簿)·사헌부 감찰·의금부 도사 등을 역임하였다. 그 뒤 외직을 지내다가 1650년(효종1) 증광문과에 을과로 급제하여 성균관 사예·정언(正言)을 거쳤다. 1652년 사헌부 장령이 되어 김자점(金自點)의 옥사사건의 처리에 공헌하였고, 이듬해 헌납으로 있을 때 대간 신상(申恦)을 탄핵하다가 경성 판관으로 좌천되었다. 다시 내직에 돌아와 헌납(獻納)으로 있다가 얼마 뒤에 별세하였다.

10 중휘(重輝) : 이중휘(李重輝, 1622~1678)로, 자는 회백(晦伯), 호는 양강(楊江), 본관은 전주이다. 1654년(효종5) 식년시에 합격하였고, 벼슬하여 고령 현감(高靈縣監)과 금산 군수(錦山郡守) 등을 지냈다.

11 현응(顯應) : 이현응(李顯應, 1682~1732)으로, 자는 서경(瑞卿), 본관은 전주이

다. 조부는 휘 명중(明中)[12]이니 홍충 감사(洪忠監司)로 좌찬성에 추증되었으며, 선고(先考)는 휘 의열(義悅)이니 공조 참의로 영의정에 추증되었다. 두 세대가 공보(公輔 재상)가 될 만하다는 명망을 얻어서 음관(蔭官)으로 벼슬하여 현달하였는데, 추증된 것은 공의 귀함 때문이었다. 선비(先妣)는 정경부인(貞敬夫人)에 추증된 남양 홍씨(南陽洪氏)로, 판중추부사(判中樞府事) 정간공(貞簡公) 억(檍)[13]이 그 선고이

다. 아버지 이유(李濡)가 경종(景宗)의 묘정에 배향될 때에 조정에서 아들에게 벼슬을 줄 것을 요청하여 세자익위사 세마(世子翊衛司洗馬)가 되었고, 1727년(영조3)에 벼슬을 그만두고 돌아왔다. 1730년 경종의 의릉(懿陵) 역사에 대한 노고로 사옹원 주부(司饔院主簿)가 되었으나 사직하고, 의금부 도사를 거쳐 1731년 남평 현감(南平縣監)을 지냈으며, 중훈대부(中訓大夫)의 품계에 올랐다.

12 명중(明中) : 이명중(李明中, 1712~1789)으로, 자는 상경(尙褧), 본관은 전주이다. 1741년(영조17) 진사가 되어 1744년 헌침랑(獻寢郞)에 제수되었으나 장인인 김재로(金在魯)가 대관(臺官)의 탄핵을 받아 입사하지 못하였다. 1744년 감조관(監造官)의 공로를 인정받아 승륙(陞六)하여 제용감 주부(濟用監主簿)·호조 좌랑을 거쳐 정랑으로 승진하였고 그 후 황주 목사(黃州牧使)·파주 목사·선혜청 낭청(宣惠廳郞廳)·사복시 판관·예천 군수(醴泉郡守)·이천 부사·평양 서윤(平壤庶尹) 등을 역임하였다. 1778년(정조2) 광주 부윤(廣州府尹)으로서 남한산성을 개축하여 그 공으로 홍충감사(洪忠監司)로 특배되었으나 부임하지 않았으며, 이어서 돈녕부와 의금부의 동지사에 올랐다. 1780년 맏아들 의익(義翊)이 대간의 탄핵을 받아 참판의 자리에서 쫓겨나자, 이를 계기로 조정에서 물러나 귀록산(歸鹿山)에 은거하였다.

13 정간공(貞簡公) 억(檍) : 홍억(洪檍, 1722~1809)으로, 자는 유직(幼直), 본관은 남양, 시호는 정간이다. 1753년(영조29) 알성문과에 장원으로 급제하여 지평(持平)이 되었고, 이듬해 교리(校理)가 되었으나 왕세자에게 극간한 것이 문제가 되어 흥해(興海)에 유배되었다. 풀려나서 1765년 동지사의 서장관(書狀官)이 되어 청나라에 다녀왔고, 이듬해 부응교(副應敎), 강원도 암행어사가 되고, 그후 응교(應敎)·의주 부윤·강계 부사 등을 거쳐 1773년 대사간에 이어 형조 참의를 역임하였다. 1776년(정조1) 대사간으로부터 강계 부사로 재직할 때 탐학하였다는 이유로 탄핵을 받아 충군(充軍)

시다. 부인은 덕행을 순전하게 갖추어서 여사(女士)로 일컬어졌으며, 정종(正宗) 원년(1777, 정조1) 정유 3월 5일에 공을 낳으셨다.

공은 말을 배우면서부터 침착하고 기량이 있어서 총명함이 남들보다 빼어났다. 5,6세에 보고 들은 것을 두루 주워 모아서 문자를 매우 잘 이해하였다. 한번은 중제(仲弟)가 달을 가리키면서 "등불은 방 속 달인가요? 달은 하늘의 등불인가요?"라고 묻자, 공이 "달은 중천에 있으면 사방이 모두 밝지만, 등불은 등잔걸이에 있어도 뒷면은 여전히 어두우니, 어찌 비교하여 같다고 할 수 있겠느냐."라고 말하니, 이를 들은 이들이 놀랍게 여겼다. 백구(伯舅)이신 경재(警齋) 홍공(洪公 홍대응(洪大應))이 어린아이들을 가르치는 일을 맡아 자주 강학하는 모임을 마련하였는데, 공 또한 여기에 참여하였다. 많은 아이들이 혹은 겉으로만 꾸미고 혹은 지나치게 쑥스러워하였는데, 공이 곁에서 비호하면서 차분하게 지도하니 각각 속마음을 털어놓았다.

막 관례(冠禮)를 올렸을 때에 명성이 이미 자자하여서, 반상(泮庠 성균관(成均館))을 출입할 적에 사우(士友)들로부터 추중을 받았다. 당시에 한응겸(韓應謙)이라는 자가 있었는데, 그의 과거 답안의 자구(字句) 가운데에서 인용해 빗댄 것이 온당치 못하다고 하여 유생들의 논의가 준엄하게 일어나 장차 이 일을 조정에 올리고자 하였다.[14] 공은 말하

되었고, 1787년 다시 대사간에 기용되었으며, 1789년 경상도 관찰사가 되었으나 영남과 호남 사이의 교통을 차단해 면포(綿布) 값을 앙등시킨 죄로 파직되었다. 이듬해 대사헌이 된 뒤 내의원 제조(內醫院提調)·한성부 판윤, 예조·형조·공조 등의 판서를 역임하였고, 판의금부사·광주부 유수(廣州府留守)·지의금 부사(知義禁府事)·지중추부사(知中樞府事) 등을 역임하였다.

14 당시에……하였다 : 1798년(정조22) 10월 14일 대사성 이시원(李始源)이 올린 상

기를, "애초에 뜻밖에서 말미암아 그렇게 한 것이고 마지막에 또 자복하였으니, 어찌 굳이 심하게 벌할 것이 있겠는가." 하자, 의논이 마침내 그쳐졌다.

을축년(1805, 순조5) 가을에 증광진사시에 합격하고 겨울에 같은 시험의 문과에 발탁되었다. 중제(仲弟)가 연이어 연방(蓮榜)[15]에 참여하고, 숙제(叔弟)가 연이어 계적(桂籍)[16]에 올라 온 세상에서 부러워하고 칭찬하였다. 병인년(1806, 순조6) 6월에 괴원(槐院 승문원)에 예속되어 당후(堂后 승정원 주서)를 섭행(攝行)하여서, 연석(筵席)을 출입할 때 행동거지가 법도에 맞았으며 기록하는 것이 풍부하고도 민첩하였다. 상께서 나이와 족당(族黨)을 하문하시고는 하교하여 말씀하기를, "모든 출납하는 말을 상세히 듣고 상세히 기록하며 일에 따라 직서하라." 하시니, 공이 은우(恩遇)에 감격하여 더욱 살피고 신중하게 하였다. 경연과 소대(召對)에서 항상 문의(文意)를 진달하라는 하교를 내리셨으며 친림시사(親臨試士)에서 특별히 명하여 대독관(對讀官)에 차임하셨으니, 또한 특별한 대우였다. 정묘년(1807, 순조7) 8월에 한

소에 따르면, 처음에 서너 명의 유생들이 유생 한응겸(韓應謙)의 시험 답안지에 나온 문자를 트집 잡아 대현(大賢)을 무함했다고 하면서 소란을 일으켰는데, 갈수록 유생들의 논의가 거세어져 여러 차례 태학(太學)에 통문(通文)을 돌려 한응겸의 죄를 성토하고 또 회람하는 글을 지어 두루 돌려 보였다고 하였다. 《正祖實錄 22年 10月 14日》

15 연방(蓮榜) : 소과(小科)인 생원시(生員試)나 진사시(進士試)에 합격한 사람의 성명을 적은 방(榜)을 말한다.

16 계적(桂籍) : 과거에 급제한 사람의 성명을 적은 명부를 말한다. 이지연(李止淵)의 아우 이기연(李紀淵)이 이지연과 같은 해인 1805년(순조5) 증광문과에 병과로 급제하였다.

림 권점(翰林圈點)에 뽑히고, 12월에 또다시 당후(堂后)를 섭행하였는데, 친정(親政)[17]을 만나 6품으로 승직되고 종부시 주부(宗簿寺主簿)에 제수되었다.

무진년(1808, 순조8)에 병조 좌랑과 사헌부 지평으로 옮겼다. 이때에 대사간(大司諫) 이심도(李審度)가 흉악한 상소를 올려 그 내용이 망측하였는데,[18] 명이 삭탈관직을 하라는 데에 그치자 공이 상소하여 법을 올바르게 시행하기를 청하였다.[19] 기사년(1809, 순조9) 정월에 사간원 정언(司諫院正言)에 제수되었다. 5월에 홍문관에 뽑혀 들어가 수찬(修撰)이 되어서 글을 올려 학문을 권면하였는데, 대략 다음과 같이 말하였다.

"전하께서는 타고난 자품이 탁월하시고 총명한 뜻이 넓고 깊으시어 학문 공부에 늘 마음을 두고 계십니다. 경전에서는 수신(修身)과 제가(齊家), 치국(治國)과 평천하(平天下)의 방도와, 역사에서는 치란(治亂)과 흥망의 자취와, 국조(國祖)의 훌륭한 제도와 규모를 거의 모두 송독(誦讀)하셨으니, 마음으로 체득하여 일에 행하시는

17 친정(親政) : 친정에서 '정'은 도목정(都目政)을 가리키는바, 임금이 직접 행하는 인사 행정을 말한다.

18 이때에……망측하였는데 : 1808년(순조8) 9월 27일에 대사간으로 있던 이심도(李審度)가 상소를 올려 홍봉한(洪鳳漢)을 논핵하고 시파(時派)와 벽파(僻派)에 대하여 논하였는데, 그 내용이 《승정원일기》 순조 8년 9월 27일 기사에 보인다.

19 공이……청하였다 : 이지연(李止淵)은 상소를 올려 이심도(李審度)가 선왕인 정조를 저버리고 자궁(慈宮)인 혜경궁 홍씨를 놀라게 한 흉역(凶逆)이라고 지목하면서 국청(鞫廳)을 열어 정상을 조사하여 죄를 주어야 한다고 주장하였는데, 이 상소의 내용이 《승정원일기》 순조 8년 10월 10일 기사에 보인다.

것이 필시 밝게 들어나 공효를 거둠이 있을 것입니다. 그런데 신의 관견(管見)으로 망령되이 스스로 헤아려보건대, 전하께서 정책과 법령을 시행하신 것이 오늘이 어제와 같고 올해가 작년과 같아서 별달리 진작하여 일어나 성립되는 바가 없는 것은 어째서이겠습니까? 전하께서 호령을 내리심에 있어서 끝내 과감히 결단하려는 뜻이 부족하고, 간언하는 말을 듣고 수용함에 있어서는 아래에서 진언하면 위에서 채납하는 실제를 볼 수 없습니다. 수답할 때에는 침묵하기를 위주로 하여서 마음속을 드러내지 않으시고, 상주하여 아뢸 적에는 규례대로 판부(判付)하여 의견을 드러내지 않고 계십니다. 이는 모두 나에게 있는 이치가 능히 다 밝아지지 못한 것입니다. 가령 전하께서 하나의 생각이나 일에 있어서 반드시 공사(公私)간의 의리의 분수를 살피시어, 옳다는 것을 알면 그것을 행하고 그릇된 것을 알면 그것을 제거하신다면, 정치는 잘 이루어지고 법령은 엄해지며 관리들은 잘 간택되고 풍속은 아름다워질 것이니, 이치를 밝히는 공효가 어찌 적겠습니까."

서두로부터 말미까지 수천 마디였는데, 후한 비답을 내려 가상히 여기고 장려하셨다. 9월에 교리에 제수되었는데, 원계(院啓)의 "관직(館直 관의 수직(守直))이 오래도록 비었다."라는 등의 말로 인하여 상소를 올려 인의(引義)하였고, 이어서 패초를 어긴 일로 파직하고 서용하지 않도록 명하였는데, 오래지 않아 서용되어 부수찬(副修撰) 겸 중학교수(中學教授)에 제수되었다.

경오년(1810, 순조10) 정월에 수의(繡衣 어사)의 초계(抄啓)에 이름이 들어가서, 빈대(賓對)[20]를 인하여 조정에 나아가서는 산림에 있는 선비들을 초치하고 궁위(宮闈)를 엄히 하며 근시(近侍)와 복례(僕隷)

들을 조절하는 등의 일을 청하였는데, 상께서 얼굴빛을 바꾸시고 훌륭하다고 칭찬하셨다.

사간원 헌납(司諫院獻納)으로 옮기고, 부수찬(副修撰)으로 옮겼다. 자전(慈殿)께서 언교(諺教)를 내려서, 구기(拘忌)로 인하여 주상을 모시고 경희궁으로 거처를 옮기겠다고 하였다.[21] 대신(大臣)과 유신(儒臣)들이 청대(請對)하여 그만두기를 청하였으나 모두 윤허하지 않았다. 공이 상소하여 말하기를, "임금께서 거처를 옮기는 것은 큰일이니, 신하와 백성들이 보고 듣는 바와 관계되어 있습니다. 구기(拘忌)는 속설이니, 경전(經傳)에 의거할만한 것이 없습니다. 지금 당당한 천승(千乘)의 존귀한 몸으로서 한 나라의 대사를 행하시면서, 도리어 속설을 가지고서 이끌고 계십니다. 전하께서 이것을 옳다고 여겨 결단하여 행하신다면 이는 이치를 앎이 밝지 못한 것이고, 옳지 않음을 아시면서도 억지로 행하신다면 이는 뜻을 세움이 견고하지 못한 것이니, 어찌 전하께서 스스로 돌이켜보아야 할 곳이 아니겠습니까. 또 성상의 몸을 보호하는 것은 진실로 자전의 독실하신 마음이며, 전하께서 자전의 언교를 받드신 것 또한 효도의 당연한 이치에서 나온 것이지만, 음양(陰陽)의 피하고 꺼리는 것[22]은 본래 보호하는 것과는 관계가 없고, 자전께

20 빈대(賓對) : 매월 여섯 차례씩 의정(議政)·대간(臺諫)·옥당(玉堂)들이 입시(入侍)하여 중요한 정무를 상주하는 일을 말한다. 차대(次對)라고도 한다.

21 자전(慈殿)께서……하였다 : 자전은 당시에 왕대비였던 효의왕후(孝懿王后)이다. 순조 10년(1810) 6월 5일에 효의왕후가 언교(諺教)를 내려 구기(拘忌)되는 일이 있으므로 주상과 가순궁(嘉順宮)을 이끌고 다음날 경희궁으로 거처를 옮기고자 한다고 하였는데, 과연 다음날 거처를 옮겼다가 같은 달 12일에 원래의 거처로 돌아왔다. 《純祖實錄 10年 6月 5日, 6日, 12日》

아뢰어서 마음을 돌이키도록 힘쓰는 것은 언교를 받드는 것보다 더욱 빛남이 있는 일입니다. 그러니 어찌 이미 이루어진 일이라 핑계를 대면서 바꿀 방법을 생각하지 않을 수 있겠습니까."라고 하였다. 또 당(唐)나라의 신하였던 주마(馬周)가 태종(太宗)이 별궁으로 피서를 가는 것을 간쟁했던 일을 인용하여 거듭 아뢰었다.[23] 상께서 비답을 내림에 비록 윤허치 않으셨지만 그 말을 몹시 가상하게 여기셨다.

8월에 부모님을 봉양하기를 청하여 외직으로 나가 무안현(務安縣)을 다스렸는데, 마침 거듭 흉년이 들었다. 공이 도착하자마자 즉시 불러서 타일러 안무하고 봉급을 덜어 진휼을 베푸니, 유랑했던 백성들이 돌아와 모여서 이에 힘입어 온전히 살아남아 굶어 죽은 이가 없었

22 음양(陰陽)의……것 : 음양가의 길흉화복의 설에 따라서 일진(日辰)이나 사주(四柱)에 맞추어 피하고 꺼림을 말한다.

23 또 당(唐)나라의……아뢰었다 : 《승정원일기》 순조 10년 6월 8일 기사에 따르면 이지연(李止淵)이 당시에 올린 상소에, "예전에 당 태종(唐太宗)이 별궁에 피서를 가려 하자 감찰로 있던 마주(馬周)가 그 불가함을 간쟁하였습니다. 저것은 한 때 즐겁기 위한 행차였기 때문에 반드시 큰 실착이 되지는 않았는데도 글이 연달아 올라오고 사필이 연이어 드리워졌습니다. 지금 전하께서 자처하시는 바와 신료들이 우러러 권면하는 바를 어찌 당나라 조정의 군신 아래에 두고자 하십니까?〔昔唐太宗避暑別宮, 監察馬周諫其不可. 彼一時遊豫之擧, 未必爲大失着, 而琅函隨上, 彤筆繼垂. 今殿下之所自待、臣僚之所仰勉, 豈欲在於唐朝君臣之下哉?〕"라고 하였다. 마주는 당나라 임평(茌平) 사람으로 자는 빈왕(賓王)이며, 당 태종에게 발탁되어 감찰어사(監察御使)를 지냈다. 마주는 태종이 구성궁(九成宮)으로 행차한다는 말을 듣고는 상소하여서 태상황(太上皇)인 고조(高祖)가 나이가 많으니 태상황의 거처와 멀리 떨어진 행궁에 가는 것은 옳지 않으며, 또 피서를 위해 행궁에 간다면 태상황은 더운 곳에 남겨지고 태종만 시원한 곳으로 가는 것이므로 온당치 않다고 간쟁한 일이 있는바, 이 일을 인용한 것이다. 《新唐書 卷98 馬周列傳》

다. 신미년(1811, 순조11)에 서쪽 변방에 경보[24]가 있자, 조정에서 의논하여서 남쪽 지방의 병사들을 보내어 이를 구원하게 하니, 감사(監司)가 열읍(列邑)에 비밀 관문(關文)을 보내어 예비하고 단속하도록 하였다. 공은 민심을 동요시킬까 염려스럽다 하여 문서를 숨겨 내보이지 않고서 편안하게 마치 아무 일이 없는 것처럼 하였다. 인근의 읍은 징발하는 일이 한창 불어나서 읍내 촌락들이 진동하여 소란스러웠다. 얼마 지나지 않아 적도들이 모두 평정됨에 마침내 남쪽 병사를 징용하지 않게 되어 무안현 온 경내에는 혼란스러워지는 우환이 없었으니, 사람들 가운데 탄복하지 않는 이가 없었다.

임신년(1812, 순조12)에 내직으로 들어가 부수찬(副修撰)이 되었다. 상께서 날마다 경연에 거둥하셨는데, 공은 학문을 논함에 있어서는 뜻을 세우고 마음을 바르게 하는 것을 근본으로 삼았고, 정치를 논함에 있어서는 기강을 들어서 진작시키는 것을 근간으로 삼았으며, 선발을 신중하게 하여 인재를 진용하고 간쟁을 받아들여 총명을 넓히도록 하였다. 겨울에 사헌부 장령(司憲府掌令) 겸 세자시강원 문학(世子侍講院文學)에 제수되었다가 부응교(副應教)로 승진하였고 다시 중학 교수(中學教授)를 겸하였다.

계유년(1813, 순조13)에 부응교(副應教)에 제수되었다. 여러 동료들이 패초를 어기자 대신이 연석에서 사판(仕版)에서 직명을 삭제하기를 청하였는데, 오래지 않아 서용되어 호남 경시관(湖南京試官)에 제수되었고, 내직으로 들어가 응교(應教)가 되었다. 갑술년(1814, 순조

24 서쪽 변방에 경보 : 1811년(순조11), 평안도에서 홍경래(洪景來)와 우군칙(禹君則) 등이 중심이 되어 일으킨 대규모 농민반란을 이른다.

14)에 종부시 정(宗簿寺正)에 제수되었다가 연이어 관직(館職)[25]에 제수되었다. 이때에 경연에 훌륭한 선비들이 많았으나, 얼굴빛과 말소리가 온화하고 음독하는 소리가 낭랑하며 논설이 간절하면서도 충성스럽고 인군의 뜻을 열어 감동시키기를 잘하는 이로는 공을 추중하여 제일로 삼았다.

승정원 동부승지(承政院同副承旨)에 발탁되어 제수되었는데, 이때에 사간(司諫) 임업(任㸁)이 채제공(蔡濟恭)을 신원하기를 청한 홍시제(洪時濟)를 도배(島配)하고 그 상소를 봉납(捧納)한 승지를 찬배(竄配)할 것을 상소로 논하였다.[26] 그러자 공은 곧바로 나와 상소하여 말하기를, "모든 승정원에 도착한 장주(章奏)들은 한만(汗漫)하고 자질구레한 것이 아니면 혹시라도 봉납하지 않을 수가 없으니, 이는 예로부터 지금까지 준례가 모두 그러합니다. 그런데 신이 처음 행하였다고 하니, 그 사람됨이 진실로 고루합니다. 만일 신이 당일에 퇴각시켰다면 막아 가리고 덮어 숨겼다고 하여서 죄안을 꾸며내지 않을 줄을 어찌 알겠습

25 관직(館職) : 홍문관 부제학(弘文館副提學), 또는 성균관 대사성(大司成) 이하 관원의 총칭이다. 이지연(李止淵)은 1814년 3월 12일 홍문관 부응교(弘文館副應教)에 제수되었다. 《承政院日記 純祖 14年 3月 12日》

26 이때에……논하였다 : 1814년(순조14) 4월 8일 부호군(副護軍) 홍시제(洪時濟)가 상소를 올려 채제공(蔡濟恭)은 충신으로서 무함을 입은 것이라고 변론하였는데, 다음날 이 일로 인하여 홍시제를 기장현(機張縣)에 정배하라는 명이 내려졌다. 그러자 같은 달 13일에 사간(司諫) 임업(任㸁)이 상소를 올려 먼 지역에 추방한 홍시제를 섬으로 귀양 보낼 것을 청하였으며, 흉역한 죄인 홍시제의 상소를 봉납하면서 원계(院啓)에서 분명히 성토하지도 않은 것은 고금에 있지 않았던 일이라고 하면서 상소를 봉납한 승정원의 승지를 찬배해야 한다고 하였고, 더불어 이에 대해 말하지 않은 양사(兩司)를 모두 견파(譴罷)할 것을 청하였다. 《承政院日記 純祖 14年 4月 8日, 9日, 13日》

니까.”라고 하였는데, 온유한 비답을 내려주었다. 소명을 어겨 체직되었다가 병조 참지(兵曹參知)에 제수되었는데, 상소를 올려 사직하였으나 윤허하지 않았다. 여러 번 동부승지(同副承旨)와 우부승지(右副承旨)에 제수되었는데, 글을 올려 사직하였으나 모두 윤허하지 않았다. 병자년(1816, 순조16)과 정축년(1817)에 승지에 열 번 제수되었고, 두 번 대사간에 제수되었는데, 정세상 무릅쓰고 나아가기가 어렵다고 하여 한사코 공무를 행하지 않았다.

무인년(1818, 순조18)에 승지에 네 번 제수되었는데, 특지로 출사를 권면하자 잠시 사은숙배하였다가 곧 체직되었다. 4월에 예조참의에 통망되었는데, 당시에 춘반(春泮)이 분기하여[27] 춘조(春曹)의 선발을 더욱 준엄하게 하였던 것이었다. 동부승지에 제수되었는데, 지평(持平) 심영석(沈英錫)이 글을 진달하여 스스로 죄를 드러내자,[28] 이에

27 당시에 춘반(春泮)이 분기하여 : 춘반은 춘조(春曹), 즉 예조와 성균관을 가리키는 말로, 여기서는 예조참의와 성균관 대사성을 가리킨다. 당시 이 둘의 통청(通淸)을 두 갈래로 나누어, 예조참의를 거쳐야 이조참의에 통망할 수 있고, 대사성을 거쳐야 부제학으로 통망할 수 있도록 하였었다. 그런데 그 후 순조 연간에, 선조(先朝) 때에 이를 둘로 나누고 난 뒤로 대사성의 직임을 피하려는 등의 폐단이 생겨났으므로 다시 통망을 합하여야 한다는 주장이 나왔다.《承政院日記 正祖 15年 9月 3日, 純祖 18年 11月 29日》

28 지평(持平)……드러내자 : 1812년(순조12)에 지평 심영석(沈英錫)이 대각에 통망되자, 수찬(修撰)으로 있던 유정양(柳鼎養)이 11월 6일 상소를 올려 그를 대각의 통망에서 제하고 해당 전관(銓官)을 추고하기를 청하였다. 이 일로 인하여 논란이 있자, 유정양은 당월 19일에 다시 상소를 올려 심영석의 선조인 심단(沈檀)이 본래 역적 윤휴(尹鑴)의 일파로서, 신축년(경종1) 겨울에 김일경(金一鏡)과 결탁하고 목호룡(睦虎龍)를 사주하여 무옥(誣獄)을 꾸몄으며, 박상검(朴尙儉)이 당시 왕세제였던 영조를 시해하려 한 일이 있었을 때 이조 판서로 있으면서 그를 국문할 필요 없이 정형(正刑)해

상소하여 논척하여 말하기를, "신임년의 의리[29]는 백세의 정해진 공안입니다. 심단(沈檀)은 흉악한 무리들이 기승을 부리는 때를 당하여서 전관(銓官)으로 있으면서[30] 옥사를 다스림에, 함께 악한 짓을 하여 서로를 구제하였으니, 그 죄가 똑같습니다. 다만 핑계를 대는 것은 신축년 겨울 영묘(英廟 영조)께서 출합(出閤)하시고자 할 때 주대(奏對)했던 한 가지 일[31]뿐입니다. 만약 이러한 일도 아울러 없었다면 어찌 홀로

야 한다고 주장하여 이로써 비밀을 보전하고자 하였다고 아뢰었다. 그 후 1818년(순조 18) 5월에 심영석이 지평(持平)에 제수되었는데, 며칠 뒤 심영석은 상소를 올려서 자신의 증조인 심단이 몇 해 전 유정양으로부터 무함을 입었음을 주장하고 그 내용을 자세히 변명하였다.《承政院日記 純祖 12年 11月 6日・19日, 18年 5月 12日・17日》

29 신임년의 의리 : 신임년의 의리란 신축년(1721, 경종1)과 임인년(1722) 두 해에 걸쳐 노론(老論)과 소론(小論) 간에 뒷날 영조(英祖)가 되는 연잉군(延礽君)의 세제(世弟) 책봉과 대리청정(代理聽政)을 두고 대대적인 인명 살상을 초래한 신임사화(辛壬士禍)가 일어났는데, 이때 노론이 내세운 명분을 말한다. 남인(南人) 역관의 딸인 장희빈(張禧嬪) 소생인 경종은 남인에 동정적이던 소론의 보호를 받아왔는데, 경종이 즉위하자 과거 그의 세자 책봉을 반대했던 노론은 위기를 느껴 그의 병약함과 후사(後嗣)가 없음을 빌미로 연잉군의 세제 책봉을 추진, 이를 관철시키고 나아가 대리청정까지 추진하다가, 소론의 김일경(金一鏡) 등이 목호룡(睦虎龍)을 사주하여 노론의 사대신(四大臣)인 김창집(金昌集), 이이명(李頤命), 이건명(李健命), 조태채(趙泰采)를 역모로 무고케 함으로써 사대신 이하 노론 일파를 극형에 처하게 하였다.

30 전관(銓官)으로 있으면서 : 전관은 문관과 무관의 인사를 담당하는 이조와 병조의 관원을 말하는데, 여기서는 심단(沈檀)이 이조 판서가 되었던 것을 가리킨다.

31 신축년……일 : 신축년인 1721년(경종1) 김일경(金一鏡)과 환관(宦官) 박상검(朴尙儉) 등이 결탁하여 훗날 영조가 된 왕세제 연잉군(延礽君)을 제거하려 하자 이때 왕세제가 출합하겠다는 뜻을 밝혔던 일이 있었다. 박상검은 김일경의 사주를 받고 환관과 궁녀들을 매수해 놓고는 왕세제가 경종에게 문안을 드리거나 시선(視膳)하러 가는 길을 가로막아 경종과 왕세제 사이에 불화를 조성하고, 대전(大殿)의 궁녀들로 하여금 왕세제를 헐뜯는 말을 하게 함으로써 왕세제를 제거하려 하였다. 이에 왕세제가 사위

죄를 면할 수 있었겠습니까. 지금 연대가 멀어졌으므로 비록 그 죄를 뒤미처 다스릴 수는 없겠으나, 그가 어찌 감히 무함이라고 하고 원통하다고 하면서 공사(公私) 간에 믿고 따르는 자리에서 사실을 바꾸고 속이려고 한단 말입니까."라고 하니, 상께서 온유한 비답을 내려 칭찬하였다.

기묘년(1819, 순조19)에 우부승지(右副承旨)에 제수되었는데, 왕세자의 관례 때에 예방(禮房)을 맡았던 일[32]로 인해 가선대부(嘉善大夫)에 올랐고, 공조 참판(工曹參判) 겸 도총부 부총관(都摠府副摠管)으로 옮겼다. 네 번 승지에 제수되었고 옮겨서 도승지(都承旨)로 승직하였다. 도승지는 일이 있는 것이 아니라면 승정원에서 숙직하지 않는 것이 상례였지만 특명으로 숙직을 하게 하였으니, 이는 상께서 평소 공을 중히 여겨 가깝고 친밀한 자리에서 떼어놓지 않고자 하신 것이었다. 이로부터 4, 5년 동안 다른 곳으로 옮기는 일이 또한 드물었다.

(辭位)하겠다는 뜻을 밝혔고, 이튿날 이조 판서 심단(沈檀)이 입대한 자리에서 이는 대역(大逆)에 해당하므로 이 무리들에게 국문할 것도 없이 빨리 방형(邦刑)을 시행할 것을 청하였다. 이 일을 두고 심영석(沈英錫)이 상소에서 "예전 신축년에 영묘께서 한밤중에 출합하시겠다는 명령을 내리셨는데, 신의 증조께서 빈객(賓客)으로서 먼저 입대하여 관을 벗고 뜰에 엎드려 울면서 주대하여 아침부터 저물녘에 이르렀는데, 영묘께서 하교하시기를 '내 빈료들의 지극한 뜻에 감동하여 마지못해 따르노라.'하고 마침내 출합의 명을 거두셨습니다. 그 후로 영묘께서 항상 성정각에서 수립한 것을 칭하시면서 한결같은 혈심을 허락하셨습니다."라고 하였는바, 이 내용을 가리킨다.《景宗實錄 1年 12月 22日, 23日》《承政院日記 純祖 18年 5月 17日》

32 왕세자의……일 : 1819년(순조19) 3월 효명세자(孝明世子)의 관례가 있었는데, 이때 이지연(李止淵)이 예방 승지(禮房承旨)를 맡았다.《承政院日記 純祖 19年 3月 21日》

상국(相國) 서용보(徐龍輔)가 공이 근면하며 숙련되고 통달하였으므로 묘당(廟堂 비변사)의 일에 참여하여 결정할 만하다고 하여서 연석에서 주사 제조(籌司提調 비변사 제조)로 차임할 것을 아뢰어, 이어서 유사(有司)의 직임을 살폈고, 중간에 승문원 제조(承文院提調)와 동지춘추관사(同知春秋館事)를 겸직하였다. 공이 처음 주사(籌司 비변사)의 일을 담당하여서 한결같이 법규와 제도를 따르니, 모든 어지러이 뒤섞여 다스리기 어려운 일들을 대신들이 반드시 공에게 맡겨서 결정하였다. 공은 나라의 재용이 고갈되고 백성들의 생활이 궁핍해지는 것이 대부분 전정(田政)이 문란하고 부역(賦役)이 균등하지 않은 것에서 말미암는다고 하여, 이에 상소하여 양전(量田)을 청하면서 이로움과 병폐를 지적해 진달하고 편의의 방책을 정리해 거론하되 먼저 양남(兩南) 지방에서부터 시작하였다.[33] 그러나 여러 사람의 의논이 어긋나서 마침내 그쳐져 시행되지 못하였으니, 식자들이 이를 안타깝게 여겼다. 병조참판(兵曹參判) 겸 동지의금부사(同知義禁府事)에 제수되었다.

경진년(1820, 순조20)에 동지경연사(同知經筵事), 예조참판(禮曹參判), 사역원 제조(司譯院提調)에 제수되었다. 신사년(1821, 순조21)에 다섯 번 도승지가 되었고, 중간에 특진관(特進官)으로 차임되었다. 그해 가을에 역병이 치성하여 공경(公卿)과 사서인(士庶人) 가운데

33 이에 상소하여……시작하였다 : 당시에 이지연(李止淵)은 상소에서 양전(量田)을 실시한 지가 오래되어 다시 시행해야 할 때임을 주장하면서 전정(田政)의 병폐는 호남과 호서 지방에서 가장 극심하므로 이 두 지역부터 개량(改量)해야 한다고 하였다. 《承政院日記 純祖 19年 8月 17日》

사망하는 이들이 이어졌다. 이때에 효의대비(孝懿大妃)의 재궁(梓宮)이 빈소에 있어서[34] 사신의 행차가 한창이었고, 게다가 장맛비가 수개월 동안 계속되어 한 해의 농사가 흉년을 고하였다. 공 역시 역병에 걸렸으나 스스로를 억지로 채찍질하여, 조정 안팎의 사무를 크고 작은 것을 막론하고 그때마다 모두 관리하고 통섭하여서, 별도로 여제(厲祭)[35]를 설행하여 불양(祓禳)하고 미리 진자(賑資)를 갖추어서 조처하고 구획하였다. 수상(首相 영의정) 한용귀(韓用龜) 공과 풍고(楓皐) 김조순(金祖淳) 공이 당시에 모두 수십일 동안 역병에 걸려 있다가 비로소 소생하여서, 서로 마주하고 탄식하며 말하기를 "만일 모(某) 대감의 정신과 기력이 아니었다면, 어떻게 국사가 편안하게 실마리를 찾아가서 전도됨을 면하도록 할 수 있었겠는가."라고 하였다.

임오년(1822, 순조22)에 형조참판에 제수되었다. 당시 외읍(外邑)의 전패(殿牌)[36]에 변고를 일으킨 죄인이 있어서 준례에 따라 노륙(孥戮)의 형전[37]을 적용하였는데, 공이 단지 당사자만을 주벌할 것을 아뢰어서 영원히 정해진 법식으로 삼게 되었다. 이조참판과 활인서 제조(活

34 효의대비(孝懿大妃)의……있어서 : 정조(正祖)의 비 효의왕후(孝懿王后)가 1821년(순조21) 3월 9일에 별세하였다.

35 여제(厲祭) : 역병의 퇴치나 예방을 위해서 여귀(厲鬼)에게 지내는 제사를 말한다.

36 전패(殿牌) : 각 고을의 객사(客舍)에 '전(殿)' 자를 새겨서 세운 나무패를 말한다. 임금을 상징하는 것으로서 매월 초하루와 보름에 관리들이 모여 배례(拜禮)하고 공무로 지방에 간 관원도 배례하였으며, 만일 이를 훼손하거나 모독하면 불경으로 처리되어 본인뿐 아니라 수령과 그 고을까지도 처벌당하였다.

37 노륙(孥戮)의 형전 : 당사자뿐만 아니라 처자도 함께 연좌하여 처벌하는 형벌을 말한다.

人署提調)로 옮기고, 이어서 한성부 좌윤(漢城府左尹)이 되었다. 계미년(1823, 순조23)에 동지중추부사(同知中樞府事)에 제수되었고 공시당상(貢市堂上)에 차임되었다. 주사(籌司 비변사)에 있었던 4년 동안에 군국(軍國)의 중요한 업무를 물 흐르듯이 재결하여, 눈으로는 소송을 살피고 손으로는 문서에 답하였으며 귀로는 듣고서 받아들이고는 입으로는 아울러서 수답을 하였다. 상국(相國) 김재찬(金載瓚)이 풍고(楓皐) 김공(金公 김조순(金祖淳))을 대하여서 탄식하며 칭찬하기를, "진실로 재상의 재주이니, 왕왕 우리보다 탁월하여 미칠 수 없는 점이 있다." 라고 하였다.

11월에 경상도 관찰사에 제수되었다. 영남은 온 도(道)가 지역이 몹시 넓고 습속이 송사를 좋아하여, 자고로 다스리기 어렵다고 일컬어져왔다. 공은 자신을 바르게 하고 남을 인솔하여서, 염치를 권려하고 유현(儒賢)을 장려하며 충렬(忠烈)을 정려하는 것을 임무로 삼았다. 목화가 흉작이라고 하여 상소를 올려서 전부(田賦)를 돈으로 대신하게 하기를 청하였고, 호적의 법규를 고쳤으며, 공염(公鹽)의 금령을 엄히 하였다. 각 역(驛) 중에서 쇠락하여 유지하기 어려운 것은 마땅함을 헤아려 돈을 지급하여서, 전토(田土)를 사서 필요한 쓰임에 보충하게 하였다. 사건을 심리하고 죄수를 처결할 때에는 대부분 살리는 쪽으로 의론을 부쳐주었다.

읍(邑)에서 본영으로 보고하는 검시장(檢屍狀)이 이어붙인 종이에 난잡한 초서로 적은 데다가 혹은 칼로 긁어내고 먹을 바르기도 하였었는데, 공이 말하기를 "한 글자만 바뀌어도 이는 사람의 목숨에 관계되는 바이거늘 이와 같이 소홀히 하니, 간사하게 속이는 일이 어찌 생겨나지 않겠는가." 하고, 마침내 종이 하나에 먹으로 정(井)자 칸을 찍어서 반포하게 하였으니, 각 읍에서 검안(檢案)을 오사란(烏絲欄)[38]에 쓰는 것이 이로부터 시작되었다. 선비들을 시험하고 무예를 권면하여서 후하게 상을 베풀었으며, 고과(考課)를 엄히 단속하여 도내(道內)가 숙연하였으니, 사람들이 비석을 세워 그리워하는 뜻을 부쳤다.

을유년(1825, 순조25)에 모친상을 만나고 거듭 부친상을 만났다. 정해년(1827, 순조27)에 상복을 벗고서 글을 올려 진정(陳情)하였다. 6월에 동지중추부사(同知中樞府事)에 제수되었다가, 이조참판 겸 동지의금부사(同知義禁府事), 부총관(副摠管), 주사 제조(籌司提調 비변사 제조)로 옮겼다. 이어서 지신(知申 도승지)에 제수되어 전좌(殿座)[39]를 모셨는데, 상의 말씀이 온화하여 옛정을 펴서 곡진한 뜻을 보이시니, 특별한 은혜가 이에 이른 것이 실로 같은 조정에서 짝할 이가 없었다. 8월에 예조참판에 제수되어, 왕세손의 안태사(安胎使)[40]로서 발탁되어 자헌대부(資憲大夫)에 올랐다. 9월에 한성부 판윤(漢城府判尹) 겸 도총관(都摠管), 평시서 제조(平市署提調)에 제수되었고, 곧 예조판서(禮曹判書)에 제수되었으며, 판공조사(判工曹事), 지경연사(知經筵事)로 옮겼다.

무자년(1828, 순조28) 2월에 홍문관 제학(弘文館提學)과 형조판서(刑曹判書)에 제수되었고, 5월에 광주 유수(廣州留守)에 제수되었다.

38 오사란(烏絲欄) : 종이에 검은 괘선(罫線)을 친 것을 말한다.

39 전좌(殿座) : 임금이 정사를 보거나 조하를 받을 때 정전(正殿)이나 편전(便殿)에 나와 앉는 일, 또는 그 자리를 말한다.

40 왕세손의 안태사(安胎使) : 안태사는 왕실의 태(胎)를 태실(胎室)에 안치하는 일을 맡은 관원을 말한다. 1827년(순조27) 7월에 순조의 손자이자 익종(翼宗)의 아들인 헌종(憲宗)이 태어났는바, 왕세손이란 이를 가리킨다.

이곳은 누대에 걸친 추향(楸鄕)으로서, 공의 조부이신 찬성공(贊成公)과 외왕부(外王父)이신 정간공(貞簡公)이 예전에 이 광주부에 부임하였었다.[41] 공은 어린 나이였을 때부터 이곳의 형편과 이점 및 병폐를 잘 알고 있었는데, 조처하여 실행한 것들이 요컨대 모두 백성을 편하게 하고 공사(公事)를 이롭게 하는 것이었다. 녹봉을 덜어 오래된 것을 수리하고 폐해진 것을 세워서, 성곽과 관아와 사찰이 모두 환연히 경관을 바꾸었다. 기축년(1829, 순조29) 형조판서 겸 관상감 제조(觀象監提調), 지의금부사(知義禁府事), 괴원 제거(槐院提擧 승문원 제거)에 제수되었고, 지중추부사(知中樞府事)에 제수되었다. 경인년(1830, 순조30) 4월에 세자우부빈객(世子右副賓客)에 제수되었는데, 5월에 효명세자(孝明世子)가 훙서하자 장례도감 당상(葬禮都監堂上)에 차임되었다. 7월에 동지사은정사(冬至謝恩正使)에 제수되었다.

정언(正言) 신윤록(申允祿)이라는 자가 김로(金鏴)를 징토하는 일로 핑계를 대면서 인하여서 공을 탄핵하여 말하기를, "이인부(李寅溥)의 글을 꾸며내어서 점차 신의학(愼宜學)에 이르도록 하였으니, 신의학의 흉서는 바로 이인부의 남은 논지입니다. 이인부의 글을 알았다면 필시 응당 신의학의 흉서를 알았을 것입니다."라고 하여, 견강부회하여 무함하고 모독함에 말이 지극히 참혹하고 사나웠다.[42] 한 달여가

41 공의……부임하였었다 : 이지연(李止淵)의 조부 이명중(李明中, 1712~1789)은 1778년(정조2) 광주부윤(廣州府尹)으로서 남한산성을 개축하였고, 외조부인 홍억(洪檍, 1722~1809)은 1798년(정조22) 광주부 유수(廣州府留守)로 부임한 바 있다. 정간(貞簡)은 홍억의 시호이다.

42 정언(正言)……사나웠다 : 1829년(순조29) 11월 부호군(副護軍) 신의학(愼宜學)이 상소를 올려서 정조(正祖)가 승하하기 직전에 내렸던 하교인 오회 연교(五晦筵

지나서야 비로소 신윤록의 상소에 "그대는 체차한다.〔爾則遞差〕"라는 네 글자의 비답을 내리고, 이어서 신윤록을 찬배하였다.[43] 상께서 공이 무함을 입은 것을 아시고 재촉하여 공무를 행하도록 하였으나, 공은 머뭇거리며 명에 응하지 않았다. 연이어 문비(問備)[44]하라는 명과 의금부에 내려 추고하라는 명과 파직하라는 명이 있었으나, 곧바로 다시 서용됨에 내리신 말씀이 융숭하고 극진하였다. 하교하기를, "횡역(橫逆)이 허구로 날조되었던 것이 이미 비추어 밝아졌으니, 어찌 인의(引義)할 것이 있겠는가."라고 하였고,[45] 또 왕부(王府)에 내려서 신문하

敎)와 이서구(李書九)가 1800년(정조24)에 올렸던 상소문에 대해서 거론하였다가 이로 인하여 국문을 당하였고, 결국 역적으로 처형되었다. 이보다 앞서 같은 해 8월에 대사간 이인부(李寅溥)가 상소를 올렸었는데, 여기에서 조정의 사대부들이 영리만을 추구하고 있다고 비판하면서 사류(士類)를 권장하고 청의(淸議)를 북돋우라고 했던 말이 문제가 되어 신의학의 상소와 함께 탄핵을 받게 되었다. 그러다가 그 이듬해인 1830년 정언 신윤록(申允祿)이 상소를 올려, 이 일들을 이지연(李止淵)과 연관시키면서 특히 이인부의 글에 대해서 "그것을 만들어 낼 때에 홍기섭(洪起燮)·조병현(趙秉鉉)의 무리와 더불어 이지연의 집에서 여러 차례 모여 계획과 의논을 난만(爛漫)하게 한 것은 부부(夫夫)들이 아는 바입니다."라고 하여, 이인부와 신의학의 흉서의 원흉이 된 이지연을 함께 죄를 주기를 청하였다.《純祖實錄 29年 8月 24日, 11月 17日·28日, 30年 8月 28日》

43 한 달여가……찬배하였다 : 본래 1830년(순조30) 7월 그믐 즈음에 신윤록(申允祿)이 상소를 올렸었는데, 이에 대해 신윤록을 체차하게 한다는 비답과 그를 종성부(鍾城府)에 귀양을 보내라는 하교가 그 다음 달인 8월 28일에 내려졌다.《純祖實錄 30年 8月 28日》

44 문비(問備) : 죄과가 있는 벼슬아치가 사헌부(司憲府)의 관원이 서면으로 심문하는 말을 받고 이에 답변하는 일을 말한다.

45 하교하기를……하였고 : 1830년(순조30) 9월에 내린 전교의 내용으로, 그 당시까지도 조정에 나오지 않은 형조판서 이지연(李止淵)을 엄하게 추고(推考)하고 경기 감

여 감처할 것과 공사(供辭)를 바치게 할 것을 하교하였다.[46]

상께서 별도로 은혜로운 하교를 내리시되, 간언한 자의 상소문 중의 말을 인용하여 말씀하기를 "이른바 이인부의 글은 본래 증거가 없이 억지로 부린 말이다. 하물며 그 처분을 내린 것이 그 글을 가지고서 내린 것이 아닌 경우에 있어서겠는가. 신의학의 글에 대한 한 조목에 이르러서는 더욱 가소롭다. '필시 응당 알았을 것이다.〔必當知〕'라는 세 글자는 '아마도 있었을지도 모른다.〔莫須有〕'라는 것과 무슨 차이가 있겠는가." 하고, 또 "분명 시기하는 자들이 꾸며서 지어낸 것이다. 그러므로 지난 전교 중에서 '털이 장차 어디에 붙겠는가.'라고 한 것은 이 실제를 가리킨 것이었다."라고 하여, 누차 위로와 권면을 더하여서 나와서 명에 응하기를 재촉하였다.[47]

영에 명해 재촉해 올라오게 하도록 하였다. 《承政院日記 純祖 30年 9月 14日》

46 또……하교하였다 : 이 내용은 《순조실록》 30년 9월 16일 기사에 보인다. 왕부는 의금부(義禁府)를 가리킨다.

47 상께서……재촉하였다 : 이 내용은 《승정원일기》 순조 30년 9월 17일 기사에 보인다. "아마도 있었을지도 모른다.〔莫須有〕"라는 말은 《송사(宋史)》 권365 〈악비열전(岳飛列傳)〉에 송(宋)나라의 충신(忠臣)인 악비(岳飛)를 죽이려고 무함하던 진회(秦檜)가, "사실은 분명치 않지만, 아마 있었을지도 모른다.〔雖不明其事禮, 莫須有.〕"하자, 악비를 편드는 한세충(韓世忠)이 "'아마 있었을지도 모른다.'는 세 글자가 어떻게 천하를 복종시키겠는가?〔莫須有三字, 何以服天下?〕"라고 한 데서 온 말이다. 또 "지난 전교 중에서 '털이 장차 어디에 붙겠는가.'라고 한 것"은 《승정원일기》 순조 30년 9월 7일 기사에 보이는바, 형조판서로 있던 이지연(李止淵)이 공무에 나오지 않자, 엄히 신칙할 것을 전교하면서 "옛날에 이른바 '털이 장차 어디에 붙겠는가.'라고 한 것은 바로 중신(重臣)을 위해 준비된 말이었다."라고 한 것이 그것이다. 여기서 중신은 이지연을 가리킨다. '털이 장차 어디에 붙겠는가.'라는 말은 본래 《춘추좌씨전(春秋左氏傳)》 희공(僖公) 14년조에 보이는 말로, 진(秦)나라가 기근이 들어 진(晉)나라에 양곡을 팔 것을

공이 궐 밖에 나아가 패초를 받들고서 명을 기다렸는데, 다시 엄한 하교가 내려와 좌천되어 나주 목사(羅州牧使)에 보임되었다. 나주는 호남의 큰 고을로, 오래도록 흉년을 겪어 온갖 일들에 모두 병폐가 있었다. 공은 전심으로 이를 바로잡고 구제하여, 묵은 병폐가 마치 씻겨나간 것과 같았다. 봉급을 내어서 아전과 종에게 나누어주어 이자를 취해 환곡의 포흠(逋欠)을 보충하도록 하였으며, 백성들에게 소를 살 돈을 지급하여 농작에 보탬이 되도록 하였다. 체직되어 돌아갈 때 이르러서는 한 터럭만큼으로도 짐에 누를 남기지 않았다. 아전과 백성들이 석벽을 깎아 크게 새겨서 공의 맑은 덕을 칭송하였다. 2년 뒤에 중씨(仲氏)가 다시 이곳에 부임하자,[48] 모두 "아무개 공의 아우이시다."라고 하면서 대부분의 사람들이 서로 기뻐하였다. 찬성공(贊成公)이 이 지역에 부임하여[49] 유애(遺愛)가 있었는데, 공의 형제가 실로 선대의 훌륭함을 따랐으니, 온 경내가 모두 추대하였다. 당시 지평(持平) 이우백(李佑伯)이 공이 무함을 입은 것을 밝혀 변별하여서 간언하였던 이를 국문할

요청하자, 이에 진 혜공(晉惠公)의 외숙인 괵석(虢射)이 양곡 판매를 반대하면서 "가죽이 없는데 털이 장차 어디에 붙겠는가.〔皮之不存, 毛將焉傅?〕"라고 하였는데, 이는 원래 혜공이 진 목공(秦穆公)의 도움을 받아 귀국하면서 다섯 성을 원조의 대가로 주기로 하고서는 약속을 저버린 데에서 비롯된 것으로서, 가죽은 진(秦)나라에게 주기로 허락했던 성(城)을, 털은 진(秦)나라가 요구한 양곡을 비유하여 이렇게 말했던 것이다. 여기서는 어떤 일이 자뢰할 기반조차 없어서 존재할 수가 없음을 말한 것으로, 이지연이 무함을 입었음을 옹호해 준 표현에 해당한다.

48 2년……부임하자 : 이지연(李止淵)의 아우 이회연(李晦淵)이 1833년(순조33) 5월에 나주 목사(羅州牧使)에 제수되었는데, 이 일을 가리킨다.

49 찬성공(贊成公)이……부임하여 : 찬성공은 이지연의 조부인 이명중(李明中, 1712~1789)으로 1775년(영조51)에 나주 목사(羅州牧使)로 부임한 바 있다.

것을 청하였는데, 비답하기를 "신윤록(申允祿)의 상소가 음흉하고 간교했던 것은 이미 환히 알고 있고, 중신(重臣)의 본말 또한 잘 아는 바이니, 그 상소는 누가 되는 데에 해당하지 않는다."라고 하였다.[50]

신묘년(1831, 순조31) 정월에 한성부 판윤(漢城府判尹)으로 옮겼으나 감히 도성에 들어가지 못하였다. 2월에 곧장 고향 가는 길을 찾았는데 부르기를 재촉하는 유지가 내렸다. 공이 상소하여 스스로의 정을 아뢰자, 비지(批旨)에 대략 이르기를 "비유하자면 마치 의복과 물건에 먹물점이 물들었을 적에 이를 빨면 흔적도 없게 되는 것과 같은 것이다."라고 하고, 문계(問啓)[51]하라는 하교를 내렸다. 3월에 시사(試士)로 인하여 특별히 홍문관 제학(弘文館提學)에 제수되었는데 연이어 소명을 어기자, 하교하기를 "머리카락을 자르고 산에 들어가고자 한다면 모르겠지만, 그렇지 않다면 결코 다시 물러나는 거동을 해서는 안 된다."라고 하니, 마침내 황급히 궐에 들어가 사은숙배하였다. 또 형조판서에 제수되었는데, 듣고서 결단한 것이 공정하고 분명하며 죄를 논해 형을 정한 것이 너그럽고 공평하여, 깊은 원통함을 품은 이들을 관대하게 처결한 경우가 몹시 많았다. 객사(客使)[52]가 이르자 반송사

50 당시……하였다 : 이 내용은 《승정원일기》 순조 30년 10월 13일 기사에도 보이는 바, 지평 이우백(李佑伯)이 상소하여 이지연(李止淵)과 대사성(大司成) 조병현(趙秉鉉)이 무함을 입었음을 주장하면서, 이지연과 조병현을 탄핵한 신윤록(申允祿)을 국문하고 철저히 조사하여 그 말이 나온 뿌리를 명백히 하고 그 화의 근원을 뽑아 그 배후에서 말을 만들어낸 자들이 두려워할 줄 알게 해야 한다고 청하자, 순조가 이에 비답을 내렸다.

51 문계(問啓) : 죄과(罪科)가 있는 관원을 왕명을 받아서 승정원의 승지가 계판(啓版) 앞에 불러서 그 까닭을 묻고서 아뢰는 일을 말한다.

(伴送使)로 차임되어 만부(灣府 의주(義州))에 갔다. 지중추부사(知中樞府事) 겸 내섬시 선공감(內贍寺繕工監), 내의원 제조(內醫院提調)에 제수되었다.

임진년(1832, 순조32)에 예조판서와 세손 좌빈객(世孫左賓客)에 제수되었다. 7월에 이조판서에 제수되었는데 명기(名器)[53]를 신중히 하여 아끼고 품평을 잘 가려내어, 엄체(淹滯)[54]한 이를 진작해 일으키니, 사로(仕路)가 이로 인하여 한 번 맑아졌다. 효명세자(孝明世子)의 입묘 도감(入廟都監)[55]에서의 공로로 정헌대부(正憲大夫)에 올랐고, 약원 제거(藥院提擧)를 겸직하였다. 계사년(1833, 순조33)에 지경연사(知經筵事)를 겸직하고 영남을 다스렸으며, 봉상시 제조(奉常寺提調)와 진위 진향 정사(陳慰進香正使)에 제수되었으며, 준례대로 판중추부사(判中樞府事)에 붙여졌다. 7월에 조정에 하직 인사를 하고 연경에 감에 역관들을 엄히 단속하였으며, 일을 마치고 돌아올 때까지 서적과 향다(香茶)를 하나도 가까이한 것이 없어 행장이 텅 비어 쓸쓸하였다. 복명하고서 세자우빈객(世子右賓客)에 제수되었다.

갑오년(1834, 순조34)에 동지성균관사(同知成均館事)에 제수되었

52 객사(客使) : 외국 사신으로, 여기서는 청(淸)나라에서 왔던 칙사(勅使)를 가리킨다.

53 명기(名器) : 직위에 맞게 내리는 작호(爵號)와 거복(車服)으로 벼슬자리를 뜻하며, 또한 나라의 동량을 의미하기도 한다.

54 엄체(淹滯) : 재덕(才德)을 갖추고도 오랫동안 낮은 직위에 머물러 있는 것을 말한다.

55 효명세자(孝明世子)의 입묘 도감(入廟都監) : 순조의 아들로 익종(翼宗)으로 추존된 효명세자가 1830년(순조30)에 승하하여 1832년에 종묘에 들어갔다.

고 선혜청 제조(宣惠廳提調)에 차임되었으며, 예문관 제학(藝文館提學)에 제수되었다가, 호조판서 겸 예빈시 제조(禮賓寺提調)에 제수되었다. 혜국(惠局 선혜청(宣惠廳))과 지부(地部 호조(戶曹))는 전적으로 전폐와 곡식을 관장하는데, 이때 마침 금고에 저축되었던 것이 고갈되어 있었다. 공은 쓸데없는 비용을 절감하고 아전의 간사한 짓을 검속하였으며, 공인(貢人)의 방납(防納)[56]과 제사(諸司)의 남보(濫報)[57]를 일체 법으로써 제재하였다. 얼마 지나지 않아 부고(府庫)가 자연히 가득 차서 넉넉해졌다. 고정된 녹봉조차도 집에 가져가지 않았으므로, 비록 거듭 흉년을 만났더라도 수입과 지출이 상응하여 경용(經用)이 궁색해지지 않았다.

11월에 순묘(純廟 순조)께서 예척(禮陟 승하)하시자 국장도감 제조(國葬都監提調)로 차임되었는데 흠위(廞衛)[58]를 감독하고 관장함에 있어서 덜고 더하는 것을 적합하게 하였다. 이보다 앞서 혜경궁(惠慶宮)의 상(喪)에 주상의 복제가 근거로 삼을 것이 없었는데, 공이 '존대함이 같은' 의리로써 예경(禮經)을 널리 고찰하여 동료 대신들에게 의견을 왕복하여서 헌의하여 시행하게 되었다.[59] 경인년에 이르러서는[60] 가공

56 방납(防納) : 백성을 대신하여 공물(貢物)을 납부하고 백성들에게서 대가를 받아 이윤을 취하는 것을 말한다.

57 남보(濫報) : 예산보다 넘치게 보고하는 것을 말한다.

58 흠위(廞衛) : 국상(國喪)의 장례 행차와 이에 쓰는 도구들을 말한다.

59 이보다……되었다 : 혜경궁(惠慶宮)은 정조(正祖)의 어머니 홍씨(洪氏)로, 1815년(순조15) 12년 15일에 별세하였다. 이때의 순조의 복제(服制)를 두고서 다음날 이지연(李止淵)이 각 대신들의 의견을 모아서 아뢰되, 낳아준 의리는 지극히 존대하므로 정통의 친소(親疎)와 관계없이 똑같다고 하면서 본생(本生) 조부모에 대한 강등한 예

언(賈公彦)의 주(註)의 내용을 근거하여 당저(當宁)께서 마땅히 장자(長子) 3년의 예(禮)를 행해야 한다고 하였다. 당시에 의논에 이견이 있었지만 공은 시종 동요되지 않았다. 갑오년의 대상(大喪)에 이르러서는 대를 이을 성군의 춘추가 겨우 8세였는데, 공이 편발(編髮)로 즉위하여서는 안 된다고 하여서, 상(喪)을 인하여서 관례를 올려야 한다는 논의를 힘껏 주장하였다.[61] 공이 국가의 대례(大禮)에 있어서 담당하였던 것이 대체로 이와 같았다. 돈장(敦匠)[62]의 공로로 숭정대부(崇政大夫)에 올랐고, 판의금부사(判義禁府事)와 지실록사(知實錄事)를 겸하였다.

(禮)로서 처리할 것을 논하여서 결국 그 말대로 시행할 것을 하교 받았다.《承政院日記 純祖 15年 12月 15·16日》

60 경인년에 이르러서는 : 경인년은 1830년(순조30)으로 이해 5월에 효명세자(孝明世子)가 별세하였는데, 이때에 조정에서 순조가 입을 복을 놓고서 삼년복으로 할 것인가 기년복으로 할 것인가에 대한 논의가 있었다. 본래《의례(儀禮)》와《국조상례보편(國朝喪禮補編)》에 따르면 장자(長子)의 상(喪)에는 삼년복을 입어야 하지만, 지존인 왕의 경우에는 삼대 이래로 이를 낮추어 기년복으로 하여왔다고 하여서 기년복으로 정하고자 하였으나, 다시 이에 반대하는 의견이 나와 예경(禮經)과《국조상례보편》에 의거하여 삼년 참최복을 입기로 결정하였다.《국역 국조보감 제80권 순조조5 30년》

61 갑오년의……주장하였다 : 갑오년은 1834년(순조34)으로 이해 11월에 순조가 승하하였는데, 이어서 왕위에 오른 순조의 손자이자 효명세자(孝明世子)의 아들 헌종(憲宗)이 당시 8세였다. 이 때에 이지연(李止淵)이 "상(喪)을 인하여서 관례를 올리는 것은 바로 변례(變禮) 가운데 큰 것으로, 예경(禮經)의 설과《춘추》의 논의에 근거할 만한 점이 없지 않습니다.〔因喪而冠, 卽變禮之大者, 禮經之說、春秋之論, 不無可據.〕"라고 하였는바, 그 내용이《승정원일기》헌종 즉위년 11월 16일 기사에 보인다.

62 돈장(敦匠) : 장례에 있어서 장인(匠人)들과 공역(工役) 전반에 대해 지휘하고 감독하는 것을 말한다.

병신년(1836, 헌종2)에 태묘 증수 도감(太廟增修都監)에서의 공로[63]로 숭록대부(崇祿大夫)에 올랐다. 정유년(1837, 헌종3)에 부묘 도감(祔廟都監)과 존숭 도감(尊崇都監)에서의 공로[64]로 보국숭록대부(輔國崇祿大夫)로 승진하였고, 지중추부사(知中樞府事)에 제수되었다. 또 가례도감(嘉禮都監)에서의 공로로 말을 하사받는 은전을 입었고 판금오(判金吾 판의금부사)를 겸직하였으며, 공주의 길례(吉禮) 후에 다시 숙마(熟馬)를 하사받았다. 10월에 동조(東朝)의 특지[65]로 승진하여 의정부 우의정(議政府右議政)에 제수되고 겸함(兼銜)은 준례대로 하니, 조야의 사람들이 이마에 손을 얹고 우러러 보았다. 공은 명을 듣고서 황공하여 글을 올려 힘써 사직한 것이 세 번이었는데, 상께서 매번 열 줄의 비답을 내려 곡진히 타일러서 심지어는 "오늘날 자성(慈聖)의 특별한 간탁은 실로 우리 순묘(純廟 순조)께서 우대하시고 보좌를 맡기신 유의(遺意)에서 말미암은 것이다."라고 하교하였으며, 동조(東朝)께서 따로 은혜로운 하유를 내려서, 선군을 추념하여 지금 임금에게

63 태묘 증수 도감(太廟增修都監)에서의 공로 : 이지연(李止淵)은 1836년(헌종2) 태묘 증수 도감에서 제조(提調)를 맡았던 공로로 가자(加資)되었다. 《承政院日記 憲宗 2年 3月 29日》

64 부묘 도감(祔廟都監)과 존숭 도감(尊崇都監)에서의 공로 : 이지연(李止淵)은 1837년(헌종3) 부묘 도감과 존숭 도감의 당상관인 행 호조 판서(行戶曹判書)로서 공로를 인정받아 가자(加資)되었다. 《承政院日記 憲宗 3年 1月 12日》

65 동조(東朝)의 특지 : 동조는 태후나 대비(大妃)를 이르는 말로, 한(漢)나라 때에 황태후가 거처하던 장락궁(長樂宮)이 황제의 거처인 미앙궁(未央宮)의 동쪽에 있었기 때문에 이렇게 칭하게 되었다. 여기서는 당시 수렴청정 중이던 대왕대비 순원왕후(純元王后)를 이른 것인데, 1837년(헌종3) 10월 20일 순원왕후가 하교하여 이상황(李相璜)과 이지연을 정승으로 삼도록 하였다. 《憲宗實錄 3年 10月 20日》

보답하여서 힘을 합해 도와서 바로잡고 보좌하기를 면려하니, 공이 감격하여 명에 응하였다.

이때에 도적이 영흥(永興) 선원전(璿源殿)의 태조(太祖) 어진(御眞)을 봉안한 곳에 침입하여 변고를 일으켰다.[66] 상하의 사람들이 놀라고 두려워하여 어떻게 조처해야할지를 알지 못하였다. 공은 말하기를, "예(禮)에 선인(先人)을 모신 집이 불타면 3일 동안 곡하고, 신궁(新宮)이 불타도 3일 동안 곡한다고 하였습니다.[67] 우리 인묘(仁廟 인조) 9년(1631)에 강릉(江陵) 집경전(集慶殿)의 태조 어진이 불에 소실되었는데, 상께서 소복을 입고 백관을 거느리고서 거애(擧哀)하고서 종묘에서 위안제(慰安祭)를 행하고, 강릉에 관원을 보내어 신위를 마련하고 고유제(告由祭)를 행하였으니, 이것이 어찌 오늘날 이끌어서 근거로 삼을만한 것이 아니겠습니까."라고 하였다. 이에 상께서 피전(避殿)하여 거애(擧哀)하고, 대신(大臣)과 예조의 당상관을 보내어 봉심(奉審)하게 하니, 여러 사람들이 모두 탄복하였다.

공은 강학하는 것을 근심거리로 삼아서, 매번 경연에 오를 때마다 반드시 누누이 권면하고 경계하여 말하기를, "장엄하게 날로 힘써서

66 이때에……일으켰다 : 1837년(헌종3) 10월 4일에 함경 감사(咸鏡監司) 서경보(徐畊輔)가 지난달인 9월 28일에 영흥의 준원전(濬源殿)에 도둑이 침입하여 태조의 어진을 부순 일이 있었다고 보고하였다. 《憲宗實錄 3年 10月 4日》

67 예(禮)에……하였습니다 : 《예기(禮記)》 〈단궁 하(檀弓下)〉에 "선인을 모신 종묘가 불타면 3일 동안 곡한다. 그러므로 《춘추좌씨전》에 '신궁(新宮)이 불에 탄 일이 있었는데, 3일 동안 곡하였다.'라고 한 것이다.〔有焚其先人之室, 則三日哭. 故曰: 新宮火, 亦三日哭.〕"라고 한 부분을 인용한 것이다. 여기서 신궁이란 노(魯)나라 성공(成公) 3년에 선공(宣公)의 사당이 불타서 신주가 그 때 처음 들어갔으므로 그렇게 말한 것이다.

즐기고 애호하는 것을 물리치는 것은 학문이 수신(修身)에 근간을 두는 것이고, 궁위(宮闈)를 엄히 단속하고 근습(近習)을 억제하는 것은 학문이 제가(齊家)에 드러나는 것이며, 조정을 바르게 하고 소민(小民)들을 화합하게 하는 것은 학문이 치국(治國)에 미루어진 것입니다. 전하께서 유유범범하게 지내기를 일삼아서 시작하고 그만두기를 무상하게 반복하신다면 세월이 기다려주지 않아 후회해도 장차 돌이킬 수 없을 것이니, 어찌 크게 두려워할 만하지 않겠습니까.'[68]라고 하니, 상께서 얼굴빛을 바꾸고 겸허히 받아들이고는 충애(忠愛)로써 장려하였다.

무술년(1838, 헌종4) 봄에 《순조실록(純祖實錄)》을 찬수할 때에 실록총재관(實錄總裁官)이 되었는데, 완성을 고할 때에 전문(箋文)을 올려 사은(謝恩)하여 안구마(鞍具馬)를 하사받았고, 세초(洗草)하는 날에는 선온(宣醞)[69]하고 음악을 하사하셨으니, 여러 공(公)들과 시를 지어서 감격을 적었다. 당시 영상(領相) 이상황(李相璜)과 좌상(左相) 박종훈(朴宗薰)이 이어서 사면하여서 공이 홀로 기무(機務)를 담당하였다. 전후로 건의하여 아뢴 모든 것들로, 예컨대 작록과 상을 신중히 내리고 고과를 엄히 하며 과거의 폐단을 바로잡고 관방(官方)[70]을 가리며 재용을 절약하고 사치를 제거하며 군오(軍伍)를 고르게 하고 조적(糶糴)을 공평하게 하며, 연경(燕京)의 재화와 잡된 애호품을 금하고

68 장엄하게 날로……않겠습니까 : 이 내용은 《승정원일기(承政院日記)》 헌종(憲宗) 5년 1월 10일 기사에 보인다.

69 선온(宣醞) : 임금이 신하에게 궁중의 사온서(司醞署)에서 빚은 술을 내리는 것을 말한다.

70 관방(官方) : 관리가 지켜야 하는 규율을 말한다.

서울과 지방의 아전의 정원을 감면하는 등의 허다한 조치들이 당시의 병폐에 적절하게 들어맞지 않는 것이 없었다.

성상의 춘추가 점차 많아지면서 자주 강연(講筵)에 거둥하시니, 계옥(啓沃)[71]하여 임금의 덕을 성취시키는 공로는 바로 모름지기 날로 어진 선비들을 친히 해야만 얻어지는 것이라 여겼다. 이에 경연에서 아뢰어 서울과 지방에서 널리 공론을 모아 재주와 학식이 가장 저명한 이를 취하게 하여서, 여러 사람들이 추앙하는 사람으로서 김인근(金仁根), 송래희(宋來熙), 성근묵(成近默)과 같은 이들을 경연관(經筵官)에 차임하였고, 이양연(李亮淵)에게는 먼저 대간(臺諫)의 직임을 제수하였다. 이어서 널리 인재를 모으고 정성스러운 예(禮)를 다하여서 보도(輔導)하는 데에 보탬이 되게 하기를 청하자 상께서 옳다고 여기셨는데, 나 역시 여기에 참여하였다.[72]

9월에 종묘서(宗廟署)와 금위영(禁衛營)의 도제조를 겸직하였다. 겨울에 인견(引見)하였을 때에 나아가 말하기를 "근래의 고질적인 병폐로는 전정(田政)보다 심한 것이 없습니다. 시험 삼아 팔도(八道)의 시기전결(時起田結)의 원총(元摠)을 가지고 30년 전과 비교해보면 줄어든 것이 수만 결입니다. 간사한 짓이 날로 불어나고 경비(經費)가 날로 줄어들고 있는 것입니다. 지금 마땅히 조사해 정비하여 옛 법규를

71 계옥(啓沃) : 신하가 자기의 식견으로 임금을 잘 계도(啓導)하는 것을 이른다. 《서경(書經)》 〈열명(說命)〉에, 은(殷)나라 고종(高宗)이 그 재상 부열(傅說)에게 "그대의 마음을 열어 나의 마음을 적시라.〔啓乃心, 沃朕心.〕"라고 한 데서 유래하였다.

72 나……참여하였다 : 홍직필은 이해, 즉 1838년(헌종4) 12월에 성근묵(成近默)·이민행(李敏行)·이양연(李亮淵)과 함께 이조에서 재학(才學)으로 천거되었다. 《梅山集 卷53 年譜》 《承政院日記 憲宗 4年 12月 4日》

거듭 밝히되 송조(宋朝)의 지나간 사례를 참고하여 적용하여야 할 것입니다."[73]라고 하였다. 또 말하기를, "논농사만 유독 가뭄의 재해를 입는 것은 바로 부종법(付種法)을 폐하고서 오로지 이앙법(移秧法)만을 높이 여기기 때문입니다."[74]라고 하여, 부종에 대한 방략(方略)과 기계(器械)의 도본(圖本)을 여러 도(道)에 반포하였다.

기해년(1839, 헌종5)에 왜역(倭譯)이 죄가 있어 금오(金吾 의금부)로 하여금 신문하고 논핵하게 하였는데, 박명준(朴命浚), 이의교(李宜

73 근래의……것입니다 : 이 내용은 《승정원일기(承政院日記)》 헌종(憲宗) 4년 11월 20일 기사에 보인다. 시기전결(時起田結)이란 기간 중에 새로 일군 전답의 구실을 말한다. '옛 법규를 거듭 밝히되 송조(宋朝)의 지나간 사례를 참고하여 적용한다'는 말은 이지연(李止淵)이 아뢴 내용 중에 "삼가 살펴보건대 송나라 태종(太宗) 때에 명을 내려서 주(州)와 현(縣)의 빈 토지에 백성들이 밭을 갈아 영원한 생업으로 삼을 것을 허락하고, 인하여 3년의 조세를 견감하되, 수령이 개간을 권한 숫자를 모두 적었다가 공로를 표창하도록 하였습니다. 인종(仁宗) 때에는 조령을 내려 백성 중 유리된 지 10년이 된 자는 그의 밭을 다른 사람이 경작하도록 들어주되 3년 후에 부세를 거두게 하였습니다. 국전(國典)에는 '3년이 지난 진전(陳田)은 다른 사람이 경작함을 고하는 것을 허락한다는 글이 있습니다. 또 증주(增註)에 '진전으로 기경(起耕)하였음을 고한 자는 3년 후에 비로소 납세하도록 한다. 혹 땅의 주인이 와서 다투면 경작한 것의 3분의 1을 땅주인에게 주고, 3분의 2는 기간(起墾)한 자에게 주었다가, 경작한 지 10년이 되면 비로소 균등한 분배를 허용한다.'라고 하였습니다.〔謹按宋太宗時, 命州縣曠土, 許民佃爲永業, 仍蠲三歲租, 而悉書守令勸墾之數, 爲之旌賞. 仁宗時, 詔民流積十年者, 其田聽人耕, 三年後收賦. 國典有過三年陳田許人告耕之文. 又增註曰: 陳田告及起耕者, 三年後始令納稅, 或田主來爭, 則以所耕三分一給田主, 二給起墾者, 耕食十年, 始許均分.〕"라고 한 데 보인다. 인용된 국전(國典)의 글은 《경국대전(經國大典)》〈호전(戶典) 전택(田宅)〉에 보인다.

74 논농사만……때문입니다 : 이 내용 역시 《승정원일기(承政院日記)》 헌종(憲宗) 4년 11월 20일 기사에 보인다.

敎), 박명철(朴命澈) 등이 서로 미루면서 핑계를 대었다. 그러자 대신(大臣)에게 내려 의논하게 하여서 수범(首犯)과 종범(從犯)을 구분하여 해당 법률을 정하게 명하였고, 이어서 모두 한 법률을 적용하라는 하교가 있었다. 공이 "이 일은 한 법률로 끌어다 증명할 수 있는 글이 없습니다. 하물며 수범과 종범을 구분하지 않고 함께 사형의 조목을 적용한단 말입니까."라고 하니, 여러 정승들의 논의 또한 이와 같았다.[75] 그러자 판의금부사 김이재(金履載)가 상소하여 자신의 뜻을 밝히되 여러 대신들의 헌의 가운데 나온 구절들을 들추어 지적하면서 조목에 따라 변별하고 분석하였는데, 한 편의 글 뜻이 모두 공을 나무라고 공격하는 것이었다. 공이 인하여 부신(符信)을 바치고 물러나자, 상께서 연이어 사관(史官)을 보내어 돈면하여 부르셨다.[76] 공이 상소하여

75 왜역(倭譯)이……같았다 : 당시 대마도의 도주(島主)가 관백(關白)이 승습(承襲)하는 일로 인하여 자리를 비워서 도주의 아들이 대신 일을 맡고 있었는데, 도해관(渡海官)을 파견하였더니 도주가 돌아오지 않은 상태에서 연례(宴禮)를 경솔히 거행하였다. 이로 인해 동래 부사(東萊府使)가 그 통역을 맡았던 왜역들의 죄를 논하는 장계(狀啓)를 보냈는데, 그 장계가 경사에 이르자 도해관의 형이었던 이의교(李宜敎)가 훈도(訓導) 박명철(朴命澈)의 아들을 유도하여 중도에서 계본(啓本)을 돌려보내고 내용을 고쳐서 그 죄를 늦추게 하려고 하다가 일이 발각되었으므로, 의금부로 하여금 이 일을 엄중하게 조사하게 하였고, 이에 박명철의 형 박명준(朴命浚)과 이의교가 실제로 그 일을 계획하였음을 아울러 자백하였다. 이 일을 두고 판의금부사 김이재(金履載)가 수범과 종범을 구분하지 않는 법률의 조문이 있다는 데 의거하여 모두 대벽(大辟)으로 처리하기를 청하자 수렴청정 중이던 대왕대비 순원왕후(純元王后)가 본래 이를 따르고자 하였으나, 대신들이 수범과 종범을 구분하여 가벼운 쪽으로 형을 내리길 청하여서, 박명준과 이의교는 먼 섬으로 도배(島配)하고 박명철은 정배(定配)하라는 명이 내려졌다. 《憲宗實錄 5年 1月 21日》《承政院日記 憲宗 5年 1月 21日》

76 그러자……부르셨다 : 왜역 문제와 관련된 죄인들에 대한 처리를 논하고 하교가

힘써 사직하자, 동조(東朝 순원왕후)께서 김이재를 찬배하도록 명하고 또 지신(知申 도승지)으로 하여금 함께 오게 하였으며, 이어서 "내 대전(大殿)에 임하고자 하나 누구와 더불어 나라를 다스리겠는가. 모든 공사(公事)와 관련된 것들을 들이지 말라."라는 하교를 내렸다. 공이 부득이 돌아와 조정에 들어와서 차자를 아뢰어 사면하니, 후한 비답으로 돈면하였다.

2월에 약원 도제조(藥院都提調)에 제수되었다. 당시 사학(邪學)이 치성해 만연하였는데, 역관 한두 사람이 서양의 도적을 이끌고 오자 점차 불어나는 지경에 이르렀다.[77] 공은 서울과 지방의 오가통법(五家統法)을 거듭 밝혀서[78] 이로써 단속하여 정탐하고 금하는 방법으로 삼

내려진 다음날인 1월 22일 판의금부사 김이재(金履載)가 상소를 올려서 죄인들을 수범과 종범의 구분이 없이 같은 형률로 처벌하는 것이 정당함을 아뢰었다. 그러자 이틀 뒤에 우의정으로 있던 이지연(李止淵)이 도성 밖으로 나갔고, 임금이 사관(史官)을 보내어 부르자 "금부 당상(禁府堂上)의 상소 가운데 신이 헌의한 구절의 말을 비록 떼어서 지적하지는 않았으나, 한 편의 취지는 모두 신에게 귀속시켰습니다."라고 하면서 형벌을 청하였다. 《憲宗實錄 5年 1月 22, 24日》

77 당시……이르렀다 : 1838년(헌종4) 12월경에 사교(邪敎)가 전국에 퍼져있음을 알게 되어 이듬해 8월에 대대적으로 옥사(獄事)를 다스리기 시작하였는데, 이때 서양 사람으로 프랑스 신부인 나백다록(羅伯多祿), 정아각백(鄭牙各伯), 범세형(范世亨)과 더불어 역관(譯官)인 유진언(劉進吉), 정하상(丁夏祥) 등이 체포되어 처형을 당했다. 역관들은 서양 신부를 맞이해 와서 교주로 삼고 또 혹은 아동들을 서양에 보내어 서양의 학술을 배우도록 하였다는 죄명을 입었다. 《五洲衍文長箋散稿 經史篇 釋典類 西學 斥邪敎辨證說》《憲宗實錄 5年 8月 14日》

78 공은……밝혀서 : 오가통법이란 민호(民戶) 다섯 집을 한 통(統)으로 편성하는 호적법을 말한다. 《경국대전(經國大典)》의 호적조(戶籍條)에 "서울이나 지방에 5호를 1통으로 하고, 통에 통주(統主)를 둔다."라고 하였다. 《승정원일기(承政院日記)》 헌종

았다. 재상의 지위에 있은 지 2년이 되는 해에 시사(時事)가 어려운 것을 보고는 직임에서 물러날 것을 결심하여 세 번 상소를 올려서 체차되어 서추(西樞 중추부)에 붙여졌다. 공은 선조(先朝)의 특별한 대우에 감동하고 동조(東朝 순원왕후)께서 위임하여 맡겨준 데에 힘입어 나라를 걱정하여 사사로움을 잊어서 알면 힘써 하지 않음이 없었다. 그러나 어진 사람의 벼슬길이 순탄치 않아 시기가 날로 심해졌다. 옛 도(道)를 행하면 이를 일러 오활하다고 하고, 당시의 폐단을 바로잡으면 어지럽게 바꾼다고 지목하고, 시무를 담당하면 전횡하는 것으로 귀속시켰다.

경자년(1840, 헌종6) 9월에 대사간 이재학(李在鶴)이 글을 올려 탄핵하여 온 집안을 비난하여 배척하였고,[79] 수찬(修撰) 심승택(沈承澤)

(憲宗) 5년 9월 30일 기사에 이지연(李止淵)이 "지난날 사학(邪學)의 일로 오가통법을 거듭 밝혔으나 모든 일이 오래되면 해이해지기 쉬운 법이니, 안으로는 서울 5부와 밖으로는 8도와 4부까지 각 관할하는 지방에 민호를 통으로 편성하는 법제를 거듭 정비하고 규찰하는 정치를 엄히 행하여, 혹시라도 숨겨서 알리지 않고 어두워서 살피지 못하였다가 다른 곳의 염탐에서 드러나게 된다면 소위 통수는 범법자와 같은 형률에 적용할 것이며 이임(里任)과 면임(面任) 및 지방관 역시 따로 중죄로 다스릴 것이라는 뜻으로 별도로 경외에 신칙하여서 각각 두려워하며 따라 행하게 하는 것이 어떻겠습니까?〔向以邪學事, 申明五家統之法, 而凡事久則易懈, 內而京兆五部, 外而八道四都, 各其所管地方, 申修統戶之制, 嚴行糾察之政, 而如或匿不以聞, 矇不致察, 而現發於他歧廉探, 則所謂統首, 當與犯者同律, 而面里任及地方官, 亦以別般重繩之意, 另飭京外, 俾各惕念遵行何如?〕"라고 아뢴 말이 보인다.

79 대사간……배척하였고 : 1840년(헌종6) 9월 27일 대사간 이재학(李在鶴)이 상소를 올려서 판중추부사로 있던 이지연(李止淵)과 그의 아우 이조 판서 이기연(李紀淵)이 높은 지위에 올라 온 집안의 사욕을 채우며 탐욕을 그치지 않아서 세도를 그르치고 있는바 온 조정에서 공분을 사고 있으므로 각각 문외출송하고 귀양을 보내야 한다고 청하였다가 간삭(刊削)되었다.《憲宗實錄 6年 9月 27日》

의 상소가 나옴에 윤상도(尹尙度)를 신문하여 처벌하던 당시의 일을 더 보태어 넣었으며,[80] 이어서 대사헌(大司憲) 이희준(李羲準)의 상소[81]가 있었다. 이에 대관(大官)이 창도하고 삼사(三司)가 이를 이어서 화(禍)를 장차 예측할 수 없었다. 19일이 지나 유배를 보내라는 명이 내려지니, 공은 명천(明川)으로 찬배되었고 공의 아우는 고금도(古今島)에 안치되었다.

공은 명을 들음에 조금의 기색도 없이 아우의 손을 잡고 말하기를, "우리 형제가 40년 동안 잇달아 조정에 있으면서 나라의 은혜를 두텁게 입었으되 하나도 보답하지 못하였으니, 죄를 받는 것이 진실로 당연하다."라고 하였다. 여러 자식들에게 가르쳐 말하기를, "'환난에 처했으면

80 수찬(修撰)……넣었으며 : 1830년(순조30)에 부사과(副司果) 윤상도(尹尙度)가 상소를 올려서 당시의 호조 판서 박종훈(朴宗薰), 전 유수(留守) 신위(申緯), 어영대장 유상량(柳相亮)이 예은(睿恩)을 저버리고 악행을 일삼았다고 비판하면서 처벌할 것을 주장하였다가 추자도에 위리안치된 일이 있었다. 그 후 조정에서 이것이 한낱 시골 출신으로 한미한 자리에 있던 윤상도가 혼자서 할 수 있는 논의가 아니라고 하여서 1840년(헌종6)에 윤상도를 잡아와 국문하여 그 연원을 조사하게 하였는바, 그 배후에 허성(許晟)과 김양순(金陽淳) 등이 있었음이 밝혀져 윤상도와 함께 역적으로 처형되었다. 그 후 같은 해 9월 29일 수찬 심승택(沈承澤)이 상소를 올려서 윤상도를 잡아왔을 때에 허성이 이지연(李止淵) 형제를 찾아가서 계책을 묻고 함께 수작을 부렸는데 이 형제가 친근하지 못한 이들을 모두 모함하고 겉으로는 근심하는 척을 하였다고 주장하면서 이들에게 형벌을 시행할 것을 청하였다.《純祖實錄 30年 8月 28日, 11月 25日》《憲宗實錄 6年 7月 10日, 8月 27·30日, 9月 29日》

81 대사헌(大司憲) 이희준(李羲準)의 상소 : 대사헌 이희준이 1840년(헌종6) 10월 1일에 상소를 올려, 역적 윤상도(尹尙度)와 관련하여 일어났던 국옥(鞫獄) 때에 밝혀진 이지연(李止淵) 형제의 간흉한 짓은 조금도 용서할 수 있는 일이 아니므로 서둘러 형률을 집행해야 한다고 주장하였다.《承政院日記 憲宗 6年 10月 1日》

환난에 맞게 행해야 한다.〔素患難行乎患難〕'[82]라는 일곱 글자는 바로 오늘날 힘써야할 바이다. 십분 두려워하고 삼가서 독서를 게을리 하지 말아야 한다. 범 충선(范忠宣)은 70세에 만 리길을 갔으니,[83] 지금 내가 처한 상황은 그것에 비하면 도리어 관대한 은전에 속한다. 사생(死生)과 화복(禍福)은 천명인 것이다."라고 하고, 마침내 편안히 길에 올랐다. 명천(明川)은 관북(關北)의 조악한 땅으로 사람들이 견디지 못하는 곳이었는데, 공은 험난한 곳에 처하여 곤경을 겪음에 한결같이 집에서 거처하는 것처럼 하여서 흉중이 담박하여 응어리진 뜻이 없었다. 의복과 베개와 안석을 모두 흰 것을 사용하였으며 종일토록 단정히 앉아 《주역(周易)》을 강독하여 손수 《차의(箚疑)》 두 권을 썼다. 비록 자제들의 서찰이라 하더라도 다만 안부만을 알릴뿐, 절대 다른 말을 언급하지 않았다.

신축년(1841, 헌종7) 8월 17일에 귀양지에서 졸하니, 향년 65세였

82 환난에 처했으면……한다 : 《중용장구》 제14장의 "군자는 자신이 처한 위치에 맞게 행동하고 그 밖의 것은 바라지 않는다. 부귀한 위치에 있으면 부귀함에 맞게 행동하고, 빈천한 위치에 있으면 빈천함에 맞게 행동하고, 오랑캐 땅에 있으면 오랑캐에 맞게 행동하고, 환란에 처했으면 환란의 상황에 맞게 행동하는 것이니, 군자는 어디에 있든 자득(自得)하지 않는 경우가 없다.〔君子素其位而行, 不願乎其外. 素富貴, 行乎富貴; 素貧賤, 行乎貧賤; 素夷狄, 行乎夷狄; 素患難, 行乎患難. 君子無入而不自得焉.〕"라고 한 데서 발췌한 말이다.

83 범 충선(范忠宣)은……갔으니 : 범 충선은 북송 중기의 명신인 범순인(范純仁, 1027~1101)으로, 자는 요부(堯夫), 시호는 충선이며, 명재상 범중엄(范仲淹)의 아들이다. 벼슬이 상서복야(尙書僕射)에 이르렀고 왕안석과 대립하였으며, 철종(哲宗) 때에 사마광과 함께 신법을 폐지하고 옛 정사를 회복하는 데 앞장섰으나, 1093년 철종이 친정(親政)을 시작하면서 신법당(新法黨)의 장돈(章惇) 등에게 배척을 받아 70이 가까운 나이에 영주(永州)로 좌천되었다.

다. 3일 전에 앞산에 별이 떨어지고, 또 흰 기운이 무지개처럼 지붕 위에 가로질러 걸쳐있었다. 역책(易簀)[84]할 때 정신과 기식(氣息)이 밝지 못하였는데도 종용히 가지런하고 여유로워서 조금도 죽음을 슬퍼하는 기색이 없었고, 〈억묘군(憶卯君)〉 시를 지어서 은연중에 결별의 정을 두었을 뿐이었다. 9월에 장단(長湍)에 영구가 돌아왔고, 10월에 동도(東道)의 고읍리(古邑里) 부임(負壬 남향)의 언덕에 장례 지냈다. 부인을 먼저 왼편에 장례 지냈었다가, 이때 합봉(合封)하였다. 갑진년(1844, 헌종10)에 대계(臺啓)가 정지되었고, 기유년(1849, 헌종15)에 서용하라는 명이 있었다.

공은 타고난 자질이 영특하고 순수하였으며 덕성이 온화하였다. 얼굴이 훤하고 이마가 훤칠하였으며 키가 크고 몸이 펼쳐져 윤택하였으며, 수염이 미려하고 의용이 우뚝하였고, 곧고 밝으며 강직하고 분명하면서도 돈후함을 잃지 않았다. 부모님을 섬길 때 사랑과 공경을 모두 지극히 하여서, 집안이 본래 청빈하여 맛있는 음식이 넉넉하지 못하였지만 내실(內室)과 의논하여 약간이라도 얻으면 곧 봉양하였다. 근심스러운 얼굴로 부모님을 뵌 적이 없었으며, 또한 사사로운 저축을 둔 적이 없어서, 녹봉과 보내준 선물은 반드시 부모님께 쓸 곳을 여쭈었다.

을유년(1825, 순조25)에 영남에 있으면서 어느 날 문득 슬픔이 마음속에 모여드는 것을 깨달았는데, 다음 날 아침 의정공(議政公)의 우환

84 역책(易簀) : 학식과 덕망이 높은 사람의 죽음이나 임종을 이르는 말로, 증자(曾子)가 임종 시에 자신이 깔고 누운 대자리가 신분에 맞지 않음을 깨닫고 즉시 자리를 바꾸었던 일에서 온 말이다.《禮記 檀弓上》

을 알리는 소식이 이르렀고, 얼마 지나지 않아 부음이 잇달아 이르러서, 미처 임종을 지키지 못한 것을 지극한 한으로 여겼다. 모부인(母夫人)이 이어서 또 별세하시니, 상여를 부여잡고 울부짖으면서 거의 목숨을 해칠 뻔하였다. 두 아우와 함께 거처하며 예(禮)를 강론하여서 최질(縗絰)을 몸에서 벗지 않았으며, 아침저녁으로 올리는 제전(祭奠)을 병이 났더라도 혹시라도 대신 행하게 한 적이 없었고 달마다 반드시 성묘하였다. 복을 벗고서는 새벽에는 반드시 사당에 뵈었으며, 휘일(諱日)에 곡할 때마다 단괄(袒括)[85]하였을 때와 같이 하였다.

형제간에 우애가 돈독하여 한 집에 단란하게 모여서 집안에 화락한 기운이 흘러넘쳤다. 만년에야 비로소 재산을 나누어 한 마을에 동쪽과 서쪽으로 집을 나누어 살아서, 편지를 써서 하인을 시켜 분주히 왕래하였으며, 나이와 관작이 모두 높아지는 때에 이르러서는 지팡이를 짚고서 왕래하면서 고금을 담론하였으며 수창(酬唱)하는 것을 낙으로 삼았다. 두 누이가 가난하고 병이 들자 데리고 와서 같은 마을에 두고서 입을 것과 먹을 것을 함께하였다.

봉록이 많았으나 모두 가난한 이를 구제하는 데에 써서, 이를 기다려서 밥을 지은 사람들이 수십 가(家)였다. 범육장(范六丈)의 의장(義庄)[86]을 따라서 선영(先塋) 아래에 밭을 두고 해마다 그 수입을 거두어

85 단괄(袒括) : 두루마기 등 웃옷의 한쪽 소매를 드러내고 관(冠)을 벗고서 삼으로 머리를 묶는 것으로, 어버이의 상(喪)을 당했을 때에 하는 예법을 말한다.

86 범육장(范六丈)의 의장(義庄) : 범육장은 송나라 때의 문인인 범중엄(范仲淹)을 가리킨다. 범중엄의 어머니가 주씨(朱氏)에게 개가했는데, 그의 항렬이 여섯 번째여서 범육장이라 불렸다고 한다. 의장은 가난한 족인(族人)들을 도와주기 위해 마련한 전지(田地)로, 여기서 거둔 곡식으로 결혼이나 장례를 치르도록 도와주었다고 한다. 《宋史

서 종인(宗人) 가운데 가난하여 상(喪)을 치를 수 없는 사람을 도와주었다. 임진년(1832, 순조32)과 계사년(1833)에 해를 거듭하여 흉년이 들어 도성 아래의 가난한 선비들이 곧 굶어 죽는 도탄에 빠질 지경에 처해있었다. 공은 사람을 시켜서 그 중 더욱 심한 사람을 찾아서 그때마다 쌀과 돈을 가지고 그 집에 가서 투척하게 하였는데 이를 받는 사람은 이것이 실로 어디에서 온 것인지를 알지 못하였으니, 이는 오로지 급난을 구제하려는 데서 말미암은 것으로, 이로써 은혜로 여겨주기를 구하지 않았다.

다른 사람을 접할 때 온화한 기색으로 회포를 터놓았으며 수작함에 있어서 곡진하고 온당하게 하였으니, 하인들이나 아전과 서리에게서 모두 환심을 얻었다. 평소 거처할 때에 의관을 반드시 단정하게 하였으며 책상과 서책이 어지럽지 않아서 집안사람과 자제들이 흩어진 모습을 한 번도 보지 못하였다. 화미한 완호지물을 하나도 마음에 두지 않아서 집안에 긴요하지 않은 물건이 없었고, 오직 서적 여러 상자가 있을 뿐이었다. 각 문체를 지은 것이 절로 일가(一家)를 이루었지만, 스스로 겸손히 하여서 사장(詞章)으로 자처하지 않았다. 다른 집안의 비문(碑文)이나 제문(祭文), 뇌문(誄文) 등을 구차히 짓는 것을 기꺼워하지 않았다. 필법이 단정하고 엄밀하여서, 노력한 적이 없었지만 자득한 지취가 있었다. 만년에 《희경(羲經)》[87]을 즐겨 읽었고, 《노론

卷314 范仲淹列傳》

87 희경(羲經) : 《주역(周易)》을 말한다. 복희씨(伏羲氏)가 황하(黃河)에서 나온 용마(龍馬)의 그림을 보고 팔괘(八卦)를 그어서 처음으로 《주역》을 만들었기 때문에 붙여진 이름이다.

(魯論) 논어》에 더욱 많이 공력을 들여서, 우환이 있거나 유리(流離)할 때에도 공부를 그치지 않았다. 천문과 병학(兵學)에도 깨달은 점이 많았는데, 저술하신 《만리촉(萬理燭)》 1권과 《습무지(習武志)》 1권이 있어 대나무 상자에 보관되어 있다.

젊었을 때에 어떤 권세 있는 재상이 공의 명성을 듣고는 사람을 보내어 정성스러운 뜻을 보이면서 추천할 의사를 두었는데, 공은 사양하며 말하기를, "선비는 마땅히 기물을 감추고 쓰이기를 기다려야 하니,[88] 쉴 새 없이 벼슬길에 나가기를 구한다면 마음에 부끄러움이 있지 않겠는가."라고 하였다. 관직에 임하여서 먼저 이로움과 병통을 궁구하였으며, 당장에만 임시로 편안하거나 요행을 바라는 계책을 하지 않았다. 대각(臺閣)에서 간쟁하고 영관(瀛館)[89]에서 의논하고 후원(喉院 승정원)에서 왕명을 출납하고 전지(銓地 전조(銓曹))에서 공정한 도리를 펼치고 묘당(廟堂 의정부)에서 계책에 힘을 다할 때와 소(疏)나 계(啓), 강론(講論)과 주의(奏議)를 펼칠 때에, 모두 다스림의 요점에 있어서 절실하게 들어맞았다. 공은 수십 년 동안 기밀을 맡은 자리에 있으면서 사람들이 눈을 부릅뜨고 노려보는 곳에 처하여서 공변된 마음과 바른 도리로써 좌우에서 두루 경륜하여서, 거의 견보(牽補)[90]하여 유지하는

88 기물을……하니 : 재능을 감추고서 쓰일 때를 기다려야 한다는 뜻으로, 《주역(周易)》 〈계사전 하(繫辭傳下)〉에 공자(孔子)의 말을 인용하여 "군자가 기물을 몸에 보관하여 때를 기다려 움직이면 어찌 이롭지 않음이 있겠는가.〔君子藏器於身, 待時而動, 何不利之有?〕"라고 하였다.

89 영관(瀛館) : 본래 당 태종(唐太宗)이 세운 문학관(文學館)으로, 전하여 홍문관(弘文館)과 같이 문인(文人)이나 학사(學士)들이 모여 경적(經籍) 및 문한(文翰)을 맡아보던 관청을 가리킨다.

공력이 있게 되었다. 그러나 조급하게 다투는 무리들이 형적을 엿보고 후함과 박함을 저울질해 견강부회하는 것이 점차 젖어들어 이르지 않는 바가 없어서, 차츰 경인년의 무고[91]와 기해년의 참소[92]를 이루게 되었다.

이보다 앞서 이인부(李寅溥)가 소조(小朝)에게 상소를 올렸다가 즉시 삼전(三銓)에 특별히 제수하라는 명을 입었다. 상소의 내용이 나라의 대권(大權)을 총괄하고 현인을 높이며 척신(戚臣)을 배척하라는 것으로 종지를 삼았으며, 이어서 호오(好惡)를 분명히 보이고 사류(士類)를 등용하기를 청하였는데, 신의학(愼宜學)이 마침 흉서(凶書)를 던져서 국문하고 조사하여 법을 적용하게 되었다.[93] 공은 이인부의 상

90 견보(牽補) : 담쟁이덩굴을 끌어다 새는 집을 기운다는 말로, 어려운 상황에 힘써 응하여 대처하는 것을 이른다. 두보(杜甫)의 시 〈가인(佳人)〉에 "계집종이 구슬을 팔아 돌아와서, 담쟁이덩굴을 끌어다 새는 띳집을 기웠네.〔侍婢賣珠廻, 牽蘿補茅屋.〕"라고 한 데서 온 말이다.

91 경인년의 무고 : 경인년은 1830년(순조30)으로, 이해 정언(正言) 신윤록(申允祿)이 이인부(李寅溥)와 신의학(愼宜學)에 연루시켜 이지연(李止淵)을 탄핵한 일을 말한다. 자세한 내용은 324쪽 주42 참조.

92 기해년의 참소 : 기해년은 1839년(헌종5)으로, 왜역(倭譯)의 죄를 다룬 장계를 감추고 고치려 한 이들의 죄를 논할 때에 이지연(李止淵)을 비롯한 대신들에게 잘못이 있다고 하여 판의금부사 김이재(金履載)가 상소를 올린 일을 말한다. 자세한 내용은 337쪽 주75 참조.

93 이보다 앞서……되었다 : 소조(小朝)는 당시에 순조를 대신하여 대리청정을 하고 있던 효명세자를 말한다. 1829년(순조29) 8월에 대사간으로 있던 이인부(李寅溥)가 효명세자에게 상소를 올려 그날 바로 이조참의에 제수되었는바, 삼전(三銓)은 이조참의를 뜻한다. 그러다가 그해 11월 부호군(副護軍) 신의학이 상소를 올려서 이인부까지는 탄핵을 받게 되었는바, 신의학의 흉서란 이를 말한다. 훗날 이 일에 이지연(李止淵)

소가 나왔을 때에 기미를 듣고서 사체(事體)와 의체(義諦)로써 조정하여 깨우쳐 이끌어서 국가를 부지해 보호하고 사람들을 놀라게 할 기미를 미리 꺾으려 하였으니, 이것이 바로 공이 크게 식견과 사려를 쓴 곳이었다. 그러나 다만 시종 입을 닫고서 자랑하지 않고 발설하지 않았기 때문에 공의 지극한 고심을 아는 이가 없었고, 도리어 밝히기 어려운 죄안을 만들어서 마침내 바로 앞의 화근을 이루게 되었다.

오직 하늘의 해가 삼라만상을 밝게 비추고 신명이 거울처럼 임하고 계시니, 공에게는 진실로 한 점의 흠도 없어서 허상과 환술이 모의할 곳이 없다. 비유하자면 마치 뜬구름이 저절로 일어났다 사라지는 것과 같으니, 세도(世塗)의 험난함을 또한 여기에서 볼 수 있다. 유고(遺稿) 약간 권이 있어 집안에 보관되어 있다. 평소 임천(林泉)에 뜻을 두어 만년에 녹천(鹿川)의 선장(先庄)을 수리하고서 장차 각건(角巾)을 쓰고 물러나 은거하고자 하였으나, 초복(初服)[94]을 이루지 못하여 구름 낀 골짜기에 여운이 남아있다.

배위인 양주 조씨(楊州趙氏)는 정자(正字)로 수찬(修撰)에 추증된 경규(景逵)의 따님이다. 아녀자의 도리를 능히 갖추어서 종족과 향당에서 칭찬하였다. 공과 같은 해에 태어나 공보다 13년 먼저 별세하여서 정경부인(貞敬夫人)에 추증되었다. 두 아들 중 인고(寅皐)는 문과에 급제하여 지금 참판(參判)이며, 종부형(從父兄)에게 출계하여 찬

까지 연루되어 탄핵을 받게 되는데, 이와 관련된 자세한 내용은 324쪽 주42 참조.

94 초복(初服) : 출사(出仕)하기 전에 입던 의복으로 벼슬을 그만두고 벼슬하기 전의 생활로 돌아감을 뜻한다. 굴원(屈原)의 《초사(楚辭) 이소경(離騷經)》에 "물러나 장차 다시 나의 초복을 손보리라.〔退將復修吾初服.〕"라고 한 데서 온 말이다.

성공(贊成公 이명중(李明中))의 제사를 모시고 있다. 인설(寅卨)은 전 참봉(參奉)이다. 서자인 인악(寅岳)은 이문학관(吏文學官)이다. 참판의 3남은 헌하(憲夏), 준하(遵夏), 만하(萬夏)이며, 측실의 소생은 4남 3녀로, 언하(彦夏)는 학관의 뒤를 이었다. 참봉은 2남 2녀를 두었다. 헌하(憲夏)는 1녀를 두었고, 준하(遵夏)는 1남 1녀를 두었는데 모두 어리다.

공은 지려(志慮)가 심원하고 풍도가 장중하여 수양을 더하지 않고서도 혼연히 덕이 이루어졌다. 선악의 구분과 의리의 변별에 이르러서는 한 칼에 두 동강을 내기를 마치 물이 골짜기로 달려가듯이 하였으며, 조정에 있을 때에는 엄연히 홀을 바르게 잡고서 서 있음에 옛 대신(大臣)이 소리와 기색을 동요하지 않는 기상이 있었다. 순묘(純廟 순조)의 아낌과 관심을 유독 입었던 것이 심상한 정도를 훨씬 뛰어넘었으며, 재상에 제수된 날에 자성(慈聖 순원왕후)께서 이끌어 깨우쳐주신 것이 마치 선인태후(宣仁太后)가 소 문충(蘇文忠)에게 베푼 것[95]과 같았다.

95 선인태후(宣仁太后)가……것 : 소 문충(蘇文忠)은 중국 송(宋)나라의 문장가이자 정치가였던 소식(蘇軾, 1037~1101)으로, 자는 자첨(子瞻), 호는 동파거사(東坡居士), 시호는 문충이다. 그는 구법당(舊法黨)에 속하여서 신법(新法)을 주장하던 왕안석(王安石)과 대립하였는데, 신법당의 의견을 따랐던 신종(神宗)이 붕어하고 철종(哲宗)이 즉위하여 신종의 모후인 선인태후가 수렴정치를 하자, 다시 조정에 들어와 예부낭중(禮部郎中) 등을 거쳐 한림학사(翰林學士)에 시독(侍讀)을 겸하게 되었다. 선인태후가 소식을 아꼈는데, 철종 원우(元祐) 2년(1087) 소식이 금중(禁中)에서 숙직할 때에 선인태후가 그를 불러 편전(便殿)에 입대(入對)하게 하고는 그대가 갑자기 높은 벼슬에 이른 것은 선제(先帝)의 뜻이었다고 하면서 독려하며 함께 눈물을 흘리고는 차를 하사하고 어전에 있던 금련촉(金蓮燭)을 빼 주었다는 일화가 전해진다. 《宋史 卷338 蘇軾列傳》

공은 지우(知遇)에 감사하는 마음이 가슴에 맺혀 생사 간에 앞을 향하여서, 시종 절개를 한결같이 지켜서 평탄함과 험난함을 가리지 않았다. 매번 기일을 만날 때마다 상복을 입고서 슬퍼하고 사모하기를 마치 상(喪)을 처음 당하였을 때처럼 하였으니, 여기에서 어진 군주와 훌륭한 신하가 만난 것을 볼 수 있다.

평소에 경세제민(經世濟民)의 뜻을 마음에 깊이 쌓아서 항상 나라를 살리고 백성을 잘살게 하는 것에 노심초사하였다. 평소 말하기를 "조정에는 요행으로 지위를 차지한 이들이 많고 민간에는 유민(遊民)들이 많아서 차츰 나라의 계책이 망극한 지경에 이르렀다. 기보(畿輔 경기) 지역은 땅이 척박하고 백성은 빈곤한 것이 팔도 가운데 가장 심한데 사도(四都)[96]를 설치하여 정공(正供)이 모두 분사(分司)에 속하니, 만일 다스려서 정돈하지 않는다면 경비가 더욱 고갈될 것이다."라고 하였고, 더욱 양전(量田)을 급선무로 삼았다. 폐단을 설명할 때에는 반드시 그 폐단이 유래한 바를 따지고, 폐단을 진달할 때에는 반드시 구제하여 조처할 방법을 거론하였다. 그 긴절하였던 사의(事宜)를 논해보자면, 마치 바둑을 잘 두는 이가 패배한 국면을 받아서 위기를 전환하여 편안하게 만드는 것과 같았고, 이름난 의사가 위중한 병을 대하여서 환자를 기사회생하게 하는 것과 같았다. 만일 능히 마음이 하고자 하는 바를 따를 수 있었다면, 거의 절반이나마 구제하여 혜정공(惠定公 이유(李濡))이 완료하지 못한 지업(志業)을 계승할 수 있었을 터였으나, 형세가 가로막혀 여러 백성으로 하여금 도탄에서 벗어나 안정으로 돌아가

96 사도(四都) : 조선 시대 한성부를 제외한 경관직(京官職) 유수(留守)가 주재하는 곳으로 수원부(水原府), 광주부(廣州府), 개성부(開城府), 강화부(江華府)를 말한다.

지 못하게 하였다. 범 문정(范文正)처럼 걱정을 먼저 하고 즐거움을 나중에 하는 것[97]이 바로 공이 바라는 바였지만 가 장사(賈長沙)처럼 통곡하고 눈물을 흘렸던 것[98]은 때가 그러했기 때문이었으니, 아아 애석하도다.

공은 이른 나이부터 명성을 드날려서 청현직(淸顯職)을 역임하였고 나아가 나라의 정권을 잡음에 공효가 이미 일어났으니, 때를 만났다고 하더라도 가할 것이다. 끝내는 명목이 없는 화(禍)에 걸려서 먼 외딴 곳에 물러나 은거하여 천고의 한을 품었으니, 그렇다면 때를 만나지 못하였다고 해도 또한 가할 것이다. 그러나 때를 만나고 만나지 못하는 것은 비록 사람의 일이지만 또한 하늘에 달린 것이니, 어찌 공에게 간여함이 있겠는가. 나는 경재(警齋) 홍공(洪公 홍대응(洪大應))의 강석에서 공을 알게 되었는데, 공과 나는 어린 나이에 서로를 의지하여 교분이 정성스럽고 돈독하였다. 청운과 진흙길로 길을 달리하고 은둔

97 범 문정(范文正)처럼……것 : 범 문정은 송(宋)나라의 명재상 범중엄(范仲淹)으로 문정은 그의 시호이다. 그의 〈악양루기(岳陽樓記)〉에 "옛사람은 높이 묘당에 있을 때에는 백성을 걱정하였고, 멀리 강호에 있을 때에는 군주를 걱정하였다. 이는 조정에 나아가서도 걱정하고 물러나서도 걱정하는 것이니, 그렇다면 어느 때에 즐거워할 수 있었겠는가. 그는 필시 천하의 걱정을 누구보다도 먼저 걱정하고, 천하의 즐거움을 누구보다도 나중에 즐긴다고 할 것이다.〔居廟堂之高, 則憂其民; 處江湖之遠, 則憂其君. 是進亦憂退亦憂, 然則何時而樂耶? 其必曰 : 先天下之憂而憂, 後天下之樂而樂歟!〕"라고 하였다.

98 가 장사(賈長沙)처럼……것 : 가 장사는 한(漢)나라 때 장사왕(長沙王)의 태부(太傅)를 지낸 가의(賈誼)를 말한다. 그는 문제(文帝)에게 사세(事勢)를 논하면서 치안책(治安策)을 올렸는데, 그 처음에 "신이 사세를 살펴보건대 통곡할 일이 하나 있고, 눈물 흘릴 만한 일이 두 가지 있고, 장탄식할 만한 일이 여섯 가지 있습니다.〔臣竊惟事勢, 可爲痛哭者一, 可爲流涕者二, 可爲長太息者六.〕"라고 하였다. 《漢書 卷48 賈誼傳》

함과 현달함으로 추향을 달리 하였지만, 막힌 것은 형적이었고 막히지 않은 것은 마음이었다.

공의 맏아들 인설(寅卨)이 가전(家傳)을 적어서 나에게 불후하게 하는 글을 지어주기를 부탁하였다. 나는 식견은 덕을 알기에 부족하고 글은 덕을 형용하기에 부족하지만, 그 간절한 정성에 감격하여 늙고 병든 것을 헤아리지 않고 병을 무릅쓰고서 붓을 적셔 글을 써서 독실하게 의논할 군자를 기다리는 바이다.

단인[99] 홍씨 행장 갑오년(1834, 순조34)

端人洪氏行狀 甲午

단인(端人) 홍씨(洪氏)는 남양(南陽) 사람이니, 고려 태사(太師) 휘 은열(殷悅)을 비조로 삼는다. 본조(本朝)에 들어와 문정공(文貞公) 휘 성민(聖民)[100]과 문간공(文簡公) 휘 명하(命夏)[101]가 모두 문장과

99 단인(端人) : 문무관의 아내에게 봉해주는 외명부(外命婦) 8품의 봉작(封爵)이다.

100 문정공(文貞公) 휘 성민(聖民) : 홍성민(洪聖民, 1536~1594)으로, 자는 시가(時可), 호는 졸옹(拙翁), 본관은 남양(南陽), 시호는 문정이다. 1561년(명종16) 진사가 되고, 1564년 식년문과에 병과로 급제하여 정자(正字)·교리(校理) 등을 지냈다. 1567년 사가독서(賜暇讀書)한 뒤 대사간이 되었으며, 1575년(선조8) 호조참판이 되었고 사은사로 명나라에 건너가 종계변무(宗系辨誣)에 힘써서 황제의 허락을 받아 돌아왔다. 그 뒤 부제학·예조판서·대사헌·경상 감사 등을 역임하였고, 1590년 종계변무의 광국공신(光國功臣) 2등에 책록되고, 익성군(益城君)에 봉해졌다. 이듬해 판중추부사가 되었다가 정철(鄭澈)이 실각하면서 일당으로 몰려 부령으로 유배되었다가, 1592년 임진왜란이 일어나자 특사로 풀려나 복관되어 대제학을 거쳐 호조판서에 이르렀다. 저서로는 《졸옹집》이 있다.

101 문간공(文簡公) 휘 명하(命夏) : 홍명하(洪命夏, 1607~1667)로, 자는 대이(大而), 호는 기천(沂川), 본관은 남양(南陽), 시호는 문간이며, 홍성민(洪聖民)의 손자이다. 1630년(인조8) 생원이 되고, 1644년 별시문과에 을과로 급제하였고, 1646년 문과중시에 병과로 급제하여 정언·교리·부수찬·헌납 등을 지냈다. 1649년 이조좌랑으로 암행어사가 되어 부정한 관리를 적발하였으며, 1650년(효종1) 이조정랑을 거쳐 1652년 동부승지에 승진하였고, 이듬해 한성부 우윤이 되었다. 대사간으로 사은부사(謝恩副使)가 되어 청나라에 다녀오고, 그 후 이조와 예조의 참판, 부제학·대사헌·형조판서를 지냈으며 약방제조(藥房提調)가 되었다. 1659년 효종이 죽자 삭직되었다가 다시 등용되어, 예조와 병조의 판서를 거쳐 1663년(현종4) 우의정이 되고, 이듬해 사은

덕업으로 사림의 영수가 되었다. 3대를 내려와 현령 휘 헌유(獻猷)에 이르렀으니, 이 분이 단인의 증조이다. 조부 휘 익현(益顯)은 통덕랑(通德郞)이고 선고 휘 병철(秉喆)은 홍문관 교리이다. 교리공(校理公)은 연안 김씨(延安金氏)로 통덕랑 휘 유(鎏)의 따님에게 장가가서 단인을 낳았다.

단인은 빼어난 자질을 타고나서 총명함과 효성과 우애가 다른 사람들보다 훨씬 빼어났다. 조금 자라서는 경사(經史)의 대의(大義)에 대략 통하였으며, 길쌈을 하고 음식을 장만함에[102] 모두 지극히 민첩하고 통달하였다. 교리공(校理公)은 일이 있으면 반드시 묻고서 말하기를, "마음가짐이 곧고 바를 뿐 아니라 식견이 절로 높으니, 남자가 되지 않은 것이 안타깝구나."라고 하였다.

15세에 안동 권씨(安東權氏) 승사랑(承仕郞) 휘 용경(用敬)에게 시집갔으니, 승사공(承仕公)은 한수재(寒水齋) 선생 휘 상하(尙夏)[103]의 6세손이자 산수헌(山水軒) 휘 진응(震應)[104]의 증손이다. 산수공(山水

겸 진주사(謝恩兼陳奏使)로 다시 청나라에 다녀와서 1665년 좌의정을 거쳐 영의정이 되었다. 효종을 도와 북벌계획을 추진하였고, 박세채(朴世采)·윤증(尹拯) 등 명신들을 조정에 천거하였다. 저서로는 《기천집》이 있다.

102 음식을 장만함에 : 원문의 '좌중궤(佐中饋)'는 《주역》〈가인괘(家人卦) 육이(六二)〉에 보이는 말로, 여기에 "규중(閨中)에 있으면서 음식을 장만하면 정(貞)하여 길(吉)하리라.〔在中饋, 貞吉.〕"라고 하였는데, 이에 대한 공영달(孔穎達)은 소(疏)에, "부인의 도리는 맡은 일이 집안에서 음식을 마련해 사람들에게 먹이고 제수 물품을 장만하는 데 있다." 하였다.

103 한수재(寒水齋)……상하(尙夏) : 권상하(權尙夏, 1641~1721)로 자는 치도(致道), 호는 수암(遂菴) 또는 한수재, 본관은 안동(安東)이다. 송시열(宋時烈)과 송준길(宋浚吉)의 문인이다. 저서에 《한수재집》·《삼서집의(三書輯疑)》 등이 있다.

公)은 가학을 이어서 밝혔고 또한 조정에서 여러 번 불렀으나 나아가지 않았다. 조부는 휘 중정(中正)으로 선공감 감역(繕工監監役)이고 선고(先考)는 휘 수인(守仁)이니, 모두 법도 있는 집안의 보필하는 선비[105]로서 알려졌으며, 선고(先姑) 남 유인(南孺人) 또한 슬기로운 행실과 곧은 덕을 지녔다. 시아버지와 시어머니가 어질면 그에 걸맞은 며느리가 되기 어려운 법인데, 단인(端人)은 능히 받들어 순종하여 어긋남이 없었다. 남 유인이 병을 앓자 단인은 백일 동안 노천에 서서 빌고, 탕약을 달여 약을 올렸으며, 상(喪)과 제사에 정(情)과 예(禮)를 모두 극진하게 하였다. 또 승사공(承仕公)이 역병에 걸려 위태롭게 되자, 글로써 하늘에 기원하고 손가락을 베어 피를 바쳐서 마침내 병이 낫는 데에 이르렀다. 단인의 손가락 상처가 심해지자 친속들이 진찰을 받기를 청하였는데, 단인은 사양하며 말하기를 "비록 지아비의 병으로 인한 것이지만, 악정자(樂正子)의 올바른 가르침[106]에 부끄러움이 있다."라

104 산수헌(山水軒) 휘 진응(震應) : 권진응(權震應, 1711~1775)으로, 자는 형숙(亨叔), 호는 산수헌, 본관은 안동(安東)이다. 한원진(韓元震)의 문하에서 독서하면서 과거를 보지 않았으나, 초선(抄選)으로 시강원 자의(侍講院諮議)에 임명되었다. 1771년(영조47)에 영조가 당론(黨論)의 폐해를 논하여 지은 《유곤록(裕昆錄)》을 상소에서 논하면서 증조부 권상하(權尙夏)를 옹호하였다가 제주도에 안치(安置)되었고 이듬해인 1772년(영조48)에 특별 사면되었다.

105 법도……선비 : 《맹자(孟子)》 〈고자 하(告子下)〉에 "들어가면 법도 있는 대신의 집안과 보필하는 선비가 없고, 나오면 적국과 외환이 없는 경우는 나라가 항상 망한다.〔入則無法家拂士, 出則無敵國外患者, 國恒亡.〕"라고 하였다.

106 악정자(樂正子)의 올바른 가르침 : 악정자는 증자(曾子)의 제자인 악정자춘(樂正子春)을 말한다. 올바른 가르침이란 자식으로서 부모가 주신 몸을 훼손하지 않아야 한다는 가르침을 말한다. 어느 날 악정자춘이 당을 내려가다가 발을 다쳤는데, 수개월

고 하였으니, 모두 그 효(孝)와 열(烈)이 둘 다 완전함에 탄복하였다.

신사년(1821, 순조21) 가을에 승사공(承仕公)이 별세하였는데, 당시에 집안이 더욱 몰락하여 달을 넘기도록 상(喪)을 치르지 못하였고 5개월이 되어서도 장례를 마치지 못하였다. 단인(端人)은 영연(靈筵)에서 자진하고자 하였다가 구원에 힘입어 소생하고는 탄식하며 말하기를, "선고(先姑)께서 겪으신 정유년[107]의 화(禍)는 오늘보다 심하였으나, 선고께서는 의(義)로써 정(情)을 제어하여 힘을 다해 마련하여 모아서 후사를 세워 집안을 부지하셨다. 지금은 그래도 어린 자식과 황폐한 집 몇 칸이 있어 지아비께서 이를 나에게 맡겼으니, 내가 죽으면 이는 지아비를 저버리는 것이다. 또 내가 신유년(1801, 순조1)에 시집을 와서 신미년(1811)에 집안일[108]을 맡았고, 신사년(1821)에 남편의 상을 당하였으니, 이는 모두 십년씩 사이를 두고 있었던 일이다.

을 외출하지 않고서도 계속 근심스러운 얼굴빛이 있었다. 이에 제자가 그 까닭을 물었더니 "공자께서 말씀하시기를, '하늘이 출생시키고 땅이 기르는 바에 있어서 사람보다 더 위대한 것이 없나니, 부모가 온전히 그 자식을 낳아주셨으면 자식은 온전히 돌아가야만 효도라고 이를 수 있고, 그 신체를 훼손하지 않고 그 몸을 욕되게 않아야만 온전히 했다고 이를 수 있다. 그렇기 때문에 군자는 반걸음이나 한걸음에도 감히 효도를 잊어버리지 않는다.'라고 하셨는데, 지금 나는 효도의 도리를 잊어버렸다. 내가 이 때문에 근심하는 얼굴빛이 있었던 것이다."라고 하였다는 내용이 《소학(小學)》 〈계고(稽古)〉에 보인다.

107 정유년 : 1777년(정조1)을 가리키는 듯하나, 미상이다.

108 집안일 : 원문의 '중궤(中饋)'는 집안에서 음식을 장만하는 여러 가지 일을 가리키는바, 《주역》 〈가인괘(家人卦) 육이(六二)〉에 보이는 말로, 여기에 "규중(閨中)에 있으면서 음식을 장만하면 정(貞)하여 길(吉)하리라.〔在中饋, 貞吉.〕"라고 하였는데, 이에 대한 공영달(孔穎達)은 소(疏)에, "부인의 도리는 맡은 일이 집안에서 음식을 마련해 사람들에게 먹이고 제수 물품을 장만하는 데 있다." 하였다.

만약 또 십년이 흐른다면 어린 자식이 장성하여 집안일을 맡길 수 있을 것이니, 그때 내 뜻을 이루더라도 늦지 않을 것이다."라고 하고는 억지로 죽을 먹고서 장례에 임하여서, 마음에 흡족하게 하고난 뒤에야 그치고자 하였다. 종신토록 옷을 지어입지 않았으며 상(喪)을 다하도록 고기를 올리게 하지 않았고 문을 닫고서 다른 사람의 얼굴을 보지 않았다. 가까운 친척 중에 선묘(先墓)의 일로 인하여 뵙기를 청한 이가 있었는데, 강권한 뒤에야 허락하고서도 문지방을 넘지 않으면서 말하기를, "죄역(罪逆)의 몸이라 감히 그렇게 하지 않을 수 없다."라고 하였으니, 그 예방(禮防)에 엄격한 것이 이와 같았다.

신묘년(1831, 순조31)에 이르자 단인(端人)이 울면서 말하기를, "지금 신사년으로부터 10년이 되었다."라고 하였다. 이에 선영(先塋)에 승사공(承仕公)의 묘를 마련하고는, 그곳에서 여막을 짓고 지내면서 햇빛을 보지 않고자 하였다가, 맏아들이 울면서 간하자 경사(京師)의 집으로 돌아왔다. 단인이 오열하면서 말하기를, "자식에게 정(情)에 이끌려서 내가 맹세하였던 바를 어겼으니, 서글퍼서 마치 신명을 저버린 듯하다."라고 하였다. 이해 겨울에 마침내 병에 걸려 위중하게 되자, 곁에 있는 사람들이 "위태로우니 두려움이 없을 수 있겠는가?"라고 하였는데, 단인이 말하기를, "내가 10년의 기약을 하였으니 죽는 것은 마땅히 돌아가는 것과 같거늘 무엇을 슬퍼하겠는가." 하였다. 맏아들에게 깨우쳐서 말하기를, "신사년에 박하게 염하였던 것이 종신토록 애통하였다. 반드시 면포(綿布)를 사용하여 수봉(襚賵)[109]을 만들어서

109 수봉(襚賵) : 수(襚)는 장례를 지낼 때에 필요한 의복과 이불이고, 봉(賵)은 거마(車馬)로 죽은 자를 위하여 보내주는 물품을 말한다.

나의 길이 떠나가는 넋을 위로하여 주어라." 하였다. 마침내 계사년(1833, 순조33) 8월 삭일에 별세하니, 태어난 정미년(1787, 정조11)으로부터 47세가 된다. 3개월이 지나 계묘에 청풍(淸風) 원남면(遠南面) 인간리(仁澗里)의 병좌(丙坐)에 장례지내니, 이는 바로 단인이 스스로 점쳐서 승사공(承仕公)의 묘로 마련했던 것이었다. 1남 1녀를 길렀으니, 아들은 달선(達善)이고 딸은 이진영(李晉永)에게 시집갔다.

단인(端人)은 지극한 행실이 있어서 자기가 섬기는 바에 전심하고서도, 또 본생(本生)의 시어머니가 집을 달리하여 봉양하지 못한 것을 지극한 안타까움으로 여겨서 때로 가서 성묘하고 오래 머문 후에 돌아왔으며, 별세할 때에 시어머니의 옷을 갖추고서 눈물을 흘리며 손수 글을 써서 올렸으니, 이것이 바로 이른바 종신토록 부모를 사모한[110] 경우일 것이다. 평소에 영달함을 기뻐하지 않아서 교리공(校理公 홍병철(洪秉喆))이 문회(文會)를 할 때마다 말하기를, "잠루(岑樓)에서 등불을 잡고서 의리(義理)를 토론하는 것이 어찌 벼슬길에서 명예를 드날리는 것보다 좋지 않겠습니까."라고 하였다. 임신년(1812, 순조12)에 서쪽 지방에 경보가 있자[111] 교리공이 두 아들을 단인에게 부탁하며 말하기를, "적들이 진실로 곧 괴멸될 것이지만, 혹여 창궐한다면 내가 마땅히 고삐를 잡을 것[112]이니, 너는 반드시 두 아우를 보호하고 길러서

110 종신토록 부모를 사모한 : 《맹자》 〈만장 상(萬章上)〉에 맹자가 "큰 효는 종신토록 부모를 사모하는 것이니, 쉰 살이 되도록 부모를 사모한 사람을 나는 대순(大舜)에서 보았다.〔大孝, 終身慕父母, 五十而慕者, 予於大舜見之矣.〕"라고 한 말이 보인다.

111 서쪽……있자 : 1811년(순조11)부터 이듬해까지 평안도에서 홍경래(洪景來)와 우군칙(禹君則) 등이 중심이 되어 일으킨 대규모의 농민반란을 이른다.

112 고삐를 잡을 것 : 유사시에 임금을 호종하는 것을 말한다. 춘추 시대 위(衛)나라

나의 후사를 끊어지게 하지 말거라." 하였다. 그러자 단인이 대답하기를, "백부(伯父)께서 계시니 집안사람들은 걱정이 없습니다. 또 두 군데로 둔다면 모두 해를 당하는 것은 면할 것이니, 모당(慕堂) 홍공(洪公)[113]이 이루어놓은 법을 따를만합니다." 하니, 교리공이 그 이치가 지극함을 탄식하였다. 교리공의 맏아들이 요절하자, 단인은 종사(宗嗣)를 맡길 곳이 없음을 애통해하여서 널리 친속들에게 의논하여 후사를 세워 제사를 보존하였다. 또 교리공을 위하여 유고(遺稿)를 거두어서 책을 완성하였고, 묘전(墓田)을 두어서 제사를 받들도록 하였다. 여러 아우들을 우애하여 가르침을 베풀고 궁핍한 이를 주휼함에 지극함이 이르지 않는 바가 없었다.

자녀를 의방(義方)[114]으로 가르치되, 혹자가 지나치게 엄하다고 말

헌공(獻公)이 외국으로 망명했다가 위나라로 돌아왔는데, 교외에 이르러 자신을 수행한 사람들에게 고을을 나누어준 후 도성에 들어가려고 하였다. 그러자 유장(柳莊)이 "만약 모두 사직(社稷)을 지키고 있었다면 누가 고삐를 잡고 임금을 수행했겠으며 모두 임금을 수행하였다면 누가 사직을 지켰겠습니까.〔如皆守社稷, 則孰執羈靮而從? 如皆從, 則孰守社稷?〕"라고 하였다. 《禮記 檀弓下》

113 모당(慕堂) 홍공(洪公) : 홍이상(洪履祥, 1549~1615)으로, 초명은 인상(麟祥), 자는 군서(君瑞)·원례(元禮), 호는 모당, 본관은 풍산(豊山), 시호는 문경(文敬)이다. 1579년(선조12) 식년 문과에 급제한 뒤, 직제학을 거쳐 동부승지가 되고, 다시 이조 참의가 되었다. 1592년 임진왜란 때 예조 참의로 옮겨 왕을 호가(扈駕)하여 서행(西行)하였고, 곧 부제학이 되었다가 성천에 도착하여 병조 참의에 전임하였다. 1593년 정주에서 대사간에 임명되었고, 그 후 벼슬을 역임하여 1609년(광해군1) 대사헌이 되었다.

114 의방(義方) : 자식을 가르치는 올바른 도를 말한다. 춘추 시대 위(衛)나라 장공(莊公)의 아들 주우(州吁)가 방자하게 굴자 현대부(賢大夫) 석작(石碏)이 장공에게 "자식을 사랑한다면 그에게 올바른 도리로 가르쳐서 삿된 길로 빠져들지 않게 해야 한다.〔愛子,

하면 "과부의 자식은 그렇게 하지 않을 수 없다." 하였다. 항상 맏아들에게 가르치기를, "과거와 벼슬살이가 진실로 영화롭기는 하지만 너에게는 내외(內外)로 선대의 아름다움이 있으니, 아침저녁으로 경계하고 삼가서 전범을 무너뜨리지 말아야 한다."라고 하였다. 또 "지난 현철들은 성취함에 있어서 반드시 사우(師友)를 자뢰하였다."라고 하여 맏아들로 하여금 책상을 짊어지고 스승을 좇아 배우게 하고서 멀리 떨어져 있는 것을 연연해하지 않았다. 벗과의 모임이 있으면 그때마다 음식을 마련하고 말하기를 "네가 커서 붕우간의 절시(切偲)[115]하는 도리가 있으니, 내 어찌 머리카락을 자르는 일인들 사양하겠느냐." 하였다.

치산(治產)을 함에 있어서도 법도가 있어서, "선고(先姑)께서 맨손으로 생업을 이루셨는데, 내가 이를 보전하여 지키지 못한다면 장차 무슨 낯으로 돌아가서 그 분을 뵙겠는가." 하였다. 직접 방적(紡績)을 도맡아서 밤낮없이 부지런히 힘썼고, 몸소 절약을 하여서 남는 재산을 보존하였다. 제전(祭田)이 황폐해지자, 단인(端人)은 배를 타고 근 천리를 가서 바로잡아 다스리고서 돌아왔다. 8년을 경영함에 가세가 다시 세워져서 때에 맞추어 제사를 올리게 되자, 탄식하며 말하기를 "이는 바로 선령(先靈)의 음덕이지, 나의 공력이 아니다." 하니, 사람들이 그 효심이 다하지 않으며 부유해지고서도 능히 인(仁)함[116]을 탄복하였

敎之以義方, 弗納於邪.〕"라고 충간한 데서 온 말이다. 《春秋左氏傳 隱公3年》

115 절시(切偲) : 절절시시(切切偲偲)의 준말로, 붕우 간에 간절하고 자상하게 권면하는 것이다. 자로(子路)가 어떠해야 선비라고 할 수 있는지를 묻자, 공자(孔子)가 답하기를, "간절하고 자상하게 권면하며 화락하면 선비라고 할 수 있다. 붕우 간에는 간절하고 자상하게 권면하고, 형제간에는 화락해야 한다.〔切切偲偲, 怡怡如也, 可謂士矣. 朋友切切偲偲, 兄弟怡怡.〕"라고 하였다. 《論語 子路》

다. 종형(從兄)이 장차 벼슬을 버리려고 하자 친척들이 모두 이를 말렸으나, 유독 단인만은 말하기를 "의리에 맞게 처신함에 마땅히 구차함이 없게 해야 할 뿐이다." 하였다. 또 읍재가 되었다가 곧바로 돌아오자, 단인은 다시 편지를 보내어 이전의 행적을 바꾸지 않은 것을 하례하였으니, 그 이치를 아는 탁월함이 모두 이와 같았다.

종제(從弟) 정섭(正燮)씨가 말하기를, "어버이에게는 가슴 가득한 혈성이 있었고, 형제에게 우애함에는[117] 하늘에서 타고난 고심이 있었네. 남편을 받듦에 있어서는 훈계하여 경계한 현명한 부인이었고 자녀를 교육함에 있어서는 삼천지교(三遷之敎)를 베푼 어진 어머니였네. 선(善)을 좋아하고 악(惡)을 미워한 마음과 의리를 분석한 견해는 책을 읽은 군자라 하더라도 이에 가깝지 못하리라." 하였다. 족형(族兄) 영섭(永燮)씨는 말하기를, "위급한 때에 회복할 것을 도모하였고, 텅 빈 가운데에서 부지런히 힘썼네. 송추(松楸)를 자르지 말도록 하는[118]

116 부유해지고서도 능히 인(仁)함 : 《맹자》 〈등문공 상(滕文公上)〉에 춘추 시대 노나라 계씨(季氏)의 가신이던 양호(陽虎)가 "부유해지려면 인(仁)하지 못하고, 인을 행하면 부자가 되지 못한다.〔爲富不仁矣, 爲仁不富矣.〕"라고 하였으므로 이와 같이 말한 것이다.

117 형제에게 우애함에는 : 원문의 '우우(友于)'는 형제간의 우애를 뜻하는 것으로, 《논어》 〈위정(爲政)〉에 "《서경》에서 '효도하며 형제간에 우애하여 정사(政事)에 베푼다.' 하였으니 이 또한 정사를 하는 것인데, 어찌하여 벼슬자리에서 정사하는 것만이 정사이겠는가?〔惟孝, 友于兄弟, 施於有政, 是亦爲政, 奚其爲爲政?〕"라고 한 내용이 보인다.

118 송추(松楸)를……하는 : 선영(先塋)과 선업(先業)을 그대로 보존하는 것을 말한다. 송추는 소나무와 가래나무로 옛날 선산(先山)에 이들 나무를 많이 심었기 때문에 선영을 가리키는 말로 쓰이며, 원문의 '물전(勿剪)', 즉 자르지 말라는 말은 옛사람의

계획과 제사를 이어갈 수 있는 도모와 가업을 잇고[119] 유사시를 대비하는[120] 방책을 힘이 미치는 바를 헤아려서 행하였네. 바른 이치를 따르고 고귀한 성의를 보존하였으니, 이는 수염과 눈썹이 긴 남자라도 미칠 수 있는 바가 아니다." 하였다. 이제(姨弟) 김재진(金在晉) 명숙(明叔)은 "단인(端人)의 아름다운 덕은 마땅히 여사(女師)로 삼아야 한다." 하고는, 종족의 부녀자들로 하여금 공경하여 본받는 바가 있도록 하였다. 여러 현자들의 논의가 모두 갖추어졌으니, 내가 다시 무엇을 서술하겠는가.

부인의 행실은 아름다움을 머금고 있어서 드러나지 않고, 또 동관(彤管)의 직책[121]이 폐하여져서 부녀자의 훌륭한 행실이 민멸되었다.

자취를 훼손하지 않고 보존하는 것을 뜻하는데, 《시경》 〈소남(召南) 감당(甘棠)〉에 주(周)나라 소백(召伯)인 소공(召公) 석(奭)의 덕정(德政)을 찬미하면서 "무성한 감당나무를 자르지 말고 베지 말라, 소백(召伯)이 초막으로 삼으셨던 곳이니라.〔蔽芾甘棠, 勿翦勿拜, 召伯所說.〕"라고 한 데서 온 말이다.

119 가업을 잇고 : 원문의 '당구(堂構)'는 '긍당긍구(肯堂肯構)'의 준말로, 가업을 이어받아 발전시키는 것을 의미한다. 《서경》 〈주서(周書) 대고(大誥)〉에 "만일 아버지가 집을 지어 이미 법을 이루었는데, 그 자식이 기꺼이 당(堂)의 터도 만들려고 하지 않으니 하물며 기꺼이 집을 구축하겠는가.〔若考作室, 旣底法, 厥子乃不肯堂, 矧肯構?〕"라고 한 데서 온 말이다.

120 유사시를 대비하는 : 원문의 '주무(綢繆)'는 유사시를 대비하여 미리 튼튼히 대비함을 말한다. 《시경》 〈빈풍(豳風) 치효(鴟鴞)〉에 "비가 내리기 전 날씨가 좋을 때에 저 뽕나무 뿌리를 거두어다가 창문을 칭칭 감는다면, 지금 이 아래에 있는 사람들이 혹시라도 감히 나를 업신여기겠는가.〔迨天之未陰雨, 徹彼桑土, 綢繆牖戶, 今此下民, 或敢侮予?〕"라고 한 데에서 온 말이다.

121 동관(彤管)의 직책 : 훌륭한 여인의 일을 기록하여 역사서로 남기는 여사(女史)의 직책을 말한다. 동관은 붉은 붓으로, 옛날에 여사가 궁중의 정령과 후비의 일을

단인(端人)은 자식을 보내어 나를 종유하게 함에 집이 멀었으나 하루도 이를 폐한 적이 없었으니, 이로 인하여 익숙히 듣고서 마음에 감복하였다. 사덕(四德)[122]이 성대하고 온갖 훌륭한 행실이 거행되었으니, 진실로 딸이 되어서는 훌륭한 딸이 되고 며느리가 되어서는 훌륭한 며느리가 되고 아내가 되어서는 훌륭한 아내가 되고 어머니가 되어서는 훌륭한 어머니가 된 경우인 것이다. 비록 내외간에 몸소 가르치신 것을 말미암아서 이루어진 것이지만, 진실로 천성이 빼어나며 스스로 수신하여서 진실하고 독실한 사람이 아니라면 어찌 능히 여기에 참여할 수 있었겠는가.

한창 젊었을 때에 남편을 잃고서 반드시 목숨을 버려 따라 죽고자 하였다가, 한낮의 촛불[123]에서 피눈물을 거두어들이고서 몰아치는 높은 둥지[124]를 보호하고 거의 끊어진 종사를 연장하여서 그 성취를 황벽

기록할 때 붉은 색깔의 붓을 사용하였으므로 이와 같이 말한 것이다.

122 사덕(四德) : 옛날 부인이 갖추어야 할 네 가지 덕성으로, 부덕(婦德)·부언(婦言)·부용(婦容)·부공(婦功)을 말한다. 《周禮 天官 九嬪》

123 한낮의 촛불 : 삶의 의미를 잃은 것을 비유한 말이다. 한낮의 촛불은 켜놓아도 그 불빛이 희미하여 쓸모가 없는바, 의미가 없는 삶을 비유한다. 당(唐)나라 장적(張籍)의 시에 "남편은 전장에서 죽고 자식은 배 속에 있으니, 첩의 몸 살아있으나 한낮의 촛불과 같네.〔夫死戰場子在腹, 妾身雖存如晝燭.〕"라고 한 구절이 있다. 《張司業集 卷2 征婦怨》

124 몰아치는 높은 둥지 : 몹시 위태롭고 어려운 상황을 말한다. 주나라의 주공(周公)이 조카 성왕(成王)을 세우고 섭정을 하였는데, 성왕의 뜻이 견고하지 못하여 나라가 위태로운 것을 보고, "내 깃이 모자라지며 내 꼬리가 망가졌는데도 내 둥지가 위태롭거늘 비바람이 이렇게 몰아치니, 내 울부짖는 소리가 급하도다.〔予羽譙譙, 予尾翛翛, 予室翹翹, 風雨所漂搖, 予維音嘵嘵.〕"라고 한 내용이 《시경(詩經)》〈빈풍(豳風) 치효(鴟鴞)〉에 보인다.

(皇辟)[125]에게 고하였으니, 조정에서 나라를 위하였다면 몸과 마음을 다하여 죽은 뒤에야 그만두는[126] 자였을 것이다. 순식(荀息)이 말하기를, "산 자가 부끄러워하지 않고 죽은 자가 다시 살아 돌아와도 후회하지 않는다."라고 하였으니,[127] 아마도 단인(端人)을 이른 말일 것이다. 또 10년으로 맹세하여 10년을 마치고 죽은 것은 이 역시 산 자가 부끄러워하지 않는 바이자 죽은 자가 후회하지 않는 바인 것이다.

막 평상에서 숨이 위급하여 촌각이 두려운 상황이었으나, 존고(尊姑)의 훌륭한 전범이 영원히 인멸될까 염려하여 맏아들에게 입으로 전해주어 행장(行狀)을 적어서 나에게 글을 청하였다. 글이 완성되자

125 황벽(皇辟) : 죽은 남편을 말한다. 《예기(禮記)》 〈곡례 하(曲禮下)〉에 이르기를, "할아버지는 황조고라고 하고, 할머니는 황조비라고 하고, 아버지는 황고라고 하고, 어머니는 황비라 하고, 남편은 황벽이라고 한다.〔王父曰皇祖考, 王母曰皇祖妣, 父曰皇考, 母曰皇妣, 夫曰皇辟.〕" 하였는데, 이에 대한 주에 이르기를, "황(皇)과 왕(王)은 모두 임금의 칭호로써 높이는 말이다. 고(考)는 덕행이 이루어졌다는 뜻이고, 비(妣)는 짝한다는 뜻이다. 벽(辟)은 법도이니, 아내가 법식으로 삼는 바이다."라고 하였다.

126 몸과……그만두는 : 이는 촉한(蜀漢)의 승상(丞相) 제갈량(諸葛亮)이 지은 〈후출사표(後出師表)〉에 보이는 말로, 글의 마지막에 "신은 몸과 마음을 다하여 죽은 뒤에야 그만둘 것이니, 성공과 실패, 유리함과 불리함에 대해서는 신의 지혜로 예측할 수 있는 바가 아닙니다.〔臣鞠躬盡瘁, 死而後已, 至於成敗利鈍, 非臣之明所能逆覩也.〕"라고 하였다.

127 순식(荀息)이……하였으니 : 순식은 춘추 시대 진 헌공(晉獻公)의 대신이다. 진 헌공이 임종을 앞두고 세자인 신생(申生)을 폐위하고 여희(麗姬)의 아들인 해제(奚齊)나 탁자(卓子)에게 임금의 자리를 물려주려 하면서, 이들의 스승인 순식에게 "선비가 어떻게 하면 신의가 있다고 할 수 있는가?〔士何如則可謂之信矣?〕"라고 묻자, 순식이 "설사 죽은 자가 다시 살아 돌아온다 해도 산 자가 자신의 말에 부끄러움을 느끼지 않는다면 신의 있다고 할 수 있을 것입니다.〔使死者反生, 生者不愧乎其言, 則可謂信矣.〕"라고 대답하였는데, 여기에서 원용한 표현이다. 《春秋公羊傳 僖公10年》

단인(端人)이 읽고서 눈물을 흘렸는데, 얼마 뒤에 또 단인의 덕행을 서술하게 되었다. 아아, 그 시어머니에 그 며느리여서 대대로 명성을 이었도다. 비록 숨어서 드러나지 않는 규방 안이지만 빛이 단청처럼 빛나니, 어찌 유자정(劉子政)과 같은 이[128]가 이를 취하여 밝혀 드날림에 천고의 여사(女士)들과 같은 도리로 함께 귀결됨이 없겠는가. 삼가 살아서는 부끄러워하지 않고 죽어서는 후회하지 않는 까닭을 서술하여서 맏아들에게 몸을 지키고 배우기를 좋아함으로써 낳아주신 분을 욕되게 하지 말도록[129] 권면하여, 이로써 천도(天道)[130]가 반드시 회복되고 남은 복록이 다하지 않기를 기다린다.

128 유자정(劉子政)과 같은 이 : 유자정은 한(漢)나라 유향(劉向)으로 자정은 그의 자이다. 그가 《열녀전(列女傳)》을 지었는바, 여기서는 훌륭한 여자의 언행을 기록하는 사람을 뜻한다.

129 낳아주신……말도록 : 《시경》 〈소아(小雅) 소완(小宛)〉에 "일찍 자리에서 일어나고 밤늦게 잠자리에 들며 노력하여 너를 낳아 준 부모를 욕되게 하지 말라.〔夙興夜寐, 毋忝爾所生.〕"라고 한 데서 나온 말이다.

130 천도(天道) : 하늘이 착한 사람에게 복을 내리고 악한 사람에게 화를 내리는 천도를 뜻한다. 《서경》 〈탕고(湯誥)〉에 "하늘의 도는 선한 이에게 복을 내리고, 악한 자에게 화를 내린다.〔天道福善禍淫.〕"라고 하였다.

오대조고 통덕랑 부군 행장

五代祖考通德郎府君行狀

부군(府君)은 성은 홍씨(洪氏)이며 휘는 태원(泰元), 자는 도장(道長)이니, 우리 홍씨는 중국으로부터 나왔다. 당(唐)나라 선종(宣宗)이 고구려가 지성으로 대국을 섬기는 것을 하례하여 팔학사(八學士)를 보내 동국의 사람들을 가르쳤는데, 홍씨가 바로 팔학사 중 하나였다가 남양(南陽)에 거처하면서 그대로 가계(家系)로 삼아 마침내 우리 동국의 저명한 성이 되었다.[131] 휘 은열(殷悅)이라는 분께서 고려 태조(太祖)가 삼한(三韓)을 통합하는 것을 도와 18자(字)의 훈호(勳號)를 받았고 관직은 태사(太師)를 지냈으니, 이 분이 비조가 되신다.

이 분이 휘 동주(東周)를 낳으셨으니 태부경(大府卿)이었고, 이 분이 휘 의(毅)를 낳으셨으니 상서복야(尙書僕射)이시다. 뒤에 휘 복(滾)이란 분이 있으셨으니 예사(禮史)이시고, 5대가 지나서 밀직사사(密直司事) 휘 유도(由道)란 분에 이르렀으니, 공민왕(恭愍王) 때에 이익재(李益齋) 제현(諸賢)들과 함께 연저(燕邸)에 수종(隨從)한 공으로 녹훈되었다.[132]

131 당(唐)나라……되었다 : 남양 홍씨(南陽洪氏)의 시조는 홍천하(洪天河)로, 당나라에서 보냈던 팔학사(八學士) 중 한 사람이다. 홍천하는 고구려 영류왕(榮留王) 때에 고구려에 귀화(歸化)했다가 그 후 신라 선덕여왕(善德女王) 때에 태자태사(太子太師)가 되고 당성백(唐城伯)에 봉해졌다고 한다. 당성은 남양의 옛 지명이다.

132 공민왕(恭愍王)……녹훈되었다 : 이익재(李益齋)는 이제현(李齊賢)으로, 익재는 그의 호이다. 홍유도(洪由道)는 공민왕이 원나라에 있을 때에 호종했던 공으로 인해

2대가 지나서 휘 명(溟)이란 분에 이르렀으니, 우리 조정에 들어와 판한성부윤(判漢城府尹)이 되어 경사를 처음으로 정리하였다. 이 분이 휘 사석(師錫)[133]을 낳으셨으니, 재주가 장상(將相)을 겸하여서 태종(太宗)의 고명(顧命)을 받아 장양(莊襄)이라는 시호를 받았다. 2대를 지나 휘 이평(以平)[134]에 이르러 문학으로 높은 명망을 이루어서, 조원기(趙元紀), 권달수(權達手), 정희량(鄭希良) 제공들과 서로 추숭하고 앙모하여 금란계(金蘭契)[135]에 의탁하였으니, 세상에서 '이십팔수(二十八宿)'라고 불렀다. 관직은 성균관 사성(成均館司成)에 이르렀고 이

공민왕 원년(1352)에 삼등공신에 임명되고 전민(田民)을 하사받았다.《高麗史 卷38 恭愍王世家 元年》

133 사석(師錫) : 홍사석(洪師錫, ?~1448)으로, 본관은 남양(南陽)이다. 무과에 급제하여 1426년(세종8) 호군(護軍)이 되었고, 이듬해 무과중시에 급제하여 이후 진응사(進鷹使)와 진헌사(進獻使)로 두 차례 명나라에 다녀왔으며, 판중추원사(判中樞院事)를 지냈다. 1433년 전라도 도절제사·경상좌도 병마절제사 등을 지내고 이듬해 정조사(正朝使)가 되어 다시 명나라에 다녀왔다. 1488년 경상도 처치사(慶尙道處置使)로 병선과 군사를 이끌고 왜구를 정벌하러 갔다가 참패하여 파직되고 유배되었다가, 사후에 세종이 직첩을 되돌려주어 회복시켰다. 시호는 장양(莊襄)이다.

134 이평(以平) : 홍이평(洪以平, 1463~1525)으로, 자는 중성(仲城), 본관은 남양(南陽)이다. 1513년(중종8) 식년문과에 급제하여, 성균관 전적에 제수되었다가 사헌부 감찰·장례원 사평(掌隷院司評)을 지냈다. 1515년 공조 좌랑·춘추관 기사관·소격서 영(昭格署令) 등을 지내고, 이듬해 형조정랑, 1517년 성균관 사예(成均館司藝)와 사성(司成), 예빈시 부정(禮賓寺副正)·상의원 정(尙衣院正)을 지내고, 1525년 대구 부사로 재직 중에 병으로 죽었다.

135 금란계(金蘭契) : 뜻이 같은 사람끼리 돈독한 우의로 결성한 모임을 말한다.《주역(周易)》〈계사 상(繫辭上)〉에 "두 사람이 마음을 같이하니 그 예리함이 쇠를 끊을 만하다. 마음을 같이하는 말은 그 향기가 난초와 같다.〔二人同心, 其利斷金. 同心之言, 其臭如蘭.〕"라고 한 데서 나온 말이다.

조판서에 추증되었다.

이 분이 휘 덕윤(德潤)을 낳으셨는데, 종묘서 영(宗廟署令)으로 이조판서에 추증되었으니, 이 분이 부군의 고조이시다. 증조는 휘 인서(仁恕)[136]로 호조판서이며, 임진년(1592, 선조25)에 용만(龍灣 의주(義州))으로 어가를 호종(扈從)하였는데 임종 때에 녹훈되기를 사양하였다. 조부는 휘 매(邁)로 홍주 목사(洪州牧使)이시다. 선고는 휘 여귀(汝龜)로 병자년과 정축년[137] 이후에 의리를 지키고 자정(自靖)[138]하여 세상에서 '대명처사(大明處士)'라고 일컬었다. 연일 정씨(延日鄭氏)에게 장가갔으니, 생원 휘 유원(維垣)의 따님으로, 문충공(文忠公) 몽주(夢周)[139]가 선조이시다. 숭정(崇禎) 병자년(1636, 인조14) 7월 1일에

136 인서(仁恕) : 홍인서(洪仁恕, 1535~?)로, 자는 응추(應推), 본관은 남양(南陽)이다. 1573년(선조6) 알성문과에 병과로 급제하고 홍문록에 선발되었다. 1583년 사간원 헌납이 되고 그 후 사헌부 지평이 되었으나 인척인 민정명(閔定命)이 장령이 되자 상피(相避)하여 사직을 청하였다. 이후 사헌부 장령·동부승지 등을 역임하였고 임진왜란이 발발하여 선조가 개성으로 피난을 오자 개성부 유수(開城府留守)로서 민심 안정에 힘썼다. 1593년 호조참의가 되었으나 전란 중에 동궁을 제대로 모시지 못했다는 이유로 탄핵을 받아 체직되었다.

137 병자년과 정축년 : 병자호란(丙子胡亂)이 일어난 해를 가리키는데, 병자년인 1636년(인조14) 12월에 시작되어 이듬해 정축년인 1637년(인조15) 1월에 끝나면서 청(淸)나라와 화의를 맺었다.

138 자정(自靖) : 각자 의리상 마땅하게 처신하여 스스로를 편안하게 한다는 뜻으로, 여기서는 벼슬에 나아가지 않고 지조를 지켰다는 뜻이다. 《서경》 〈상서(商書) 미자(微子)〉에, 은(殷)나라 태사(太師) 기자(箕子)가 주(紂)의 서모형(庶母兄)인 미자에게 "스스로 분의에 편안하게 하여 각자 스스로 그 뜻이 선왕(先王)에게 전달되면 됩니다. 저는 떠나가 은둔하는 것을 고려하고 있지 않습니다.〔自靖, 人自獻于先王, 我不顧行遯.〕"라고 한 데서 유래한 말이다.

부군을 낳으셨다.

태어나면서부터 빼어난 기질을 품부 받아 효도와 우애가 천성으로부터 나와서 어린 나이부터 화락하게 부모님의 뜻을 받들어 순종하여 저절로 법도에 맞았으니, 친척과 향당이 모두 그 지극한 행실에 감복하였다. 겨우 스승에게 나아가자마자 성리학에 뜻을 두어서 성현(聖賢)의 경지에 이르기를 스스로 기약하였다. 집에서 거처할 때에 부엌에 들어가 반찬을 갖추어서 반드시 그 맛을 극진히 하였고 목소리를 낮추고 얼굴빛을 온화하게 하여 어버이의 뜻을 화락하고 기쁘게 하였다. 탕약을 시중들 때마다 몸소 도규(刀圭)를 잡고서 좌우를 떠나지 않았으며, 띠를 풀지 않고 눈을 붙이지 않은 것이 수개월이었는데도 피곤함을 고한 적이 없었다. 어머니의 병이 극심해지자, 손가락을 잘라 피를 내어 올려서 이에 힘입어 어머니의 수명을 연장하게 되었다.

임인년(1662, 현종3)에 갑자기 어버이의 상을 당하자, 슬픔으로 인하여 지나치게 몸을 훼손하여 여러 번 숨이 끊어지려 하였다가 소생하였다. 곡을 함에 곡소리가 끊어지지 않았고 눈물이 다하여 피가 이어졌으며, 상을 치름에 있어서 정(情)과 예(禮)를 다하기를 힘써서 유감이 없기를 기약하였다. 장례를 마치고서 연천(漣川) 청화산(淸華山) 현계(玄溪)의 묘 아래에서 여막에 거처하며 시묘하였는데, 하루에 세

139 문충공(文忠公) 몽주(夢周) : 정몽주(鄭夢周, 1337~1392)로 자는 달가(達可), 호는 포은(圃隱), 본관은 영일(迎日), 시호는 문충이다. 1389년(창왕1) 이성계(李成桂)와 함께 창왕(昌王)을 폐위하고 공양왕(恭讓王)을 옹립하였다. 그 뒤 이성계의 위망(威望)이 날로 높아지면서 그를 왕위에 추대하려는 음모가 진행되자 이성계 일파를 숙청하려고 하였으나 숙청 계획은 실패하였고 선죽교(善竹橋)에서 이방원(李芳遠)의 부하 조영규(趙英珪) 등에게 피살되었다.

번 살피되 눈물이 비처럼 흐르니, 분묘 앞의 사초(莎草)가 이로 인하여 말라 죽었고, 제석(祭席) 또한 부패하여 뚫리는 지경에 이르렀다. 제수를 올릴 때에 울부짖으며 발을 구르고 가슴을 두드리면서 울어서 새벽부터 해질 무렵에 이르렀으니, 수척한 모습과 경황이 없는 모습에 곁에서 보는 이들은 눈물을 흘리고 조문하는 이들은 감동하였다. 하루는 여막에서 언문으로 벽에 써 붙인 것을 보았는데, 바로 돌아가신 유인(孺人)이 직접 적으신 것이었다. 우연히 눈길이 닿음에 슬픔을 스스로 이기지 못하여서 오열하면서 말을 하지 못하였다. 이때 마을의 장로가 이를 보고서 슬퍼하며 말하기를, "효자로구나, 이 사람이여!"라고 하였다.

대상(大祥)을 마치고서 처사공이 부군에게 말하기를, "나에게는 너와 같은 자식이 있고 또 어진 며느리가 있으니, 어찌 굳이 다시 아내를 구할 것 있겠느냐." 하였다. 그러자 부군이 눈물을 흘리면서 무릎을 꿇고서 대답하기를, "어머니의 얼굴이 영영 가로막히게 되어서 바라보고 의지할 곳이 없으니, 소자가 누구를 따라서 어머니라고 부르겠습니까. 부디 대인께서 다시 소자로 하여금 어머니가 없으면서도 있게 하여 다시 어머니라고 부를 수 있게 하시기를 바라니, 그렇게 된다면 또한 다행스럽지 않겠습니까?" 하고, 이어서 엎드려 울면서 간절히 간청하니, 처사공이 그 말에 감복하여 마침내 다시 장가를 들었다.

계비(繼妣)가 시집왔을 때 내실에 들어가 뵙고는 밖으로 나와 남몰래 울면서 말하기를, "내 계모의 전형이 혹시라도 돌아가신 어머니와 비슷하기를 바랐었는데, 지금 어쩌면 그리도 다른가. 이제부터 돌아가신 어머니의 목소리와 얼굴을 다시는 볼 수 없겠구나."라고 하고는 목이 메어 소리가 나지 않으니, 친인척들이 이 때문에 눈물을 훔쳤다.

계비(繼妣)를 받들어 봉양함에 정성과 공경이 모두 극진하여서 낳아주신 분과 다를 바가 없이 하였고, 비록 심제(心制)[140] 중에 있었으나 혼정신성을 폐하지 않아서 자식 된 도리를 곡진히 다하였다.

하루는 당(堂) 위에서 계비(繼妣)가 여종과 함께 새 목화씨를 제거하는 것을 보고는 중정(中庭)에 고개를 숙이고 엎드리자, 계비가 놀라서 물었는데, 목소리를 낮추고서 대답하기를 "혹 모친의 체후가 손상될까 염려됩니다. 집안에 여종이 또한 많은데, 어찌 반드시 스스로 고생을 하실 것이 있겠습니까? 노비들에게 일임하시기를 바랍니다." 하였다. 계비가 이 일을 다른 사람에게 들어 보이면서 말하기를, "비록 나의 소생은 아니지만 나를 정성스럽고 효성스럽게 섬기는 것이 이와 같이 극진하니, 감탄하는 마음을 가눌 수 없어서 도리어 안심이 되지 않는다."라고 하였다.

법도를 지키기를 몹시 엄격히 하여서 중문(中門)에 들어가지 않으셨으며, 혹 상(喪)이나 제사를 치르는 일로 의논할 것이 있으면 반드시 여종으로 하여금 말을 전하게 하였다. 혹한이나 무더위라 할지라도 잠시라도 최질(衰絰)을 푼 적이 없었고, 또한 입을 열어 이를 드러내어 웃지 않으셨으며 어린아이처럼 울고 곡하기를 한결같이 단괄(袒括)[141] 한 처음과 같이 하였다. 항상 처사공이 몸을 해친다고 경계하면 조금

140 심제(心制) : 심상(心喪)의 복제(服制)로, 심상은 상복은 입지 아니하나 상기(喪期) 동안 상을 치르는 마음으로 지내는 것을 이른다. 여기서는 부재모상(父在母喪)의 경우로, 자식들이 아버지에게 압존(壓尊)되어 삼년복을 입지 못하고 기년복을 입기 때문에 심상을 행하여 3년을 마치는 것이다.

141 단괄(袒括) : 처음 부모의 상(喪)을 당했을 때에 행하는 고대의 예법으로, 단(袒)은 한쪽 어깨의 옷을 벗는 것을 말하고, 괄(括)은 머리를 묶는 것을 가리킨다.

스스로 슬픔을 절제하셨으나, 효성스러운 생각이 천성에서 나온 것이라 스스로 억제할 수가 없었다. 피눈물이 최복을 물들이고 슬픔으로 몸을 여위어 앙상하게 뼈만 남아서, 상복을 마친 지 수년이 되었으나 병은 더욱 고질이 되어 그대로 일어나지 못하게 되었으니, 을사년(1665, 현종6) 2월 3일이었다. 향년은 겨우 30세였다.

부군께서 세상을 떠난 후에 정 유인(鄭孺人)의 묘 앞에 사초가 말라 죽은 것을 무덤을 지키는 사람이 차마 바꾸지 못하여서, 여러 해가 지나서야 새 풀이 다시 생겨났다. 부패하여 뚫린 제석(祭席)은 집안사람들이 보관하여 널리 전하여서 이로써 추모하는 뜻을 부쳤다. 부군께서 장차 상(喪)을 감당하지 못하게 되자, 훗날 이를 드러내 현양하는 일이 있을까 염려하여서 집안사람들에게 간절히 경계하셨기에 자손들이 감히 유명(遺命)을 어기지 못하였다. 그 후 백여 년이 지나 한 고을의 사론이 일제히 일어나 '이 분의 이름이 인멸되어 일컬어지지 않는다면 작설(綽楔)[142]을 가지고 장차 어디에 쓰겠는가.'라고 하여 현관(縣官)에게 글을 올려 호소하여 임금에게까지 이르렀다. 영종(英宗) 계유년(1753, 영조29)에 마침내 정려(旌閭)하는 법전을 입었으니, 백세의 공론을 대개 알 수 있다.

부군께서는 어려서부터 과거 공부를 달갑게 여기지 않았으나, 아버지의 가르침이 은근하고 간곡하여 항상 입신양명할 것을 권하셨다. 부군께서는 부지런히 그 뜻을 받들어 때로 정문(程文)[143]을 익혀서 관

142 작설(綽楔) : 문 위에 세워 정표(旌表)하는 뜻을 나타내는 나무로, 정문(旌門)을 뜻한다.

143 정문(程文) : 과장에서 쓰는 일정한 법식이 있는 문장, 즉 과문체(科文體)를 이

례를 올리고서부터 20세에 이르기까지 여러 번 대과와 소과에 참여하여 합격하였으나, 즐겁게 여기는 바는 여기에 있지 않았다. 당시의 동류들이 모두 유자(儒者)의 사업으로 부군에게 기대하고서 스스로는 부군에게 미칠 수 없다고 여겼으니, 당대의 사론을 또한 짐작할 수 있다.

부군의 묘는 현계(玄溪) 청화산(淸華山) 선영(先塋) 국내(局內)의 유좌(酉坐)의 언덕에 있다. 배위는 안동 권씨(安東權氏)로, 그 선고는 통덕랑 휘 순정(順正)이고, 조부는 군수로 참판에 추증된 휘 경기(儆己)이고, 증조부는 세자익위사 세마(世子翊衛司洗馬)로 참찬에 추증된 휘 극중(克中)이며, 외조부는 찰방 이광필(李光泌)이다. 유인(孺人)께서는 시부모를 섬기는 데에 있어서 정성을 다하였고 군자의 배필이 됨에 어긋남이 없었으며 집안을 다스리는 데에 법도가 있어서 종족들이 모두 여사(女士)라고 칭송하였는바, 공의 묘에 합부하였다. 자식이 없어서 중씨(仲氏)인 세마공(洗馬公) 휘 태형(泰亨)의 장자로 사복시 정(司僕寺正)에 추증된 중채(重埰)를 데려다 후사로 삼았다.

사복시 정께서는 전주 이씨(全州李氏)에게 장가들어 1남 2녀를 낳았으니, 상언(尙彦)은 현령으로 좌찬성에 추증되었으며, 장녀는 현감 조인명(趙麟命)에게 시집갔고, 차녀는 판서 김취로(金取魯)에게 시집갔다. 찬성께서는 순천 김씨(順天金氏)에게 장가들어 1남 2녀를 낳았으니, 선양(善養)은 목사로 이조참판에 추증되었고, 장녀는 부사 이유(李琇)에게 시집갔으며 차녀는 청풍부원군(淸原府院君) 김시묵(金時默)에게 시집갔고 서녀는 이신수(李信秀)에게 시집갔다. 참판께서는

른다.

처음에 평산 신씨(平山申氏)에게 장가갔으나 자식이 없어서 전주 이씨(全州李氏)에게 다시 장가가서 3남 3녀를 낳았다. 장남 이간(履簡)은 동지돈녕부사로 이조판서에 추증되었으니 바로 나의 선고(先考)이시고, 차남 정간(鼎簡)은 현감이고 제간(濟簡)은 통덕랑이며, 딸들은 진사인 김재상(金載象)과 심능기(沈能基)와 완성군(完城君) 희(爔)에게 시집갔다. 청풍부원군의 1녀는 효의왕후(孝懿王后)이다. 판서께서는 1남 2녀를 두었으니, 불초한 내가 외람되이 성조의 부르심을 입어 지위가 상경(上卿)[144]에 올랐으나 감히 나아가지 않았고, 두 딸은 현감 김태근(金泰根)과 윤약렬(尹約烈)에게 시집갔다. 현감의 1남은 익필(翼弼)로 현령(縣令)이고, 서자 석필(奭弼)은 영장(營將)이다. 통덕랑의 아들은 윤필(允弼)이다.

아아! 부군께서는 세상에 드문 자질을 지니고서 성현(聖賢)의 공업을 바라셨고, 하늘에서 나온 행실을 지니고서 시(詩)와 예(禮)의 가르침[145]을 받으셨다. 효성이 신명에 통하여서 끊어지려는 부모님의 명운을 늘였고, 정성이 규문에 통하여서 계비(繼妣)를 감동하게 하였다. 그러니 하늘이 보우하심이 마땅히 이르지 않는 바가 없어야 할 터인데, 이미 그 수명을 막아서 뜻과 사업을 채워서 밝히지 못하게 하고, 또 그 복록을 아껴서 품은 포부를 펼치지 못하게 하였으니, 신명의 이치가 어긋남이 어찌 이러한 지경에 이르렀단 말인가. 부군에게 있어서는

144 상경(上卿) : 정1품과 종1품의 판서를 가리키는바, 홍직필은 1852년(철종3) 7월에 형조판서에 제수되었다가 곧 체직되었다.

145 시(詩)와 예(禮)의 가르침 : 집안에서의 가르침, 또는 가학(家學)을 뜻한다. 공자(孔子)가 뜰에 서 있을 때 아들인 백어(伯魚)가 종종걸음으로 뜰을 지나가자, 공자가 그에게 시(詩)와 예(禮)를 배우라고 가르쳤던 고사에서 온 말이다. 《論語 季氏》

경중을 따질 만한 것이 못 되지만, 자손에게 있어서는 무궁한 애통함이 된다.

불초인 내가 가학(家學)을 크게 실추시켜서 이미 선인의 뜻과 사업을 계술하지 못하였는데, 뒤늦게 태어나 일컬을 것이 없어서 또 선인의 덕업을 드러내 선양하지 못하여, 금처럼 정화롭고 옥처럼 윤택한 뛰어난 자품과 남해(南陔)와 백화(白華)[146]의 지극한 행실을 장차 천고에 가려지게 할 것인가. 전(傳)에 이르기를, "선조에게 선행이 있는데 알지 못하면 이는 밝지 못한 것이고, 알면서도 전하지 않으면 이는 인(仁)하지 못한 것이다."라고 하였다.[147] 이에 감히 집안에서 전하여 들은 것을 주워 모아서 이로써 입언군자(立言君子)가 채택하기를 대비하는 바이다. 5대손 직필(直弼)은 삼가 쓴다.

146 남해(南陔)와 백화(白華) : 〈남해〉와 〈백화〉는 모두 《시경(詩經)》 〈소아(小雅)〉에 있는 편명으로, 제목만 있고 가사는 없어진 시로서, 생황(笙簧)으로 연주하는 생시(笙詩)이기도 하다. 이 시들은 모두 어버이를 봉양하는 효자의 심정을 담고 있다고 한다.

147 전(傳)에……하였다 : 《예기(禮記)》 〈제통(祭統)〉에 "종묘와 사직을 지키는 자손의 경우에 그 선조가 아무런 미덕이 없는데 칭송하는 것은 속이는 것이요, 선행이 있는데 알지 못하는 것은 밝지 못한 것이요, 알면서 전하지 않는 것은 어질지 못한 것이니, 이 세 가지는 군자가 부끄러워하는 바이다.〔子孫之守宗廟社稷者, 其先祖無美而稱之, 是誣也; 有善而弗知, 不明也; 知而弗傳, 不仁也. 此三者, 君子之所恥也.〕"라고 하였다.

선고 동지돈녕부사 부군 가장
先考同敦寧府君家狀

선부군(先府君)께서는 휘는 이간(履簡)이고 자는 원례(元禮)이며 성은 홍씨(洪氏)이다. 우리 홍씨는 중국으로부터 나왔다. 당(唐)나라에서 고구려가 지성으로 대국을 섬기는 것을 하례하여 재자(才子) 여덟 명을 보내어 동국의 사람들을 가르쳤는데, 그 중 한명이 바로 홍씨였다.[148] 고려 익대공신(翊戴功臣) 대광태사(大匡太師) 휘 은열(殷悅)이 비조가 되신다. 그 후 높은 관작이 서로 이어져서 명망과 덕을 갖춘 인물들이 간간이 나왔다. 휘 명(溟)에 이르러 본조(本朝)에 들어와 한성부 판윤(漢城府判尹)에 제수되었다. 이 분이 휘 사석(師錫)[149]을 낳으셨으니, 도순무사(都巡撫使)로서 추증되어 장양(莊襄)이라는 시호를 받았으며, 문무(文武)의 겸전한 재주를 지녀 헌릉(獻陵 태종(太宗))의 고명(顧命)을 받았다. 3대(代)가 내려와서 성균관 사성(成均館司成)으로서 이조판서에 추증된 휘 이평(以平)[150]께서 덕업과 문장이

148 당(唐)나라에서……홍씨였다 : 남양 홍씨(南陽洪氏)의 시조는 홍천하(洪天河)로, 당나라에서 보냈던 팔학사(八學士) 중 한 사람이다. 홍천하는 고구려 영류왕(榮留王) 때에 고구려에 귀화(歸化)했다가 그 후 신라 선덕여왕(善德女王) 때에 태자태사(太子太師)가 되고 당성백(唐城伯)에 봉해졌다고 한다. 당성은 남양의 옛 지명이다.

149 사석(師錫) : 홍사석(洪師錫, ?~1448)으로, 본관은 남양(南陽), 시호는 장양(莊襄)이다. 자세한 내용은 366쪽 주133 참조.

150 이평(以平) : 홍이평(洪以平, 1463~1525)으로, 자는 중성(仲城), 본관은 남양(南陽)이다. 자세한 내용은 366쪽 주134 참조.

정허암(鄭虛庵 정희량(鄭希良)) 제현들과 명성을 나란히 하여 이십팔수(二十八宿)라고 일컬어졌다.

다시 두 대(代)가 내려와서 호조판서 휘 인서(仁恕)[151]께서 임진년(1592, 선조25)에 어가(御駕)를 호종하다가 용만(龍灣 의주(義州))에서 별세하였는데, 흥복(興復)되는 것을 보지 못하였다고 하여 유명(遺命)을 남겨서 녹훈이 되는 것을 사양하였다. 이 분이 휘 매(邁)를 낳으셨으니, 홍주 목사(洪州牧使)이시다. 이 분이 휘 여귀(汝龜)를 낳으셨으니, 도(道)를 품고 의리를 잡아서, 정축년에 화의(和議)가 이루어지자[152] 청화산(淸華山) 속으로 들어가 종신토록 자정(自靖)[153]하여 세상에서 대명처사(大明處士)라고 일컬었으니, 이 분이 공의 5대조이시다. 처사공의 장자인 휘 태원(泰元)[154]은 능히 가학을 이었는데, 상(喪)을 이기지 못하고 일찍 별세하여 효(孝)로써 정려되었다. 차자인 휘 태형

151 인서(仁恕) : 홍인서(洪仁恕, 1535~?)로, 자는 응추(應推), 본관은 남양(南陽)이다. 자세한 내용은 367쪽 주136 참조.

152 정축년에 화의(和議)가 이루어지자 : 병자호란(丙子胡亂)이 정축년인 1637년(인조15) 1월에 끝나면서 청(淸)나라와 화의를 맺게 된 것을 가리킨다.

153 자정(自靖) : 각자 의리상 마땅하게 처신하여 스스로를 편안하게 한다는 뜻으로, 여기서는 벼슬에 나아가지 않고 지조를 지켰다는 뜻이다. 《서경》 〈상서(商書) 미자(微子)〉에, 은(殷)나라 태사(太師) 기자(箕子)가 주(紂)의 서모형(庶母兄)인 미자에게 "스스로 분의에 편안하게 하여 각자 스스로 그 뜻이 선왕(先王)에게 전달되면 됩니다. 저는 떠나가 은둔하는 것을 고려하고 있지 않습니다.〔自靖, 人自獻于先王, 我不顧行遯.〕"라고 한 데서 유래한 말이다.

154 태원(泰元) : 홍태원(洪泰元, 1636~1665)으로 자는 도장(道長), 본관은 남양(南陽)이다. 1662년(현종3) 어버이의 상(喪)을 당하고서 극진히 시묘 살이를 하다가 고질병을 얻어 1665년에 별세하였다. 1753(영조29)에 정려(旌閭)되었다.

(泰亨)은 세자익위사 세마(世子翊衛司洗馬)를 지냈고, 이 분이 휘 중채(重埰)를 낳으셨는데 사복시 정(司僕寺正)에 추증되었으며, 장방(長房)의 후사가 되었지만 또한 약관의 나이에 요절하였다. 조부이신 휘 상언(尙彦)은 삼등 현령(三登縣令)으로 의정부 좌찬성(議政府左贊成)에 추증되었고, 선고(先考)이신 휘 선양(善養)은 광주 목사(黃州牧使)로 이조참판에 추증되었다. 선비(先妣)는 정부인(貞夫人) 신씨(申氏)이다. 계비는 정부인(貞夫人) 이씨(李氏)로 계통이 영릉(英陵 세종(世宗))에서 나왔으니 통덕랑(通德郎) 휘 탁(鐸)이 그 선고(先考)이시다. 이 부인(李夫人)께서 영종(英宗) 계유년(1753, 영조29) 3월 28일 술시(戌時)에 찬성공(贊成公 홍상언(洪尙彦))의 삼등(三登)의 임소에서 부군을 낳으셨다.

부군께서는 태어나면서부터 남다른 자질을 품부 받아 슬기로움이 다른 사람보다 훨씬 빼어나셨다. 태어난 지 수년이 되었을 때에 우연히 감을 먹고는 체증이 생기자 15세 무렵에 이르도록 다시는 먹지 않아서, 날마다 책을 끼고서 인근의 글방에 가면서 좋은 과실이 땅에 떨어진 것을 보고서도 돌아보지 않으셨다. 조금 자라서는 가정에서 수학하여 군이 번거롭게 가르치거나 감독하지 않아도 문장과 행실이 일찍부터 성취되었다. 계미년(1763, 영조39)에 찬성공(贊成公 홍상언(洪尙彦))의 상(喪)을 만나자, 참판공(參判公 홍선양(洪善養))을 따라서 산속에서 상제(喪制)를 지키면서 더욱 자식으로서의 직분을 닦았다. 물러나서는 육예(六藝)의 문장에 크게 힘을 써서, 시문이 몹시 빼어나 왕왕 전송되는 것이 많았으니, 예원(藝苑)의 여러 공이 명성을 듣고 찾아와서는 몹시 중하게 기대하고 허여하였다.

승상(陞庠)[155]에 나아가서 누차 높은 성적을 차지하였다. 신묘년

(1771, 영조47)에 승제(陞製)[156]에서 장원한 일로 입시하니, 상께서 손을 잡고서 칭찬하고 장려하면서 대과(大科)에 급제할 것을 권면하였다. 정유년(1777, 정조1)에 진사가 되고서 누차 성균관의 장의(掌議)[157]가 되었는데, 특명으로 성균관 재실에서 독서하도록 하였다.

병오년(1786, 정조10)에 모친상을 당하였고, 기유년(1789, 정조13)에 처음 출사하여서 휘릉 참봉(徽陵參奉)이 되었다. 칠릉(七陵)[158]에

155 승상(陞庠) : 성균관 대사성이 4부 학당(四部學堂)의 유생(儒生) 가운데 15세가 된 이들에게 매년 10월에 시부(詩賦)로 시험을 보이고, 성적이 우수한 사람을 성균관 기재(成均館寄齋)에 입학시키는 제도로, 시험 과목은 사서오경(四書五經)과《소학(小學)》이었다. 여기에 합격한 이들은 생원·진사로 구성되는 상재생(上齋生)과 별도로 하재생(下齋生)이 되었는데, 비록 정규 학생은 아니었으나 성균관 유생으로서의 모든 특권을 누렸다.

156 승제(陞製) : 서울의 사학(四學) 유생에게 보인 과시(課試)로서 승보시(陞補試)나 학제(學製) 등을 말한다. 승보는 성균관장(成均館長)이 제술(製述) 시험을 보이고 그 점수에 따라 식년(式年) 생원시나 진사시의 복시(覆試)에 응시할 자격을 주었던 것을 말하고, 학제는 사학(四學)의 교수(教授)가 각기 주관하여 소관 유생(儒生)에게 보인 제술(製述)과 강서(講書) 시험인데, 여기에서 선정된 이들을 모아서 대사성이 다시 시험을 보인 것을 합제(合製)라고 한다.

157 장의(掌議) : 조선 시대 성균관에 있던 재회(齋會)의 우두머리를 이른다. 성균관에는 동재(東齋)와 서재(西齋)가 있었는데, 재마다 유생들의 자치 기관인 재회를 설치하고 이 모임의 우두머리인 장의를 두었는바, 이들은 유생의 지도자로서 재회를 소집할 수 있는 등 큰 권한을 가지고 있었다.

158 칠릉(七陵) : 경기도 구리에 있는 일곱 능으로, 조선 태조(太祖)의 건원릉(健元陵), 문종(文宗) 및 문종의 비(妃) 현덕왕후(顯德王后)의 현릉(顯陵), 선조(宣祖)와 선조의 비 의인왕후(懿仁王后) 및 계비(繼妃) 인목왕후(仁穆王后)의 목릉(穆陵), 인조(仁祖)의 계비 장렬왕후(莊烈王后)의 휘릉(徽陵), 현종(顯宗)및 현종의 비 명성왕후(明聖王后)의 숭릉(崇陵), 경종(景宗)의 비 단의왕후(端懿王后)의 혜릉(惠陵), 영조(英祖) 및 영조의 계비 정순왕후(貞純王后)의 원릉(元陵)을 가리킨다.

거처하실 때에 재관(齋官)들이 벗과 술과 함께 추축(追逐)하는 것을 낙으로 삼았지만, 부군께서는 홀로 고요함을 지키고서 독서에 힘쓰셨다. 경술년(1790, 정조14)에 준례대로 제용감 부봉사(濟用監副奉事)에 조용되었다가, 신해년(1791, 정조15)에 상서원 부직장(尙瑞院副直長)으로 옮기고, 겨울에 본원(本院)의 직장(直長)과 통례원 인의(通禮院引儀)와 의금부 도사(義禁府都事)로 승직하였는데 어떤 일로 인하여 연좌되어서 파직되었다.

임자년(1792, 정조16)에 조지서 별제(造紙署別提)와 남부 영(南部令)과 형조 정랑(刑曹正郎)에 제수되었다. 사구(司寇)[159]는 일이 번거롭고 또 뇌물 청탁이 모이는 자리였으나, 부군께서는 청탁을 끊고 분명하게 논죄하는 말을 들으셨다. 어떤 사람이 부유한 사람을 무고하여 빚을 졌다고 하여서 거짓 문서를 작성해 송사를 하였는데, 온 형조의 사람들이 그 말을 받아들여서 그를 두둔하였으나, 부군께서 그 거짓됨을 분간하심에 그 사람이 죄를 승복하였다. 조(曹)의 비용은 모두 속환(贖鍰)[160]을 필요로 하는데, 청탁으로 인해 속환을 면해주는 일이 많고 혹은 횡령으로 돌려서 텅 비어 남은 것이 없었다. 부군께서 그 일을 맡으심에 법을 집행하면서 동요하지 않으시니, 반년도 되지 않아 형조의 재용이 옛 규모를 회복하였고, 이어서 관아를 수선하되 풍작에 기대지 않게 되었다. 한가한 날에는 율서(律書)를 읽으시면서 조목별 법규

159 사구(司寇) : 본래 나라의 형벌(刑罰)을 맡은 관리를 가리키는데, 여기서는 형조 정랑을 말한다. 《周禮 秋官》

160 속환(贖鍰) : 죄인이 벌의 대가로 바친 물품이나 금전을 가리킨다. 환은 중량의 단위로, 형벌을 돈으로 대신한다는 내용을 담은 《서경(書經)》 〈주서(周書) 여형(呂刑)〉에서 온 말이다.

들을 정리하여 밝히셨으니, 당료(堂僚) 몇 사람을 거치면서도 아끼고 공경하지 않는 이가 없었다. 상께서 연석에 임하시어 부군께서 직임에 걸맞음을 찬탄하셨다.

계축년(1793, 정조17)에 임실 현감(任實縣監)에 제수되었는데, 읍이 궁벽한 곳에 있어 아전들은 교활하고 백성들은 곤궁하였다. 부군께서는 촉(蜀) 땅을 다스리는 정사[161]를 베풀어서, 포탈(逋脫)된 환곡을 수만 포 채웠으나 온 경내가 동요되지 않았다. 관가의 수요로서 백성들에게서 거두어들이는 것을 억지로 그 값을 정하여 쌀로 내게 하지 않고 돈으로 내게 하였었는데, 잘못을 인습하여 법식이 되어 오랜 시간이 지남에 이를 바꾸기가 어려웠으나, 부군께서는 쌀로 내도록 하였다. 읍포(邑庖)에서 의창(義倉)에 장리곡을 팔아서 관아에 공급하였는데, 부군께서 서둘러 도살을 그만두게 하고서 인하여 그 폐단을 혁파하였다. 재해를 입은 해에 녹봉을 털어서 구휼을 도모하였으며, 관전(官田)의 세금을 모두 면제하였고 아울러서 승역(僧役)에까지 미쳤다. 읍에 보민청(補民廳)이 있었는데, 해마다 백성들에게 곡식을 거두어서 경비를 보충하니 거두어들이고 흩어주는 것이 온당함을 잃어서 백성들이 살아갈 수가 없었다. 부군께서 마음을 다하여 이를 정돈해 다스려서, 봉급 수천 민(緡)을 떼어내어 민역(民役)을 대신해 막고, 그 전해져온 옛 병폐로서 백성들의 고통이 되었던 것을 덜어주어서 영구토록 이롭

161 촉(蜀)……정사 : 궁벽한 곳을 잘 다스리는 정사를 말한다. 촉 땅은 외진 곳에 있어서 오랑캐의 풍속이 있는 곳으로 알려져 있다. 한(漢)나라 경제(景帝) 때에 문옹(文翁)이 촉군(蜀郡)의 수령이 되어서 시서(詩書)로써 촉 땅을 교화시켜서, 촉 지방이 제(齊)와 노(魯)처럼 변화되었던 일이 《한서(漢書)》 권89 〈순리전(循吏傳) 문옹(文翁)〉에 보인다.

기를 도모하니, 읍이 이로 인해 다시 살아났다.

을묘년(1795, 정조19)에 대구부 판관(大邱府判官)으로 옮기셨는데, 한결같이 직임을 잘 수행하는 정사를 따르시되 관대함으로써 보완하셨다. 빈객들이 번잡하고 문서들은 산처럼 쌓여있었으나, 좌우로 응접하고 귀로 듣고 입으로 결정하여서, 해가 다 지기도 전에 패연히 아무 일도 없는 것같이 되었다. 정사년(1797, 정조21)에 본부(本府)에서 감시(監試)를 설행하라고 명하였는데, 도백(道伯 관찰사)이 시험을 주관하여 이를 정해진 법으로 삼았다. 부군께서 그 일을 담당함에, 편의를 헤아려서 일에 앞서 도모하여 백성들에게 거두던 것을 모두 관가에서 나오게 하니, 백성들이 시역(試役)이 있는 줄을 알지 못하였다. 과장(科場)이 열리자 혼란을 그치게 하고 간사한 짓을 막아서 시행하고 조처한 것이 중도를 얻었으니, 공효가 이미 일어남에 한 도(道)의 장보(章甫 유생)들이 가사를 지어서 이를 칭송하였다. 부군께서 도백(道伯)에게 말하기를, "시험 장소를 열읍(列邑)에서 돌아가며 시행하게 한 것은, 법이 만들어진 뜻에 까닭이 있어서입니다. 만약 감영이 있는 고을로 한정한다면, 아전들이 보고 듣는 것이 익숙해져서 마음과 손이 모두 교활하게 되어, 간사한 불법행위가 더욱 심해지고 소인배들의 요행을 바라는 문로가 더욱 열리게 될 것입니다. 그렇게 된다면 비록 이를 아는 사람이 있어도 어찌할 수 없을 것입니다. 옛 준례대로 여러 고을을 돌아가며 설행하는 것이 차라리 폐단이 적을 것입니다."라고 하였다. 인하여 이것이 전해져 조정에 알려져서, 그 일이 마침내 중지되었다.

또 큰 기근을 만나 백성들이 관아에 내던 세금을 견감해주었고, 공곡(公穀)으로 진휼하는 날을 배정하는 사이에 창고의 곡식을 내어서 급한 사람들을 구제하였다. 직접 여러 창고에 나아가 하나하나 순회하면서 빠뜨리지 않으셨고, 진휼 장부를 가지런히 조리 있게 만들었으니, 백성들이 굶주림을 잊게 되었다. 도백(道伯 관찰사)이 포계(褒啓)[162]를 올리고 또 부군이 많은 폐단을 능히 개혁하였다 하여서 오랫동안 부임하기를 청하고자 하였으나, 부군께서 힘껏 사양하여 직임에 머무르지 않으셨다.

무오년(1798, 정조22)에 어사(御史) 여준영(呂駿永)이 비방을 만들어낸 자의 말을 듣고서 면전(綿田)에도 재해를 인정해준 것을 사목(事目) 이외의 것이라 하였고, 또 어린아이와 이미 죽은 자에게도 군포를 징수한 폐단을 거론하여 들추어냈다.[163] 부군께서 심리(審理)에 나아가자, 상께서 그 무고를 밝혀 의언(議讞)[164]을 기다리지 않고도 여정을 배로 하여 직임으로 돌아가도록 명하였다. 그런데 상신(相臣) 이병모(李秉模)가 완협(緩頰)하고자 하여 같은 시기에 감률한 사람의 죄를 아울러서 본도(本道)에서 조사하도록 청하였다.[165] 상께서는 다시 "대

162 포계(褒啓) : 각 도의 관찰사나 어사가 고을 수령의 선정(善政)을 포창(褒彰)하도록 임금에게 아뢰던 일을 말한다.

163 어사(御使)……들추어냈다 : 당시 대구부 판관이었던 홍이간(洪履簡)이 재해에 결수(結數)와 환곡을 두고 아전들이 농간을 부리는 것을 막지 못하였으며 또 어린아이와 이미 죽은 자 2백여 명에게도 군포를 거두었다는 명목으로 경상도 암행어사 여준영(呂駿永)의 탄핵을 받은 내용이 《승정원일기(承政院日記)》 정조 22년 4월 27일 기사에 보인다. 원문의 '황백징포(黃白徵布)'는 어린아이를 군적에 올려 세금을 부과한 황구첨정(黃口簽丁)과 이미 죽은 사람을 군적에 올려 세금을 부과한 백골징포(白骨徵布)를 가리킨다.

164 의언(議讞) : 죄의 경중을 평의하는 것을 말한다.

165 그런데……청하였다 : 당시 우의정이었던 이병모(李秉模)는 대구부 판관 홍이간

구에 무슨 조사할만한 단서가 있단 말인가."라고 하였으나, 그 청을 중히 여겨 대신의 말대로 하도록 명하였다. 도백(道伯) 이의강(李義綱)이 여준영이 견책을 입은 것을 두려워하여서, 전해져오던 군오(軍伍)의 빠진 정원을 미처 다 충원하지 못하였다고 회계(回啓)하니, 상께서 그 지역에 편배(編配)[166]할 것을 명하였다. 부군께서는 어려움에 처하여 자적(自適)하시어, 독서에 전심하면서 득실을 마음에 두지 않으셨다. 이때 참판공(參判公 홍선양(洪善養))께서 경사의 집에 계시다가 병이 갑자기 위독해져서 치료하지 못하고서 별세하시니, 부군께서 별빛을 이고 가며 피를 토하여 기운이 막힌 것이 여러 번이어서, 슬픔으로 몸을 훼손하여 거의 목숨을 보전하지 못할 지경이었다. 방안에서 거적자리를 깔고서 삼년상을 마치셨다.

신유년(1801, 순조1)에 공조좌랑에 제수되고, 사직서 영(社稷署令)과 종묘서 영(宗廟署令), 사옹원 첨정(司饔院僉正)과 사도시 첨정(司䆃寺僉正)을 역임하였다. 갑자년(1804, 순조4)에 안성 군수(安城郡守)에 제수되었다. 안성은 기호(畿湖)지방의 대도회지에 있어서 백성들이 공업과 상업을 업으로 삼고 관아 역시 이에 힘입어 읍을 다스렸는

(洪履簡)과 의성 현감 김철순(金喆淳)을 직임에 돌아가라고 우선 명하였으나 암행어사의 논계는 사체가 중하므로 때에 맞게 다시 조사하여야 한다고 하면서, 경상도에서 다른 읍(邑)도 조사하고 있으므로 이를 마친 후에 해당 부(府)에서 아울러서 품처(稟處)하도록 할 것을 청하였다. 이 내용이 《승정원일기(承政院日記)》 정조 22년 5월 10일 기사에 보인다. 완협(緩頰)이란 비유를 들어가며 느릿느릿 말해 설득하는 것을 말한다.

166 편배(編配) : 도형(徒刑)이나 유형(流刑)에 처한 죄인의 이름을 도류안(徒流案)에 기록하여 넣는 것을 말한다.

데, 부군께서는 한 명의 장인(匠人)도 역(役)에 참여시키지 않았고 또한 상화(商貨)에 의지하지 않으셨으며 시전(市廛)의 세금을 감면하고 교역로를 통하게 하였으니, 백성들이 크게 기뻐하였다.

정묘년(1807, 순조7)에 전주부 판관(全州府判官)으로 옮기셨다. 사무가 달성(達城)보다 극심하였고 또 호남의 풍속이 떠들썩하고 건송(健訟)[167]하였지만, 부군께서 물이 흐르듯이 판가름을 내리셔서 책상에 지체된 문서가 없었다. 부임하신 지 수개월이 되지 않아 절도사가 본부(本府)에서 군병들을 훈련하였는데, 습조(習操)[168]를 폐한 것이 30년이 되어서 빠진 군액(軍額)이 만 수에 이르렀다. 부군께서 임시방편으로 조처하여서 군오(軍伍)에 장정을 충원하자, 온 경내가 편안하였다. 무진년(1808, 순조8) 봄에 벼슬을 그만두고 돌아오셨는데, 어사 서유망(徐有望)이 추후에 습조를 하였을 때 민심을 동요시켰다고 탓한 일로 인하여서 고신(告身)을 2등 삭탈하였다.

기사년(1809, 순조9)에 특명으로 찬성공(贊成公 홍상언(洪尙彦))의 관직을 추증하고 인하여 사손(嗣孫)을 녹용(錄用)하라고 명하여서 부군을 내자시 주부(內資寺主簿)에 제수하였고, 경모궁 영(景慕宮令), 사재감 첨정(司宰監僉正)으로 옮기셨다. 경오년(1810, 순조10)에 밀양 부사(密陽府使)에 제수되었다. 밀양은 토속이 사나워서 가르침을 따르지 않았지만, 부군께서 몸소 솔선수범하시자 신의가 넘쳤다. 읍에

167 건송(健訟) : 《주역》 〈송괘(訟卦) 단사(彖辭)〉에 "위는 강하고 아래는 험하여 험하고 굳센 것이 송이다.〔上剛下險, 險而健, 訟.〕"라고 한 데서 온 말로, 성품이 험하고 굳세어 쟁송(爭訟)을 하는 것을 말한다.

168 습조(習操) : 군사와 지휘관을 포함한 모든 인원이 모여서 진법(陳法)이나 총포 발사 등을 조련하는 일을 말한다.

영남루(嶺南樓)가 있었는데 한 도(道)에서 가장 빼어난 승경지였으나 공무가 아니면 한 번도 오르지 않으시면서, "노는 데에 빠져서 즐거움을 탐하다가 백성과 나라에 해를 끼치기가 쉽다."라고 말씀하셨다. 또 후조창(後漕倉)이 있어서 김해(金海) 이하 5읍의 전세를 삼랑(三浪)에 저장해 두었는데,[169] 부군께서 그 일을 관장하시어 두량(斗量)을 균등하게 하도록 힘쓰시니, 5읍의 백성들이 세금을 내고서도 항상 남는 쌀이 있게 되었다.

여름에 경사로 조운을 하다가 배가 부서져 돌아오지 못하였다. 개조하여 이듬해의 조운 시기에 미치려고 하였으나, 시기가 촉박하여 일을 이룰 수가 없었다. 부군께서 직접 선혜청에 공문을 보내어 마음을 다하여 다스리시니, 한 달도 되지 않아 수십 척이 완성되어 조운 시기를 지체하지 않을 수 있었다. 일반적으로 배를 개조하는 데에는 전례대로 조창전(漕倉錢)을 내어서 그 비용을 감당하였는데, 관가에서 이를 헤아려서 인하여 그 남은 것을 취하였다. 또 집물의 값으로 거두어들이는 쌀 수백 석을 인습에 따라서 취해 써서 이미 읍의 규정이 되었는데, 부군께서 말씀하기를 "어찌 장리(長吏)로서 조창의 이졸들과 이익을 다투는 자가 있단 말인가."라고 하시고 마침내 조창의 이졸들에게 모두 주시니, 조창의 이졸들이 은혜를 기려서 조창에 비석을 세웠다.

신미년(1811, 순조11)에 조정에서 일본에 통신사를 보내니, 온 도(道)가 모두 백성에게서 거두어들여서 역(役)에 응하였다. 밀양은 동

169 후조창(後漕倉)이……두었는데 : 후조창은 경상남도 밀양(密陽)에 있던 삼랑창(三浪倉)을 가리키는 바, 그 속읍은 밀양, 양산(梁山), 현풍(玄風), 영산(靈山), 창녕(昌寧) 총 다섯 읍이었다. 《典律通補 戶典 漕轉》

래(東萊)의 교통로에 처해있어서 물자를 공급하는 일이 갖가지로 나왔다. 부군께서 수년의 봉급을 모아서 재물을 다하여 물자를 공급하는 데에 응하니, 백성들이 남사(南槎 통신사)의 역(役)이 있는 줄을 알지 못하였으며, 또 비석을 세워서 덕을 기렸다. 도백(道伯 관찰사) 김회연(金會淵) 공이 항상 찬탄하여 말하기를, "70주(州) 가운데 밀양만이 자기 고을에서 재용을 취하여 쓰고 있다."라고 하였다.

임신년(1812, 순조12) 봄에 조정에서 명하여 본도(本道)에서 군병을 훈련하게 하였다. 이때 청북(淸北)에서 일어난 황지(潢池)의 경보[170]를 만나, 팔도가 요동쳐서 유언비어가 마구 일어났다. 그럴 즈음에 춘조(春操)[171]가 백년 만에 처음 행해지는 것을 보고, 백성들이 크게 놀라서 날이 갈수록 더욱 선동되고 또 장차 동작(東作 봄농사)을 폐하려고 하였다. 부군께서 탄식하며 말씀하기를, "이는 이른바 난(亂)을 길러서 변란을 돕는 것이니, 이를 그치게 하지 않으면 변란이 또 그 가운데에서 일어날 것이다." 하고, 서둘러 도백(道伯 관찰사)에게 서신을 왕래하고 또 규지(揆地)[172]에 연통하여서 즉시 그만두게 하니 마침내 무사하게 되었다.

170 황지(潢池)의 경보 : 반란군이 일어나 소요를 일으키는 것을 말하는데, 여기서는 평안도에서 일어났던 홍경래(洪景來)의 난을 가리킨다. '황지'란 《한서(漢書)》 권89 〈순리전(循吏傳) 공수(龔遂)〉에, "바닷가는 멀리 떨어져 있어서 성스러운 교화가 미치지 않는 탓에 백성들이 굶주림과 추위에 떨고 있는데도 관리들이 돌보아주지 않습니다. 그러므로 폐하의 적자(赤子)들로 하여금 폐하의 군사를 훔쳐서 황지 안에서 농병(弄兵)하게 할 뿐입니다."라고 한 데서 온 말이다.

171 춘조(春操) : 봄에 행하는 군병 훈련을 말한다.

172 규지(揆地) : 온갖 일을 헤아려 계획하는 의정부의 정승을 이른다.

4월에 관직을 버리고 돌아오셨다. 이때 서쪽 변란이 아직 평정되지 않아 길은 험하고 경사는 계엄(戒嚴)하여서 의심이 만 가지로 나와, 성을 옮겨가서 피하는 이들이 길에 이어졌다. 부군께서 홀로 식솔들을 거느리고서 수도에 들어가시니 사람들 중에 만류하는 이가 있었는데, 부군께서 말씀하기를, "경성이 만일 지켜지지 못한다면 마땅히 사직과 함께 죽어야 할 뿐이다."라고 하였다. 계유년(1813, 순조13)에 동조(東朝)의 연세가 회갑을 넘었는데,[173] 공께서 동조에 있어서 중표친(中表親)이 되므로[174] 특별히 통정대부(通政大夫)를 가자(加資)하고, 첨지중추부사(僉知中樞府事), 오위장(五衛將), 돈녕부 도정(敦寧府都正)에 제수하였다.

가을에 경주 부윤(慶州府尹)에 제수되었다. 경주부는 환곡을 운용하는 것이 수십 만석이었는데 마침 읍쉬(邑倅 수령)가 여러 번 바뀌는 바람에 이연(吏緣)들이 간교를 부려서 창고의 저축이 텅 비어있었다. 부군께서 누적된 포흠을 조사해 적발하니, 아전들이 장차 흩어져 도망치려고 하였다. 부군께서는 비록 기한을 정해 감독하고 징발하였으나, 느슨히 풀어주기도 하고 엄히 당기기도 하여서 곡진하게 사의(事宜)에 들어맞았다. 그러자 한 해가 되기도 전에 13창(倉)이 모두 완전해져서 백성들에게 징발이 미치지 않고 아전 또한 죄를 면하게 되어, 종신토록

173 동조(東朝)의……넘었는데 : 동조는 왕대비가 거처하는 궁궐로, 전하여 왕대비를 뜻한다. 이때 정조(正祖)의 비인 효의대비(孝懿大妃) 김씨(金氏)가 회갑을 맞이하였다.

174 공께서……되므로 : 중표친(中表親)은 내외종(內外從) 친척을 가리키는 바, 효의왕후(孝懿王后) 김씨(金氏)는 홍이간(洪履簡)의 조부인 홍상언(洪尙彥)의 외손녀이므로 이와 같이 말한 것이다.

은혜를 칭송하는 이들이 있었다.

거듭 흉년을 만나 갑술년(1814, 순조14)에 이르러서 팔도가 흉조를 고하였는데, 그 중에서도 영남이 극심하여서 굶어 죽은 시신이 길에 서로 이어졌고, 여기에 전염병까지 더해져서 죽은 사람이 태반이었다. 부군께서는 경영하여 안무해 모이게 하시어 선후와 완급을 조절하는 사이에 곡진하고 섬세하여 갖추어지지 않는 것이 없었다. 도백(道伯 관찰사)에게까지 모의하여서 빈호(貧戶)의 포탈된 조세를 견감하여주고, 관가에 내는 상세(常稅)를 모두 진휼하는 데에 귀속시켜서 한 터럭만큼도 사사롭게 소유하지 않으셨다. 부유한 백성들에게는 곡식을 내어놓기를 권하고, 곡물의 유통을 막는 자는 그에 상응하는 죄를 주었다. 늘 "굶주린 백성을 진휼하는 데에 있어서 차라리 지나칠지언정 미치지 못함은 없어야 한다."라고 하여서 기호(饑戶)를 뽑은 것이 수만 인에 이르렀다. 다른 읍의 백성들로서 흩어져서 경주부의 경내에 들어온 사람들을 또한 똑같이 대하시니, 모두 의지할 곳을 얻었다고 여겼다. 그러므로 온 읍에 정처 없이 떠돌아다니는 이가 없었고 도둑질하는 이가 없었으며 굶주려 죽는 이가 한 사람도 없어서 예전처럼 편안히 살게 되었다. 사방의 이웃고을에서는 모두 사람들이 서로를 잡아먹는 변고가 있었지만, 유독 경주에서는 그러한 일이 없었다.

왜관(倭館)에 내는 쌀이 있었으니, 이른바 하납(下納)이었다. 왜인들이 시기를 틈타서 지나치게 높게 가격을 산정하여 마음대로 조종하였는데, 부군께서 동래부(東萊府)에 연통하여서 평상시의 가격으로 응하게 하여 백성을 위해서 힘을 덜어주었으니, 백성들이 더욱 크게 기뻐하였다. 격가미(格價米) 수백 석이 있어서 으레 관용(官用)에 이바지하였는데, 부군께서는 "백성들의 고혈을 짜내어 왜노(倭奴)를 살찌게 하는 것이 진실로 이미 나라의 수치인데, 어찌 차마 그 일로 인하여서 재화를 얻을 수 있겠는가." 하고 이를 모두 아전과 관노에게 주었으며, 관청의 재용을 남겨두어서 영접하고 전송할 때의 반전(盤纏 노자(路資))의 비용으로 삼게 하였다. 또 쇄마(刷馬)의 폐단을 염려하여 관가의 재용을 내어서 이자를 만들게 하여 이로써 백성들에게 수렴하는 것을 막아서 영구하게 할 것을 도모하였다. 부군께서는 황정(荒政)[175]을 거듭 겪으시면서 근심이 병을 이루어, 진휼이 끝나자 마침내 관직을 버리고 돌아오셨다.

무인년(1818, 순조18)에 조사위장(曹司衛將)에 제수되었다가 후에 다시 제수되었다. 기묘년(1819, 순조19) 겨울에 영월 부사(寧越府使)에 제수되었는데, 땅이 궁벽하고 일이 한가하다고 하여 혹시라도 정사를 함에 있어서 소홀해지지 않으셔서, 옛것을 수리하고 폐해진 것을 일으킴에 온갖 일이 모두 이루어졌다. 읍에 산수가 빼어난 곳이 많아서 때로 나아가 노니셨으나 항상 호강후(胡康侯)가 형악(衡岳)에 들어가지 않겠다고 한 경계[176]를 마음에 간직하고 계셨으니, 도가 지나쳐서 방탕해질까 경계하신 것이었다. 신사년(1821, 순조21) 2월에 벼슬을 그만두고 돌아오셨다. 3월에 효의대비(孝懿大妃)께서 승하하자, 종척집사(宗戚執事)에 차임되었다. 인산(因山 국장(國葬))을 마친 뒤에 공로

175 황정(荒政) : 흉년에 백성들을 구제하는 정치를 말한다.

176 호강후(胡康侯)가……경계 : 호강후는 호안국(胡安國, 1074~1138)으로, 송(宋)나라 건주(建州) 숭안(崇安) 사람이며, 시호는 문정(文定), 강후는 그의 자이다. 호안국이 벼슬을 하면서 형악(衡岳)을 지나가다가 그 웅장하고 수려한 광경을 아껴서 한 번 산에 오르고자 하였으나, 직책은 여기에 있지 않다고 하여서 끝내 오르지 않았다고 한다.《伊洛淵源錄 卷13 胡文定公》

를 인정받아 가선대부(嘉善大夫)의 품계로 승직되었다. 이어서 효희전(孝禧殿)[177]의 향관(享官)으로 차임되었고, 그 사이에 동지중추부사(同知中樞府事)와 부총관(副摠管)에 제수되었으며, 그 후 여러 번 제수되었다. 계미년(1823, 순조23)에 태묘(太廟)에 부묘(祔廟)하면서 가의대부(嘉義大夫)의 품계로 승직되었고, 그 사이에 동지돈녕부사에 제수되었다. 정해년(1827, 순조27) 정월에 다시 동지중추부사에 제수되었는데, 그믐이 될 무렵에 갑자기 병으로 앓아누우셔서 2월 4일 사시(巳時)에 명례방(明禮坊) 남산동(南山洞) 집의 정침에서 별세하셨으니, 향년 75세였다. 아아, 슬프도다.

부군께서는 소싯적부터 병이 없으셨다. 중년에 병을 앓으신 것은 비록 수토(水土)가 맞지 않았던 것이 빌미가 되었기 때문이지만, 노년에 더욱 조섭하시어 용모는 여위었으나 정신은 맑으셨으니, 정화가 밖으로 드러난 것에서 더욱 곧은 덕(德)의 징표를 징험할 수 있다. 불초가 불효하였기에 죄가 하늘에 통하여서 신명의 이치가 재앙을 내리기를 이 몸에 하지 않고 선고(先考)께 하였다. 그리하여 반드시 얻을 징험을 장수하는 데에서 인색하게 하였으니, 아아 슬프도다. 부음이 알려지자 부의와 치제를 예(禮)대로 하사하였다. 4월 임신에 양성(陽城) 천덕산(天德山) 을좌(乙坐)의 언덕에 장례 지냈다. 무자년(1828, 순조28) 8월 경진에 부인의 묘와 함께 옮겨서 시흥(始興) 동면(東面)의 매산(梅山)에 합장하였으니, 또한 을좌(乙坐)였다.

부군께서는 성품이 어질면서도 강직하였고, 거동은 민첩하면서도 신의가 있으셨다. 효성을 하늘로부터 타고나서 어려서도 찬성공(贊成

177 효희전(孝禧殿) : 효의대비(孝懿大妃) 김씨(金氏)의 혼전(魂殿)이다.

公 홍상언(洪尙彦))을 섬김에 있어 정성을 극진히 하였다. 찬성공께서는 부군이 뛰어나게 영특한 것을 아끼셔서 항상 무릎에 두시고서 사물을 만나면 가르침을 베풀어 주셨는데, 부군께서는 이를 가슴에 새겨 감히 잊지 않으셨다. 이 부인(李夫人)께 고질병이 있었는데, 부군께서는 항상 병상에서 모시되 반드시 몸소 부축하여서 다른 사람이 대신하도록 하지 않았으니, 이 부인(李夫人)께서 항상 '우리 효자'라고 칭찬하셨다. 이 부인(李夫人)께서 참판공(參判公 홍선양(洪善養))의 의령(宜寧)의 임소에 계시면서 병이 심해지자, 부군께서는 밤낮으로 여정을 두 배로 하여서 가시고, 이르러서는 띠를 풀지 않고 눈을 붙이지 않은 것이 50일이었다. 상여를 부여잡고 돌아온 때에 이르러서는 곡소리가 끊이지 않았으니, 길 가는 사람들이 이 때문에 눈물을 떨어뜨렸다. 거상(居喪)을 함에 있어서 예(禮)를 다하여, 슬픔으로 몸을 훼손하여 수척해져서 거의 죽을 지경에 이르러 항상 피를 토하였으니, 이것이 고질병의 빌미가 되었다.

참판공을 섬기실 적에 새벽부터 밤까지 공경하고 삼가서 어버이의 뜻에 앞서 이를 받들고 따라서 공적인 일이 아니면 조금도 부모님의 곁을 떠난 적이 없었다. 일을 주선하고 심부름을 함에 있어서 몹시 민첩하여서, 의복을 입고 벗으실 때에 반드시 나아가 이를 받들었고, 출입하고 기거하실 때에서 반드시 보호하고 부축하였다. 수저를 떠서 드신 음식이 많은지 적은지와 반찬을 좋아하셨는지 싫어하셨는지를 직접 점검하여서, 저녁에 점검한 것을 가지고 아침과 비교하고 오늘 점검한 것을 가지고 어제와 비교하여 날마다 이를 일상으로 삼아 근심과 즐거움으로 삼았다. 참판공께서 일을 사직하시고서 한가로이 거처하시자, 부군께서는 귀로 듣고 눈으로 본 것을 자세히 써서 고하여서 부모님의 마음을 기쁘게 해드렸다. 읍재(邑宰)가 되어서는 사직하면 반드시 잠자리를 모셨고, 별미를 하나 얻으면 그때마다 전담한 심부름꾼을 보내어 이를 바쳤다. 판여(板輿)[178]를 갖추어서 곁에서 봉양하기를 청하였으나, 참판공께서 평소에 관아를 좋아하지 않으시어 끝내 나아가지 않으셔서, 마침내 효도를 마칠 수 없게 되었다. 부군께서는 근심과 애통함을 머금고서 종신토록 마치 하루와 같이 슬퍼하였다. 상여(喪餘)[179]의 제사를 고령의 나이에 병들어 누워서 숨이 겨우 이어지는 상황에도 반드시 목욕재계하고서 받들어서, 곁에 있는 사람들을 슬퍼서 감동하게 하였다.

형제자매간에 우애하기를 도탑게 하여서, 중공(仲公)과 계공(季公)[180] 두 공(公)과 함께 서로 지키며 화락하여 춘진(春津)[181]의 즐거움이 있었다. 계공(季公)께서 별세하시자 수의[182]와 관으로 쓸 재목을

178 판여(板輿) : 판여는 부들방석을 깔아 푹신하게 만든 노인용 가마를 이르는데, 효자가 늙은 어버이를 모시고 임지로 감을 이른다. 진(晉)나라 반악(潘岳)의 〈한거부(閑居賦)〉에 "태부인을 판여에 모시고 가벼운 수레에 오르시게 한 뒤 멀리 궁성을 유람하고 가까이 집안 뜨락을 산보하게 한다.〔太夫人乃御板輿, 升輕軒, 遠覽王畿, 近周家園.〕"라고 하였다.

179 상여(喪餘) : 거상(居喪)을 마치고 난 나머지라는 뜻으로, 삼년상을 넘기고 지내는 기제(忌祭)를 이르는 말이다.

180 중공(仲公)과 계공(季公) : 홍이간(洪履簡)의 아우인 홍정간(洪鼎簡)과 홍제간(洪濟簡)을 말한다.

181 춘진(春津) : 형제간의 아름다운 우애를 말한다. 춘진은 춘진(椿津)으로도 쓰는데, 남북조 시대 후위(後魏)의 양춘(楊椿)과 양진(楊津) 형제를 가리킨다. 두 사람은 우애가 매우 돈독하여 양진이 자사(刺史)로 있을 적에 사철의 좋은 음식이 있으면 매번 서울에 있는 형인 양춘에게 인편을 통해 음식을 부쳤으며, 만약 보내지 못했으면 먼저 입에 넣지 않았다고 한다. 《北史 卷41 楊播列傳》

모두 내어서 상사(喪事)를 도우셨으니, 불초가 울며 간청하였으나 듣지 않으셨다. 완산(完山)의 임소에 계실 때에 중공(仲公)께서 병이 났다는 소식을 받으시고는 밤을 새워 영춘(永春)으로 향하셨다. 산길이 험준하고 빙설이 우뚝 솟아 있었으나 부군께서는 위험을 무릅쓰고 나아가셨는데, 도중에 부음을 들으시고는 목이 쉬도록 호곡하셨다. 돌아오셔서 즉시 관직을 버리시고는 홀홀하게 세상에 대한 생각이 없으셨고, 말이 미칠 때마다 번번이 눈물을 흘리셨다. 한번은 행장을 꾸려 풍악산(楓嶽山)에 들어가셨는데 마침 제부(弟婦)가 병이 났다고 알려오자 부군께서는 즉시 행차를 멈추셨다. 불초가 "이미 멍에를 하셨고, 또 탕약을 모실 두 자식이 있으니, 굳이 행차를 그만두실 필요는 없을 듯합니다."라고 하자, 부군께서 말씀하시기를, "동기(同氣)간에 근심이 있는데 실컷 노닐어서야 되겠느냐."라고 하셨으니, 집안에서의 행실에 있어서 돈독하심이 이와 같으셨다.

고아가 된 생질을 보기를 자신의 소생과 차이가 없게 하시어, 병이 나면 마치 자신이 병든 것처럼 아파하셨고, 시집과 장가를 보낼 때에는 모두 제때를 잃지 않게 하셨으며, 숙사(塾師)를 세워서 가르치시고 전택(田宅)을 떼어주어 거처하게 하셨다. 종족(宗族)에게까지 미루어

182 수의 : 원문의 '세제(歲製)'는 본래 《예기(禮記)》 〈왕제(王制)〉에 "60세가 되면 한 해가 걸려야 만들 수 있는 것을 준비한다.〔六十歲制.〕"라고 한 데에서 온 말로, 이에 대한 《예기집설(禮記集說)》의 주(註)에 "이것은 점차 늙어갈수록 죽을 시기에 가까워지니, 마땅히 미리 장례에 대한 대비를 해야 함을 말한 것이다. 한 해를 걸려야 만들 수 있다는 것은 관을 이른 것이니, 쉽게 완성할 수가 없기 때문에 한 해가 걸려서 만드는 것이다.〔此言漸老則漸近死期, 當豫爲送終之備也. 歲制謂棺也, 不易可成, 故歲制.〕"라고 하였다. 다만 여기서는 '세제(歲製)'라고 하여서 관이 아니라 수의를 가리킨다.

서 각각 은혜와 의리를 다하시고, 곤충과 초목과 같은 미물에 이르러서도 혹시라도 상하게 할까 염려하셨다. 외숙께서 오래도록 가난하고 음주를 좋아하셨는데, 부군께서는 관직이 있을 때에는 봉급을 나누어 주시고 관직이 없을 때에는 곡식을 이어주고 술 또한 비지 않게 하여서 생을 마치도록 하셨으니, 사람들이 이를 어려운 일이라 여겼다.

집안을 다스리시는 데에 법도가 있어서, 규문 안에서 몹시 엄숙하셨다. 불초한 내가 형제 없이 독신(獨身)으로 병을 잘 앓았으나, 부군께서는 엄격히 감독을 가하시고 조금도 관대함을 두지 않으셔서 잘못이 있으면 반드시 회초리질을 하셨고 출입하면서 교유하기를 허락지 않으셨으니, 이는 혹시나 한 걸음이라도 그르칠까 염려하셨던 것이었다. 학문에 뜻을 둘 나이가 되자 더욱 돈독하게 책려하시면서 말씀하기를, "네가 헛된 이름만을 지니고서 실질에 힘쓰지 않는다면, 바로 문(文)도 못하고 무(武)도 못하면서 속인도 아니고 승려도 아니어서, 절반쯤 올라갔다가 떨어져버린 한 파락호일 뿐인 것이다. 너는 공경히 생각할지어다."라고 하셨다. 불초가 병으로 공령(功令)[183]을 폐하고 또 능히 벼슬살이를 하지 못하자 부군께서도 강권하지 않으셨다. 혹자가 말하기를, "벼슬하지 않을 의리가 없으니,[184] 어찌 권하지 않습니까?" 하자,

183 공령(功令) : 과거(科擧)에 사용하는 여러 가지 문체를 이르는 말로, 직접 과거를 이르기도 한다.

184 벼슬하지……없으니 : 《논어》 〈미자(微子)〉에 자로(子路)가 세상을 버리고 은거하는 노인에 대해서 "벼슬하지 않는 것은 의리가 아니니, 장유(長幼)의 예절도 없애서는 안 되는데 군신(君臣)의 의리를 어떻게 없앨 수 있겠는가. 자기 일신을 깨끗이 하고자 큰 인륜을 어지럽히는 짓이다.〔不仕無義, 長幼之節, 不可廢也, 君臣之義, 如之何其廢之? 欲潔其身而亂大倫.〕"라고 한 내용이 보인다.

부군께서 말씀하기를, "그 애가 스스로 즐거워하지를 않으니, 좋아하는 바대로 내버려둘 뿐이다."라고 하셨다.

한번은 불초가 억측하는 병폐가 있자 이를 경계하시면서 말씀하기를, "혹시라도 억측하여 자주 들어맞더라도 마음의 해가 될 터인데,[185] 더군다나 들어맞지 않는 경우에 있어서이겠느냐. 성(誠)에 전일해야 할 뿐이다."라고 하셨다. 불초가 혹 의론을 줏대 없이 하면서 이해를 참고해서 따지는 경우가 있으면, 부군께서 큰 소리로 말씀하시기를, "어찌 유자(儒者)로서 이익을 도모하고 공효를 따지는 자가 있단 말이냐. 오직 떳떳한 도리를 지켜야 할 뿐이다. 작은 이익을 보아서 큰 덕(德)에 누를 끼쳐서는 안 된다."라고 하셨다.

예전에 불초가 《사기(史記)》와 두시(杜詩)를 송독하였는데, 부군께서 그때마다 꾸짖어 금하시면서 말씀하기를, "이는 유자(儒者)가 마땅히 읊어야 할 바가 아니다."라고 하셨다. 취향을 달리 하는 이의 글을 보는 것을 허락하지 않으시면서 말씀하시기를, "문로(門路)가 바르지 않으면, 점차 젖어들게 되기 쉽다."라고 하셨다. 품행이 바르지 못한 사람의 호(號)를 부르는 것을 허락하지 않으시면서 말씀하시기를, "이름이 아니라 호(號)로 부르는 것은 그 사람을 존중하는 것이다. 그 사람이 올바르지 않은데 호로 불러서야 되겠느냐."라고 하셨다. 불초

185 혹시라도……터인데 : 《논어》 〈선진(先進)〉에 공자가 자공(子貢)을 두고 "사(賜)는 천명을 받아들이지 않고 재화를 늘렸으나, 억측을 하면 자주 들어맞았다.〔賜不受命, 而貨殖焉, 億則屢中.〕"라고 하였는데, 범씨(范氏)의 주(註)에 "사(賜)는 불행히도 말을 하면 들어맞는 때가 있었으니, 이것이 바로 사로 하여금 말을 많이 하게 하는 것이다.〔賜不幸言而中, 是使賜多言也.〕"라는 공자의 말이 인용되어 있다. 사(賜)는 자공의 이름이다.

가 혹 음식을 대하여 가리는 바가 있으면 말씀하시기를, "맛에 대하여 자세히 아는 것은 덕성(德性)을 해치는 것이고, 또한 복록을 아끼는 방법이 아니다."라고 하셨다. 항상 이전 현인들의 언행을 인용하여서 자세하게 자손을 가르치고, 그 언행과 행동거지를 통렬히 점검하되 작은 것도 빠뜨리지 않아서 반드시 의리의 법도에 들인 후에야 그만두고자 하셨다.

노비를 대하실 때에 관대하면서도 은혜를 베푸셔서 굶주림과 추위를 곡진히 살폈으며, 병이 났다고 고하면 의원과 약으로 구제해주면서 말씀하시기를, "의리로써 합하는 자는 그렇게 하지 않을 수 없다."라고 하셨다. 죄가 있으면 고치지 않은 뒤에 그를 내쫓으면서 말씀하기를, "마땅히 다스리지 않는 방법으로써 다스려야 한다."라고 하셨다. 벗과 교유하심에 오래될수록 더욱 공경하여, 비록 풍류가 도탑고 담소가 무르익었더라도 공경히 대하여서 친압할 수 없었다. 소싯적에 음주를 익혀서 조금 취하여 돌아오셨는데, 참판공께서 기뻐하지 않는 기색을 보이시니, 부군께서는 마침내 다시는 술잔을 가까이하지 않으셨다.

관직에 있으실 때에 능력을 다할 것을 생각하여서 온 마음으로 직책을 경영하기에 힘쓰셨고, 재물을 대할 때에 청렴하셔서 항상 다른 사람이 알까 두려워하면서 전혀 뇌물을 행하지 않으셨으며 또한 성예(聲譽)를 구하지도 않으셨다. 아전을 몹시 엄하게 단속하되 각각 그 재주를 다하게 하셨으며, 백성을 정성으로 아끼되 위엄을 부리지 않으셨다. 또 법률에 구애되지 않아서 그 사이에서 융통성 있게 처리하시어 쇠퇴한 것을 개혁하셨다. 백성들의 고통을 샅샅이 찾아내어 심지어 먹고 자는 것도 잊으셨고, 재해를 입은 백성을 구하고 환난에 빠진 백성을 구휼하며 근본을 도타이 하고 말단을 억눌러서 계획이 정해지면 원망을 무릅쓰고서라도 이를 행하여, 세력과 이해로 그 뜻을 빼앗지 못하였다. 상관을 섬김에 있어서 정중히 삼가셨으나 일을 논할 때에 의견이 합치되지 않으면 강직하게 논쟁하여 조금도 뜻을 굽히지 않으셨으므로, 항상 꺼림을 받으셨다.

학문을 일으키는 데에 마음을 두셔서, 매 순일(旬日)마다 선비들을 시험하여 높은 등급을 받은 이를 포상하였다. 경술(經術)과 행의(行誼)가 있는 사람을 불러서 맞이하여 천거하고 아꼈으며 혹 곡식으로써 주휼하였으니, 사람들이 모두 진작되고 권면되었다. 읍을 다스림에 오래 머무르실 뜻이 없어서 혹시라도 가솔이 스스로 따라오게 하지 않으셨으며 3년을 다하도록 머무른 적이 없으셨다. 집에 거처하실 때에는 산업(産業)에 연연해하지 않으셨으며, 만년에 더욱 다스려 정돈하여서 방에서 정(靜)을 익히시면서 집 밖으로 나가시는 일이 드물었고 오직 꼿꼿하게 책 한 권을 잡고서 종일을 마치셨다. 손님이 이르렀을 때에 마음이 맞으면, 번번이 붙잡고서 함께 담론하여 고금의 인물의 득실과 문장의 체제를 토론하셨고, 우리 동국의 공령가(功令家)들의 여러 작품에 이르러서도 들어서 일으키면 다 외지 못하시는 경우가 없었으니, 듣는 이들이 흠복하였다.

타고난 자질이 간결하여서 담박하게 외물을 사모하지 않으셨으니, 집안에서 검약하시고 관리가 되어서 청렴하셨던 것은 바로 그 본성이 그러하셨기 때문이었다. 노년이 되고 부귀해지셨을 때에도 음식과 의복 및 기물을 벼슬하지 않았을 때와 변함이 없게 하여서, 비단옷을 입지 않으시고 고기를 중하게 여기지 않으셨으며, 거처할 때에 시중드는 사람을 부리지 않으시고 다닐 때에 벽제(辟除)를 하지 않으셨다. 의리에 맞는 것이 아니면 지푸라기 하나라도 남에게서 취하지 않으셨고, 재물과 이익을 증식시키는 자를 보면 마치 자신을 더럽힐 듯이 여기실 뿐만이 아니었다. 나라를 염려하여 왕왕 눈물을 흘리셨으며, 매번 "공사(公私)의 재물이 고갈되고 나라의 근본이 거의 뒤엎어져서 기강은 날로 문란해져가고 국맥(國脈)은 이미 병들었다."라고 탄식하여서 혹 한밤중에 가슴을 잡고서 벽 주위를 맴돌면서 잠들지 못하시기도 하셨으니, 곁에서 보는 이들이 이 때문에 감동하였다. 이는 천부적으로 얻은 것이 이와 같았던 것으로, 억지로 힘쓰신 바가 있었던 것이 아니었다.

배위이신 음성 박씨(陰城朴氏)는 처사 양흠(亮欽)의 따님이다. 어질고 밝으며 정숙하고 지혜로워서, 시부모님을 효로써 봉양하고 지아비를 순종함으로써 받들었으며, 자녀를 가르치고 집안 식구들을 다스림에 있어서 모두 정도(正道)로써 흠결이 없게 하셨으니, 종족과 향당에서 이를 보고 모범으로 여겼다. 해산을 하면서 곤액을 만나 계축년(1793, 정조17) 7월 8일에 별세하시니, 향년 41세였다. 선군(先君)보다 35년 먼저 졸하시어, 선군을 따라서 정부인(貞夫人)에 추증되었다. 부군께서는 여사(女士)의 행실에 감복하여 애도하는 마음이 줄어들지 않으셨으니, 근재(近齋) 박 선생(朴先生)께서 저술하신 묘지(墓誌)[186]가 있다. 선비(先妣)께서는 5남 2녀를 낳으셨으니, 네 아들은 요절하였고, 불초 직필(直弼)이 그 중 둘째이다. 딸 중에 장녀는 현감 김태근(金泰根)에게 시집갔고, 차녀는 윤약렬(尹約烈)에게 시집갔다. 부군께서

186 근재(近齋)……묘지(墓誌) : 박 선생은 박윤원(朴胤源, 1734~1799)으로, 자는 영숙(永叔), 호는 근재, 본관은 반남(潘南)이다. 박윤원이 저술한 묘지는 《근재집(近齋集)》 권31 〈숙인음성박씨묘지명(淑人陰城朴氏墓誌銘)〉에 보인다.

측실을 두시어 1남 1녀를 낳으셨으니, 아들은 약필(若弼)이고, 딸은 이용우(李用愚)에게 시집갔다. 직필은 판서(判書) 이연(李漣)의 딸에게 장가갔는데, 아들 일한(一漢)이 요절하여 족자(族子) 일순(一純)을 데려다 자식으로 삼았고, 딸은 민술용(閔述鏞)에게 시집갔다. 김태근의 아들은 병규(炳圭)이고, 두 딸 중 한 명은 윤면구(尹冕求)에게 시집갔으며 다른 한 명은 어리다. 윤약렬은 자식이 없고, 이용우의 딸은 어리다.

아아, 부군께서는 어려서부터 박사업(博士業 과거공부)을 하셨고, 변려문에 더욱 뛰어나서 웅장한 문장과 고운 수사가 일찍부터 사우(士友)들의 추중을 받았다. 장차 나아가 임금의 계획을 빛낼 것이었으나 공거(公車)[187]에서 끝내 액을 당하였으니, 독실하게 의논하는 이들 가운데 안타까움을 지니지 않는 이가 없었다. 항상 문인(文人)들이 기량(伎倆 수완)에 마음을 부리는 것을 병통으로 여기셔서 사장(詞章)으로 스스로를 칭하고자 하지 않으셨다. 그러나 언지(言志)[188]에 발한 것이 만나는 경치마다 쏟아져서, 이어지고 쌓인 시편들이 그 나오는 것이 혼혼하여 마치 다할 수 없는 것과 같았다. 저술하신 것으로 《남헌고(南軒稿)》가 있어서 집에 소장되어 있다.

필법은 종요(鍾繇)와 왕희지(王羲之)[189]를 흠모하시어 재기가 빼어

187 공거(公車) : 중앙에서 치르는 과거시험에 응시하는 것을 뜻하는 말로, 한(漢)나라 때 지방 선비들이 과거시험에 응시할 적에 공가(公家), 즉 국가의 수레에다 그들을 태워서 서울로 보냈으므로 이렇게 이르게 되었다.

188 언지(言志) : 뜻을 표현했다는 의미로, 전하여 시(詩)를 가리킨다. 《서경(書經)》 〈순전(舜典)〉에 "시는 자신의 뜻을 표현한 것이요, 노래는 그 말을 길고 짧게 조절하며 늘인 것이다.〔詩言志, 歌永言.〕"라고 한 데서 온 말이다.

나서 법도에 국한되지 않았으나, 굳세고 바르면서도 방일하여서 자연스럽게 법도에 맞았다. 비록 척독이나 혁제(赫蹄)[190]라고 할지라도 대강 쓰신 적이 없어서 다른 사람들이 소장하고 완상하는 바가 되었다.

경세제민의 학문에 마음을 두시어 고금의 치란과 성쇠, 제도와 연혁, 생민의 이해를 끝까지 연구하시지 않음이 없었다. 한 왕대(王代)의 이루어진 법에 마음을 두시어 장차 이를 들어서 적용할 것이었으나, 음직(蔭職)에 국한되어 조금도 대개를 드러내지 못하였으니, 애석하도다.

평소에 항상 내면을 다스리는 데에 전심하여 높은 성망(聲望)으로 스스로를 높게 여기지 않으셨으므로, 부군을 능히 아는 사람이 드물었다. 또 불초가 서업(緖業)을 실추시켜 입신양명하지 못하였고, 또 선조(先祖)의 기맥을 전할 혈윤(血胤)이 없으니, 하늘과 땅이 다하도록 사무쳐서 애통함을 풀 수가 없다. 또 의로운 가르침을 드러내 전술하여서 영원한 후세에 어리고 몽매한 이들을 신칙할 수 없게 될까 두려워서, 삼가 아침저녁으로 보고 들은 바를 위와 같이 모았으나, 또한 감히 쇄쇄한 것들을 누차 나열하여 글을 넘쳐나게 만들어서 이로써 부군께

189 종요(鍾繇)와 왕희지(王羲之) : 중국 전기의 명필들이다. 종요(151~230)는 자가 원상(元常)으로 조조(曹操)를 섬겨 위(魏)나라의 상국(相國)을 지냈다. 팔분(八分)·해서(楷書)·행서(行書)에 두루 능해 왕희지 등 후대 서예가들의 흠모를 받았다. 왕희지(307~365)는 동진(東晉) 사람으로 자가 일소(逸少)이며 우군장군(右軍將軍)을 지냈으므로 왕우군(王右軍)이라고도 칭한다. 해서·행서·초서(草書) 등 각 서체를 완성함으로써 예술로서의 서예의 지위를 확립하여 후대에 서성(書聖)으로 불렸다.

190 혁제(赫蹄) : 옛날에 글씨를 쓰는 데 썼던 폭이 좁은 비단을 말하는데, 인신하여 종이에 작은 글씨로 쓴 글을 이른다.

서 겸손히 준양시회(遵養時晦)[191]하신 지극한 뜻을 손상시키지는 못하였다. 이로 인하여 입언(立言)하는 군자에게 은혜를 구하여서 그 자손이 조상을 닮지 못한 것으로 인해서 전인(前人)의 아름다운 덕을 폐하지 않게 하고자 하니, 피눈물을 흘리며 간절히 바라는 지극한 마음을 가누지 못한다. 불초한 고아 직필(直弼)은 삼가 적는다.

191 준양시회(遵養時晦) : 때를 따라 힘과 덕을 기르며 자신을 숨김을 이른다. 《시경(詩經)》〈주송(周頌) 작(酌)〉에 "아, 성대한 왕의 군대여, 도를 따라 힘을 기르며 때로 몸을 감춘다.〔於鑠王師, 遵養時晦.〕"라고 한 데에서 온 말이다.

선비 숙인 음성 박씨 가장
先妣淑人陰城朴氏家狀

선비(先妣) 숙인(淑人)께서는 성이 박씨(朴氏)이니, 계통은 신라 태조(太祖) 혁거세(赫居世)로부터 나왔다. 신라 말에 석씨(昔氏)가 여덟 왕자에게 땅을 나누어 봉해주었는데, 죽산군(竹山君)이 바로 그 중 한 명이었다. 후손이 음성(陰城)에 옮겨와 살아서, 그대로 관향으로 삼았다. 휘 재(梓)라는 분이 고려조에 공부상서(工部尙書)를 지냈고, 두 대(代)를 지나서 휘 순(淳)[192]이라는 분이 우리 조정에 들어와 개국(開國)한 공로로 녹훈되었고 관직은 이조판서를 지냈으며 청백리(淸白吏)에 선발되었다. 태조(太祖)가 함주(咸州)에 분조(分朝)하였을 때에 전후로 문안을 갔던 사신들이 모두 살아서 돌아오지 못하였으므로, 사람들 중에 꺼리고 피하는 이들이 많았다. 공은 용잠(龍潛)[193]

192 순(淳) : 박순(朴淳, ?~1402)으로, 본관은 음성(陰城), 시호는 충민(忠愍)이다. 1388년(우왕14) 요동을 정벌할 때 태조 이성계의 휘하에서 종군하였으며, 1392년 조선이 개국하자 개국한 공로로 상장군(上將軍)이 되었다. 훗날 태조가 여러 왕자를 죽이고 즉위한 태종을 미워하여 함흥(咸興)에 머물러 있자 태종이 여러 차례 사자(使者)를 파견하여 도성으로 돌아올 것을 요청하였지만 사자를 모두 죽여 살아 돌아오는 이가 없었다. 1402년(태종2)에 태조와 친분이 두터운 박순이 자원하여 사자가 되어 함흥으로 가서 도성으로 돌아가겠다는 태조의 확답을 받고 귀로에 올랐다. 그를 죽여야 한다는 측근들의 간청을 못 이긴 태조는 버티던 끝에 그가 용흥강(龍興江)을 건너갔을 것이라 짐작하여 신하들의 청을 승낙하면서 그가 강을 건넜으면 뒤쫓지 말라고 명을 내렸다. 그러나 박순이 도중에 급병으로 지체하는 바람에 결국 태조의 측근들에게 잡혀 죽고 말았다.

시절에 옛 교분으로 가기를 청하여서 망아지와 어미 말의 일을 가지고서 태조의 마음을 감동시켜 일깨워서[194] 마침내 어가(御駕)를 돌아오게 하는 공을 이루었는데, 돌아오는 길에 용흥강(龍興江)에 이르렀을 때에 또한 죽음을 면치 못하였다. 충민(忠愍)이라는 시호를 내리고 제사를 옮기지 않게 하였다. 부인 임씨(任氏)가 따라서 목숨을 끊어서 함께 정문(旌門)을 내렸으니, 이 일이 노봉(老峯) 민 문충공(閔文忠公 민정중(閔鼎重))이 지은 시장(諡狀)과 우암(尤庵) 문정공(文正公 송시열(宋時烈))이 지은 묘표(墓表)에 실려 있다.[195]

이 분이 참판(參判) 휘 흔(昕)을 낳으셨는데, 또한 공의 부음을 받고는 전폐(殿陛)에 떨어져 돌아가셨으며, 이 분이 사인(舍人) 휘 숙달(叔達)을 낳으셨으니, 두 분이 모두 충효(忠孝)와 청백(淸白)으로 세상의 모범이 되었다. 한 대(代)를 지나 휘 수원(秀元)이라는 분이 효행(孝行)으로 천거되어 감역(監役)에 제수되었다. 이 분이 휘 연(淵)을 낳으

193 용잠(龍潛) : 《주역(周易)》 건괘(乾卦)의 '잠겨 있는 용〔潛龍〕'에서 나온 말로, 제왕이 즉위하기 이전의 때를 말한다. 여기서는 조선의 태조 이성계(李成桂)가 왕이 되기 이전의 때를 가리킨다.

194 망아지와……일깨워서 : 박순(朴淳)은 함흥(咸興)에 갈 때에 일부러 망아지가 딸린 어미 말을 가지고 가서, 행재소(行在所)가 보이는 곳에 망아지를 나무에 매어 놓고 어미 말만을 타고 나아갔다. 이에 망아지와 어미 말이 서로 돌아보며 울부짖자 태조가 이를 괴이하게 여겼는데, 박순은 이 일을 언급하면서 태조의 마음을 돌려 도성에 돌아가게 하고자 하였다. 《老峯集 卷9 判承樞府事朴公請諡行狀》

195 이 일이……있다 : 민정중이 지은 박순(朴淳)의 시장은 《노봉집(老峯集)》 권9 〈판승추부사박공청시행장(判承樞府事朴公請諡行狀)〉에, 송시열이 지은 박순의 부인 임씨(任氏)의 묘표는 《송자대전(宋子大全)》 권200 〈박승추부인임씨묘표(朴承樞夫人任氏墓表)〉에 보인다.

셨으니 호는 청계(淸溪)로, 성리학을 깊이 연구하여 정암(靜庵 조광조(趙光祖)) 제현들과 함께 천거되어 곧바로 감찰(監察)과 현감(縣監)에 제수되었지만 나아가지 않았다. 이 분이 휘 유녕(有寧)을 낳으셨으니, 유일(遺逸)로서 집의(執義)가 되었다. 이 분이 휘 지함(至諴)[196]을 낳으셨으니 호는 일소옹(一笑翁)이며, 참봉(參奉)으로 승지(承旨)에 추증되었다. 두 대(代)가 모두 지극한 행실이 있어서, 고상한 뜻을 지녀 벼슬을 하지 않았다.

이 분이 휘 징원(澂遠)을 낳으셨으니, 바로 숙인의 고조이시다. 증조이신 휘 성귀(聖龜)는 진사(進士)이고, 조고이신 휘 정완(廷琓)은 효행으로 지평(持平)에 추증되었다. 선고이신 휘 양흠(亮欽)은 호가 지족당(知足堂)으로, 타고난 자품이 도(道)에 가까워서 효우(孝友)가 다른 사람들보다 빼어났다. 해주 정씨(海州鄭氏) 휘 운휘(運徽)의 따님에게 장가들었으니, 해평부원군(海平府院君) 소평공(昭平公) 미수(眉壽)의 9세손이시다. 어질고 총명하며 순수하고 차분하여서 여사(女士)의 풍모가 있었다. 영종(英宗) 계유년(1753, 영조29) 12월 1일 신시(辰時)에 장흥방(長興坊)의 사제(賜第)에서 숙인을 낳으셨다.

숙인께서는 강보에 있을 때부터 자품이 몹시 뛰어나서 망령되이 울지 않았으며, 어버이에게 효도하고 형제에게 공경함이 천성에서 근원한 것이었다. 조금 자라서는 규훈서(閨訓書) 한 부를 지족당(知足堂) 부군에게서 받아서 한결같이 옛 현부(賢婦)를 스승으로 삼아 움직이거

196 지함(至諴) : 박지함(朴至諴, 1583~1651)으로, 본관은 음성(陰城), 호는 일소옹(一笑翁)이다. 김집(金集)·이식(李植) 등과 교유하였고, 저서에 《일소옹유고(一笑翁遺稿)》가 있다.

나 고요히 있을 때나 말하거나 침묵할 때에 모두 떳떳한 법도가 있었다. 평상시 거처할 때에 침착하고 중후하면서도 너그럽고 온화하여 조금도 부모님의 뜻을 어긴 적이 없었다.

형제들과 함께 자라면서 되도록 장중(莊重)하기를 힘써서 희학하거나 친압하는 것을 좋아하지 않으셨다. 모든 여인의 일들을 배우지 않고서도 통달하였으며 통달하였으되 다른 사람들이 알지 못하였으니, 이는 스스로 자랑하지 않아서 그러했던 것이었다. 개를 길렀었는데 집안사람이 요리를 해서 먹자, 숙인은 끝내 입에 가까이 하지 않았으니, 어진 마음이 미물에까지 미치는 것이 어렸을 때부터 이미 그러하였다. 지족당(知足堂) 부군께서 특별히 아끼기를 몹시 지극하게 하였고, 숙인의 숙부이신 진사공(進士公)은 매번 '복덕(福德)의 그릇'이라고 칭찬하였으며, 내외의 친척들 가운데 숙인을 본 사람들은 모두 숙인이 부용(婦容)과 부공(婦功)과 부덕(婦德) 세 가지[197]를 모두 갖추었다고 하였다.

17세에 우리 가군(家君)의 배필이 되셨다. 시부모님을 섬길 때에 지극한 정성으로 힘써서 부드러운 안색과 순한 용모로 시부모의 뜻을 기쁘게 하였으며 복종하고 따라서 어긋남이 없었고 겉으로 꾸밈이 전혀 없어서, 한 터럭만큼이라도 부모를 대하는 것과 차이가 있는 점을 볼 수 없었다. 막 시집오신 뒤에 시아버지께서 금오랑(金吾郎 의금부도사)으로서 죄인을 압송하여 여정을 배로 하여서 남쪽으로 가셨는데, 복명(復命)하시기 전 수십일 동안 옷을 벗지 않고서 주무시니, 시할머

197 부용(婦容)과……가지 : 부녀자가 갖추어야 할 사덕(四德) 가운데 부언(婦言)을 제외한 세 가지를 말한 것이다. 《周禮 天官 九嬪》

니인 김 숙인(金淑人)께서 반드시 우리 집안을 창성하게 할 것이라고 칭찬하셨다. 말년에 매번 씹다 남은 것을 주었는데, 숙인께서는 조금도 곤란한 기색이 없이 공경히 받아서 먹었으니, 김 숙인께서 감탄해 마지않으셨다. 시아버지의 때에 맞는 옷들을 모두 손수 재봉하여 다른 사람이 하도록 맡기지 않으셨다.

시어머니께서 영남의 관아에서 고복(皐復)하시자, 울부짖고 발을 구르며 곡하면서 가슴을 쳐서 곁에 있는 사람들을 슬퍼 감동하게 하였다. 반우(返虞)[198]하기 전에 신위를 마련하여 매일 조석곡(朝夕哭)을 행하셨으니, 이는 비록 예(禮)에 없는 예(禮)였지만 또한 여기에서 효심이 다른 사람보다 한 등급 높은 것을 볼 수 있다. 미처 임종을 지키지 못한 것을 종신토록의 지극한 애통함으로 여겨서 궤전(饋奠)[199]에 정성과 공경을 다하였고, 시할머니와 시어머니의 유묵(遺墨)을 모아서 책을 만들어 수시로 열어보며 완상하여서 추모하는 뜻을 부쳤다.

중궤(中饋)[200]를 이어받아 담당함에, 공양하는 음식을 모두 친히 손을 거쳐 장만하여 종에게 맡기시는 일이 드물었다. 항상 좋은 음식을

198 반우(返虞) : 장례를 지낸 뒤 신주(神主)를 집으로 모셔 와서 우제(虞祭)를 지내는 것을 이른다.

199 궤전(饋奠) : 장례 동안 매장하기 전까지 제사 형식을 갖추지 않고 음식을 올리는 일을 말한다.

200 중궤(中饋) : 집안에서 아녀자가 음식을 장만하는 일을 말한다. 《주역》 〈가인괘(家人卦) 육이(六二)〉에 "규중(閨中)에 있으면서 음식을 장만하면 정(貞)하여 길(吉)하리라.〔在中饋, 貞吉.〕"라고 하였는데, 이에 대한 공영달(孔穎達)은 소(疏)에, "부인의 도리는 맡은 일이 집안에서 음식을 마련해 사람들에게 먹이고 제수 물품을 장만하는 데 있다." 하였다.

얻지 못하는 것을 근심하여서 일상생활에 필요한 것에 부족함이 없게 하면서도 맛있는 음식을 빠뜨리지 않았으며, 시아버지께서 드신 음식의 많고 적음을 가지고서 하루의 근심과 즐거움으로 삼으셨다. 의복의 등속을 계절에 따라 미리 준비하되 혹 몸에 맞지 않을까 염려하셔서 공경하고 삼가는 일념이 잠시라도 소홀해지는 때가 없었다. 시어머니께서 별세하셨으나 시아버지를 받들어 봉양하기를 이와 같이 하였으므로, 시아버지께서 노년에 홀아비의 형편이 고생스러움을 알지 못하셨다.

제사를 받듦에 정성과 예(禮)를 다하기를 힘쓰셨으며, 흠향하시기를 바라서, 반드시 기일에 앞서서 미리 재계하여 꼿꼿이 서서 밤을 지새우셨다. 제수를 만드는 일이나 예법에 맞게 진열하는 일을 스스로의 힘으로 친히 다스려 지극히 풍성하고 정결하게 하여서, 비록 기일이 빽빽하게 중첩되어 있었으나 잠시도 소홀히 한 적이 없으셨다. 집안일을 주관하신 십여 년 동안 시종 게을리 하지 않으셨다.

군자의 배필이 됨에 30년 동안 허물이 없었으며, 서로 손님처럼 대하여 정중함과 공경을 지극히 하였고, 수건과 빗을 받들어 지아비를 봉양하면서 사치와 방종을 일삼지 않으셨다. 남편의 영달은 부인이 바라는 바이거늘, 혹시 세도(世道)가 험난할까 염려하여 크게 드러나기를 바라지 않으셨으니, 우리 가군(家君)께서 항상 내조에 힘입은 것이 많다고 말씀하셨다.

자녀를 가르칠 때에 엄격하고 강직하여 법칙이 있어서, 말이나 기색에 가차를 두지 않으셨다. 의복과 음식을 혹시라도 가리면 절실하게 꾸짖으셔서 검약을 높이도록 하였으며 완호할 물건을 보여주신 적이 없었다. 만약 검속함이 없이 태만하게 지내면서 그럭저럭 세월이나 보내고 있으면 반드시 곡진하게 깨우치셨고, 만일 고치지 않으면 반드시 회초리를 쳐서 나쁜 습관을 고칠 것을 기약한 후에야 그만두셨다. 불초가 아이였을 때에 놀고 즐기면서 법도를 따르지 않았는데, 숙인께서 가르치고 꾸짖기를 두루 지극하게 하시어 여러 날 동안 노여움을 풀지 않으셨다. 불초가 거적을 깔고 땅에 엎드렸을 때에도 또한 즉시 일어날 것을 명하지 않으셔서 끝내 개과천선하게 하셨다. 자식들이 일찍 죽는 슬픔이 이어져서 불초가 외로이 홀로 서있었으니, 자애로운 어머니의 정(情)으로 더욱 특별하게 아끼는 바였지만, 일깨워 가르치는 엄한 독려를 또한 조금도 느슨하게 하지 않으셨다.

일찍이 영화와 이익을 탐하고 사모하는 것을 경계하고 내면에 전심하게 하시면서 말씀하기를, "궁달(窮達)은 천명이니, 이로써 마음을 움직여서는 안 된다."라고 하셨다. 불초가 지극히 완악하고 비루하였음에도 항상 낳아주신 분을 욕되게 할까 두려워하면서 대강이나마 능히 뜻을 세울 수 있었던 것은, 아버지의 가르침 외에 숙인의 가르침으로부터 얻은 것이 또한 많았기 때문이니, 도리를 환히 아시고서 운명에 맡기고 천리를 따르신 것이 이와 같았다.

처를 맞이하는 때에 이르러 불초에게 말씀하시기를, "세상의 며느리를 대하는 이들이 처음에는 가까이하여 아끼다가 마지막에는 은혜를 보전하지 못하니, 그 이유를 찾아보면 지나치게 아낀 데에서 병통이 생긴 것이다. 나는 네 처를 대함에 마땅히 가까이하지도 않고 멀리하지도 않아서 처음과 끝을 온전히 할 것이다."라고 하셨다. 그러므로 며느리를 돌아보기를 시집온 3년 동안 하루처럼 한결같이 대하셨다.

친척들을 접할 때에 돈독하고 화목하게 하며 두루 구휼하여서 도리를 다하기에 힘쓰셨다. 동서(同壻) 간에 취향이 합치되지 않았으나,

마음으로 좋아하여 성의(誠意)가 부합되어 같은 집에 거처하는 수 년 동안에 조금도 규각(圭角)[201]을 보인 적이 없었다. 우리 중모(仲母)께서 별세하신 뒤에 종제(從弟)인 용필(龍弼)이 슬하에 있는 때가 많았는데, 배고픔과 추위, 따뜻함과 배부름을 불초와 똑같게 하여 차이를 두지 않으셨다. 서종형(庶從兄) 석필(奭弼) 또한 어려서부터 의귀하였는데, 숙인께서는 정성된 마음으로 가엽게 여기시어 마치 자신의 소생처럼 대하셨다. 그러므로 숙인의 상(喪)에 애통해하며 울부짖고 사모한 것이 낳은 자식과 다를 바가 없었다. 우리 가군의 외가가 가난하여 스스로 집안을 보존할 수가 없었는데, 숙인께서 살뜰히 보태주신 방도가 시어머니께서 중궤(中饋)를 맡았을 때와 똑같았다. 가군과 시할머니께서 늘 말이 숙인에게 미칠 때면 번번이 눈물을 흘리셨으니, 여기에서 또한 지극한 인(仁)이 사람에게 깊이 젖어든 것을 볼 수 있다.

노비를 다스림에 인의(仁義)를 먼저 하고 채찍질을 뒤로 하였으며, 입고 먹는 것을 풍족하고 고르게 해주어서 아끼거나 미워함을 보이지 않으셨고, 잘못이 있더라도 너그럽게 용서하는 쪽으로 힘쓰셨다. 한 여종이 남의 물건을 훔치기를 몹시 심하게 하자, 온 집안사람들이 모두 "내쫓을 만하다."라고 하고 심지어는 무거운 벌을 더하지 않았다는 것으로 숙인을 헐뜯는 사람이 있기까지 하였으나, 숙인께서는 마치 아무것도 듣지 않은 것처럼 하여서 시종 포용하여 그로 하여금 마음과 행실을 고치도록 하였다. 숙인의 상(喪)에 여러 노복들이 마치 부모의 상을

201 규각(圭角) : 사람의 말이나 행동이 모가 나서 남들과 서로 맞지 않음을 이른다. 규(圭)는 옛날 벼슬아치들의 신분을 나타내는 신표인데 위는 둥글고 아래는 네모졌으므로 이렇게 비유한 것이다.

당한 것처럼 슬퍼하였으니, 인애(仁愛)가 그 골수에까지 사무친 이가 아니라면 어찌 능히 이와 같을 수 있었겠는가.

시아버지께서 여러 번 주목(州牧)을 맡으셨고 군자께서 이어서 벼슬살이를 하시어 집안의 일들이 더욱 번잡하여졌으나, 부지런히 힘써서 종합하고 정리해 다스려서 말하지 않는 가운데 마치 이루어진 법이 있는 것 같았다. 평상시 거처할 때에 말을 적게 하여서 기쁨과 화를 기색에 드러내지 않으셨으므로, 기쁜 일이 있어도 사람들이 그 기뻐하시는 것을 보지 못하였고 화나는 일이 있어도 사람들이 그 성내시는 것을 알지 못하여서, 규문 안에 이간질하는 말이 거의 없었다. 태만한 습관을 몸에 들이지 않으셨고 비속한 말을 입으로 내지 않으셨다. 이익을 도모하고 이자를 취하는 것을 마치 자신을 더럽히는 듯이 보았으며, 기용과 복식을 오직 검소하게 하는 것을 중시하셨다. 어떤 사람이 본분을 헤아리지 않고서 화려하게 사치하는 것을 보면 크게 그릇된 것으로 여겨서 매번 거론하여서 불초와 누이들에게 경계하였다. 별세하셨을 때에 집안사람이 역서(曆書)에 기록된 빚으로 진 돈을 살펴보니 겨우 10냥을 넘었을 뿐이었으니, 여기에서 또한 평소 절약하신 일단을 징험할 수 있다.

종일 손수 바늘과 실을 잡으시고, 문밖으로는 연고가 없으면 나가지 않으셨다. 무당과 점쟁이를 전혀 좋아하지 않으셨지만, 전부터 왕래하던 이는 또한 거절하신 적이 없었으니, 그 엄하면서도 박절하지 않으셨던 것이 이와 같았다. 사람들이 말과 용모를 꾸며서 겉과 속이 얼음과 숯처럼 서로 다른 것을 싫어하셨으므로, 다른 사람을 대하거나 물건을 접할 때에 마음과 말씀이 상응하였다. 집에 도깨비가 나타나는 일이 있어서 집안사람들이 놀라 두려워하였지만, 숙인께서 한밤중에 홀로 앉아 편안하게 동요하지 않으시자, 집안사람들이 감히 다시 도깨비에 대해 말하지 못하였고 도깨비 역시 다시 나타나지 않아서 마침내 편안해질 수 있었으니, 이는 정자(程子)의 어머니의 여릉(廬陵)에서의 일[202]과 고금에 도리가 합치한다.

숙인께서는 우리 집안에 들어오신 이래로 남편의 집안의 간난과 질고, 근심과 즐거움이나 좋은 점과 나쁜 점으로부터 노복들의 장단점과 옳고 그름에 이르기까지 절대 본친(本親)께 말하지 않으셨다. 그러므로 주진(朱陳)의 우호[203]가 30년 동안 바뀌지 않았으니, 또한 말세에 드물게 있는 일이었다. 계축년(1793, 정조17) 봄에 벽 위에 붙인 집안의 기일을 가리키시며 말씀하기를, "나 또한 오래지 않아 마땅히 이 열에 적히게 될 것이다." 하시며 좋지 않은 기색을 보이셨으니, 혹시 미리 아신 것이 있어서 그러했던 것인가. 마침내 그 해 7월 8일 신시(申時)에 별세하시니, 향년은 겨우 41세였다. 8월 12일 진시(辰時)에 고양

202 정자(程子)의……일 : 정자가 어머니에 대해 지은 〈상곡군군가전(上谷郡君家傳)〉에 따르면, 정자의 어머니 후 부인(侯夫人)이 남편인 정향(程珦)을 따라 여릉(廬陵)에 있을 때에 관사에 괴물이 많았는데, 집안사람이 "괴물이 부채를 흔듭니다." 하자, 부인이 "열이 나서 그런다." 하였고, 또 "괴물이 북을 칩니다." 하자, 부인이 "북채가 있느냐? 주는 것이 좋겠다." 하였다. 그 후 집안사람이 다시는 괴물에 대해 말하지 못하였고, 괴물 역시 다시 일어나지 않아서 마침내 편안히 거처할 수 있게 되었다고 한다. 《二程文集 卷13》

203 주진(朱陳)의 우호 : 사돈 간의 우호를 말한다. 당(唐)나라 때 서주(徐州) 고풍현(古灃縣)에 주진촌(朱陳村)이란 마을이 있었는데, 이곳은 주씨(朱氏)와 진씨(陳氏) 두 집안만이 살면서 대대로 서로 혼인하여 화목하고 순박하게 살았다고 한다. 백거이(白居易)의 〈주진촌〉이라는 시로 인해 널리 알려졌는데, 이후로 순박하고 인심 좋은 고장을 가리키게 되었고, 또 혼인관계를 지칭하는 말로 쓰이기도 하였다.

(高陽) 구지도면(求知道面) 토당리(土堂里)의 임좌(壬坐)의 언덕에 임시로 장례를 지내고, 이듬해 갑인년(1794, 정조18) 2월 28일 오시(午時)에 동산(同山)의 간좌(艮坐)로 옮겨서 장례 지냈다.

우리 가군이신 휘 이간(履簡)[204]께서는 진사(進士)로 전 대구부 판관(大邱府判官)이시다. 우리 홍씨(洪氏)는 남양(南陽)의 큰 가문으로, 통덕랑 휘 중채(重埰)와 현령 휘 상언(尙彦)과 목사 휘 선양(善養)이 바로 아버지 집안의 삼대조이시다. 숙인께서는 전후로 5남 2녀를 낳으셨는데, 아들 원창(遠昌)과 팽남(彭男)과 팽달(彭達)과 팽수(彭壽)는 모두 요절하였다. 불초 직필(直弼)은 그 가운데 둘째로, 판서 이연(李淵)의 딸에게 장가갔다. 딸 중에 장녀는 안동 김씨(安東金氏)인 김태근(金泰根)에게 시집가고, 차녀는 해평 윤씨(海平尹氏)인 윤약렬(尹約烈)에게 시집갔다. 직필의 1녀는 어리다.

아아, 숙인께서는 어려서 부모님을 섬기고 자라서 시부모님을 봉양하며 집안을 다스리고 자식을 가르침에 있어서 각각 그 도리를 다하지 않음이 없었다. 그리하여 윗사람과 아랫사람이 그 덕에 감복하고 친척과 인척들이 그 어짊을 알았으니, 이것이 어찌 한 부의 규훈서(閨訓書)

204 이간(履簡) : 홍이간(洪履簡, 1753~1827)으로 자는 원례(元禮), 호는 남헌(南軒), 본관은 남양(南陽)이다. 1777년(정조1) 진사시에 합격하고, 음직으로 벼슬을 하여 1789년 휘릉참봉(徽陵參奉)이 된 이래 제용감 부봉사(濟用監副奉事)·상서원 부직장(尙瑞院副直長)·통례원 인의(通禮院引儀)·의금부 도사로 승진하였다가 일시 파직되었고, 곧 복직되어 조지서 별제·남부 영(南部令)·형조좌랑을 거쳐, 임실 현감·대구부 판관이 되었다. 1801년(순조1) 공조좌랑·안성군수·전주부 판관·밀양 부사·경주부윤 등을 역임하고 동지중추부사에 이르렀다. 시문에 능하였으며, 저서로《남헌고》가 있다.

중에서 나온 것이 아니겠는가. 우리 외가는 집안에서 시(詩)와 예(禮)를 전수하여[205] 대대로 효우(孝友)가 돈독하였다. 숙인께서는 하늘에서 낸 행실로서 가정의 가르침을 이어받아서 자연히 눈과 귀에 젖어들어서 며느리가 되고 어머니가 됨에 모두 준칙이 있어서 우뚝하게 규합(閨閤) 간의 모범이 되었으니, 아아 성대하도다.

숙인께서 불초를 낳으시고서 18년 동안 고생스럽게 길러주시어, 그 장성한 것을 보는 데에 이르렀다고 하셨는데, 나무에 바람이 그치지 않아[206] 봄 햇살[207]이 갑자기 저물어버렸다. 불초가 불효한 죄가 위로 하늘에 이르러, 하늘이 이를 싫어하여 이처럼 혹심한 화(禍)를 내리신 것이다. 세월이 차츰 오래되어감에 어머니의 전형(典型)이 점점 멀어져서 천지간에 아득하니, 이 어떠한 사람의 신세란 말인가. 숙인의 지극한 덕과 아름다운 행실은 전술할 만한 것이 많을 뿐만이 아니지만, 상(喪)을 치른 뒤 정신이 황폐하여 귀로 듣고 눈으로 본 것을 대부분 모두 잊어버리고 말았다. 게다가 말이 뜻에 미치지 못하여서 그 만에 하나라도 천양(闡揚)할 수가 없으니, 불초가 불효한 죄가 이에 더욱

205 집안에서……전수하여 : 가정에서의 가르침을 뜻하는바, 공자가 그의 아들 이(鯉)에게 시와 예를 배워야 한다고 훈계한 데에서 유래하였다. 《論語 季氏》

206 나무에……않아 : 부모를 봉양하려고 마음을 먹었을 때에는 이미 부모가 돌아가신 후임을 뜻한다. 공자(孔子)가 길을 가는데 고어(皐魚)란 사람이 슬피 울고 있기에 까닭을 물었더니, "나무는 고요하고자 하여도 바람이 그치지 않고 자식이 봉양하고 싶어도 어버이는 기다려주지 않는다.〔夫樹欲靜而風不止, 子欲養而親不待.〕"라고 하였다. 《韓詩外傳》

207 봄 햇살 : 어머니의 은혜를 비유하는 말로, 원문의 '춘휘(春暉)'는 당나라 맹교(孟郊)의 〈유자음(遊子吟)〉에 "그 누가 말하랴. 한 치 풀만한 마음으로 삼월 봄 햇살 같은 그 은혜 갚는다고.〔誰言寸草心, 報得三春暉?〕"라고 한 데서 온 말이다.

피할 곳이 없다. 이에 감히 입언하는 군자에게 호소하니, 바라건대 문하께서 가엽게 여겨 굽어 살펴서 일과 행실을 대략 서술하여 덕(德)을 형용하는 글을 지어주신다면, 불후하게 만드는 의탁이 무엇이 이보다 크겠는가. 영광과 감격이 지극하여 오직 살아서는 목숨을 바치고 죽어서는 결초보은하기를 도모할 뿐이니, 천만번 간절히 바라는 지극한 마음을 가누지 못하겠노라. 불초한 아들 직필(直弼)은 피눈물을 흘리며 삼가 적는다.

망매 윤씨 부인 행장
亡妹尹氏婦行狀

유인(孺人) 홍씨(洪氏)는 가대인의 막내딸이자 직필(直弼)의 누이이다. 우리 홍씨는 당성인(唐城人)으로,[208] 고려 태사(太師) 휘 은열(殷悅)을 비조로 삼으니, 인하여 동방의 큰 성씨가 되었다. 우리 조정에 들어와서 휘 명(溟)이라는 분이 계셨으니 한성부 판윤(漢城府判尹)이고, 휘 사석(師錫)[209]은 장양공(莊襄公)이며, 휘 이평(以平)[210]은 성균관 사성(成均館司成)이시다. 사성공(司成公)은 장양공의 증손으로, 무오사화에 폄출되어[211] 졸하였다가, 후에 이조판서에 추증되셨다. 판서공(判書公)의 손자는 호조판서인 휘 인서(仁恕)[212]로, 목릉(穆陵 선

208 우리 홍씨는 당성인(唐城人)으로 : 남양 홍씨(南陽洪氏)의 시조는 홍천하(洪天河)로, 당나라에서 보냈던 팔학사(八學士) 중 한 사람이다. 홍천하는 고구려 영류왕(榮留王) 때에 고구려에 귀화(歸化)했다가 그 후 신라 선덕여왕(善德女王) 때에 태자태사(太子太師)가 되고 당성백(唐城伯)에 봉해졌다고 한다. 당성은 남양의 옛 지명이다.

209 사석(師錫) : 홍사석(洪師錫, ?~1448)으로, 본관은 남양(南陽), 시호는 장양(莊襄)이다. 자세한 내용은 366쪽 주133 참조.

210 이평(以平) : 홍이평(洪以平, 1463~1525)으로, 자는 중성(仲城), 본관은 남양(南陽)이다. 자세한 내용은 366쪽 주134 참조.

211 무오사화에 폄출되어 : 무오사화는 무오년인 연산군 4년(1498)에 김일손(金馹孫) 등의 사림파(士林派) 신진사류(新進士類)들이 유자광(柳子光)을 중심으로 한 훈구파(勳舊派)에 의하여 화를 입은 사건을 말한다. 홍이평(洪以平)이 정희량(鄭希良) 등 무오사화에 연루된 이들과 교분이 두터웠으므로 이때에 폄출되었다고 말한 것이다.

212 인서(仁恕) : 홍인서(洪仁恕, 1535~?)로, 자는 응추(應推), 본관은 남양(南陽)이다. 자세한 내용은 367쪽 주136 참조.

조(宣祖)) 연간의 명신(名臣)이시다. 임진년(1592, 선조25)에 개성 유수(開城留守)로서 어가(御駕)를 호종하여 행재소에서 졸하였다. 이 분이 휘 매(邁)를 낳으셨으니, 홍주 목사(洪州牧使)이시다. 이 분이 휘 여귀(汝龜)를 낳으셨으니, 정축년에 남한산성에서 내려온 후에[213] 이를 부끄럽게 여겨 청화산(淸華山)에서 은거하며 종신토록 세상에 나오지 않아 도덕과 절의로 이름이 알려졌는바 학자들이 현계처사(玄溪處士)라고 일컬었으니, 이 분이 유인의 6세조이시다.

증조이신 휘 상언(尙彦)은 삼등 현령(三登縣令)이셨으며, 조부이신 휘 선양(善養)은 황주 목사(黃州牧使)셨다. 우리 대인이신 휘 이간(履簡)[214]께서는 지금 안성 군수(安城郡守)로서, 목사공(牧使公)의 장자이시다. 음성 박씨(陰城朴氏)에게 장가드셨으니, 지당처사(知堂處士) 휘 양흠(亮欽)의 따님이시다. 정종(正宗) 임인년(1782, 정조6) 10월 18일 술시에 한사(漢師 서울) 장흥방(長興坊)의 외갓집에서 유인(孺人)을 낳으셨다.

태어나면서부터 의젓하여 미간이 툭 트이고 이마가 넓었으며 뺨이 도톰하였고, 망령되이 울지 않았다. 우리 선비(先妣)께서 외가에서 돌아와 목사공(牧使公)을 뵙자, 목사공께서 탄식하며 말씀하기를 "남자 아이로 태어나지 않은 것이 안타깝구나."라고 하였다. 조금 자라서 길

213 정축년에……후에 : 병자호란(丙子胡亂)이 정축년인 1637년(인조15) 1월에 끝나면서 청(淸)나라와 화의를 맺고 남한산성(南漢山城)에 파천(播遷)하였던 인조(仁祖)가 성에서 내려온 것을 말한다. 성에서 내려왔다는 것은 청나라에게 항복한 일을 에둘러 표현한 것이다.

214 이간(履簡) : 홍이간(洪履簡, 1753~1827)으로 자는 원례(元禮), 호는 남헌(南軒), 본관은 남양(南陽)이다. 자세한 내용은 412쪽 주204 참조.

쌈이나 글을 쓰는 일들을 번거롭게 가르치지 않더라도 통달하였으며, 놀고 즐기는 데에 법도가 있어서 어른들의 근심이 되는 일이 드물었다. 12세에 선비(先妣)의 상을 당하자 상제(喪制)를 지키기를 성인처럼 하여서, 아침저녁으로 모여서 곡할 적에 기운이 다한 뒤에야 그쳤고 심한 병이 아니면 빠뜨리지 않았으며, 또 내가 지나치게 슬퍼하는 것을 염려하여서 먼저 곡하기를 그쳐서 내가 곡하는 것을 그치게 하였으며, 그대로 서로 지키면서 곡하여서 하루를 마쳤다. 매 상여(喪餘)[215]마다 울부짖기를 상을 당한 처음처럼 하여서 10년을 하루처럼 한결같이 하였다. 대인께서 홀아비로 거처하시면서 신세가 초라할까 염려하여서 뜻에 앞서 받들고 순종하여 되도록 성품에 맞게 자적하시도록 하였다.

16세에 해평(海平) 윤약렬(尹約烈) 중수(仲守)에게 시집갔으니, 중수는 통덕랑(通德郎) 휘 지동(趾東)의 아들이자 원자 유선(元子諭善) 휘 득부(得孚)[216]의 손자이다. 유선공(諭善公)의 호는 신재(信齋)로, 덕행과 문학이 한 시대를 압도하였다. 자손들이 그 가르침에 흠복하여서 삼가고 자신을 지켰으니, 중수(仲守) 역시 훌륭한 선비이다. 유인(孺人)이 그 집안에 들어가서 시조부모님과 시부모님을 효(孝)로써 섬기니, 신재공이 말하기를, "나를 잘 섬기는구나."라고 하였다. 신재공과 부인이 연이어 별세하자, 유인(孺人)은 곡을 하면 눈물을 줄줄 흘렸으니, 당시는 유인이 시집온 지 몇 년이 되지 않은 때였다. 시부모

215 상여(喪餘) : 삼년상을 치른 뒤란 뜻으로 기제(忌祭)를 이른다.

216 득부(得孚) : 윤득부(尹得孚, 1723~1799)로, 자는 사휴(士休), 호는 신재(信齋), 본관은 해평(海平)이다. 1774년(영조50) 식년문과에 병과로 급제한 뒤 여러 벼슬을 역임하여 대사간·대사성에 이어 예조참판 겸 좌유선(左諭善)에 이르렀다. 순조가 즉위한 뒤 윤득부의 사당에 사제(賜祭)하고 아들에게 음직(蔭職)을 내렸다.

님에게 깊은 애정이 있어서, 다른 사람의 옷을 지어주고 그 값을 받아 술과 음식을 마련하여 시부모님에게 바쳤고, 시부모님이 이를 받으시면 기쁨이 얼굴빛에 드러나 마치 주신 물건을 받는 듯이 하였다.[217]

중수(仲守)가 학문에 부지런하였음에도, 유인(孺人)은 오히려 밤낮으로 경계하여서 이부자리에서 거듭 간곡하게 말한 것이 모두 거업(居業)[218]하여서 선비의 도리를 다하라는 것이었다. 중수(仲守)가 홍역을 앓은 적이 있었는데, 유인(孺人)이 눈도 붙이지 않고 옷도 벗지 않은 채로 음식과 도규(刀圭)[219]를 받드는 일을 스스로 담당하여서 이같이 한 것이 십 수 일이었는데도 게을리하지 않았으니, 남편의 집안에서 모두 탄복하였다. 동서 간에 처하여서는 사이에 경계를 두지 않아서 마음속으로 우호가 있었으니, 유인(孺人)을 곡할 때에 이르자 마치 동기간처럼 슬퍼하였다.

무오년(1798, 정조22)에 우리 왕고(王考)의 상을 당하고, 경신년(1800, 정조24)에 계부(季父)의 상을 당하자, 슬픔으로 인하여 지나치

217 시부모님이……하였다 : 《예기(禮記)》 〈내칙(內則)〉에 "며느리가 혹 친정식구에게서 음식, 의복, 포백, 수건, 향초를 하사받으면 이를 받아서 시부모에게 올리되 시부모가 받으시면 기뻐하여 새로이 주신 물건을 받은 것처럼 여겨야 한다.〔婦或賜之飮食衣服布帛佩帨茝蘭, 則受而獻諸舅姑, 舅姑受之則喜, 如新受賜.〕"라고 하였는데, 이 내용이 《소학(小學)》 〈명륜(明倫)〉에도 보인다.

218 거업(居業) : 학업을 보유한다는 뜻으로, 공자(孔子)가 "군자는 덕을 진전시키고 학업을 닦나니, 충과 신이 덕을 진전시키는 것이요, 말을 함에 있어 그 성실함을 세우는 것이 학업을 보유하는 것이다.〔君子進德修業, 忠信, 所以進德也, 修辭立其誠, 所以居業也.〕"라고 하였다. 《周易 乾卦 文言》

219 도규(刀圭) : 약(藥)의 양을 헤아리는 기구로, 모양이 규(圭)와 비슷하여 이러한 이름이 붙여졌는데, 후세에는 약물을 일컫는 말로도 쓰인다.

게 몸을 훼손하여 곡할 때에 눈물을 흘리지 않는 것을 보지 못하였고, 곡소리가 끊어져도 눈물은 끊이지 않았으니, 지극한 정성이 하늘에서 근원하여서 억지로 힘쓰기를 기다리지 않고서도 그렇게 된 것이었다. 항상 숙모와 고모께서 과부로 지내는 것을 가엽게 여겨서 때로 그 처소에 나아가 위로해드렸다. 숙모께서 유인(孺人)을 곡하면서 말하기를, "남자 조카처럼 믿었었는데, 내가 명이 박하여서 죽은 것이로구나."라고 하였다. 어렸을 때에 외조모이신 정 석인(鄭碩人)께서 길러주시어, 외조모를 섬기기를 어머니를 섬기는 것과 같이 하였다. 언니인 김씨(金氏) 부인이 호남으로 시집가자, 유인(孺人)은 형제간에 상사(喪事)를 걱정하는[220] 정(情)을 적어서 글로써 전송하였으며, 생각이 날 때마다 울면서 오래도록 멈추지 않았다.

항상 나를 경계하기를 몹시 지극하게 하였는데, 내가 성격이 조급하여 종들을 꾸짖을 적에 혹 적당함을 잃으면 유인(孺人)이 반드시 이를 만류하였다. 또 내가 혹 집안일에 간여하면 유인(孺人)은 그때마다 "이는 장부가 간여하여 알 바가 아니니, 어찌 대체(大體)를 지키지 않으십니까."라고 하였다. 선비(先妣)께서 시집오실 때 데려온 여종에게 죄가 있어 내가 내쫓으려 하였는데, 유인(孺人)이 힘써서 불가하다고 말하여 내가 뜻을 굽히고서 이를 따랐다. 내가 우선은 큰 잘못에 빠지지 않았던 것은 유인(孺人)의 도움이었다.

220 형제간에 상사(喪事)를 걱정하는 : 원문의 '사상공회(死喪孔懷)'는 《시경(詩經)》 〈소아(小雅) 상체(常棣)〉에 "상사의 두려운 일에 형제가 서로 걱정하며, 시체가 쌓인 언덕과 습지에서 형제가 서로 찾는다.〔死喪之威, 兄弟孔懷, 原隰裒矣, 兄弟求矣.〕"라고 한 데서 온 말이다.

사촌형제나 내종형제, 외종형제와 곡진히 은의(恩義)가 있어서 각각 그 분수를 다하였다. 여러 집안의 여종들을 접할 때에 선함과 믿음이 아름답게 두루 미쳐서, 두 얼굴로 두 말을 하고 마음을 천백 갈래로 먹는 자라고 할지라도 감히 무함하지 못하였다. 자신이 부리는 종들의 경우에는, 자주 회초리를 치더라도 유인(孺人)을 원망하는 말을 하지 않았다. 가대인께서 여러 고을을 맡아 다스리셨는데, 유인(孺人)은 혹 따라가기고 하고 혹 따라가지 않기도 하였으나, 일찍이 스스로 간구(干求)한 적이 없었다. 대인께서 벼슬하지 않고서 집에 계신지 수년 동안에 유인(孺人)은 계절에 맞는 옷을 갖추지 못하였으나 또한 작은 기색도 보인 적이 없었다. 도둑이 비었을 때를 틈타서 집안에 침입하여 시집갈 때 장만한 혼수가 남은 것이 없게 되었으나, 유인(孺人)은 슬퍼하지 않았고 오래 지나서는 다시 그 일에 대해 말하지 않았다.

갑자년(1804, 순조4) 4월에 출산으로 곤액을 겪어서 낳은 아이가 바로 남아였건만 죽고 말았다. 이 때문에 거의 숨이 끊어질 뻔하였다가 소생하였다. 을축년(1804, 순조4)에 가대인을 따라서 안성(安城)의 관사로 갔는데, 병이 깊어졌음에도 고통스러운 얼굴빛을 비치지 않고서 가대인을 대하였다. 당시에 가대인께서 병이 있으셨으므로, 유인(孺人)은 밤낮으로 애를 태우느라 자신의 병이 어쩔 수 없는 것임을 잊고 있었다. 가대인께서 조금 나으시자 유인(孺人)은 요행히 살아날 수 없을 것임을 스스로 헤아리고는 "저에게는 본래 죽을 자리가 있으니, 어찌 안성의 귀신이 될 수 있겠습니까. 원컨대 남편의 집으로 빨리 돌아가고자 합니다."라고 하고, 떠날 때에 집안사람들과 이별을 하였다. 경사의 집에 도착하자 외조모께서 와서 보셨는데, 유인(孺人)은 안색을 온화하게 하고서 절하고는 저녁 내내 웃고 이야기를 나누며 그 마음을 위로해드렸다. 후일에 외숙모가 오셔서 외조모께서 병을 근심하시는 정황을 말하자 유인(孺人)은 말하기를, "불초가 형편없어서 몹시 연로하신 노인을 이런 지경에 이르시게 하였다."라고 하고는, 인하여 슬퍼하면서 눈물을 흘렸다.

남편의 집으로 가서 또 친척들과 이별하고서, 집안을 두루 살피고자 하였으나 그럴 수가 없었다. 남편의 집에 이르자 시어머니께서 몸소 간호하시니, 유인(孺人)은 슬퍼하면서 스스로 편히 여기지 못하여 스스로 고생하시지 말 것을 항상 청하였고, 인하여 말하기를 "일찍이 음식으로 정성껏 봉양하여 시어머님의 은혜를 갚고자 하였는데, 지금 이 지경에 이르게 되었으니 불효가 막대합니다."라고 하고는 오열하면서 스스로 견디지 못하였다. 중수(仲守)가 혹 곁에 있으면 "나를 지키지 말고 가서 시(詩)를 하루라도 폐하지 마십시오."라고 하였다. 시일을 보존하지 못하게 된 때에 이르러서는, 나에게 수봉(襚賵)[221]을 갖출 것을 권하면서 말하기를, "누이의 피복이 항상 완전하지 못하였으니, 제가 죽은 뒤에 이 몸을 너무 후하게 감싸지 마십시오."라고 하였다. 또 말하기를, "저는 죽음을 슬퍼하는 뜻은 없지만,[222] 다만 지극한 정(情)을 잊기 어려울 따름입니다. 오라버니와 나는 곧 골육지간의 지기

221 수봉(襚賵) : 죽은 자의 집에 보내는 장례를 지낼 때에 필요한 의복이나 이불, 거마(車馬) 등을 말한다.

222 죽음을……없지만 : 원문의 '무달화의(無怛化意)'에서 화(化)는 자연의 변화라는 의미로 죽음을 이른다. 《장자(莊子)》 〈대종사(大宗師)〉에 "자래(子來)가 병이 나서 숨을 몰아쉬며 죽으려고 하니, 그의 처자식들이 그를 둘러싸고 울고 있었다. 자려(子犁)가 위문하러 가서 말하기를, '저리 비키시오. 변화를 슬퍼할 것은 없소.〔叱, 避, 無怛化.〕' 하였다."라고 보인다.

(知己)입니다. 선비(先妣)께서 일찍 별세하시어 외롭게 지내고 고생하면서 장성한 때에 이르러서 서로 의지하며 살았었는데, 누이가 불행히도 단명하여 죽게 되었으니, 지나치게 슬퍼하지 말아서 누이의 마음을 편안하게 해 주십시오. 오라버니는 상화(喪禍)로 오랫동안 앓아왔으니, 누이로 인해 목숨을 해쳐서야 되겠습니까."라고 하였다.

날을 넘기지 못할 것을 스스로 헤아리고는, 가대인을 뵙기를 원하였다. 당시 대인께서 작은 병이 있으셔서 자주 안부를 여쭈었었는데, 대인께서 이르시자 먼저 차도를 여쭙고는 인하여 "봉양을 마치지 못하는 것이 눈을 감기 어려운 한이 됩니다."라고 하였고, 또 "질병으로 죽게 되어 늙으신 어버이에게 근심을 끼쳤으니, 더욱 불효 가운데 큰 것입니다."라고 하고는, 이어서 더욱 보중하시기를 우러러 권면하였다. 대인께서 나가시자, 나의 손을 잡고서 말하기를, "오늘 진실로 영영 이별하게 되었습니다. 일찍이 음식으로 시부모님께 공양하고 의복으로 아버지께 봉양하기를 바랐었는데, 두 가지를 모두 이루지 못하였으니, 이것이 지극한 애통함입니다."라고 하였다. 또 말하기를, "가장 잊기 어려운 것은 아버지와 외할머니와 오라버니이고, 오라버니가 아들을 낳는 것을 보지 못하였으니, 이것이 더욱 잊지 어렵습니다. 누이가 명이 기구하여 장수하지 못하고 자식도 없으니, 바라건대 오라버니께서는 끝없는 수명을 누리시어 아버지를 길이 봉양하시고, 자식도 많이 낳으세요."라고 하였다. 빚진 돈을 일일이 계산하여 말하기를, "오라버니께서는 반드시 이를 다 갚아주어서 누이의 구천에서의 마음을 편안히 해주십시오."라고 하였다. 또 말하기를, "선비(先妣)를 지하에서 받들어 노닐 터이니, 이것이 즐길만한 것일 따름입니다."라고 하였다.

항상 중수(仲守)가 다시 장가들기를 권하였고, 이어서 학업을 권면하였으며, 또 말하기를 "소생이 없으니, 굳이 상식(上食)[223]을 마련할 것이 없고, 다만 삭망전(朔望奠)을 올리되 몸소 행하시는 것이 옳습니다."라고 하였다. 이 때에 이르러 중수(仲守)와 작별하고 또 시부모님에게 작별을 고하면서 "지극한 은혜에 보답하지 못하고서 죽습니다."라고 거듭 말하였다. 담이 올라 숨이 급해지자 말은 더듬었으나 정신은 맑았다. 내가 울면서 "태어나면 반드시 죽는 법이니, 죽음은 미워할만한 것이 아니다. 구천에 잘 가서 어머니를 모시고 노닐어라." 하자, 희미하게 소리를 내어 말하기를 "갑자기 이 지경에 이를 줄은 생각지도 못하였습니다." 하고는 그대로 눈을 감고 초연히 세상을 뜨니, 바로 6월 20일이었다. 부평부(富平府)의 계양산(桂陽山)의 아래에 임시로 매장하였는데, 당시 날씨가 몹시 더웠으나 염할 적에 몸과 피부가 평소와 같았고 장례할 때에 이르러서도 냄새가 나지 않았으니 기이한 일이었다. 이 어찌 정결한 성품을 지녀서 죽어서도 변치 않은 것이 아니겠는가.

아아, 선비(先妣)께서 지당(知堂) 부군[224]께 한 부의 규훈서(閨訓書)를 받아 이미 수용하여 마지않으시고서 이를 자녀에게 베푸셨으니, 유인(孺人)은 어렸을 때부터 이미 그 가르침을 계술하고 장성하여서는 손수 전사하여서 항상 눈으로 보는 밑천이 되게 하였으므로, 평생의 언행이 모두 여기에서 근원하였다. 그 사람됨이 통달하고 밝으며 탁 트여 원만하여서 세속의 부녀자들의 좀스럽고 유약한 모습이 없었다. 마음에 벽을 두지 않았고 다른 사람과 물아(物我)의 간격을 두지 않았

223 상식(上食) : 상가에서 3년 동안 아침저녁으로 영좌(靈座)에 음식을 차려 놓는 것을 이른다.

224 지당(知堂) 부군 : 홍직필의 외조부인 박양흠(朴亮欽)을 말한다.

으나 확고하게 지키는 바가 있어서 뜻이 한 번 정해지면 조금도 흔들리지 않았다. 그 성취한 바에 나아가 논해보면, 자식이 되어서는 효도하였고 며느리가 되어서는 순종하였으며 처가 되어서는 올바름을 지켜서, 자기 몸을 봉양하는 데에 있어서는 인색하게 하고 남에게 베푸는 데에 있어서는 풍족하게 하였으며 의리에 있어서는 두터이 하고 재물에 있어서는 박하게 하였으니, 만일 남자의 몸으로 태어났다면 마땅히 한 시대의 위인이 되었을 것인바, 어찌 다만 우리 가문의 영광이었을 뿐이었겠는가. 애석하도다.

이미 여자가 되었으니, 그렇다면 또한 마땅히 하늘의 보우를 받아야 할 터인데, 이미 나이를 가로막고 또 후세를 끊어지게 하였으니, 보답하여 베푸는 것이 어찌 이와 같단 말인가. 이른바 천도라는 것이 있는 것인가, 없는 것인가? 주 선생(朱先生)께서 누이인 유씨(劉氏)의 아내의 묘지명에 이르기를, "이 아름다운 덕이여, 후인들의 아름다움이로다."라고 하였는데,[225] 유인(孺人)과 같은 이는 비록 아름다운 덕이 있더라도 누구를 위해 아름다움이 될 것인가. 슬프도다.

중수(仲守)가 차마 그 유언을 따르지 못하여서 몸소 상생(象生)[226]의 음식을 주관하기를 기년(期年)이 되도록 하였으나 다른 사람을 시킨

225 주 선생(朱先生)께서……하였는데 : 주 선생은 주희(朱熹)로, 이 내용은 《회암집(晦庵集)》 권91 〈유씨매묘지명(劉氏妹墓誌銘)〉에 보인다.

226 상생(象生) : 죽은 사람을 살아 있는 것으로 여겨 제반 의복과 기물, 의식과 절차를 살아 있을 때를 기준하여 행하는 것을 이른다. 두우(杜佑)의 《통전(通典)》 권49 〈시향천신부(時享薦新附)〉에 "사당에 신주를 보관하여 사시제를 지내고, 침전(寢殿)은 의관과 궤장 등 살아생전에 쓰던 기물을 두고서 그곳에 새로운 음식물을 올린다.〔廟以藏主以四時祭, 寢有衣冠、几杖、象生之具以薦新物.〕"라고 하였다.

것이 몇 번 정도였으며, 담제(禫祭)를 지내고서도 장가들지 않았다. 내가 권하여 말하기를 "죽은 이에게 자식이 없으므로 그대에게는 자식의 뜻을 이루어줄 의리[227]가 없으니, 어찌 삼년을 기다리겠는가." 하였으나 중수가 응하지 않았으니, 그 엄군(嚴君) 또한 중수의 뜻을 빼앗지 못하였다고 한다. 이것은 비록 예(禮)에 있어서 지나친 것이지만 어찌 미치지 못하는 것보다 낫지 않겠는가. 중수는 진실로 어진 선비인데, 유인(孺人)이 어진 선배의 배필이 되어서 끝마침을 두지 못하였으니, 거듭 슬퍼할 만하다. 중수의 어짊으로 반드시 후손이 있을 것이니, 유인(孺人)의 아름다움이 혹 그 후손의 아름다움이 될 것인가. 만일 그렇다면 또 어찌 차마 인멸되어서 일컬어지지 못하게 할 수 있겠는가. 세상에 《열녀전》을 잇는 이가 없으니,[228] 누가 능히 머금은 아름다움을 드러내어 밝혀서 무한한 후세에 알릴 것인가. 장차 끝내 가려져서 드러나지 않게 될 것이란 말인가. 이에 감히 참람함을 헤아리지 않고서 입언할 군자의 은혜를 바라니, 혹은 그 덕을 형용하여 주고, 혹은 묘지명을 남겨주며, 혹은 애사를 지어서 그 죽음을 슬퍼하여서 지극한 정을 위로해주기를 천번 만번 크게 바라는 바이다.

227 자식의 뜻을 이루어줄 의리 : 처가 죽었는데 자식이 있는 경우에, 그 아버지가 어머니를 잃은 자식의 뜻을 헤아려 삼년이 지난 뒤에 재취를 하는 의리를 말한다. 《의례》 〈상복(喪服)〉의 부재위모장(父在爲母章)의 전(傳)에 "부친의 입장에서는 반드시 삼년이 지난 뒤에야 재취를 하니, 이는 자식의 뜻을 이루어준 것이다.〔父必三年然後娶, 達子之志也.〕"라고 하였다.

228 세상에……없으니 : 한(漢)나라 유향(劉向)이 《열녀전(列女傳)》을 지어서 본받을 만한 여인의 행적과 경계로 삼아야 할 여인의 행적들을 글로 남긴 바 있다. 여기서는 그 이후에 이를 이어서 훌륭한 여자의 언행을 기록하는 사람이 없음을 말한 것이다.

지은이 **홍직필(洪直弼)**

1776년(영조52) 6월 13일 신시(申時)에 한성의 주자동(鑄字洞)에서 태어나 1852년(철종3) 7월 17일 유시(酉時)에 노호(鷺湖)의 노의정사(蘆漪精舍)에서 향년 77세로 세상을 떠났다. 초명은 긍필(兢弼), 자는 백응(伯應)·백림(伯臨), 호는 매산(梅山), 본관은 남양(南陽)이며, 시호는 문경(文敬)이다. 평생 출사하지 않고 학문 강학에 힘써 근재(近齋) 박윤원(朴胤源) 문하에서 그 학맥을 계승하고 이를 후대에 전한 노론(老論) 낙론(洛論)의 핵심 사상가이자 문인 교육자이다. 학문은 박윤원 외에도 노주(老洲) 오희상(吳熙常)의 영향을 많이 받았으며 문하의 제자로 전재(全齋) 임헌회(任憲晦), 중암(重菴) 김평묵(金平默) 등이 있다.

옮긴이

이정은(李貞恩)

1983년 경기도 포천에서 태어났다. 성신여자대학교 한문교육과를 졸업하고 동 대학원 한문학과 석사학위를 취득하였다. 한국고전번역원 부설 고전번역교육원의 연수과정과 전문과정을 마쳤다. 현재 성신여자대학교 고전연구소 선임연구원으로 재직하고 있다. 번역서로는 《도곡집》(공역)이 있다.

김성은(金成恩)

1986년 서울에서 태어났다. 연세대학교 국어국문학과를 졸업하고 동 대학원 국어국문학과에서 석사학위를 취득하고 박사과정을 수료하였다. 한국고전번역원 부설 고전번역교육원의 연수과정과 전문과정을 마쳤다. 현재 성신여자대학교 고전연구소 연구원으로 재직하고 있다.

※ 각 권별 옮긴이는 권48 이정은, 권49·50 김성은이다.

권역별거점연구소협동번역사업 연구진

연구책임자 신영주(성신여자대학교 한문교육과 교수)
공동연구원 김여주(성신여자대학교 한문교육과 교수)
김용재(성신여자대학교 한문교육과 교수)
류준경(성신여자대학교 한문교육과 교수)
이종덕(한국고전번역원 부설 고전번역교육원 강사)
책임연구원 성백효
연 구 원 김창효 김형석
연석환 사경화
신상후 이영준
이정은 김성은
박희정
윤 문 윤은숙

매산집 17

홍직필 지음 | 이정은 · 김성은 옮김
2020년 12월 31일 초판 1쇄 발행
편집 · 발행 학자원
등록 2011.4.6 제2011-14호
주소 (05355) 서울시 강동구 천호대로 1121
전화 02-6403-1000 | 팩스 02-6338-1001 | 이메일 hakjaone@daum.net

값 30,000원
ISBN 979-11-6247-200-2 94810
979-11-87806-00-4 (세트)